21世纪高职高专旅游与酒店管理类专业"十二五"规划系列教材
——荣获华东地区大学优秀教材奖

前厅服务与管理实务

（第2版）

主　编　毛江海
副主编　林　煌　孟庆光　赵　瑾

东南大学出版社
·南京·

内 容 提 要

本教材突破传统教材编写模式,紧密结合岗位工作任务和职业能力培养,以项目导向、模块教学、任务驱动、学做一体的教学模式对教材内容进行重新编排,突出前厅服务与管理的实际运用,将理论知识与实践操作有机地融合在一起,创新了高职教材编写的理念。

本教材内容分为"服务篇"和"管理篇",共 9 个项目、26 个模块和 81 个工作任务。"服务篇"侧重于实际操作技能的训练及前厅基础知识的介绍,以前厅岗位工作任务为路径,强化前厅及职业认知、预订处服务、礼宾部服务、总台服务和电话总机/商务中心服务等岗位服务技能的训练,旨在培养与提高学生实际操作能力,适应行业、岗位对从业人员的要求;"管理篇"从基层管理层面入手,系统介绍了服务质量管理、客房销售管理、信息系统管理和人力资源管理等前厅管理方面的实务及理论,旨在提高学生分析问题、解决问题的能力,使其具备基层管理者所必需的管理能力及知识,并能胜任酒店前厅部基层管理工作。

本教材主要适用于高职高专酒店管理与旅游管理专业学生教学用书,也可作为酒店前厅部员工及基层管理者岗位培训用书,以及前厅服务员国家职业技能鉴定培训用参考教材。

图书在版编目(CIP)数据

前厅服务与管理实务/毛江海主编. —2 版. —南京:东南大学出版社,2013.2 (2018.7 重印)

ISBN 978-7-5641-3566-9

Ⅰ.①前… Ⅱ.①毛… Ⅲ.①饭店—商业服务—高等职业教育—教材②饭店—商业管理—高等职业教育—教材 Ⅳ.①F719.2

中国版本图书馆 CIP 数据核字(2012)第 111640 号

前厅服务与管理实务

出版发行	东南大学出版社
社　　址	南京市四牌楼 2 号　邮　编　210096
出 版 人	江建中
网　　址	http://www.seupress.com
电子邮箱	press@seupress.com
经　　销	全国各地新华书店
印　　刷	江苏扬中印刷有限公司
开　　本	787 mm×1 092 mm　1/16
印　　张	20
字　　数	538 千
版　　次	2013 年 2 月第 2 版
印　　次	2018 年 7 月第 3 次印刷
书　　号	ISBN 978-7-5641-3566-9
定　　价	39.00 元

本社图书若有印装质量问题,请直接与营销部联系。电话(传真):025-83791830

出版说明

当前职业教育还处于探索过程中,教材建设"任重而道远"。为了编写出切实符合旅游管理专业发展和市场需要的高质量的教材,我们搭建了一个全国旅游管理类专业建设、课程改革和教材出版的平台,加强旅游管理类各高职院校的广泛合作与交流。在编写过程中,我们始终贯彻高职教育的改革要求,把握旅游管理类专业课程建设的特点,体现现代职业教育新理念,结合各校的精品课程建设,每本书都力求精雕细琢,全方位打造精品教材,力争把该套教材建设成为国家级规划教材。

质量和特色是一本教材的生命。与同类书相比,本套教材力求体现以下特色和优势:

1. 先进性:(1)形式上,尽可能以"立体化教材"模式出版,突破传统的编写方式,针对各学科和课程特点,综合运用"案例导入"、"模块化"和"MBA任务驱动法"的编写模式,设置各具特色的栏目;(2)内容上,重组、整合原来教材内容,以突出学生的技术应用能力训练与职业素质培养,形成新的教材结构体系。

2. 实用性:突出职业需求和技能为先的特点,加强学生的技术应用能力训练与职业素质培养,切实保证在实际教学过程中的可操作性。

3. 兼容性:既兼顾劳动部门和行业管理部门颁发的职业资格证书或职业技能资格证书的考试要求又高于其要求,努力使教材的内容与其有效衔接。

4. 科学性:所引用标准是最新国家标准或行业标准,所引用的资料、数据准确、可靠,并力求最新;体现学科发展最新成果和旅游业最新发展状况;注重拓展学生思维和视野。

本套丛书聚集了全国最权威的专家队伍和来自江苏、四川、山西、浙江、上海、海南、河北、新疆、云南、湖南等省市的近60所高职院校优秀的一线教师。借此机会,我们对参加编写的各位教师、各位审阅专家以及关心本套丛书的广大读者致以衷心的感谢,希望在以后的工作和学习中为本套丛书提出宝贵的意见和建议。

高等职业教育旅游管理类专业教材编委会

高等职业教育旅游管理类专业教材编委会名单

顾问委员会（按姓氏笔画排序）

沙　润　周武忠　袁　丁　黄震方

丛书编委会（按姓氏笔画排序）

主　任　朱承强　陈云川　张新南

副主任　毛江海　王春玲　支海成　邵万宽　周国忠
　　　　　董正秀　张丽萍

编　委　丁宗胜　马洪元　马健鹰　王　兰　王志民
　　　　　方法林　卞保武　朱云龙　刘江栋　朱在勤
　　　　　任昕竺　汝勇健　朱　晔　刘晓杰　李广成
　　　　　李世麟　邵　华　沈　彤　陈克生　陈苏华
　　　　　陈启跃　吴肖淮　陈国生　张建军　李炳义
　　　　　陈荣剑　杨　湧　杨海清　杨　敏　杨静达
　　　　　易　兵　周妙林　周　欣　周贤君　孟祥忍
　　　　　柏　杨　钟志慧　洪　涛　赵　廉　段　颖
　　　　　唐　丽　曹仲文　黄刚平　巢来春　崔学琴
　　　　　梁　盛　梁　赫　韩一武　彭　景　蔡汉权
　　　　　端尧生　霍义平　戴　旻

高等职业教育旅游管理类专业教材编委会会员单位名单

扬州大学旅游烹饪学院
上海旅游高等专科学校
江苏经贸职业技术学院
太原旅游职业学院
浙江旅游职业学院
海南职业技术学院
桂林旅游高等专科学校
青岛酒店管理职业技术学院
无锡商业职业技术学院
扬州职业大学
河北旅游职业学院
无锡城市职业技术学院
应天职业技术学院
江苏农林职业技术学院
盐城工学院
江苏食品职业技术学院
浙江工商职业技术学院
浙江育英职业技术学院
上海工会职业技术学院
上海思博学院
南京视觉艺术学院
湖南工业大学
湖南财经工业职业技术学院
常州轻工职业技术学院
南京化工职业技术学院
成都市财贸职业高级中学
四川省商业服务学校
南昌女子职业学校

南京旅游职业学院
四川烹饪专科学校
镇江市高等专科学校
海南经贸职业技术学院
昆明大学
黑龙江旅游职业技术学院
南京铁道职业技术学院
苏州经贸职业技术学院
三亚航空旅游职业学院
无锡市旅游商贸专修学院
金肯职业技术学院
南京工业职业技术学院
江阴职业技术学院
湖南工业科技职工大学
安徽工商职业技术学院
苏州科技学院
登云科技职业学院
新疆职工大学
陕西职业技术学院
海口经济职业技术学院
海口旅游职业学校
长沙环境保护职业技术学院
成都商业高等专科学校
广东韩山师范学院
吴忠职业技术学院
吉林商业高等专科学校
河北旅游职业学院
安徽城市管理职业学院

修 订 前 言

本教材自第一版出版以来,得到有关专家、大专院校、从业人员以及广大读者的充分肯定和好评,荣获2008年度华东地区大学优秀教材二等奖。为了进一步强化学生职业道德和职业精神培养,加强实践育人,强化教学过程的实践性、开放性和职业性,突出能力的培养,突出人才规格的专业技能性和岗位指向性,亦为了反映酒店业发展的新动向,编者对原教材进行了大幅度的修订。

本教材在保留原教材精华与特色的基础上,突破传统教材模式,紧密结合岗位工作任务和职业能力培养,以项目导向、任务驱动、学做一体的教学模式对教材内容进行重新编排,突出前厅服务与管理的实际运用,将理论与实践操作有机融合在一起。希望通过这次修订,力求把本教材打造成高职高专旅游与酒店管理专业基础课程及教学改革的标志性成果。

一、主要修订工作

1. 重组、整合原有教材的内容。更加注重学生前厅服务技能与基层管理能力的培养、必要理论知识的掌握,更为契合高职高专对人才的培养要求。把教材内容分为"服务篇"和"管理篇"两部分,以前厅部岗位划分为模块,按其业务流程服务内容划分为若干工作任务,形成共9个项目、26个模块和81个工作任务的以工作过程为逻辑关系和以岗位为层次的网状结构。其中,根据"教、学、做"为一体的教学需要和酒店前厅部管理岗位所需的能力需要,将有关现代酒店前厅部的管理知识技能化、实务化,在一定程度上改观了以往的职教模式,再度创新并提升了现有高职高专教材对相关专业教学内容的处理理念和编写技术。

2. 优化原有教材的体例。采用项目课程、任务驱动教学法,每个项目中设置"项目导读"、"任务导入",每个工作任务中设置"基础知识"与"实践操作"主栏目,再配合"事前提示"、"事后提醒"、"特别提示"、"案例分析"等辅助栏目,真正贯彻"先行后知、知行合一"的职业教育课程改革的要求。尤其是"项目导读"、"任务导入"和"课外拓展"内容的研究设计,既体现出以学生技能为本的编写思想,又彰显了方便教师组织教学的行为理念,同时也是本教材在编写上坚持创新发展的具体体现。

3. 强化学生课内及课外实训。通过"课内实训""小组讨论"和"课外拓展"等实践活动的组织安排,更侧重于对学生实际操作能力、应用能力及社会实践能力和职业岗位适应能力的培养。

4. 注重与行业的紧密结合。把握国内外饭店业的最新发展趋势,将行业新技术、新工艺和新方法引入教材。参照国家《旅游饭店星级的划分与评定》(GB/T 14308—2010)的质检标准及国际品牌酒店前厅部服务与管理的岗位标准,融入与国家职业技能鉴定(中级前

二、教学建议

1. 本教材建议酒店管理专业教学周为32周,教学课时为128课时;建议旅游管理专业教学周为16周,教学课时为64课时。由于各地区、各院校情况不同,在进行本课程的教学时可根据实际情况,合理安排教学课时和教学进程。建议充分利用学生的业余时间,完成相应的工作任务,如专业考察、资料整理、项目设计和小组讨论等。

2. 本教材采用任务驱动教学法,要求学生在一个个典型任务驱动下展开教学活动,在完成任务的过程中,培养分析问题、解决问题的能力。因此,任务设计的质量直接影响到教学效果,教师须精心设计每一个工作任务、组织每一次教学活动。不同项目、不同性质的工作任务活动设计多样化、教学方式丰富化,以获取良好的教学效果。

3. 教师必须具备较为丰富的行业背景与职业教学经验,深入酒店一线,与行业保持紧密联系,把握酒店前厅部发展趋势;积极投身到职业教育课程改革的实践中去,不断探索课程改革的经验。

4. 学校校内需配有相应的实训基地,如实践操作基地、实训宾馆等,并有校外实训基地(酒店)。也可充分利用校园场所如公寓楼、教学楼等,模拟工作场景,开展教学活动。

三、编写人员分工及鸣谢

本教材由海南经贸职业技术学院毛江海担任主编,负责制定编写框架,设计编写体例,提供主要资料,并完成统稿工作。海南经贸职业技术学院林煌、河北旅游职业学院孟庆光、南京正德职业技术学院赵瑾三位老师担任副主编。其中,毛江海负责项目一、项目五、项目六、项目七模块三、项目九及全部的学习目标、项目导读、任务导入和课外拓展内容的编写;林煌负责项目七模块一至二、项目八的编写和全书内容的核对工作;孟庆光负责项目二、项目三模块一至三的编写和服务篇内容的课件制作;赵瑾负责项目三模块四、项目四的编写和管理篇内容的课件制作。

在修订过程中,再次有幸得到东南大学出版社责任编辑张丽萍、南京旅游职业学院支海成、汝勇健和吴梅四位老师的无私奉献和悉心指导;富建集团酒店投资管理公司副总经理严刚先生提供了一部分有关人力资源管理方面的宝贵资料,一些专家的最新论著及国内相关网站的文献资料也为我们提供了很大帮助。另外,常州喜来登酒店人力资源总监陈越先生、原三亚饭店协会秘书长刘立民先生、三亚明申锦江高尔夫酒店总经理朱若郁先生、太原旅游职业学院贾海芝、南京旅游职业学院田晓敏以及常州轻工职业技术学院胡建红、海口经济学院雷石标及李华丽、海口旅游职业学校潘雪梅等老师曾为原教材做出过一定贡献,在此一并表示衷心感谢!

由于编者水平所限,本教材难免存在许多不当之处,敬请读者不吝赐教,以期不断完善。

毛江海
2012 年 12 月

目 录

上编　前厅服务

项目一　前厅(部)及职业认知 ·· 3
  模块一　前厅认知 ··· 3
    工作任务一　前厅及其功能布局认知 ······························· 4
    工作任务二　前厅环境氛围认知 ····································· 8
    工作任务三　前厅设备和用品认知 ································· 12
    工作任务四　前厅部组织机构与岗位设置认知 ················· 17
  模块二　职业认知 ··· 23
    工作任务一　前厅服务员素质认知 ································· 23
    工作任务二　国家职业技能鉴定标准认知 ······················· 25

项目二　预订处服务 ·· 32
  模块一　预订准备 ··· 32
    工作任务一　掌握预订政策/预订流程 ····························· 33
    工作任务二　查控房价/房型/房态 ·································· 35
    工作任务三　选用计价方式/报价方式 ····························· 38
    工作任务四　做好班组工作交接 ··································· 40
  模块二　预订受理 ··· 42
    工作任务一　受理电话预订 ··· 42
    工作任务二　受理函件/面谈/团队预订 ···························· 45
    工作任务三　受理网络(OTA)预订 ································· 49
  模块三　预订控制 ··· 52
    工作任务一　确认预订类型 ··· 53
    工作任务二　变更/取消预订 ·· 58
    工作任务三　控制超额预订 ··· 61
    工作任务四　核传预订信息 ··· 64

项目三　礼宾部服务 ·· 71
  模块一　客人抵店服务 ·· 71
    工作任务一　店外应接服务 ··· 72

工作任务二　门厅应接服务 ………………………………………… 76
　　　工作任务三　抵店行李应接服务 ……………………………………… 78
　模块二　客人在店服务 ……………………………………………………… 82
　　　工作任务一　在店行李服务 …………………………………………… 82
　　　工作任务二　在店代办服务 …………………………………………… 86
　模块三　客人离店服务 ……………………………………………………… 89
　　　工作任务一　客人离店服务 …………………………………………… 90
　　　工作任务二　行李离店服务 …………………………………………… 93
　模块四　行政楼层服务 ……………………………………………………… 95
　　　工作任务一　入住接待服务 …………………………………………… 96
　　　工作任务二　餐饮服务 ……………………………………………… 100
　　　工作任务三　酒廊服务 ……………………………………………… 102
　　　工作任务四　客人离店服务 ………………………………………… 104
　　　工作任务五　贴身管家服务 ………………………………………… 107

项目四　接待处/问讯处/收银处服务

　模块一　客人抵店服务 …………………………………………………… 113
　　　工作任务一　客人用房分配 ………………………………………… 114
　　　工作任务二　办理登记手续 ………………………………………… 118
　　　工作任务三　房卡制作与分发 ……………………………………… 124
　　　工作任务四　建立客人账户 ………………………………………… 127
　模块二　客人在店服务 …………………………………………………… 129
　　　工作任务一　入账/外币兑换 ………………………………………… 129
　　　工作任务二　问询/留言/邮件服务 …………………………………… 132
　　　工作任务三　保管贵重物品 ………………………………………… 136
　　　工作任务四　换房/续住控制 ………………………………………… 138
　模块三　客人离店服务 …………………………………………………… 140
　　　工作任务一　结账服务 ……………………………………………… 140
　　　工作任务二　收银审核 ……………………………………………… 146

项目五　电话总机/商务中心服务

　模块一　电话总机服务 …………………………………………………… 156
　　　工作任务一　转接/留言服务 ………………………………………… 157
　　　工作任务二　叫醒服务 ……………………………………………… 161
　模块二　商务中心服务 …………………………………………………… 163
　　　工作任务一　店内商务服务 ………………………………………… 164
　　　工作任务二　店外代办服务 ………………………………………… 169

下编　前厅管理

项目六　服务质量管理 ………………………………………………… 177
　模块一　前厅部服务质量控制 ………………………………………… 177
　　工作任务一　质量控制认知 ………………………………………… 178
　　工作任务二　质检流程关键点控制 ………………………………… 183
　　工作任务三　分析质检工作 ………………………………………… 185
　模块二　前厅部安全控制 ……………………………………………… 189
　　工作任务一　门厅出入安全控制 …………………………………… 189
　　工作任务二　对客服务安全控制 …………………………………… 192
　　工作任务三　意外事故安全控制 …………………………………… 195
　模块三　酒店客我关系维护 …………………………………………… 197
　　工作任务一　个性化服务管理 ……………………………………… 198
　　工作任务二　顾客关怀计划 ………………………………………… 200
　　工作任务三　前厅部内外沟通 ……………………………………… 202
　　工作任务四　投诉意见处理 ………………………………………… 206

项目七　客房销售管理 ………………………………………………… 212
　模块一　前厅部客房销售准备 ………………………………………… 212
　　工作任务一　熟知前厅部销售内容 ………………………………… 213
　　工作任务二　分析目标市场/销售渠道 …………………………… 214
　模块二　前厅部客房销售管理 ………………………………………… 217
　　工作任务一　做好客房定价 ………………………………………… 218
　　工作任务二　正确显示房态 ………………………………………… 223
　　工作任务三　做好收益管理 ………………………………………… 227
　模块三　总台客房增销管理 …………………………………………… 231
　　工作任务一　控制增销过程 ………………………………………… 231
　　工作任务二　巧用激励措施 ………………………………………… 235

项目八　信息系统管理 ………………………………………………… 240
　模块一　酒店计算机管理系统(HMIS)控制 ………………………… 240
　　工作任务一　HMIS综合控制原理认知 …………………………… 241
　　工作任务二　HMIS功能及业务分析 ……………………………… 244
　　工作任务三　入住/退房/客史信息检查 ………………………… 249
　模块二　前厅部信息管理 ……………………………………………… 250
　　工作任务一　文档信息管理 ………………………………………… 250
　　工作任务二　客史档案管理 ………………………………………… 253
　　工作任务三　媒体信息管理 ………………………………………… 258

模块三　客房经营指标管理 ························· 260
　　工作任务一　年度客房销售预测 ····················· 261
　　工作任务二　客房经营状况分析 ····················· 263
　　工作任务三　客房经营分析会召开 ···················· 268

项目九　前厅部员工管理 ··························· 273
　模块一　选人 ································· 273
　　工作任务一　岗位编制/招聘途径的确定 ·················· 274
　　工作任务二　招聘过程的控制 ······················ 277
　模块二　育人 ································· 280
　　工作任务一　培训需求分析 ······················· 280
　　工作任务二　培训组织实施 ······················· 282
　　工作任务三　培训质量评估 ······················· 286
　模块三　用人 ································· 288
　　工作任务一　职务分析应用 ······················· 288
　　工作任务二　员工个性运用 ······················· 291
　　工作任务三　工作现场督导 ······················· 292
　模块四　留人 ································· 294
　　工作任务一　薪酬制度设计 ······················· 295
　　工作任务二　激励机制创设 ······················· 297
　　工作任务三　绩效考核控制 ······················· 299
　　工作任务四　核心文化构建 ······················· 303

参考文献 ···································· 308

上编 前厅服务

项目一 前厅(部)及职业认知

学习目标

- 了解前厅属性、前厅功能、前厅部组织机构、前厅部设备用品、前厅服务员基本素质、前厅服务员国家职业技能鉴定标准。
- 理解前厅设计遵循的原则、总台管理方式、前厅环境氛围营造要求。
- 掌握前厅布局、功能、岗位划分和业务流程以及前厅服务员职业行为能力要求。
- 运用前厅认知理论,对当地酒店的前厅布局和氛围进行实地调查并写出调查报告。

项目导读

本项目主要为前厅功能布局、前厅业务与运作及前厅服务员职业特点。本项目在全书中起到开门见山、提纲挈领的作用,是学习前厅服务和前厅管理知识,掌握其基本技能的基础。其要点如表1-1所示。

表1-1 本项目要点内容阅读导引表

前厅及前厅部认知	职业及职业素养认知
前厅布局(设计)主要风格	前厅服务员工种定位/工作特点
前厅布局原则与规范	前厅服务员职业素质/职业行为能力
前厅环境设计与氛围营造	职业资格证书制度及技能鉴定内容与方式
总台标准/总台管理方式	前厅服务技能特点
前厅部常用设备用品	前厅服务员国家职业技能标准
前厅部组织机构设置/岗位分工	前厅服务员(中级)技能鉴定考核

模块一 前厅认知

任务导入

前厅认知——参观酒店及前厅

1. 学生以小组为单位,利用课余时间参观考察本地酒店2~3家,包括高星级酒店和经济型酒店。具体要求:(1)多角度拍摄酒店前厅图片;(2)重点拍摄总台位置及前厅设备用品;(3)认真感受酒店大门外及大堂环境氛围;(4)设法通过大堂副理了解其前厅部的组织机构,熟悉前厅部的岗位设置。

2. 收集5~8家国内外著名酒店大堂设计方面的图片资料,并配上文字说明;查找不同酒店前厅部的业务范围、岗位职责和各个岗位的任职资格等资料。

3. 以"走进前厅"为题,每个小组制作PPT课件,选派代表在课堂演示介绍。

4. 教师点评,讲解前厅知识点。

工作任务一 前厅及其功能布局认知

基础知识

一、前厅概述

前厅位于酒店门厅处,是包括酒店大门、大堂和总服务台在内的为客人提供综合服务的区域,也是一个展示酒店服务与管理品质的空间。前厅一般根据需要把空间划分为不同的功能区域,主要为客人自由活动区、大堂吧、公共通道、员工活动及工作区、员工专用通道、公共卫生间、商务中心和商场等不同区域。根据酒店规模,前厅还兼具行李储存处、公用电话使用点、会客休闲所、外驻单位营业点和酒店管理办公区等基本功能。其大小由酒店的规模和客房数量来决定。

前厅部(Front Office),也称大堂部、前台部或客务部,是负责引导和接待顾客、销售酒店客房及餐饮娱乐等产品和服务、沟通与协调酒店各部门和对客服务、为客人提供各种综合服务的部门。

前厅部是酒店服务与管理的关键部门,其业务特点为:全天候不间断地运行、接待与服务范围广泛、原则性与灵活性高度结合以及充分展示酒店形象。前厅部虽不属于酒店主要的营业部门,但其运转好坏将直接影响酒店的服务质量、经济效益乃至管理水平和市场形象。

【特别提示】 前台是指接待客人的服务部门,它包括接待、住宿、餐饮、康乐、商务、公共活动等;后台是指酒店经营管理和后勤保障部门,它包括办公管理、工程管理、后勤服务等管理部门。

二、前厅布局(设计)主要风格

1. 花园式

此类酒店入口占地面积较大,通常有流畅的回车线环绕其间,有绿树与花草组成的各种颇具创意的图案与标志,又辅以雕塑、园林灯柱、精致栏杆的适当点缀,并与门旁的花草盆景相呼应,使整个酒店洋溢着浓郁的自然气息。

2. 庭园式

此类酒店其布局风格引入山水景点与花木盆景,素有"庭中公园"的美称。如在前厅内利用假山、叠石让水自高处泻下,其落差和水声使大堂内变得有声有色、动静结合;或者在前厅的一角,种植大量的热带植物,设置小巧的凉亭与瀑布,使前厅空间更富自然山水的意境。

3. 支架式

此类酒店入口处造型新颖、美观。前厅设计一般采用玻璃钢、金属材料与透明塑料板等构成斜坡式、半球式、篷帐式和尖顶式等形态各异的棚架造型,采用富有立体感、光亮度强与特殊质地的新材料和新工艺,并配有动感很强的灯光,使整个酒店富有较强的浪漫色彩。

4. 门面式

此类酒店其风格是将门面设计装饰与广告促销进行有效组合,以吸引更多的客人。如有些酒店利用玻璃门与落地窗张贴巨大的广告艺术画,安装立面霓虹灯,以展示酒店的特色风貌。酒店入口通常使用旋转门、自动感应门和推拉门等。

5. 古典式

这是一种具有浓厚传统色彩的风格类型,前厅内往往配以古董般的吊灯、精美的古典绘画以及造型独特的楼梯栏杆,让客人感受到大堂空间的古朴典雅。

6. 现代式

这类酒店前厅设计风格追求整洁、亮敞、线条流畅。如前厅顶面球面形和地面圆形图案互相呼应,再配以曲面形墙壁与淡雅的色彩,前厅顶面设计有如星星闪烁的灯光,让客人犹如身临太空,情趣无穷;再辅以玻璃、不锈钢和磨光花岗岩等反光性强的材料装饰的通道,使前厅更显得玲珑剔透,充满了现代感。

三、前厅布局原则

1. 安全与舒适

(1) 安全原则是客人和员工在酒店进行各种活动时最基本的需求。前厅设施布局首先考虑安全因素。例如大厅的各个通道均纳入员工的视线范围以内,酒店标识幕墙、各台阶、各高低不平处、进出口及障碍处均有明显的标志等。

(2) 舒适原则主要是指每个细节的设计都要尽可能地符合人体舒适的需要。这样,既便于员工的服务提高工作效率,又有利于保证客人的人身和财产安全;还可让客人和员工都感到舒适。

2. 分区与渐变

(1) 分区原则是指前厅布局时要考虑各类设施在功能方面的相同或同类,并在陈设时要自然而明显地加以区分,如图1-1所示。

(2) 渐变原则是指在设计前厅布局时,随着功能区的不同,设计的风格应有所变化,但风格变化又会缓慢转换而不露痕迹。

3. 美观与实用

(1) 前厅的设计美观、典雅,设施的布局显得庄重、规范。

(2) 前厅各类设施讲究科学,既对客人和服务人员双方适用、实用,又便于服务人员提高工作效率。

4. 特色与绿色

(1) 成熟的酒店前厅均会有自己的特色和风格。

(2) 前厅布局设计者会按照国家星级酒店评定标准,倡导绿色设计、清洁能源、节能减排、绿色消费等符合环保的理念。

5. 管理与效益

（1）如果电梯过多，可能方便客人，但浪费电力；如果前厅很大，可能显得气派，但需要太多的清洁工维护；如果安排外驻单位过多，可能给客人带来较多的便利，但容易引发更多的矛盾。所以，前厅设计与布局会考虑各方面的综合成本。

（2）前厅设施的配置也不会一味地追求奢华、全面，酒店会综合考虑投资效益、控制成本、便于管理、充分利用空间及便于客人往来等因素。

总之，前厅布局是展示酒店的等级、规模、类别、品质，以及酒店所处的区域文化、民俗文化和企业文化等的一种艺术。

【例1-1】

多伦多希尔顿酒店的改造

多伦多希尔顿酒店建于1970年，位于市中心边缘的一条比较清冷的街道上。由于酒店陈设古板、简单，前厅装饰摆设没有吸引力，缺少现代感，使酒店生意下滑。后来，酒店业主用了2年的时间，对27层600间客房、前厅和酒店其他部位进行了全面改造。承担改造任务的KPMB建筑设计公司首先从大堂着手，以几何学作为总规划的主导手法，再注入明亮柔和的色彩和一种波浪形的分点灯光创作，彻底改变了原有的布局和基调，将前厅设计成新欧陆式的公众空间，并注入了大量的现代元素。

入口处地面铺设浅色大理石；休息区地面抬高并改铺深色实木地板，局部却铺入白色鹅卵石；总台由原来的死角位置改在电梯厅附近；合成竹片加钢管编制成的屏风隔开大堂休息区与电梯入口，既充分利用了空间，也明确了交通导向，同时，与天花透明玻璃窗垂下的布幔形成呼应，形式鲜明而独特；与第2层回廊连接的楼梯护栏以透明石材配合钢制材料，处理手法简洁、大方、精巧；只对原有空间进行务实的利用，但取消所有古旧的设计与装饰物。

整个前厅的改造设计充分利用了自然光线的折射，前厅空间布局中丰富而简练的层次都在折射光温和的点拨中显得很动人。此设计集辉煌、自然、现代于一体，三者简洁巧妙的结合使得前厅舒适明朗，焕然一新。

四、前厅布局规范

酒店前厅布局代表着一个酒店的形象，是给客人的第一感觉，所以前厅布局起着举足轻重的作用。

（一）前厅布局平面图

因酒店档次、酒店类型及经营理念、管理模式和文化背景等不同因素的影响，前厅设施及其布局在一定程度上会有所不同，但一般均会位置恰当、分区合理、方便客人使用，其形式大同小异，一般如图1-1所示。

（二）前厅布局规范

1. 大门的正门与边门功能有别

（1）正门是客人的主要进出口，一般外观高大、新颖、有特色，装饰用材档次较高，配件华丽，能对客人产生较强的吸引力。正门往往为直面、两扇玻璃门，或为旋转玻璃门，一般

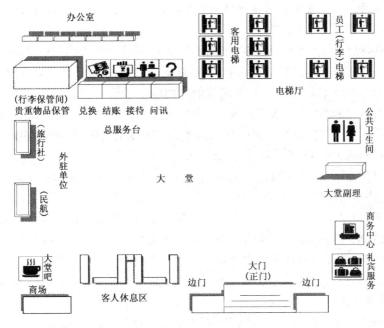

图 1-1　前厅布局示意图

选用厚度、强度、颜色适当的玻璃制作。玻璃安装牢固,不易脱落,门扇开启或旋转性能可靠。玻璃门上有醒目的中外文文字及图形标识,酒店的店名及店徽和星级标志醒目、美观,不会被往来的车辆挡住。正门便于客人进出和门童为客人提供开门服务,也便于根据客流量大小进行调控。

(2) 多数酒店正门的左右两侧各开 1~2 扇边门,以便于团队客人及行李和部分员工的进出。正门安装自动感应器的,同时开设手动边门,以防感应门失灵时客人无法正常进出酒店。有的酒店还设置了内、外双道门(两道有一定间距的门),内道门开启时外道门关闭,外道门开启时内道门自然关闭,这样可以防尘、保温、隔音和节能。

2. 大门的外部区域布局有方

(1) 酒店的正门外一般建有雨篷,大门前有上下车的车道、空间及回车道、停车场。车道宽度一般不小于 4.5 米,人行道、回车道、停车场及划定范围内无车辆乱放,以保障客人进出安全、方便。正门前台阶旁设立专供身体有障碍者轮椅出入的坡道,轮椅坡道宽度一般不少于 1.2 米,坡度一般不超过 12°。

(2) 通常在大门口地面铺设一块地毯或脚踏垫,供客人擦干净鞋底进入大厅,保持大厅清洁,也为了防止湿鞋的水滴使客人滑倒。正门或边门一侧还设立雨伞架,供客人存放雨伞。

(3) 有的酒店大门外的空旷处,通常还设置旗杆,一般有 3 根,中间最高的一根悬挂酒店所在国的国旗,两边分别悬挂酒店的店旗和在酒店下榻的外国国家元首所在国的国旗。有些酒店正门前还设计了小型花园和喷泉,为酒店增添了许多雅趣,也给客人留下了良好的第一印象。

3. 厅堂面积、门外空间、公共设施设备合乎星级评定标准

【特别提示】　修订后的国家标准《旅游饭店星级的划分与评定》(GB/T 14308—2010)

已于2011年1月1日正式实施。该标准规定了旅游饭店星级的划分条件、服务质量和运营规范要求，可参看学习。

（1）按酒店星级评定标准，大厅的建筑风格、面积必须与酒店的规模、星级相适应。

（2）前厅公共面积（不包括任何营业区域，如商场、商务中心、大堂吧等）与酒店的客房间数要符合一定的比例标准，即一般酒店的前厅面积不少于客房数×0.4平方米/间，而高档豪华酒店的前厅面积不少于客房数×0.8平方米/间。

（3）酒店大门外有自备的停车场，包括地下停车场、停车楼，或酒店周围200m内可以停放车辆的区域，有回车线，车位不少于15%～40%的客房数。

（4）前厅有与酒店规模、星级相适应的总服务台，有酒店设施布局示意图。大厅各服务区设施设备应齐全，设备的完好率不低于95%，分区摆设整齐、无尘、美观、舒适，功能一目了然。客用电梯数量不少于平均70～100间客房一部，高星级酒店的电梯有抵达行政楼层或豪华套房楼层的专控措施。厅堂内要设有宽敞的男女客用洗手间，各种洁具用品配备齐全且卫生、无异味，并设有身体有障碍者厕位。档次高的酒店还专门设有为宴会、展览会等集会服务的衣帽间。有的酒店还安装供客人免费使用的触摸式多媒体查询计算机等，以减少总台服务员的工作量并方便客人。

（5）前厅整体舒适，灯光气氛、墙面处理、色彩选用、艺术品（包括盆栽、盆景、插花、挂毯壁画等）摆放得体，布置要与装饰风格协调等。

5. 人员流向通道设计合理

（1）前厅是酒店客流汇集的中心区域，通行要方便，分布流向应合理，符合客人活动规律。

（2）客人活动区域、店外单位驻办点工作区域及员工通道、员工洗手间、操作区域、货用电梯等尽量隔离区分，避免交叉、串行，以防阻碍客人活动和加大服务与管理的难度。

6. 导向系统设置和公共信息图形醒目规范

（1）酒店内外应配置或设立醒目的图形、标志牌、路标、提示牌等。

（2）各种指示和服务用文字应至少使用规范的中文及第二种文字提示表示，导向标志清晰、实用、美观，导向系统的设置和公共信息图形符号必须符合GB/T 15566.8和GB/T 10001.1、GB/T 10001.2、GB/T 10001.4、GB/T 10001.9的规定。

【特别提示】《旅游饭店星级的划分与评定》（GB/T 14308—2010）指出：所谓第二种文字，是指酒店在规范汉字以外，根据客源细分市场定位所采用的其他文字，包括民族文字、外文等。在同时使用时，必须遵守"汉字在前在上，其他文字在后在下"的基本原则。

工作任务二　前厅环境氛围认知

基础知识

前厅环境氛围体现着酒店的风格和特色，也体现着酒店的管理理念和管理水平。随着酒店业的发展以及客人消费能力和文明素质的提高，酒店的氛围越来越被客人所看重。

一、前厅环境氛围及其舒适度

1. 前厅环境氛围

前厅环境氛围通常指前厅的环境气氛和服务气氛两个方面。前厅环境气氛是指酒店大厅内的各种设施设备、布局和装饰布置所体现的品位与各不相同的风格,以及清洁保养程度带给客人的不同感受。前厅服务气氛则是通过前厅部员工的主动、热情、耐心、周到和恰到好处的服务,给客人营造的一种宾至如归的氛围。

需要特别指出的是,前厅的服务气氛主要由前厅部员工的仪表仪容,礼貌礼节,言谈举止,待客态度以及知识技能等因素构成。在很多时候,关系到客人去留的因素之一就是酒店前厅服务气氛是否浓厚。

2. 前厅舒适度

酒店前厅舒适度就是指建立在专业化管理和整体氛围协调性基础上的高质量服务的一种结果。通常情况下,影响酒店前厅舒适度的一般因素有:光线明暗、温度高低、湿度大小、噪音强弱、气味浓淡以及装饰装潢、服务人员态度以及服务效率等。

前厅内人员集中,密度大,耗氧量大,如通风不畅,会使人感到气闷、压抑,因此,应使用性能良好的通风设备及空气清新剂等,以改善大厅内的空气质量,使之适合人体的要求。前厅一般离酒店大门外的闹市区或停车场较近,人员活动频繁,车辆噪音不断,加之大厅内的说话声、电话铃声等,声源杂、音量大,噪音超过人体感觉舒适的限度,会使人烦躁不安,易于激动、争吵、出错,降低工作效率。所以酒店前厅带给客人的舒适度在一定程度上决定着客人的去留。

二、前厅环境设计

前厅内的光线设计、色彩搭配及温度和湿度的控制,应能适应服务人员工作和客人休息对环境的要求,创造出前厅特有的安静、轻松的气氛。

1. 光线

(1) 前厅内有适宜的光线,能使客人与员工在适宜的光照下活动与工作。前厅内往往要求能通入一定量的自然光线,同时配备层次、类型不相同的灯光,以保证良好的光照效果。过于明亮的光线,会使人的眼睛过分紧张,产生头晕目眩等不舒适的感觉;过于昏暗的光线,不易使员工和客人彼此看清对方的脸部,也不利于准确地填写表格。

(2) 客人从大门外进入大厅,是从光线明亮处来到光线昏暗处,如果这个转折过快,客人会很不适应。在设计安装上,应采用不同种类、不同亮度、不同层次、不同照明方式的灯光,配合自然光线,以达到使每位客人的眼睛都能逐渐适应光线明暗变化的要求。

(3) 总服务台上方的光线不应太暗或太亮,更不能直接照在客人或服务员的脸上,否则,会使他们睁不开眼睛;也应保证光线不会把阴影留在服务人员的脸上,造成服务人员工作不便。

2. 色彩

(1) 前厅环境的好坏还受到前厅内色彩搭配的影响。前厅内客人主要活动区域的地面、墙面、吊灯等一般以暖色调为主,以烘托出豪华热烈的气氛。

(2) 色彩搭配与前厅的服务环境相协调。在客人休息的沙发附近,色彩略冷些,使人能有一种宁静、平和的心境。

3. 温度/湿度/通风

（1）前厅有适当的温度和湿度。酒店通过单个空调机或中央空调，可以把大厅温度维持在人体所需的最佳状态（一般是22℃～24℃），再配以适当的湿度（40%～60%），使整个环境比较宜人。

（2）通常高星级酒店大厅内风速保持在0.1～0.3米/秒，大厅内新风量一般不低于160立方米/人·小时。大厅内的废气和污染物的控制标准是：一氧化碳含量不超过5毫克/立方米；二氧化碳含量不超过0.1%；可吸入颗粒物不超过0.1毫克/立方米；细菌总数不超过3 000个/立方米。

4. 声音

（1）在建造前厅时，饭店管理者和设计者会考虑使用隔音板等材料降低噪音。前厅员工交谈时声音也应尽量轻些，有时甚至使用一些体态语言，代替说话进行沟通（如用手势招呼远处的同事）。

（2）前厅员工应尽量提高工作效率，使客人在高峰时间不致长久滞留于大厅，破坏大厅安静的气氛；对来店参观、开会、购物、用餐的客人，必要时也会劝告他们说话低声些。

（3）酒店尽可能地播放轻松、动听的背景音乐，以减少噪音对客人的骚扰，其音量大小一般以"要听则有，不听则无"为标准（一般以5～7分贝为宜），不影响宁静宜人的氛围。大厅内的噪音一般不得超过45分贝。

酒店前厅的功能照明、重点照明、氛围照明、色彩色调、温度、湿度、通风、声音等，在创造环境气氛和意境过程中发挥着积极的主导作用。

三、前厅氛围营造

因前厅氛围通常指大厅的环境气氛和前厅服务气氛两个方面，所以前厅员工应努力营造雅而不俗、井然有序、温馨愉悦的氛围。

1. 装饰设计突出酒店文化

（1）酒店前厅装饰通常采用壁画、雕塑、雕刻、书法、挂毯（图）等装饰艺术，具有良好的视觉感受。

（2）装饰设计主题突出，格调高雅，形制优美，色彩明亮，工艺精致，位置突出，韵味无穷；还富于创意，并借助于各种艺术手法，为前厅服务提供与酒店经营风格和谐一致、相得益彰的环境条件。

（3）配合前厅的建筑设计特色和装饰艺术风格，酒店前厅应随着季节、气候变化和活动需要适时调换花卉品种，以及配置适当的工艺摆件、挂件，烘托出服务氛围的整体感和艺术感。

2. 服务人员服务规范

（1）前厅服务人员要求穿戴的制服整洁、大方、庄重，站姿、坐姿、行姿规范，操作轻、准、快，说话轻声细语，敬语不离口。

（2）前厅服务人员要求微笑服务，因为微笑是最重要的体态语言，微笑最具沟通性；要让客人时时处处感受到亲切和热情，微笑是最基本的服务要求。

（3）前厅服务人员要求注重服务效率，有求必应，有问必答，要主动观察，注意揣摩客人心理,做到真诚待客、言而有信,对客人的每一次承诺都要全力给予实现。

四、总台及其标准

总服务台(简称总台)是24小时为客人提供入住登记、问讯接待、查询留言、出租车预订、总账单结账、国内和国际信用卡结算及外币兑换、联系协调等前厅接待服务业务的机构。为了方便客人,总台一般都设在酒店首层前厅,且设置在门厅正对面或侧面醒目位置。总台长度及区域空间大小应与酒店星级和客房数量相匹配。总台人员一般采用站立式或坐式两种形式进行服务,前者常见于商务型酒店;后者常见于度假型酒店。

1. 总台的中轴线

总台的中轴线一般与客人进出酒店大门的直线通道垂直或平行。这样陈设的目的是为了使客人容易找到总台,也是为了使不能随意离开总台的服务员及时观察到整个前厅出入口、电梯、大堂咖啡厅、客人休息区等处的客人活动以及门外车辆的进出停靠等情况,便于迎送客人、接待服务和协调业务。

2. 总台的型制

总台常见的型制有中心长台型、侧向长台型和分立圆台型三种。如图1-2。

图1-2 中心长台型、侧向长台型及分立圆台型总台

中心长台型一般设置在前厅中后部,正对酒店大门处,呈半"口"或直线状;侧向长台型,多呈"L"、"W"、"H"、"门"等状,一般设置在酒店主出入口,位置也很醒目;分立圆台型一般设置在酒店主出口处,设立多个圆形台,位置突出。

中心长台型、侧向长台型的总台服务功能划分清楚,使用和管理方便,而分立圆台型的总台则有可以同时接待多批客人、减少相互干扰的特点,但对接待和服务人员的素质要求较高,管理难度较大。

近年来,常见的总台类型又可分为主题型、时尚型、功能型三种。主题型总台一般应用于五星级的主题性酒店或大型城市豪华酒店,通常以一组大型艺术作品作为总台背景,点出酒店的文化主题;时尚型总台一般体现整体设计特色和形式美感的追求;功能型总台通常以实用为原则,设计手法简洁、大方,巧妙的点缀也会有出人意料的效果。

3. 总台的大小

总台的大小是根据酒店前厅面积的大小、客房数量的多少及酒店接待工作的需要来确定的。

总台高度一般为1.2~1.3米,台面宽度为0.45~0.6米左右。总台内侧设有工作台,其高度一般为0.75~0.85米,台面宽度为0.6米左右。总台内侧与墙面之间,通常有1.2~

1.8米的距离,用于接待人员通行。

目前,国内许多酒店的总台设计已突破固有的模式,在体现人文精神的同时,还具有强烈的时尚品味。

四、总台管理方式

由于各酒店的类型、位置不同,建筑格局、客源结构、管理体制以及文化特色还存在许多差异,因此,总台的管理方式也有所不同。

1. 功能分设式

功能分设式典型的管理方式是将其基本服务功能划分为四个部分:问询、接待、外币兑换和结账。这四个部分在总台区域内是明确分开的,一般由前厅部和财务部分别管辖。由于功能划分明确,因此前厅部岗位设置符合这一原则,分别设问询员、接待员(由前厅部管辖)、外币兑换员和账务员(由财务部管辖)。

功能分设式管理方式的特点是任务明确、职责范围清楚,但也存在设岗较多、人工成本较高、人员业务单一、工作中容易产生推诿现象等不足之处。

2. 功能组合式

功能组合方式摒弃了以往传统的格局,其基本服务功能仍为四个主要部分,但在管理上除外币兑换仍需由财务部门负责外,其他三个基本服务功能(问询、接待、结账)统一划归前厅部管辖。

(2)采用功能组合式管理方式进行管理,可以降低人工成本,但对总台接待人员的各方面素质要求比较高,也使得总台接待人员的业务综合性强,劳动强度较大,劳动效率也较高。

3. 综合式

综合式总台管理方式的特点是业务量小,服务功能单一,服务内容简单。因此,岗位人数设置少,人工成本低,在行政隶属关系上一般划归客房部(房务部)管辖。小型酒店、旅馆、公寓及内部招待所多采用综合式总台管理方式。

总台管理方式虽有三种之分,但主要还是对总台进行基本的管理,其主要目标仍是为客人提供日常周到的服务。从发展的趋势看,随着科学技术的不断进步和计算机网络的发展,总台将日趋小型化。

【特别提示】 总台在酒店业常常被称为"前台",与之相对应的"后台"是指酒店经营管理和后勤保障部门。

工作任务三 前厅设备和用品认知

基础知识

一、前厅对客服务主要设备

在前厅的对客服务中主要有两类设备:一类是直接供客人使用的;另一类是服务人员

用以向客人提供服务的。前者如商务中心的电脑、打印机、复印机、传真机和碎纸机等,其性能、完好程度等将直接影响客人的使用;后者如电脑系统、电话系统等,如性能不佳或维护保养不善,也会影响内部操作和对客服务,从而间接影响服务质量。

二、前厅设备维护和保养的主要作用

前厅的许多服务项目是依赖其设备而提供的,设备是提供这些服务的基础。这些设备的质量在很大程度上决定了所提供的服务质量。酒店应维护好前厅设备的运行环境,这样,不但可适当延长设备的检修周期,提高设备的利用效率,减少设备解体时的损害,还可大大降低维修成本。因此,平时对设备使用环境的维护和设备的保养工作十分重要。

认知要点

一、前厅柜台主要设备

1. 计算机显示屏

前厅部柜台内应设计算机,通常100间客房以内的酒店至少应设两台显示屏,100~500间客房的酒店以每增加100间客房加设一台显示屏为宜,500间客房以上的酒店以每增加200间客房再加设一台显示屏为标准。

2. 酒店地图钟

酒店地图钟(见图1-3)可同时显示世界主要大城市的地方时间,计算机控制系统会保证各城市时间绝对同步,准确无误,时钟走时精度1秒/天。世界各主要城市(一般为9~16个)的时间在对应的时间牌上显示,牌上用中英文标出市名,主要城市大型世界时间地图屏还可标出城市象征性图案(如悉尼歌剧院、巴黎埃菲尔铁塔等),各主要城市在地图上用闪光的高亮度发光管显示相应的地理位置。

图1-3 酒店大堂地图钟

3. 打印机/复印机/身份证识别仪

前厅部一般有2台以上的打印机和复印机,打印机和复印机的出纸速度快,分辨率适当,选用不易夹纸及便于维修保养的品牌。

前厅部配备第二代身份证识别仪仪(图1-4),使入住登记工作快捷、准确,通常还可以减少一联入住登记表。将来,IC卡式的数字智能身份证投入使用后,入住登记工作将更快捷、更准确。

图 1-4　第二代身份证识别仪

4. 保管箱

高星级酒店一般设贵重物品保管箱供客人保管贵重物品(如图 1-5,图 1-6)。贵重物品保管箱放置于安全、隐蔽的专用房间内,贵重物品保管房比较接近总台的前厅收银处。贵重物品保管箱分格编号应清楚,完好率和保险系数一般应达到100%。贵重物品保管箱数量不少于客房数量的 8%,不少于两种规格;客源中散客比例高的酒店适当增加这一比例,客源中团体比例高的酒店适当减少这一比例。前厅收银处贵重物品保管箱的使用应是免费的,并且应该24小时对客服务。

图 1-5　酒店客房保管箱　　　　　图 1-6　酒店前厅保管箱

【特别提示】　目前,越来越多的高星级酒店在每间客房内设置了可供客人自己存取并设置密码的客用贵重物品小保管箱以方便客人,增加安全性,减少纠纷。

5. 信用卡刷卡机/收银机/验钞机/税务发票打印机/账单架

总台备有信用卡刷卡机及 POS 机(图 1-7),分别用于手工刷信用卡和计算机刷信用卡。刷卡时,已作废的客人签过名的签购单会当着客人的面撕毁。

图 1-7　信用卡刷卡机/POS 机/税务发票打印机

前厅收银处的人民币验钞机用以识别人民币的真伪(图 1-8)。有的酒店还准备了多种类外币验钞机,用以识别不同种类的外币的真伪。

总台还应准备账单架,分别用于存放团体和散客的账单。总台的前厅收银处还应准备收银机,以加快收银速度。

图 1-8　总台常用各式验钞机

6. 电子查询设备

使用计算机管理系统和客房电子门锁系统的酒店,在总台已看不见高大的钥匙架、邮件架以及旋转问讯架,而是采用科技含量较高的电子查询设备。电子查询设备在信息存储量、安全性等方面都比传统的旧式管理方式的效率更高,更富于时代特点。随着电子通信技术的不断发展,有的酒店在总台旁设置多媒体信息触摸屏进行查询;还有的设立了与机场、车站同步滚动、实时显示进出港航班、进出站车次的电子查询设备,因而,方便了客人不同需求,大大提高了服务效率。

7. 电子门锁/发卡机

酒店客房门锁及钥匙统称客房钥匙系统,有传统机械式和现代电子式两大类。现今的酒店基本都采用电子式门锁系统(见图1-9、图1-10)。电子式门锁系统构成,一般由整体成型的门锁、编码器、读码器、钥匙卡、打印机等组成,且多与本酒店计算机管理系统接口联网。

图 1-9　电子式门锁系统

图 1-10　磁卡式及感应式发卡机

8. 计算器/打时器

(1)总台还配多个计算器,及时地为客人计算消费金额,统计相关数据,制作报表。

(2)总台还备有打时器,对收到的各种信件、文件及资料打上时间,以控制收发信件、文件及资料的速度。

9. 档案小车/办公桌椅

(1) 档案小车用于存放订房档案夹,并且可以推动以方便取用。
(2) 有的酒店前厅部准备了办公桌及带轮办公用椅,便于员工工作。

二、前厅行李组主要设备(如图1-11)

【特别提示】 当行李组的所有设备不使用时,应按指定地点排放整齐,切勿乱放,以免影响工作效率和酒店留给客人的观感。

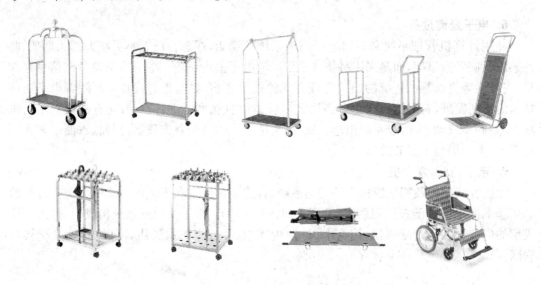

图1-11 前厅常用行李车/伞架/担架/轮椅

1. 行李车/行李寄存架

(1) 行李车有大小两种,有两轮的,也有四轮的,分别用于装载团体行李和散客行李。
(2) 行李寄存架放置于行李房中。行李寄存架有两种:一种是固定格子的;另一种是可以分成一个个可任意调整大小的格子的。每个格子通常只放一批客人的行李,同一批客人的数件行李应用绳子串起来放到一个格子上。

2. 伞架/轮椅/担架

(1) 无论酒店是否开设免费提供或出租雨伞的服务,酒店一般都应在大门口设置带锁的伞架,供客人自己存取雨伞。
(2) 轮椅专用于老、弱、病、残等行动不便的客人进出酒店。有些酒店还在行李房中存放担架,以供抢救危重病人之用。

3. 其他

有的酒店还准备了婴儿车架及包装行李用的绳子、纸张、剪刀、胶带纸等,以便于客人使用。

三、前厅总机房主要设备

程控电话交换机、电话自动计费器、自动叫醒控制系统,是酒店服务与管理的重要设备,专业操作要求高。所有机房设备应安装在干燥、通风、牢固的地方。

1. 程控电话交换机

（1）来电显示：1~6分机口均可接来电显示电话。

（2）打出与转接：打出时直拨外方号码；转接时直拨分机号码。

（3）内部通话：直拨分机号（房号）；或先拨＊号，再拨分机号码（房号）。

（4）通常允许多台（对）电话，包括外线出入呼叫、通话、转接，以及内部呼叫、通话，同时进行，互不干扰。

2. 电话自动计费器

（1）电话计费器集中管理系统由公话管理部门的管理计算机和分散在各业主处的计费器单机组成。

（2）管理中心随时将最新计费参数送到计费器，同时收集计费器中的话费、话务统计信息，校正计费时钟，确保半费/全费、节假日、优惠日话费优惠的统一和准时执行；若有用户投诉乱收费，管理中心可随时调出通话记录，客观公正地处理纠纷。

3. 自动叫醒控制系统

详见项目五模块一工作任务二。

【特别提示】 总机房设备与酒店其他设备一样，其有效性是客人对酒店服务与管理的核心需求之一。因此，应做好岗位及机房的整洁工作，做到"三干净"：设备干净、系统管线干净、机房干净。

四、前厅常用办公文具

1. 各种铅笔/削铅笔刀/小图章架

铅笔用于制作前厅部各种报表的草表；小图章架用于存放各种前厅部专用图章，这些图章应由专人保管，员工下班时应锁好。

2. 各种文件夹/多用途订书机/拔钉器/纸张穿孔器

各种文件夹用于存放各种不同的文件及报表；多用途订书机和拔钉器用于装订前厅部各种资料及拆开装订好的资料；纸张穿孔器用于把资料穿孔后存入文件夹。

3. 涂改液/荧光笔

涂改液用于掩盖写错的内容，并在涂改液干后重新写上正确的内容；不同颜色的荧光笔由不同的部门或班组专用，表示不同的意义，且把重要内容用荧光笔划出而不盖住内容以引起特别注意。

【特别提示】 前厅部常用的办公文具种类多、用量大，使用时应注意节约，并防止错放、遗失等现象出现；同时，应注意对常耗品和易耗品进行定额数量的备用。

工作任务四　前厅部组织机构与岗位设置认知

基础知识

一、前厅部组织机构组成部分

前厅部的组织机构是根据酒店企业的类型、体制、规模、星级、管理方式和客源特点等方面的因素进行设置的。其一般由以下部室组成：预订、问询、接待、礼宾、结账、大堂副理、商务（行政）楼层、电话总机和商务中心等。

另外，通常在前厅还设有其他非酒店所属的服务部门，如银行驻店机构、邮政部门驻店机构、旅行社分社驻店机构、民航以及其他交通部门驻店机构等，以作为完善酒店不同服务功能需求的必要补充。

二、前厅部组织机构设置原则

1. 因店而异的原则

前厅部组织机构的设置应结合酒店企业性质、规模、地理位置、管理方式和经营特色等实际情况，不宜生搬硬套。例如，规模小的酒店或以内宾接待为主的酒店，可以考虑将前厅接待服务划入客房部管辖，不必单独设置。

2. 因事设岗、因岗定人、因人定责的原则

机构设置遵循"因事设岗、因岗定人、因人定责"的劳动组织编制原则，在防止机构重叠、臃肿的同时，要处理好分工与合作、方便客人与便于管理等方面的矛盾。

3. 分工明确的原则

前厅部各机构及各岗位职责和任务应明确，指挥系统应高效、健全。在明确各岗位人员工作任务的同时，应明确上下级隶属关系以及相关信息传达、反馈的渠道、途径和方法，防止出现职能空缺、业务衔接环节脱节等现象。

4. 协作便利的原则

前厅部组织机构的设置不仅要便于本部门岗位之间的协作，而且还要有利于前厅部与其他相关部门的合作。

认知要点

一、前厅部组织机构的异同（图1-12/图1-13/图1-14）

1. 管理层次不同

小型酒店前厅部管理层次少，而大型酒店层次多。小型酒店前厅部组织机构中可能只有经理级、领班级（或主管级）、员工级三个层次，而大型酒店有房务总监、部门经理级、主管级、领班级和员工级五个层次。

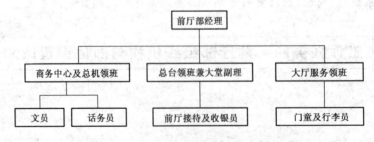

图1-12　小型酒店前厅部组织机构示意图

项目一　前厅(部)及职业认知

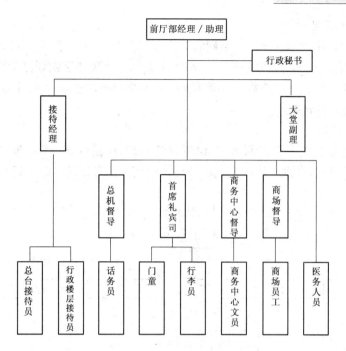

图 1-13　中型酒店前厅部组织机构示意图

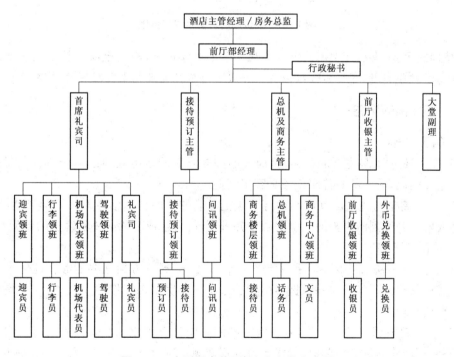

图 1-14　大型酒店前厅部组织机构示意图

2. 内容范围不同

小型酒店前厅部组织机构内容少、范围小,而大型酒店内容多、范围广。如小型酒店的前厅部没有商务中心、机场代表和车队等。而大型酒店则有。

19

3. 职能划分不同

小型酒店前厅部职能划分较粗,不同的岗位有可能合三为一,甚至合四为一,如将客房预订、入住接待、总台问讯和总台收银一并归入总台接待;而大型酒店则划分精细,分工细致。

【特别提示】 部分小型酒店不设前厅部,由客房部经理管理总服务台;也可以把前厅部与销售部或公关部合并。

4. 房务总监制

在实行总监制的大型现代酒店中,设置房务系统,由前厅部、客房部、保安部和工程部等几个二级部门组成,并设立房务总监的职位统辖整个房务系统(图1-15)。

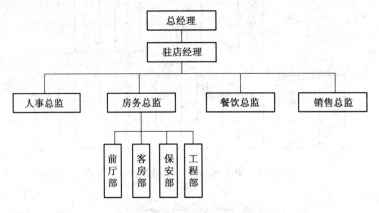

图1-15 大型酒店房务系统示意图

【特别提示】 有些大型酒店前厅部设立了专职收银员,而总台收银员在大多数大中型酒店隶属于财务部,但有与总台接待员合并成一个工种并隶属于前厅部的趋势。

二、前厅部的功能

1. 销售客房

(1) 客房是酒店最主要的产品,目前我国许多酒店的客房赢利占整个酒店利润总额的50%以上。因此,前厅部的首要任务是客房销售。

(2) 前厅部通过先进的互联网预订手段把酒店的实时房态信息及价格等传达给客人,方便客人随时查询到酒店当前的空房数量并进行预订,已成为酒店销售客房的新型手段。

2. 控制房况

(1) 前厅部一方面协调客房销售与客房管理工作,另一方面还要能够在任何时候正确地反映客房状况。正确反映并掌握客房状况是做好客房销售工作的先决条件,也是前厅部管理的重要目标之一。

(2) 前厅部要做好这项工作,除了实现控制系统计算机化和配置先进的通讯网络设备等设施外,还应建立健全完善的、行之有效的管理规章制度,以保障前厅部与相关部门之间的有效沟通及合作。

3. 建立客账

(1) 总台可在客人预订客房时商定并建立客账(收取定金或订金),也可在客人办理入住手续时建立客账。

(2) 客人经过必要的信用证明,即可在酒店内各对客服务区域(一般不包括商品购物)签单赊账。建立客账是为了实时记录并监督客人与酒店之间的财务关系,达到方便客人、保障酒店声誉并获取经济效益的目的。

(3) 在提供了客人累计消费额和信用资料的基础上,总台、财务部门按服务程序和酒店政策约定,与相关部门或各营业点协调沟通,及时登账,迅速、快捷地为客人办理离店结账手续。

4. 客史建档

(1) 前厅部为更好地发挥信息集散和协调服务的作用,一般都要为住店一次以上的客人建立客史档案。

(2) 无论采用计算机自动记载、统计,还是手工整理统计等方法,建立客史档案时,一般都要将客人的姓氏、身份、公司、抵/离店日期、消费记录、信用等级及特殊要求作为主要内容予以记载,作为酒店提供周到、细致、有针对性服务的依据。

5. 提供信息

(1) 前厅是客人汇集活动的场所,这使前厅部员工与客人保持着最多的接触,因此前厅部员工随时准备向客人提供其所需要和感兴趣的信息资料。如酒店近期推出的美食周、艺术品展览等活动信息,这使得住店客人的生活更加丰富多彩。

(2) 前厅部员工充分掌握并及时更新着有关商务、交通、购物、游览、医疗等详细和准确的信息,使客人"身在酒店内便知天下事",处处让客人感到方便。

6. 前厅服务

(1) 作为直接向客人提供各类相关服务的前台部门,前厅服务范围包括机场和车站接送服务、门童行李服务、入住登记服务、离店结账服务,还涉及换房服务、退房服务、问询服务、票务代办服务、邮件报刊(函件)服务、电话通信服务、商务文秘服务等,实际上这是"大前厅服务"理念的体现。

(2) "大前厅服务"理念的核心思想是:在完成前厅各项服务过程中,促使前厅服务与酒店其他服务,诸如客房服务、餐饮服务、安全服务等方面共同构成酒店的整体服务,表现为"服务链条"的紧密衔接,避免推诿、"扯皮"或"踢皮球"等现象,强调"服务到位",使客人对酒店留下满意、深刻的印象。

7. 协调沟通

(1) 前厅部根据客人要求和酒店营销部门的销售计划衔接前、后台业务以及与客人之间的联络、沟通工作,达到使客人满意以及内部业务运作顺畅的目的。

(2) 如客人向前厅部员工反映房间温度等问题,前厅部员工应通过管理渠道向设备维护部门反映客人意见,并给予客人圆满的答复。

8. 辅助决策

前厅部每天都要接触大量有关客源市场、产品销售、营业收入、客人意见等信息,因此,需通过统计分析,及时将整理后的信息向酒店决策管理机构汇报,并与有关部门协调沟通,采取对策。

四、主要岗位设置及业务分工

【特别提示】 酒店规模、等级不同,前厅部岗位设置及其业务分工也不同。前厅接待服务岗位的作业区可以划分为以下两大方面:一是店内区域设置在前厅或大堂范围内的接待服务人员和专业岗位及相应的管理人员;二是店外区域设置机场、车站接待服务的酒店代表以及车队司机、行李员等。

1. 预订处(Reservation)

接受、确认和调整来自各个渠道的房间预订,办理订房手续;制作预订报表,对预订进行计划、安排和控制;掌握并控制客房出租状况;负责对外宣传和联络客源;定期进行房间销售预测并向上级提供预订分析报告。

【特别提示】 现代酒店在经营管理过程中,往往根据业务管理需要,将预订处归属酒店市场公关营销部,但前厅部仍可处理预订客房的事务。

2. 接待处(Reception)

负责接待抵店投宿的客人,包括散客、团体、长住客、非预期抵店以及无预订客人;办理客人住店手续,分配房间;与预订处、客房部保持联系,及时掌握客房出租变化,准确显示房态;制作客房销售情况报表,掌握住房客人动态及信息资料等。

3. 问讯处(Information)

负责回答客人的询问,提供各种有关酒店内部和外部的信息;提供收发、传达、会客等应接服务;负责保管所有房卡的制卡及其相关信息的更改。

4. 收银处(Cashier)

负责酒店客人所有消费的收款业务,包括客房餐厅、酒吧、长途电话等各项服务费用;同酒店一切有客人消费的部门的收银员和服务员联系,催收核实账单;及时催收长住客人和公司超过结账日期、长期拖欠的账款;夜间统计当日营业收益,制作报表。

5. 礼宾部(Concierge)

负责店口或机场、车站、码头迎送客人;调度门前车辆,维持门前秩序;代客卸送行李,陪客进房,介绍客房设备和服务,并为客人提供行李寄存和托运服务;分送客人邮件、报纸、转送留言、物品;代办客人各项委托事务。高星级酒店提供"金钥匙"服务。"金钥匙"是前厅部下设的一个岗位,归前厅部经理直接管理。"金钥匙"的全称是"国际酒店金钥匙组织"(UICH),是国际性的酒店服务专业组织(详见项目三模块一工作任务二)。

6. 电话总机(Telephone Switch Board)

负责转接酒店内外电话,承办传统电话回答客人的电话询问;提供电话找人、留言服务;叫醒服务;播放背景音乐;充当酒店出现紧急情况时的指挥中心。

7. 商务中心(Business Centre)

提供信息及秘书性服务,如收发电传、传真和电报、复印、打字及计算机文字处理等。

8. 客务关系部(Guest Relations Department)

不少高档酒店在前厅设有客务关系部,其主要职责是代表总经理负责前厅服务协调、贵宾接待、投诉处理等服务工作。在不设客务关系部的酒店,这些职责由大堂副理负责,大堂副理还负责大堂环境、大堂秩序的维护等事项。

【特别提示】 大堂副理一般为主管级或领班级员工,有的酒店直属于总经理或住店经理管辖;大型酒店的大堂副理往往设三人以上,其中一人负责管理其他的大堂副理,此人常常被称为大堂经理;有的酒店还设立宾客关系主任(Guest Relation Officer)取代大堂副理,而此种情况下大堂副理通常被称为高级宾客关系主任(Senior Guest Relation Officer)。

模块二 职业认知

任务导入

职业认知——熟悉职业角色、熟悉前厅技能鉴定标准

1. 通过计算机网络查找有关酒店业内成功人士的故事,记录、整理其获得成功的要素,以"职业认知"为题,完成一份"我对前厅工作认知书",由教师指派数名学生在课堂宣读并逐一进行点评。

2. 通过中华人民共和国人力资源和社会保障部网站和当地人力资源和社会保障厅(局)网站,查询有关前厅服务员和职业经理人职业资格考试方面的信息,并设计自己的职业规划,由教师做课外指导。

3. 教师讲解前厅服务与管理技能的特点等相关知识点。

工作任务一 前厅服务员素质认知

基础知识

一、前厅服务员工种定位

前厅服务员是指在现代酒店前厅部为客人提供入住接待、问讯查询、兑换结账、行李运送、报刊递送、商务联系、协调组织等服务的工作人员。前厅服务员是现代酒店的主要工种,是我国第三产业中服务领域内的主要职业之一。本世纪初,国家人力资源和社会保障部把"前厅服务员"列入了实行劳动就业准入制度的工种,其职业编码是 4-04-01-01。

二、前厅服务员工作特点

前厅服务员是分布于不同规模、不同档次的提供住宿服务的现代酒店的通用性技术工种,整个职业具有覆盖面广、技术差异大、服务要求高、工作责任大等特点。

三、职业素质的特点

1. 稳定性和发展性

不同的职业,职业素质是不同的。一个人的职业素质是在长期执业时间中日积月累形成的。它一旦形成,便产生相对的稳定性。当然,人们为了更好地适应、满足、促进社会的发展的需要,总是不断地提高自己的素质。所以,素质也具有发展性。

2. 内在性和整体性

职业从业人员在长期的职业活动中,经过自己学习、认识和亲身体验,觉得怎样做是对的,怎样做是不对的。这样,有意识地内化、积淀和升华的这一心理品质,就是职业素质的内在性。

一个从业人员，虽然思想道德素质好，但科学文化素质、专业技能素质差，就不能说这个人整体素质好。相反，一个从业人员科学文化素质、专业技能素质都不错，但思想道德素质比较差，同样，我们也不能说这个人整体素质好。所以，职业素质一个很重要的特点就是整体性。

认知要点

一、前厅服务员职业素质构成

1. 职业道德素质

（1）职业道德是社会道德在职业活动领域中的体现和细分；是一种全行业的道德规范的行为准则；是从业人员必须遵守的道德信条；是历史继续性和时代进步性的高度统一体。它的精髓是爱岗敬业、无私奉献、团结协作、遵章守纪、精益求精、勇于创新。

（2）前厅服务员必须有良好的职业道德修养，品行端正、诚实，及时向上级或同事报告工作或传递信息，责任心强，爱护酒店财产，关心、维护客人利益和酒店利益；服务意识强，具有主动、热情、周到、细致、彬彬有礼等服务的思维和行为方式；能够在职业活动中强调无条件地为客人服务的思想观念。

2. 理论与技能素质

（1）在酒店服务与管理的理论知识方面，前厅服务员能够熟悉我国的外事纪律及外事礼仪，能够了解、运用主要客源国（地区）的政治、经济、历史、地理、宗教和民俗方面的知识；熟悉所在酒店的规章制度、服务项目、服务时间、服务特色、所在地景区景点情况及交通信息。

（2）能够熟悉并掌握前厅部服务地位及其主要任务，包括现代酒店的定义和特点、前厅部所处的位置和服务地位、酒店信息收集与发散、客务关系组织特点及客户各项开发与维护、客人投诉处理、客房销售与房况控制、大堂服务、信息处理与辅助决策、协调沟通、客史档案与客账建立等。

（3）在前厅服务操作技能技巧方面，服务员经过一定时期的训练和模仿，能够进行复杂动作的分解、感觉动作的要领，并能够进行单独操作；熟练掌握酒店计算机管理系统的操作，并能熟练使用传真机、打字机、投影仪等设备，懂得电话接转和留言转递等操作；能够掌握口头语言和身体语言的表达技巧，委婉、正确、中肯、友善地说服客人，使客人信任酒店，愿意接受酒店。

（4）经常接待境外客人的前厅服务员，还要能够使用相关的外语或方言为客人服务；前厅服务员还要会"心算"，具有熟练的心算能力，能够缩短客人办理入住等手续的时间，提高服务效率。

（5）前厅服务员还必须掌握和运用有关服务心理学、公共关系、社交礼仪等基础知识，还要有一定的文学、美术、音乐、美学、建筑学等方面的修养及一定的相关法律法规知识、计量知识、安全防范知识。

二、前厅服务员职业行为能力

【特别提示】 在科学发展观指导下，从满足社会需求和适应学生职业生涯发展的角度出发，职业教育专家们认为高职学生的综合职业能力应包括专业能力、工作能力、学习能力和社会行为能力。

1. 职业形象塑造

（1）前厅服务员应身体健康,体形匀称,五官端正,精力充沛;面容清洁,发型美观大方,手部清洁;按酒店规定着装,佩戴服务牌,注意个人卫生。

（2）在工作中的站姿、坐姿、走路的步态、工作心态、对客人的态度、说话的语气和音调以及面部表情等都应体现出专业、规范、训练有素的严谨形象,还应有适度的幽默感、温馨的微笑等。

2. 职业行为控制

（1）前厅服务员会通过观察客人外表、职业、表情、姿态等变化,及时准确地推断出客人的心理;会控制自己的情绪,尤其能理智地对待个性强的客人。

（2）前厅服务一方面受服务规程、服务标准的约束,另一方面还应为客人千方百计地解决问题,这种控制举止的行为就要求前厅服务员能具有意志的自觉性和坚毅性。

3. 职业心理特征

（1）前厅服务员应有稳定的心理素质和良好的情绪控制能力,还应具备准确、敏锐的注意力。

（2）除了记忆比较复杂的接待服务操作程序及酒店设施、服务简介、景区景点、交通通讯等外,前厅服务员还应熟悉回头客、老客户的相貌特征、单位及姓名等,并能积极主动地提供针对性的服务。

4. 职业沟通能力

（1）在为不同消费层次、不同需求的客人提供服务的过程中,能够合理、灵活地掌握原则并妥善处理各项业务。

（2）能够正确认识人际关系的存在,通过自身的努力交往、沟通以及客人主动作用的相互影响,使前厅服务与客人之间始终处于和谐、互动、互利、共享的正常的人际关系氛围之中。

（3）前厅服务员还应有销售意识,良好的推销技巧;应设法让客人先了解自己的酒店,在适当的时机以巧妙的方式进行推销。每一位进入酒店大门乃至拨打酒店电话的客人,都可能成为酒店的潜在客人或对潜在客源有影响的人。有了这样的意识和能力的酒店员工即体现出了良好的职业道德和专业行为。

工作任务二　国家职业技能鉴定标准认知

基础知识

一、职业资格证书制度基本概念

1. 职业资格证书制度

职业资格证书制度是劳动就业制度的一项重要内容,也是一种特殊形式的国家考试制度。它是指按照国家制定的职业技能标准或任职资格条件,通过政府认定的考核鉴定机构,对劳动者的技能水平或职业资格进行客观公正、科学规范的评价和鉴定,对合格者授予相应的国家职业资格证书。

2. 职业资格证书作用

职业资格证书是表明劳动者具有从事某一职业所必备的学识和技能的证明。它是劳动者求职、任职、开业的资格凭证,是用人单位招聘、录用劳动者的主要依据,也是境外就业、对外劳务合作人员办理技能水平公证的有效证件。

3. 实施职业资格证书制度的法律依据

《劳动法》第八章第六十九条规定:"国家确定职业分类,对规定的职业制定职业技能标准,实行职业资格证书制度,由经过政府批准的考核鉴定机构负责对劳动者实施职业技能考核鉴定。"《职业教育法》第一章第八条明确指出:"实施职业教育应当根据实际需要,同国家制定的职业分类和职业等级标准相适应,实行学历文凭、培训证书和职业资格证书制度。"这些法规确定了国家推行职业资格证书制度和开展职业技能鉴定的法律依据。

4. 国家职业资格证书等级

我国职业资格证书分为五个等级:初级(国家职业资格五级)、中级(国家职业资格四级)、高级(国家职业资格三级)、技师(国家职业资格二级)和高级技师(国家职业资格一级)。

5. 就业准入

所谓就业准入是指根据《劳动法》和《职业教育法》的有关规定,对从事技术复杂、通用性广、涉及到国家财产、人民生命安全和消费者利益的职业(工种)的劳动者,必须经过培训,并取得职业资格证书后,方可就业上岗。实行就业准入的职业范围由劳动和社会保障部确定并向社会发布。

二、职业技能鉴定的基本概念

1. 职业技能鉴定

职业技能鉴定是一项基于职业技能水平的考核活动,属于标准参照型考试。它是由考试考核机构对劳动者从事某种职业所应掌握的技术理论知识和实际操作能力做出客观的测量和评价。职业技能鉴定是国家职业资格证书制度的重要组成部分。

2. 职业技能鉴定的主要内容

国家实施职业技能鉴定的主要内容包括:职业知识、操作技能和职业道德三个方面。这些内容是依据国家职业(技能)标准、职业技能鉴定规范(即考试大纲)和相应教材来确定的,并通过编制试卷来进行鉴定考核。

3. 职业技能鉴定方式

职业技能鉴定分为知识要求考试和操作技能考核两部分。知识要求考试一般采用笔试,技能要求考核一般采用现场操作加工典型工件、生产作业项目、模拟操作等方式进行。

> 认知要点

一、前厅服务技能特点

【特别提示】 前厅服务技能是指从事酒店前厅服务工作的人员,在完成对客服务中具备的有关客房预订、入住手续办理、行李应接等规范操作及其活动的能力。其包括实操技能和心智技能两个方面。

1. 多样性

前厅服务的职业活动既包括了对前台(总台)计算机、打印机、保管箱、信用卡刷卡机、计算器、打时机、行李车等设施设备、物品工具的操作使用及其清洁、整理和维护的活动,同时也包括了对客人的沟通、协作活动,这种多样性构成了前厅服务操作技能在整体存在和反应形式上的多样性。

2. 动态性

由于科学技术和生产力发展水平对社会的重大影响,以及市场经济体制下企业经营服务方面的多层化,使前厅服务员这一职业对操作技能的要求在整体上呈现动态特征。

3. 关联性

前厅服务操作技能的可观测性水平极大程度依赖于前厅服务操作时与操作对象、工具、环境乃至程序的内、外关联性水平。

3. 重复性

由于酒店服务项目内容及形式的相对固定性和前厅服务工作流程标准化,酒店前厅服务就有一定的规律性,其操作技能重复性的特征也就凸现出来。

二、前厅服务员国家职业技能标准

1. 标准的制定

根据《中华人民共和国劳动法》的有关规定,为了进一步完善国家职业技能标准体系,为职业教育、职业培训和职业技能鉴定提供科学、规范的依据,人力资源和社会保障部组织有关专家,制定了《前厅服务员国家职业技能标准(2009年修订)》(以下简称《标准》)。

2. 标准的实施

(1) 本《标准》以《中华人民共和国职业分类大典》为依据,以客观反映现阶段本职业的水平和对从业人员的要求为目标,在充分考虑经济发展、科技进步和产业结构变化对本职业影响的基础上,对职业的活动范围、工作内容、技能要求和知识水平都作了明确规定。

(2) 本《标准》的制定遵循了有关技术规程的要求,既保证了《标准》体例的规范化,又体现了以职业活动为导向、以职业能力为核心的特点,同时也使其具有根据科技发展进行调整的灵活性和实用性,符合教育、培训、鉴定和就业工作的需要。

(3) 本《标准》依据有关规定将本职业分为三个等级,包括职业概况、基本要求、工作要求和比重表四个方面的内容。

(4) 本《标准》业经人力资源和社会保障部批准,自2009年5月25日起施行。

【特别提示】 高等职业技术类院校相关专业的学生毕业时应完全掌握初、中级前厅服务员技术水平要求,初步了解和掌握高级前厅服务员知识与技能的要求。

三、前厅服务员(中级)资格鉴定考核

1. 基本知识

(1) 职业道德:其主要内容为爱岗敬业,诚实守信,办事公道,服务群众,奉献社会。

(2) 职业守则:热情友好,宾客至上;真诚公道,信誉第一;文明礼貌,优质服务;以客为尊,一视同仁;团结协作,顾全大局;遵纪守法,廉洁奉公;钻研业务,提高技能。

(3) 计算机使用：计算机基础知识、计算机网络基础知识、酒店前台系统操作基础知识。

(4) 前厅服务：前厅接待礼仪、英语基本接待用语、我国少数民族生活习俗与禁忌、主要客源国的宗教信仰与习俗、服务心理知识、前厅服务质量知识。

(5) 安全服务：消防知识、公共场所卫生知识、安全操作知识、突发事件应急处理知识。

(6) 相关法律、法规：劳动合同法、消费者权益保护法、外汇管理暂行条例法、旅馆业治安管理办法、外国人入境出境管理法、消防法。

2. 鉴定内容及要求（表1-2）

表1-2 前厅服务员（中级）国家职业技能鉴定内容及要求

职业功能	工作内容	技能要求	相关知识
一、客房预订	（一）预订处理	1. 能填写预订书 2. 能处理预订变更 3. 能处理预订取消 4. 能处理超额预订	1. 预订变更、预订取消注意事项 2. 婉拒预订处理技巧 3. 超额预订处理方法
	（二）抵店前准备	1. 能制作预计抵店客人报表等 2. 能核对、存放客房订单 3. 能传递订房信息	1. 宾客接待规格分类 2. 报表种类 3. 宾客抵店前准备工作要求
二、礼宾行李服务	（一）物品转交	1. 能受理宾客转交物品 2. 能转交宾客物品	1. 受理宾客转交物品注意事项 2. 转交宾客物品注意事项
	（二）行李服务	1. 能处理行李错送 2. 能处理行李破损 3. 能处理行李丢失	1. 有关部门行李处理规定 2. 行李错送、破损、丢失处理注意事项
三、前厅接待服务	（一）外币兑换	1. 能进行外币现钞兑换 2. 能进行外币旅行支票兑换	1. 外币现钞及旅行支票种类 2. 外币兑换率计算办法 3. 外币现钞及旅行支票识别
	（二）贵重物品保管	1. 能提供贵重物品寄存服务 2. 能提供贵重物品提取服务	1. 贵重物品寄存管理规定 2. 贵重物品寄存注意事项 3. 贵重物品注意事项
	（三）宾客留言	1. 能提供"住客留言"服务 2. 能提供"访客留言"服务	1. "住客留言"服务要求 2. "访客留言"服务要求
	（四）客史档案管理	1. 能收集"客史档案"信息 2. 能整理"客史档案"信息 3. 能利用"客史档案"提供针对性服务	1. "客史档案"内容及作用 2. "客史档案"应用范围

（资料来源：前厅服务员国家职业技能标准（2009年修订）. 中国劳动社会保障部）

3. 鉴定考核内容比重（表1-3）

表1-3 前厅服务员（中级）国家职业技能鉴定考核内容比重

项目		理论(%)	实操(%)
基本要求	职业道德	5	—
	基础知识	10	—
相关知识与技能	客房预订服务	25	30
	礼宾行李服务	25	25
	前厅接待服务	35	45
合计		100	100

【特别提示】 知识要求考试一般采用笔试,技能要求考核一般采用现场模拟操作方式进行。计分一般采用百分制,两部分成绩都在 60～79 分为合格,80～94 分为良好,95 分以上为优秀。中级前厅服务员理论知识考试时间为 90 分钟;技能操作考核时间不少于 40 分钟。

4. 鉴定场所设备

标准教室(理论考试)、模拟总台、计算机终端及打印机、扫描仪、大/小行李车、行李寄存架、验钞机、账单架、住房卡、信用卡刷卡机、POS 机、电话机、传真机、电子钥匙及制卡机、常用办公室及设备、宣传广告资料架、贵重物品保管箱等。

5. 技能标准及鉴定证书(图 1-16)

图 1-16 前厅服务员国家职业技能标准/鉴定证书(中级)

项目小结

前厅:位于酒店门厅处,是包括酒店大门、大堂和总服务台在内的为客人提供综合服务的区域。

前厅部:也称大堂部、前台部或客务部,主要设置接待、问讯、结账、兑换等业务岗位。前厅部是酒店服务与管理的关键部门。

前厅部组织机构:一般由部室、预订、问询、接待、礼宾、结账、大堂副理、商务(行政)楼层、电话总机、商务中心等组成。

前厅部主要岗位:预订处、接待处、问讯处、收银处、礼宾部、电话总机、商务中心、客务关系部、大堂副理。

前台:前台是指接待客人的服务部门,它包括接待、住宿、餐饮、康乐、商务、公共活动等。

后台:是指酒店经营管理和后勤保障部门,它包括办公管理、工程管理、后勤服务等管理部门。

总台:也称总服务台,是 24 小时为客人提供入住登记、问讯接待、查询留言服务、出租车预订、总账单结账、国内和国际信用卡结算及外币兑换、联系协调等前厅服务的代表接待机构。

前厅设计原则:是指在进行前厅设计时应该遵守的安全与舒适、分区与渐变、美观与方便、管理与效益、特色与绿色的规范。

职业资格证书制度:是劳动就业制度的一项重要内容,也是一种特殊形式的国家考试制度。

职业技能鉴定：是一项基于职业技能水平的考核活动，属于标准参照型考试。

前厅服务员：是指在现代酒店为客人提供入住接待、问讯查询、兑换结账、行李运送、报刊递送、商务联系、协调组织等服务的工作人员。

前厅服务技能：是指从事酒店前厅服务工作的人员在完成对客人接待服务中具备的规范操作及其活动的能力，包括客房预订、入住手续办理、问讯留言、行李应接、收银结账、表格填写、设备使用、语言应答、投诉处理等。其可分为实操技能和心智技能两种。

前厅服务技能的特点：主要有多样性、动态性、关联性和重复性。

检　测

一、案例分析

张娟的职业困惑

张娟是一名前厅部的清洁员，近段时间以来，她很烦躁，感觉事事不顺，每天做着枯燥乏味的卫生清洁工作，脾气变得越来越躁，同事之间的关系也越来越紧张，还时不时地要受领班的批评，刚毕业时梦想的宏伟理想好像离自己越来越远，遥遥无期。她开始怀疑是不是自己选错了专业，不适合酒店行业，但也不知道该去做什么。

时间不长，张娟向部门经理申请提出要调换一下部门，到别的部门适应适应。经理做她的思想工作，出于她的性格比较内向，建议她继续在前厅部卫生班工作。

工作一段时间之后，张娟感觉还是没有改变原来的状态，听到周围的朋友讲酒店行业是吃青春饭的行业，又了解到自己的同学在上海的一家房地产公司做销售小姐，她很想去做。于是，她向酒店提出了辞职申请。

接到她的辞职申请后，人力资源部经理按照常规进行了一次离职约见。询问离职的原因时，张娟说她不适应酒店的工作；询问到她的去向时，回答要去上海做售楼小姐；问到她对售楼小姐的了解时，她回答先去看看再说。人力资源部经理感觉到张娟的职业方向性不是很明确，鉴于她所学的专业是酒店服务与管理，刚招聘来时对工作满怀热情，还有可以挽留的希望，就同张娟进行了一次围绕她的职业规划议题的深入谈话。人力资源部经理从她本人的性格、职业特长分析，描绘了她若干年以后的工作理想，帮助她做了一个个人职业规划设计。

经过2小时的深入交谈，张娟的眉头舒展开了，对自己的职业发展重新充满信心，答应人力资源部经理会继续在酒店做下去，并立志在酒店行业寻求进一步的发展。

二、小组讨论

请根据以上案例的内容分析后讨论：

1. 前厅部清洁员张娟在工作了一段时间后"开始怀疑是不是自己选错了专业，不适合酒店行业，但也不知道该去做什么。……于是，她向酒店提出了辞职申请。"那么，如果是你呢？

2. 你对张娟"听到周围的朋友讲酒店行业是吃青春饭的行业"的说法怎么看？

三、课内实训

1. 调查你所处地区几家大中型酒店的前厅部机构设置情况。

2. 参观几家不同星级的酒店,观察其前厅的环境、布局及总台的特点,并写出分析和评价报告。

四、课外拓展

1. 理论上讲:前厅设计应根据 CI、CS、CL 理论和方法来完成酒店形象定位。那么这些理论和方法的内涵究竟是什么?又如何使用它们进行前厅设计?

2. 修订后的《旅游饭店星级的划分与评定》(GB/T 14308—2010)指出:酒店在同时使用两中文字时,必须遵守"汉字在前在上,其他文字在后在下"的基本原则。请问这是出于什么考虑?其依据是什么?

3. 许多酒店已将原有的五级管理精简为三级管理,将管理工作建立在问题解决核心上,而不是仅仅依靠组织体系传达,从而使管理的层次扁平化。请问这样做能够解决哪些实际问题?

4. 随着"万事通"理念的普及和"金钥匙"业务的熟练,许多酒店前厅部为了保障服务顺畅、持续地展开着"金钥匙"业务,在前厅礼宾部和大堂副理班组设立"多岗金钥匙",将"一岗金钥匙服务"变为"多岗团队服务"。你对酒店前厅部的这一发展趋势如何评价?

项目二 预订处服务

学习目标

● 了解酒店制定预订政策的意义、内外宾客的区别、客房价格的构成、房态变化的原因。
● 理解客房预订类别的划分以及对电话预订、信函预订、面谈预订和网络预订的要求。
● 掌握一般房价、房型和房态相关知识,掌握超额预订控制、预订失约处理、预订信息核对及传递的方法。
● 运用客房预订工作原理,能够独立完成不同方式的客房预订工作。

项目导读

客人预订客房的方式多种多样,包括电话预订、传真预订、互联网预订、信函预订、当面预订等等。不同种类的预订方式各有特点,预订员要根据这些特点有针对性地为客人提供预订服务,积极有效地受理客人的预订。为提高酒店客房出租率,除了做好预订准备和预订受理的工作外,还应根据酒店自身情况进行超额预订控制的工作。这也是本项目的学习内容,其要点如表2-1:

表2-1 本项目要点内容阅读导引表

预订准备	预订受理	预订控制
酒店政策/内外宾客区别	电话预订程序/操作要求	确认性预订等工作程序标准
酒店客房预订客源渠道	处理电话预订特殊问题	婉拒预订工作程序/注意事项
计算机预订工作流程	函件/面谈/团队预订程序/要求	变更/取消预订工作流程标准
人工预订服务工作流程	处理函件/面谈/团队预订特殊问题	控制超额预订的方法/要求
客房的价格/类型/状态	客方网上预订步骤及要求	解决预订失约问题
交接班工作要求/流程	网络(OTA)预订程序/操作要求	核对传递预订信息

模块一 预订准备

任务导入

预订准备——掌握预订准备内容

1. 各小组组长,利用课余时间分别考察本地2~3家不同类型的酒店,了解其客房预订政策，索取其房间价目表和房态记录表，了解其客房计价方式，试探其总台接待员的报价方式，并写出书面报告印发到各组员手中。

2. 课前各小组熟悉一下所在学校实训室安装的酒店客房预订软件，记录其操作过程，小组成员相互交流后，由组长在课堂向教师回报。

3. 邀请有合作关系的酒店总台领班到校介绍其管理班组交接工作的情况。

4. 教师讲解并组织学生训练有关客房预订准备的系列任务。

工作任务一　掌握预订政策/预订流程

基础知识

一、酒店预订政策的定义

酒店预订政策是指酒店销售部或前厅预订部为了实现自己所代表的酒店企业利益与意志，以权威形式标准化地规定在一定的历史时期内，应该达到的奋斗目标、遵循的行动原则、完成的明确任务、实行的工作方式、采取的一般步骤和具体措施。

二、掌握酒店预订政策的意义

掌握酒店有关客房预订的政策，可使预订工作有章可循，提高客房预订效率，提高客房出租率；同时，也可作为处理预订中发生纠纷的依据和规则，以保护酒店自身的合法权益；还可以有针对性的推销客房及餐饮、娱乐产品。如某酒店规定，凡是连续三次预订酒店的客人，只需交纳成本价就可以享用酒店的餐饮产品，这种做法无论是对酒店还是客人都有益。对于初次预订酒店的客人，往往会因为不能按时抵店而被酒店取消预订，将房间再次出租，如果预订员能够了解酒店关于取消预订的相关规定，在客人预订时及时提醒客人，就会避免上述问题的发生，减少预订失误率。

三、国内酒店计算机系统使用的基本情况

计算机在全球酒店业中的成功应用，极大地提高了酒店业的经济效益、服务质量和工作效率，使酒店决策者全面了解营业情况，完善和改进酒店内部的管理体制；加之评星级、争档次的需要，目前在我国酒店业也已形成使用计算机进行深度管理的热潮。

总的来说，国内的酒店计算机系统，在管理信息方面已经接近国外系统，但在自动控制、决策支持等方面尚待进一步的发展。

实践操作

一、掌握预订政策

1. 掌握关键环节上的预订政策

（1）客房预订规程，包括客房预订操作程序，团队与散客的预订比例，接受预订的数量、

期限,超额预订的比例等。

（2）预订确认条款,包括需确认的对象、时间、方式等。

（3）预收订金的条款,收预订金的对象、形式、数量、期限或分段收取的方法等。

（4）预订取消的条款,包括通知取消预订的期限、订金的退还手续及落实的部门与方法等。

（5）酒店对预订客人应承担的责任条款,包括因工作差错、疏漏、超额预订失误而引起预订客人无法入住的处理规定等。

（6）预订客人应承担的责任条款,包括客人因未能如期抵店、逾期抵店、迟缓通知取消预订等的处理规定等。如果客人因为某些原因取消预订,一般酒店规定,如果离入住时间还有一段时间,可以退还给客人订金。

2. 掌握其他相关政策

（1）酒店关于内外宾的区分。一般情况下,酒店区分中、外宾的标准为:内宾是指持"大陆身份证件"入住的客人;外宾是指持"大陆身份证"以外证件的客人。

（2）优惠权限与相关规定。有关管理人员对优惠房价所拥有的决定权限;酒店房价优惠的种类、幅度和对象;前厅销售人员对标准价下浮比例的决定制度;各类特殊用房的留用数量;对优惠房价的批报制度等。

（3）直接客源与间接客源的确定方式。直接客源:直接订房、与酒店签约、酒店预订网络系统介绍;间接客源:由旅行社、航空公司、会议组织机构提供或由政府机关、企事业单位邀请等。

【特别提示】 不同公司或单位在酒店的预订价格不尽相同,作为预订员,一定要严守价格机密,不能轻易将价格泄露,尤其是竞争对手及旅行社成员,以免造成客人的误解和不满。

二、掌握预订流程

1. 计算机预订流程

通常情况下,酒店计算机预订工作流程如图2-1所示,预订员应熟悉酒店通过计算机管理系统确定的预订工作流程,并掌握相关的政策和要求。

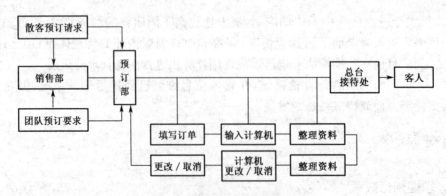

图2-1 计算机预订客房流程

2. 人工预订客房流程(见表2-2)

表2-2 人工预订客房流程要点

程序	1	2	3	4	5	6	7	8
流程内容	明确客源	掌握房价/房型	受理预订	确认预订	记录存档	变更预订	核对变更	准备应接
流程要点	(1) 直接 (2) 间接	(1) 房价 (2) 房型	(1) 接受 (2) 婉拒	(1) 口头 (2) 书面	(1) 客史依据 (2) 有序存放	(1) 补充 (2) 取消	(1) 月 (2) 周 (3) 日	(1) 预报信息 (2) 预分排房 (3) 实施接待

【特别提示】 预订员必须迅速准确地掌握当日及未来一段时间内可预订的客房数量、等级、类型、位置、价格标准等情况,对可预订的各类客房心中有数,保证向客人介绍可订房间时的准确性。

工作任务二 查控房价/房型/房态

基础知识

一、客房价格的定义

客房价格是指客人住宿一夜所支付的住宿费用,它是客房商品价值的货币表现形式。客房收入是酒店收入的主要来源之一,房价制定是否合理对客房产品的销售及在市场上的竞争地位、对酒店的销售形象及营业收入和利润都会产生很大的影响。

二、客房价格的构成

客房价格是由客房商品成本和总利润构成的。其中,客房商品的成本项目通常包括建筑投资及由此支付的利息、客房设备及其折旧费、保养修缮费、物资用品费、土地使用费、经营管理费、员工工资及福利费、保险费和营业税;而总利润包含所得税和客房利润两方面。

因此,客房预订员、总台接待员等工作人员应在酒店销售策略的指导下,对客房价格及其类型、房价制定的目标及其方法等进行有效的控制,以维护客人和酒店双方的经济利益。

三、房态变化的成因

客房状态因排房、入住、换房、退房、关闭楼层、维修等因素不断地起变化,前厅销售人员应随时、准确地掌握这些变动的信息,及时传递、变更房态变化的信息,并能够懂得房态的正确显示与控制,了解产生客房状况差异的原因。

实践操作

一、掌握一般房价种类

1. 标准价(Rack Rate)

由酒店管理部门依据经营成本、盈利需要、竞争状况等因素制定的各种类型客房的基本价格,在酒店价目表上明码标注,未含任何服务费或折扣等因素。

2. 团队价(Group Rate)

针对旅行社、航空公司等旅游中介机构团体住店客人提供的折扣价格。

3. 小包价(Package Plan Rate)

小包价是酒店为客人提供的一揽子报价,其中包括房费及其他服务项目的费用。

4. 折扣价(Discount Rate)

对于常客、长住客及有特殊身份的客人,酒店通常为之提供的优惠房价。

5. 商务合同价(Commercial Rate)

酒店与有关公司或机构签订合同,以优惠价格出租客房,以求双方能够长期合作。

6. 白天租用价(Day Use Rate)

客人白天租用房间,酒店一般按半天房费收取,有些酒店也按小时收取;一般对凌晨抵店的客人、结账超过了规定的时间、入住与离店发生在同一天时酒店会采用白天租用价。

7. 免费(Complimentary)

由于种种原因,酒店有时需要对某些特殊身份的客人免收住店房费,但应注意免收房费应该按规定要求,一般只有酒店总经理才有权批准。

8. 其他

另有淡季价(Low Season Rate)、旺季价(High Season Rate)、家庭租用价(Family Plan Rate)、加床费(Rate for Extra Bed)等。

【特别提示】 一般情况下,酒店还会和一些单位签订协议价合同,不同单位的协议价格不同。因此,在受理客人预订时,要区别不同各单位情况分别对待。

二、掌握房型与房态

1.《旅游酒店星级的划分与评定》对客房的要求

(1) 对客房面积的要求:一星级至三星级不作要求;四星级70%的客房面积(不含卫生间)应不小于20㎡;五星级70%的客房面积(不含卫生间和门廊)应不小于20㎡(所谓不含卫生间门廊是指扣除卫生间、门廊及门廊一侧衣柜面积后的客房净面积)。

(2) 对客房类型的要求:一星级、二星级不作要求;三星级应有单人间、套房等不同规格的房间配置;四星级应有标准间(大床房、双床房),有两种以上规格的套房(包括至少三个开间的豪华套房),套房布局合理;五星级应有标准间(大床房、双床房)、残疾人用房,有两种以上规格的套房(包括至少四个开间的豪华套房),套房布局合理。

【特别提示】 有关对酒店客房数量、面积等的要求,详见修订版国家标准《旅游饭店星级的划分与评定》(GB/T 14308—2011)。

2. 酒店房型

(1) 单人间(Single Room):单人间是放一张单人床的客房,又叫单人房,适合单身客人使用,它是酒店中最小的客房。酒店单人房数量一般不多,且常常把面积最小或位置偏僻的房间作为单人房。

(2) 双人间(大床间,Double Room):在房内配一张双人床(加大的双人床),适用于夫妻客人居住,单身客人一般也会选择这类客房。

(3) 双床间(Twin Room):房内放两张床(国内多放置两张单人床),也就是人们通常认为的标准间(Standard Room),但并不是双床间就等于标准间。国外很多酒店就在双床间中放置两张双人床,即(Double-double Room),供家庭旅游者使用,且一般房间面积会比标准间大。根据卫生间设备条件,双床间又可以分为无浴室双床间、带淋浴双人间、带浴室双人间等三种。

(4) 三人间(Triple Room):指可供三位客人同时住宿的房间。该类房间内放置三张单人床,属经济型客房,此类房型多见于一般的旅馆或招待所,在高档酒店很少见。

(5) 商务间(Business Room):面积一般比标准间略大,设有标准的办公桌和充足的照明设施,有的还带传真、计算机接口专线等。

(6) 普通套房(Standard Suite):设有客厅及卧室的两间相通的客房,卧室中放一张大床或两张单人床,配有较大的卫生间,客厅也设有盥洗室,一般供访客使用。

(7) 立体套间(Duplex Suite):亦称双层套间,客厅在下,卧室在上,两者用小楼道连接。

(8) 豪华套间(Deluxe Suite):可以是双套间,也可以是三套间,分为卧室、起居室、会议室或餐室(亦可兼作),卧室配有大号双人床或特大号双人床。

(9) 总统套间(Presidential Suite):总统套间简称总统房,它在酒店内独一无二。总统套房的面积比豪华套间更大,设有两间主人卧室及豪华浴室,还有客厅、餐厅、厨房、书房、侍从房等。整个套房装饰布置极为讲究,设备用品富丽豪华,常有名贵的字画、古董、真玩点缀其间。总统套房一般为三星级以上的酒店才具有,它标志了该酒店已具备了接待总统的条件和档次,但总统套房并非只有总统才能住,只要付得起房租,谁都可以入住。

(10) 特殊客房(Special Room):为某一类人特别设计和布置的客房。如①残疾人房:配置有能满足残疾人生活起居一般要求的特殊设备和用品的客房;②外景房:指能够看到酒店外部景色的客房,如大海、草原等;③内景房:指能够看到酒店内部景象的客房;④角房:指位于走廊尽头的客房;⑤连通房:也叫相连房,指房间内有门相连的两个房间;⑥相邻房:指相邻的两个房间。

3. 酒店房态

(1) 干净的住客房(Occupied Clean,简写 OC):有客人入住的并且已经清洁过的房间。

(2) 干净的空房(Vacant Clean,简写 VC):没有客人入住的且清洁过的房间,是可出租的房间。

(3) 住客脏房(Occupied Dirty,简写 OD):有客人入住的但还没有清洁的房间。

(4) 无住客脏房(Vacant Dirty,简写 VD):没有客人入住又未清洗、整理的房间。

(5) 短期维修房(Out of Service,简写 OOS):有小维修而暂时不能出租的客房。

(6) 长期维修房(Out of Order,简写 OOO):需要长时间维修而不能出租的客房。

(7) 走客房(Check Out,简写 C/O):住客已退房,正处于清扫、整理过程中的客房。

(8) 保留房(Blocked Room,简写 B/R):为重要客人、会议团队客人以及对房间有特殊要求的客人提前预留的房间。对于一些回头客的预订,也可为该客人预留其曾经住过的房间。

(9) 请勿打扰房(Do Not Disturb,简写 DND):客人开启了"请勿打扰"指示灯或是在客房的外门把手上挂了"请勿打扰"指示牌的房间。酒店员工不能以任何理由敲门打扰这类房间里的客人。

(10) 外宿房(Sleep Out,简写 S/O):客人已办理了入住登记手续但却没有入住的客房。

（11）双锁房(Double Locked Room,简写 D/L)：客房门被客人或酒店出于某种目的而双锁的客房,该类房使用一般设置的普通房卡无法打开房门。

【特别提示】 在酒店所有部门中,前厅部与客房部联系最为紧密。作为前厅部预订员、客房销售员等,上岗之前应亲自到酒店客房部了解客房状况,熟悉客房部各房间的位置、朝向及房型,了解客房内部的设施设备情况,这样才能详细地向客人介绍客房,使客人如身临其境般地感受酒店客房产品。

工作任务三　选用计价方式/报价方式

基础知识

一、国际酒店收费通用标准

按照国际惯例,酒店一般是在第二天 12 时前算一天房费,而 12 时到 18 时这段时间则可收取半天的房费,这是国际上酒店收费的通用标准。

二、国内酒店收费标准

关于酒店收费,新版《中国旅游饭店行业规范》第十条规定:"饭店应在前厅显著位置明示客房价格和住宿时间结算方法,或者确认已将上述信息用适当方式告知客人。"取消了原"饭店客房收费以'间/夜'为计算单位(钟点房除外)。按客人住一'间/夜'计收一天房费;次日 12 时以后、18 时以前办理退房手续者,酒店可以加收半天房费;次日 18 时以后退房者,酒店可以加收一天房费。"的内容。

三、酒店对客报价的要求

对客报价是酒店为扩大自身产品的销售,运用口头描述技艺,引起客人的购买欲望,借以扩大销售的一种销售方法。其中包含着推销技巧、语言艺术、职业品德等内容。在实际推销工作中,非常讲究报价的针对性,只有适时采取不同的报价方法,才能达到销售的最佳效果。掌握报价方法,是做好销售工作的一项基本功。

实践操作

一、常用计价方式

国际饭店计价方式,英文表述为:The International Standardization。按照国际惯例,通常可以分为五种计价方式。

1. 欧式计价(European Plan)

简称 EP,这种计价只计房租,不含餐费,为世界上大多数饭店所采用。

2. 美式计价(American Plan)

简称 AP,这种计价方式的特点是,客房价格不仅包括房租,还包括一日三餐的费用,多为度假型饭店或团队(会议)客人使用。

3. 修正美式计价(Modified American Plan)

简称 MAP,这种价格包括房租和早餐费用,还包括一顿正餐(午餐、晚餐任选其一),这种计价方式比较适合普通旅游客人。

4. 欧陆式计价(Continental Plan)

简称 CP,此种计价包括房租和欧陆式早餐(Continental Breakfast)。欧陆式早餐比较简单,一般提供冷冻果汁、烤面包(配黄油、果酱)、咖啡或茶。

5. 百慕大式计价(Bermuda Plan)

简称 BP,客房价格中包括房租和美式早餐(American Breakfast)。美式早餐除包括欧陆式早餐的内容外,通常还提供煎(煮)鸡蛋、火腿、香肠、咸肉、牛奶、水果等。

【特别提示】 目前,较常用的饭店计价方式是欧式计价,个别饭店会选择欧陆式和百慕大式计价方式,因此,在对客服务过程中,一定要向客人说明饭店选择哪种计价方式,以免造成客人的误会。

二、报价方式

客房预订员在对客服务中,掌握一定的增销技巧,有助于更好的开展增销工作,提高客房平均价格和客房出租率。

1. 以试探性报价增销(详情参见项目七模块三工作任务一)

(1) 在与客人达成客房预订意向后,再次确认客人的预订,告诉客人房间已经准备好了。

(2) 向客人提供加价入住的选择,与正常价格做对比,突出物超所值。

(3) 试探客人是否有升级入住的需要,把升级作为一种难逢的机会提供给客人。

【特别提示】 此法要求总台操作人员善于辨别抵店客人的支付能力,能客观地按照客人的兴趣和需要,选择提供适当的加价范围,以体现估量报价的准确性,避免客人选择报价时犹豫不决。

2. 以报价方式增销的技巧

(1) "冲击式"报价,即先报价格,再提出房间所提供的服务设施与项目等。这种报价方式比较适合价格较低的房间,主要针对消费水平较低的客人。

(2) "鱼尾式"报价,即先介绍房间所提供的服务设施与项目以及房间的特点,最后报出价格。这种报价方式适合中档客房,主要针对消费水平中等的客人。

(3) "夹心式"报价,又称"三明治"式报价,即将房价放在推销服务中间进行报价,能起到减弱价格分量的作用。这种报价方式适合于中、高档客房,也可以针对消费水平高,有一定地位和声望的客人。

【特别提示】 在报价时,应注意针对不同客人的特点与需求而定,不能夸大其词,也不能强人所难,应始坚持客人利益第一的原则,并要注意礼貌,注意语言的精炼。有关详情参见项目七模块三工作任务四中的内容。

工作任务四　做好班组工作交接

基础知识

一、前厅部交接班工作的意义

在酒店经营管理中,做好前厅部交接班工作,具有如下意义:有助于减少工作失误;有助于及时了解客人的需求,减少投诉的发生;有助于提升员工的服务与管理水平;有助于增强员工责任感和主人翁意识;有助于管理人员采集服务人员对客服务质量优与劣的相关信息。

二、前厅部交接班工作的要求

交接班工作是前厅部工作的重要环节。作为前厅部预订员,接班时应查看并问清上一班次的预订情况,掌握需要处理的、优先等待的、列为后备的和未收订金的等不准确的预订名单及其他事宜。多数酒店的前厅部实行"三班倒"的工作制度,预订员要按照规定提前到岗,特别需要注意的是:交班人员在接班人员未到时,或未完成接班检查工作前不得擅自离岗;班组交接时,要问清上一班次工作人员需要交代的事项,必要时记录在交接班记录本上,以免耽误客人的事情。

实践操作

1. 检查仪容仪表

按酒店规定着装,服装熨烫平整,洁净无污渍,纽扣齐全,鞋袜干净。左胸佩戴服务牌端正,面容整洁,发型美观大方。不戴戒指、项链、手镯、耳环等饰物(结婚戒指除外)。身上及口腔无异味,手部清洁,不留长指甲,不涂有色指甲油。精神饱满,表情自然,面带微笑。

【特别提示】　交接班之前,女性客房预订员可按酒店的统一规定,并结合前厅工作需要和自身条件化好职业淡妆。

2. 整理环境

按岗位职责、卫生制度及卫生责任区的划分进行整理、清扫,并达到酒店和有关部门的卫生标准。保持总台台面及信用卡压卡机、验钞机、保管箱、宣传架等办公用品表面无尘。检查并调试计算机,确保其运行良好。

3. 备好报表/表格/收据

按岗位工作任务及班次的区分,将所需要的各种报表、表格、收据等进行分类,整齐有序地摆放在规定的位置。

4. 做好交接班记录

接班人员认真核对交接班记录(见表2-3),了解上一班工作情况和本班注意事项,确认后在交接记录上签名,并立即着手处理有关事宜。交接记录应列明下列事项:人员交接、物品交接、交接班记录;客人的预订情况;重要客人的情况;客人投诉情况;未办完的准备工作;客人的特别要求;预订工作变化情况。

表 2-3　总台交接班登记表
Front Desk Shift Registration Form

营业情况 Business Cases	住房(　)间 Occupied Rooms 　　　空房(　)间 Available Rooms		
特别客人情况 Special Guests			
到店团队情况 Arrival Team Circumstances	编号 No.		
	团队到店情况 Arrival Team General Cases		
	未办事项 Unfinished Business		
	备注 Remarks		
客人留言情况 Guests' Message	姓名 Name	房号 Room No.	
	受言人 Receiver	留言时间 Time	保留时间 Retention Time
	事项 Items		
房间特殊情况 Special Cases	无行李房间 No Luggage Room		
	未办理续住房间 Rooms Not Applying For Extension		
	特殊房间 Special Rooms		
	备注 Remarks		
交班人(签字) Successor (Signature)		接班人(签字) Successor (Signature)	

【特别提示】　交接班记录表要严格按照要求填写,避免为了省事而潦草敷衍。

模块二 预订受理

任务导入

预订受理——掌握客房预订工作内容

1. 各小组组长，利用课余时间分别考察本地2~3家不同类型的酒店，了解其客房预订政策，索取其房间价目表和房态记录表，了解其客房计价方式，试探其总台接待员的报价方式，并写出书面报告印发到各组员手中。
2. 课前各小组熟悉一下所在学校实训室安装的酒店客房预订软件，记录其操作过程，小组成员相互交流后，由组长在课堂上向教师回报。
3. 邀请酒店预订处负责人或总台接待处领班介绍酒店预订实务。
4. 教师讲解并组织学生训练有关客房预订准备的系列任务。

工作任务一 受理电话预订

基础知识

一、电话预订的特点和作用

电话预订是客人订房的主要方式，也是最常见的方式。其特点是迅速、方便、快捷，易于客人、预订员之间的直接沟通，可使客人能根据酒店客房的实际情况，及时调整订房要求，订到满意的客房。电话订房也有利于预订员较快速地、详细地了解客人对房间的各种要求。

二、电话预订时的注意事项

在受理电话预订时，预订员应具体了解客人对客房种类、数量、房价、付款方式、抵离店时间、特殊服务等要求，并适时进行电话促销。同时，应注意绝对不能让对方久等，如不能立即给予答复，应请对方留下电话号码，并确认再次通话的时间。通话时语言表达应规范、简练和礼貌，还应做好完整的记录。通话结束前应重复客人的订房要求，当即核对，避免出现差错。

实践操作

一、电话预订程序及操作标准

【特别提示】 在受理电话预订时，应该边接听电话，边做记录，并在通话结束时向客人核对主要订房内容,以免出现差错。

1. 接听电话

(1) 铃响三声或 10 秒钟以内拿起电话。

(2) 另一只手拿起圆珠笔,笔落在预订单(记录簿)上(见表 2-4、表 2-5)。

表 2-4　客房预订单
Reservation Form

预订号 No.

☐新预订 New Booking　　☐更改 Amendments　　☐等候 On Waiting List　　☐取消 Cancellation

客人姓名 Guest Name	房间数量 No. of Rooms	房间种类 Room Type	客人人数 No. of Guests	房　价 Room Rate	公司名称 Company Name

预订到店日期 Original Arrival Date	预订离店日期 Original Departure Date	到达航班 Arr. Flight	离港航班 Departure Flight

付款方式 Payment	☐公付 Public Payment　　☐含中早 Including Oriental　　☐含西早 Including Continental ☐自付 15％服务费 Surcharge15％	是否确认 Confirmation	☐是　　☐否 Yes　　No
备注 特殊要求 Remarks of Special Requirements	☐预付款或支票 Deposit　　☐信用卡 Credit Card　　☐走付 COD ☐加床 Extra Bed　　☐婴儿床 Cot　　☐双人床 Double Bed		

联系人姓名 Contact Name	联系电话或传真号码 Tel. No. & Fax No.	预订人 Taken By	预订日期 Date Taken

表 2-5　预订记录簿
Reservation Record

预订方式 Reservation	客人姓名 Guest Name	房间类型 Type of Room	房间数 Number of Rooms	预订号 Reservation Number	特殊要求 Special Requirements	抵达日期 Date of Arrival	离开日期 Date of Departure

2. 问候通报

(1) 问候客人"您好!"或"早上/下午/晚上好!"注意不要用"喂!"

(2) 通报询问"××酒店预订部,我能为您做些什么?"

3. 聆听需求

(1) 问清客人姓名(中英文及拼写)、预订日期、预订房数、房型及有无特殊要求,边听边在预订单上做相关记录,并将客人的订房内容向客人复述一遍,以确保无误。

(2) 查看计算机及客房预订板(预订控制簿)。

4. 介绍房型与房价

(1) 介绍房间种类和房价(口头上可向客人介绍 2~3 种房间类型及特点、价格),尽量从高价向低价进行介绍。

(2) 询问客人公司(单位)名称。

(3) 查询计算机,确认是否属于合同单位,以便确定优惠价。

5. 询问付款方式

(1) 询问客人付款方式,在预订单上注明。

(2) 公司(单位)或旅行社承担费用者,要求在客人抵达前电传书面信函,做付款担保。

6. 询问抵达情况

(1) 询问客人抵达航班(车/船)次及时间。

(2) 询问客人是否需要接机(船/站)、是否有特殊要求,如有,要在预订单上标明。

7. 重复客人预订要求

(1) 重复客人姓名、预订客房类型、居住天数、房价、联系方式等相关信息。

(2) 向客人告知:酒店会为其保留客房至抵店日当天 18:00(取消预订时限)。

(3) 如果不能及时地满足客人的订房要求,应该向客人致歉,同时请客人留下联系方式,告知客人,一旦有条件时马上与之取得联系,并大致确定下次通话时间。

8. 致谢并尽快作出安排

待客人放下电话后,再挂断电话,向客人表示感谢并尽快作出安排。

二、常见问题处理

1. 客人订房时无房

(1) 首先应向客人道歉,说明原因。

(2) 用商量的口气询问是否有变动的可能,如果客人表示否定,则预订员应询问客人是否愿意将其列入候补订房客人名单内;如若愿意,则应将客人的姓名、电话号码或地址、订房要求等资料依次列入候补名单,并向客人说明酒店会按照客人留下的电话号码及候补名单的顺序通知客人办理预订手续。

(3) 如果客人不愿意,则预订员可婉拒客人或向客人提供其他信息并建议客人到其他酒店预订。

2. 已预订客人要求增加房间的数量

(1) 预订员首先应问清客人的有关信息,如客人的姓名、单位或抵达/离店日期等,根据客人所提供的资料查找客人的预订单,核对无误后再行操作。

(2) 查看计算机中客房预订信息情况,判断是否接受客人的要求,若不能满足,则应向客人推销其他类型的房间或婉言谢绝客人要求。

(3) 再次向客人复述当前客人预订房间数以及其他信息,并根据实际情况收取一定的保证金。

(4) 更改预订单,并将已修改的预订单发送到有关部门与班组。

3. 客人指定房型、楼层、房号

（1）预订员应根据客人的预订日期，查看计算机预订情况并判断是否接受客人的指定性预订。

（2）若有空房，则应立即办理预订手续，将需要的房号预留起来并输入计算机；若没有空房，则应向客人说明情况后推销其他房间，或建议其他的入住方案（如先请客人入住其他类型的房间后再更换等）。

（3）向客人说明如果出现不能满足要求的情况，则请客人谅解并作换房处理。

4. 客人在预订房间时嫌房价太贵

（1）先肯定房价，后向客人详细介绍本酒店的客房结构、配套设施设备和服务项目等。

（2）若客人还未下结论，则不妨采用对比法，将客人所预订的房间与其他酒店进行比较，建议客人先入住尝试，为客人办理预订手续。允许客人再三考虑，同时也向客人表明我们一定能使客人感到物有所值，请客人放心。

【特别提示】 受理预订及常见问题的处理过程是酒店与客人的实际交易过程，客房预订单中所记载的都是很重要的信息。因此，订房单及问题处理记录单规格设计应该规范、统一、方便操作，具有提示、查验和存档的作用。预订工作中的任何疏忽或失误将损害酒店的形象，使酒店蒙受经济等损失。为此，必须采取相应的措施，尽量减少或杜绝失误。

工作任务二　受理函件/面谈/团队预订

基础知识

一、函件预订

函件预订包括信函、电传/传真预订。信函订房是客人或其委托人在离预期抵店日期尚有较多时间的情况下采取的一种古老而正式的预订方式。此方式较正规，如同一份合约，对客人和酒店起到一定的约束作用。信函订房还可以详尽地表达客人所需房型、房态及特殊要求等。

电传/传真预订方便、快捷、准确、正规。电传/传真预订是目前客人与酒店进行预订联系的最常用的通讯手段之一，即发即收，内容详尽，并可传递客人的真迹，加签名、印鉴、图表等。其作为预订原始资料保存下来之后不容易出现预订纠纷。所有的信函、电传/传真都必须在24小时内予以回复。向客人复信，越早越能赢得客人的好感，使客人在抵店前就形成对酒店服务、形象的认可，这便于酒店今后服务的顺利进行。

二、面谈预订

面谈预订是指预订人或委托人直接来到酒店，与预订员面对面地洽谈预订事宜。面谈预订具有以下特点：一是面谈预订可以使预订员详尽了解客人需求，有针对性地提供预订服务；二是有助于预订员当面回答客人提出的问题，使客人详细了解酒店；三是面谈预订可以使预订员根据客人的心理变化适时推销客房产品。

三、团队预订

对于团体客人的预订,预订之后的核对确认工作应更加频繁、更加细致,以免因团队客人临时取消或变更预订给酒店造成大量的空房闲置,严重地影响客房出租率,使酒店遭受重大的经济损失。

实践操作

一、函件预订程序及操作标准

【特别提示】 在受理信函预订时,要注意使用带有酒店标志的信纸和信封。一方面,可以体现对客人的尊重和礼遇;另一方面,也可以起到宣传酒店的良好作用。

1. 收办函件

(1) 将收到的函件复印件备份,并进行分类。
(2) 查看可行性表,掌握当日订房状况,确定是否受理预订。
(3) 主管签字确认,回发函件。
(4) 将所有的资料输入计算机,记录预订编号,以备查。

2. 及时复信

【特别提示】 一般情况下,复函时注意中英文书信格式等方面的差别,并按中文在前、在上的原则进行书写,注意信封、信纸的质量和邮票的选择及复信者的亲笔签名。

(1) 一般情况下,在受到客人的预订信函或电函时,要在 24 小时内给予回信,并使用打印机或时间戳来控制回信速度。
(2) 复函应使收件人感到信件是专门为他所写的,是一封私人信函。英文复信应避免使用"Dear Sir"做信头称谓,而应正确使用客人的头衔和称呼,并准确拼写其姓名。
(3) 复函格式要正确,内容明确、简洁且有条理。复函地址、日期应书写完整、准确。对客人来函中所提要求,一定要给予具体的答复,即使是不能应允或不能满足的要求,也需委婉的表示歉意,避免含糊不清,最好使用书面语。

二、面谈预订程序及操作标准

1. 了解需求

(1) 主动礼貌地问好、打招呼,注意表情、姿态和语言。
(2) 询问了解客人的订房需求,查看计算机(预订控制簿、预订架)订房状况。

2. 填写预订单

(1) 确认客人的抵店日期和时间,礼貌地告诉客人,若无明确的抵达时间,酒店只将其预订房保留到客人预抵店当天 18:00。
(2) 若酒店一时无法接受客人的预订,可请客人留下电话号码,以便有空房时及时通知客人。

3. 确认预订

(1) 接受客人预订要求后,再次证实客人的个人情况。
(2) 在酒店与客人之间就房价、付款方式等问题达成协议,必要时,发给客人"预订确认书"。

【特别提示】 受理此方式的预订时,应避免向客人做具体房号的承诺,否则,因情况变化而失信于客人会影响服务信誉。

4. 告别客人

(1) 预订单填写/输入完毕应向预订人复述主要内容,向客人礼貌友好地告别。

(2) 将预订单存档。

三、团队预订程序及操作标准

【特别提示】 与散客客房预订相比,团队客人预订的程序有其自身特点。实际工作中主要应把握四个工作环节:(1)受理团队预订手续;(2)预订信息的变更与核对;(3)团队预订单制作法;(4)客人抵店前的准备。

1. 熟知团队预订单(见表2-6)

表2-6 团队预订单
Group Booking Form

预订人 Taken By:

预订日期 Date Taken:

☐新预订/暂订 Booking/Tentative   ☐更改 Amendments   ☐确认 Confirmation

☐取消 Cancellation

团队名称 Name of Group: 国籍(地区)Nationality (or Region):

入店日期 Arrival Date	离店日期 Departure Date	单人间 Single Room		双人间 Twin Room		陪同间 Guide Room		套间 Suite Room	
		房数 Number of Rooms	房价 Rate of Room	房数 Number of Rooms	房价 Rate of Room	房数 Number of Rooms	房价 Rate of Room	房数 Number of Rooms	房价 Rate of Room

免费房 Complimentary Rooms:

定金 Deposit:

房价含15%服务费☐   房价不含15%服务费☐
Room rates subject to 15% surcharge   Room rates inclusive of 15% surcharge

用餐情况 Meal Requests	日期 Date						
	时间 Time						
中式早餐 Oriental 欧陆式早餐 Continental 美式早餐 American	地点 Place						
	单价 Rate						
	人数 Number						

餐费含15%服务费☐   餐费不含15%服务费☐   付款人:
Meal rate subject to surcharge15%   Meal rates exclusive surcharge15%   Charge to

备注: 日期:
Remarks   Date

2. 受理预订

(1) 预订员查看预订总表或计算机终端,判断客人的预订要求是否与酒店的实际提供能力吻合,重点把握四个要求:①抵店日期;②客房种类;③用房数量;④住房夜次。

(2) 按抵店团队房号建立新的团队编号。编号顺序是:月份(用两个小写字母)＋年份(1位数)＋日期(2位数)＋团队序号;会议编号CON缩写＋年份(1位数)＋序号。

3. 明确团情

(1) 明确团名、团员姓名、国籍、身份、抵离店时间、所用交通工具、房间种类和数量、餐食类别、时间和标准等。

(2) 确认付款方式、自理项目;团员中有无其他特殊要求和注意事项。

(3) 核查酒店优惠卡;核查预订人身份、联系电话、单位名称等。

4. 确认记录

(1) 复述、确认有关预订内容;明确预订房间最后保留时间。

(2) 填写团队预订单;按团名、抵离日期逐一将组团单位、人数、用房数、房价等信息输入计算机,并按抵店日期和团队编号存放订单。

四、特殊问题处理

1. 因客人更改预订日期而无房

(1) 首先向客人道歉,并简单说明原因,以尽量得到客人的谅解。

(2) 向客人询问是否可以改变日期或建议预订其他类型的房间等;若客人不同意,则建议将客人暂时列入预订候补名单内。

(3) 问清客人联系电话,以便于及时跟客人取得联系。

(4) 取消或更改原来的预订单,及时发送到各相关部门或班组。

2. 预订时,客人要求给予低于公司的折扣

(1) 向客人解释不可随意更改协议折扣,如对方订房数较多或是酒店重要客人,可报主管、经理决定是否给其较低的折扣。

(2) 如同意其要求,需发传真至对方公司,说明仅这次给予低于公司协议的折扣,取得确认,以维护协议的严肃性。

3. 客人自称是总经理的朋友,要求按特价入住

(1) 查询客史,看其是否享受过特殊折扣,记下客人的详细资料,与总经理核实。注意不要当着客人面与总经理核实。

(2) 核实后,告诉客人房价,客人先入住,由总经理补填房价单。如找不到总经理,应向客人解释,暂按散客入住,待与总经理联系后,确定房价。

(3) 做好记录,及时报批。

4. 预订员接到酒店内部订房

(1) 仔细审查订房单是否完整、正确,是否有负责人的亲笔签名,核实所给予的优惠幅度是否在该负责人的权限范围内。

(2) 如预订房价的优惠幅度超越权限或协议范围,或者订单不完整,订房员应拒绝受理并报告主管。

5. 其他特殊问题

（1）酒店通常不受理指定房号的预订，但会答应客人尽量按客人要求的房号安排；如果遇到 VIP 或常客，其要求又强烈的情况，预订员应斟情处理。

（2）团体预订资料应至少提前一天交到总台接待处，以使其提前进行分房。

（3）遇有大团或特别订房时，订房确认单要经前厅部经理或总经理签署后发出，这时如确实无法满足其预订要求，要另发函电，表示歉意，并同样经前厅部经理或总经理签署后发出。

工作任务三　受理网络（OTA）预订

基础知识

一、"OTA 预订"的涵义

"OTA 预订"全称应为 Online Travel Agent，是指通过网络或者电话向旅游消费者提供酒店、机票、旅游线路等旅游产品预订服务的在线旅游代理商，消费者可选择通过网上或线下支付，也称第三方旅游代理商。自 2011 年初，OTA 预订在我国酒店预订中所占比例越来越大。因此，作为前厅预订员要及时与 OTA 运营商联系，掌握 OTA 在线预订商的的最新政策变化，并及时更改酒店相关政策及价格；还应接受来自 OTA 在线预订商的预订信息，确认预订信息，并通过电话或传真的方式与客人确认预订，接受客人变更或取消预订的要求，并在酒店操作系统当中做相应更改。

二、网络预订的特点

网络预订是目前最为先进的预订方式。该方式不仅方便预订客人，而且可以提高预订工作效率，能广泛争取客源，同时，能及时处理和更新信息。酒店通过互联网宣传企业形象更为快捷、清晰，而且更为全面、互动，使酒店无形服务变得有形化。另外，客人也可以更快速、更便捷地了解酒店，足不出户就可以在家里得到视觉上的感受、形象化的服务，同时也能获得身临其境的感觉。酒店也可以在更细致、更周到在第一时间反馈客人所需要的信息。双方达成一个互动，让客人对酒店产生更好的信任。

目前，很多连锁酒店和国际知名酒店均已拥有了自己的网络订房系统，并开通了免费预订电话；与此同时，国内很多专业的订房网络也迅速发展起来，并利用高科技手段使客人身历其境的感受酒店环境，选择自己喜爱的客房产品。如国内一家知名网站特别设计了"虚拟客房"让客人不仅能够对他将预订的客房有一个全方位的了解，更重要的是可以在"虚拟客房"内设计出自己喜爱的客房，从而真正使酒店客房的有形产品和无形产品达到最佳结合。

三、网络预订的总体要求

在开展网络预订工作时，每天定时打开酒店网络系统，查看预订信息，详细记录客人预订客房的种类、人数、姓名、性别、何时到达、何时离店和联系方式等信息,按照客人要求查看是否能够给予满足。如有符合客人要求的房间,则做好相应的记录;如不能满足客人的订房要求,应尽快与客人取得联系,与其沟通协调,积极介绍酒店其他类型的客房。

实践操作

一、掌握网上预订步骤及要求

1. 登陆网站

(1) 登陆运营商网站,通常情况下选择首页中的"酒店",然后按系统提示完成预订。

(2) 为确保客人的行程,当客人在提交订单时,网站会请预订客人留下手机号码、固定电话号码(如有分机,请留下分机号)或 Email 地址。

2. 填写酒店查询条件

(1) 选择酒店查询类型:客人选择要查询的酒店类型,即属于"内地酒店"、"港澳酒店"、"海外酒店"还是"集体订房"等。

(2) 城市名称:必填,客人可点击"热点城市"进行选择,或直接填写城市名称。

(3) 酒店位置:可选,客人可根据需要,以酒店的行政区位置或商业区位置作为搜索选项,缩小查询范围。

(4) 入住和离店日期:必填,客人可根据需要,选择要入住及离店的日期,查到入住当天的准确价格。

(5) 指定酒店:选填,以便客人缩小查询范围。如果客人已有确定的酒店选择,可在"酒店名称"处输入与酒店名相关的字词,可输入中文或英文,以便快速精确的查到所需要的酒店。

(6) 价格范围:可选,客人可根据需要,以价格范围作为搜索选项,缩小所查询的范围。

(7) 星级:可选,客人可根据需要,以酒店的星级作为搜索选项,缩小所查询的范围。

(8) 其他要求:可选,客人可根据需要,以其他要求作为搜索选项,缩小所查询的范围。

(9) 按"查询":填写完毕后,按"查询"进入"酒店查询结果"界面。

3. 选择酒店

(1) 客人进入酒店查询的页面,如果客人需要对预订酒店的所在城市、预订日期、星级和价格范围有所更改,可直接点击界面中的"重新搜索",以便系统进行新的搜索。

(2) 客人可选择按照"推荐"、"价格"、"星级"对搜索结果进行排序。

(3) 在客人点击酒店名称或酒店图片后,界面会为客人显示此家酒店的简介、地址、电话、酒店设施等详细信息。

(4) 酒店查询结果显示的酒店房型并不是所有房型,如要了解所有房型,点击"全部房型"进行查询。

(5) 在客人选好所需要的酒店及房型后,点击"预订"就可直接进入预订页面。

4. 填写酒店预订单

(1) 房间预订:在房价信息栏上往往会有客人预订时间段内每天的房价详情,以供客人参考。客人可选择所需房间的数量。网上预订每张订单一般最多可订五间房,如需更多预订,则可选择"集体订房"。在特殊要求中客人可注明自己的特殊要求,如大床、无烟房,但实际情况将以入住时酒店所作安排为准。

(2) 客人信息:客人需准确地填写入住人姓名、入住人数、性别、成人或儿童,以及入住时间,以方便酒店安排房间。为了保证客人预订的成功和积分积累,网站往往会请预订客人正确填写每位酒店入住登记人的真实姓名(证件用名),如预订香港及海外酒店,请用护照或港澳通行证上的英文或拼音填写,否则酒店不予确认。

【特别提示】 酒店规定客房预订一般保留至18:00,过时不至酒店会取消预订。如果必须在18:00以后才能入住,客人须注明航班号或火车车次等数据,以便和酒店商定保留时间。如果填写18:00以前入住但当天无法按时赶到,网站往往会要求客人提前与酒店联络。客人最早、最晚到店时间须间隔在三小时以内。

(3) 联系人信息:客人需要填写真实的联系人姓名,并留下有效的手机号码和固定电话号码,如固定电话有分机,还须提供正确的分机号。客人也可留下自己的Email地址,以确保预订出现问题时酒店及时联系客人。

(4) 确认方式:客人可选择适合自己的确认方式,酒店会根据该确认方式与客人联系确认预订。客人还可选择适合自己的付款方式付款。目前,网站提供的支付方式主要有总台现付和信用卡在线支付2种。

(5) 提交订单:填写完以上预订信息,点击"提交"进入"提交订单"页面。

5. 提交订单

(1) 在"提交订单"页面,客人可再次细查自己的预订数据是否有误,如无误,客人可直接点击"提交订单"按钮以提交自己的订单。

(2) 订单提交后,酒店将尽快按客人的要求处理订单。

(3) 在客人完成订单填写后,必须选择"提交订单"按钮,订单才会正式传送给酒店;但这并不意味着客人的订房已获确认,只有当酒店按客人所选的确认方式与客人确认之后,客人的预订才完成。

二、受理客人网上预订

1. 熟悉网上预订单(如表2-7)

2. 获悉信息

客人进入酒店预订中心(处)网络系统,注意搜寻跟踪相关信息;预订中心(处)通过计算机获悉各酒店的客房出租情况,注意信息的准确、迅速。

3. 确认判断

(1) 确认客人的预订请求:计算机随即将预订要求与客人预计抵店日期可售房的情况进行对照,并做出是否受理的判断。

(2) 打出预订确认单,将第一联邮寄给客人;将第二联邮寄给客人所订的酒店,酒店根据客人的预订内容为客人保留客房。

【特别提示】 预订员在受理网上预订时,要做到对酒店目前所能提供的客房的房型、房态心中有数,以便及时回复客人;如果预订时间与客人抵店时间相差较远,一般在客人抵店日期前十天,给客人回复确认预订的回函。

表 2-7 网上预订单
Online Booking Sheet

房型 Type of Room	高级标准房(A座 双床)5月2日至5月4日2晚1人1间房 Superior Standard-room (Building A, twin-bed) May 2nd to May 4th (one person one room for 2 nights)
房费 Room Charge	5月2日～5月3日 ￥1 188/晚 ￥2 376×1间 May 2nd and May 3rd, ￥1 188/day ￥2 376/room
付款方式 Type of Payment	总台现付 Front Desk Cash
合计 Total	￥2 376(注:此价格为酒店前台现付价,不含政府税) ￥2 376 (not Including Government Tax)
填写入住信息 Guest's Information	入住人: （输入姓名,请务必保证所提供姓、名与入住时所持证件上完全相同） Name (Make sure your name consistent with that in your certificate.)
入住时间 Arrival Time	最早入住时间: 最晚入住时间: The Earliest Arrival Time The Latest Arrival Time

如果您不能在最晚到达时间之前到店,请及时与我们联系。
Please contact us if you can't arrive by the latest arrival time.
2012-5-2入住,入住时间 18:00 至次日 05:59,酒店需要您提供信用卡担保。
If you check in on may 2nd 2012, from 18:00 to 05:59 the next day, we require you to provide a credit card guarantee.
    提示:因房间紧张,此酒店需要您提供信用卡担保。确认信用卡真实有效后,酒店会将房间为您保留到入住次日12:00,订单不可取消或修改。如您未入住,将从您的信用卡中扣除相应房费。
    Tips: Due to the hot reservation in our hotel, we require you to provide a credit card guarantee. Confirming your credit card is real and effective, we will reserve the room for you until 12:00 the next day. Your orders cannot be canceled or modified. If you don't check in, the room rate will be deducted from your credit card.

联系人信息(重要,请准确填写常用联系人信息,以便我们与您联系!): Linkman Information	联系人: Linkman
手机: Mobile	（　　　　　）(限中国移动/中国联通/中国电信号码) (Only numbers of China Mobile, China Unicom and China Telecommunication)
电子邮箱: E-mail	座　机: 　　　(如:0898-65364780) Telephone 　　(e. g. 0898-65364780)

模块三　预订控制

任务导入

预订控制——追求理想的客房经济效益

    1. 查阅词典和相关合同法,准确掌握"定金"与"订金"的区别。
    2. 每个小组的同学用中英文给曾经失约的人写一封简短的致歉信(要求分别符合中文和英文的书写规范),然后互相传看,筛选出一篇较好的在课堂上展示,由教师对其进行点评。
    3. 每位同学在本模块中查找以下预订资料的的排放顺序:酒店相关部门最新发出的预订确认传真或信函、某客人要求修改/变更的预订传真或信函、酒店相关部门确认某客人的传真或信函、某客人多次询问进展的来电或来函、酒店销售部或预订部向某客人发出的推销信函、某客人发出询问相关服务项目价格的咨询信函。

4. 教师重点讲解有关预订控制的方式和方法。

工作任务一　确认预订类型

基础知识

一、常见的预订类型

1. 临时类预订（Advanced Reservation）

该预订是客人在即将抵达酒店前很短的时间内或在到达的当天联系订房。在这种情况下，没必要给客人确认书，同时也无法要求客人预付定金，所以采取口头确认（包括电话确认）。

2. 确认类预订（Confirmed Reservation）

该预订指在酒店与客人之间就房价、付款方式、取消条款等声明达成了正式的协议，并以书面形式确认过的预订。通常，确认书应在预订员收到书面预订凭证 24 小时内发出，对团体客人至少应在客人动身前一周把确认书寄到客人手中。当客人的订房要求与实际入住时间相差较长时，通常要发确认函，进行书面确认。对于持有确认函来店的客人，可以给予较高的信用。

3. 保证类预订（Guaranteed Reservation）

该预订指客人保证前来住宿，否则将承担经济责任，而酒店在任何情况下都应保证落实的预订。对于保证类预订，酒店无论如何都应保证客人到店后有房间或为其安排。

4. 等待类预订（Waiting List）

该预订指在客房预订已满的情况下，再将一定数量的订房客人列入等候名单中，一旦遇到有人提前退房或临时取消预订，且房间类型符合客人所需房时，酒店就可以通知等候客人抵店。

二、确认预订类型的总体要求

1. 有针对性地提供预订信息

作为预订员，首先要区分客人属于哪种预订，有针对性地提供订房服务。如客人选择临时类预订，要向客人强调取消订房时限；如客人选择确认类预订，则要尽快进行书面和口头上的确认；如客人选择保证类预订，则要针对不同的保证方式进行预订担保，不要给客人具体房间号码的许诺。如果客人没有讲清房间需要预订几天，通常酒店只为其预订一天。一般来说，为了尊重客人，无论客人选择哪种预订类型，酒店预订员都要清晰地告知客人预订情况。

2. 有礼节性地对待预订客人

当酒店不能受理客人的预订时，预订员要向客人寄发致歉书，以示酒店的诚意。预订员在受理取消预订时，应提前征求订房人的意见，是否可以将其列入等候名单并向客人解释清楚，以免日后发生纠纷。而对于未接到抵店通知前来入住的客人，酒店应尽量安排，如酒店无空房，可介绍到附近酒店入住，但不必为其支付房费、交通费和其他费用。对于重要客人，一般情况下会做保证类预订。

实践操作

一、临时类预订控制

1. 强调"取消订房时限"

受理时,一般情况下应注意弄清客人的抵店时间或所乘航班、车次,并强调"取消订房时限"——18:00 未到达,该预订即被取消。

2. 由总台接待处受理当天临时性订房

(1) 当天临时性订房通常由总台接待处受理,因为接待处比其他部门更了解酒店当天客房的出租情况。

(2) 总台接待处应将受理当天临时性预订的情况及时、快速反馈给客房预订中心。

二、确认类预订控制

【特别提示】 确认预订的方式通常有口头确认(包括电话确认)和书面确认两种;对于重要客人的确认书,一般要由前厅部经理或酒店总经理签发,以示对客人的尊重。随着现代通讯的日益普及,书面确认的方式逐步被电话和电子邮件(E-mail)的形式所取代。

1. 重申订房要求

重申客人的订房要求,包括客人姓名、人数、抵离店时间、房间类型和数量等;双方就付款方式、房价问题达成的一致意见。

2. 声明酒店规定

声明酒店取消预订的规定:未付定金或无担保的订房只能保留到客人入住当天的 18:00;对客人选择本店表示感谢。

3. 签名寄发

预订员或主管在预订确认书(如表 2-8)上签名、注明日期,并及时邮寄给客人。

表 2-8 订房确认书
Booking Confirmation

××酒店 ××Hotel 地址:_____ Address 电话:_____ Tel 您对_____的预订已被确认。 Your booking in _____ hotel is confirmed.	客房类型、数量:____ 房价:_____ Room Type/ Amount Rate 预订日期:_____ 抵达日期:_____ Booking Date Arrival Date 抵达时间:_____ 逗留天数:_____ Arrival Time Duration of Stay 离店日期:_____ Departure Date 结账方式:_____ 定金:_____ Checkout Method Deposit 客户姓名:_____ 电话:_____ Customer Name Tel 客户地址:_____ Customer Address

本酒店愉快地确认了您的订房。由于客人离店后,需要一定的时间整理客房,因此,下午 3:00 以前恐怕不能安排入住,请谅。另外,未付定金或无担保的订房恕只能保留到您入住当天晚上的 6:00。
We honorably confirm your booking. Since it takes some tine to do the cleaning after our guests' departure. Please forgive us that we are not able to arrange your accommodation until 3 P.M. Besides, booking without a deposit or unsecured booking can only be reserved for you until 6 P.M. on the arrival day.

【特别提示】 确认函应在预订员收到书面预订凭证24小时内发出,对团体客人至少应在客人动身前一周把确认书寄到客人手中。

三、保证类预订

1. 收取预付定金

(1)熟记酒店的预付定金的政策,一般包括收取预付定金的期限、支付定金最后截止日期、规定预付定金数额的最低标准、退还预付定金的具体要求等内容。

(2)提前向客人发出支付预订定金的确认书,如表2-9,陈述酒店收取预付定金及取消预订、核收取消费的相关政策,并取得客人的认可和承诺。

表2-9 预付定金确认书
Deposit Confirmation

对您在××酒店的订房表示十分感谢。我们很高兴地确认下列订房内容:
Thank you for your reservation in ... . We are honorable to confirm the following information.

客人姓名:　　　　　　住店日期:　　　　　　客房类型:
Gusts' Name　　　　　Arrival Day　　　　　　Type of Room

一天的房价(单位×间数):
A Day's Room Charge(Unit price×number of rooms)

承蒙您在此信的下联签字、盖章确认,并于　　年　月　日前把下列定金汇至我店,不胜感激。
Generous of you to sign in the second half of this letter and remit the following deposit to us by ... , thank you.

定金(¥):　　　　　　　　　开户行名称:
Deposit　　　　　　　　　　Account-opening Bank

地址:　　　　　　　　　　　日期:　　年　月　日
Address　　　　　　　　　　Date

　　　　　　　　　　　　　　预订经理:
　　　　　　　　　　　　　　Reservations Manager

如您要取消上述订房要求,我们将按下列规定收取消费:
If you want to cancel the booking requirements, we will charge a cancellation fee according to the following provisions.

抵店当日18:00后通知,付100%的取消费;
Inform us after 18:00 on the arrival day; pay 100% of the cancellation fee.

抵店当日18:00前通知,付50%的取消费;
Inform us before 18:00 on the arrival day; pay 50% of the cancellation fee.

抵店前两天内通知,付30%的取消费;
Inform us within two days before the arrival day; pay 30% of the cancellation fee.

抵店前两天通知,不需付取消费。
Inform us two days before the arrival day; do not need to pay a cancellation fee.

　　　　　　　　　　　公司名称(盖章):　　　　　签字:
　　　　　　　　　　　Company Name(Official Seal)　Signature
　　　　　　　　　　　　　　　　　　　　　　　　　日期:
　　　　　　　　　　　　　　　　　　　　　　　　　Date

---

(3)收到预付定金后出具收据,如表2-10。

表 2-10 定金收据
Advance Deposit

编号 No.				日期 Date	
客人姓名 Guest Name	抵店 Arrival			离店 Departure	
	用房要求 Accommodations				
		单人 SL.	双人 D.	高级 Su.	其他 Other
订房人 Reservations Made By	房价 Room Rate				
	定金总数 Amount of Deposit				
支付定金人 Deposit Paid By	金额总数 Amount		人民币 RMB	外币 Foreign Currency	
经手人 Approved By	扣除佣金 Less Commission				
	实收 Net Received				

2. 以信用卡索取房费

（1）信用卡担保是指客人将所持信用卡种类、号码、有效期及持卡人姓名等以书面形式正式通知酒店，达到保证性预订目的；

（2）酒店根据订房客人的信用卡号码、姓名及预订未到记录等情况向客人所持的信用卡公司或授权机构收取相关房费。

3. 签订协议合同

酒店与有关公司、旅行社等就客房预订事宜签订协议或合同，预订员可根据酒店有关规定据此查验双方的利益和责任。

【特别提示】 一般只有在旅游旺季或客房供不应求时客人才愿意采用保证性预订。客人保证其订房可以分别采用预付款担保、信用卡担保、合同担保。假如客人通过交预付款获得酒店的订房保证，届时未取消预订又不来入住，那么，即使客人预订数天，也只应收取一天的房费，余款退还给客人。对于使用信用卡担保的客人，出现此情况则可通过发卡公司收取客人一天的房租。对于保证类预订，酒店无论如何都应保证只要客人一到就为其提供房间或代找一间条件相仿的房间。

四、婉拒预订控制

1. 查看报表

（1）查看可行性表，确认预订日期订房情况。

（2）确定酒店确实无法接受客人预订。

2. 提出建议

（1）建议客人更改预订要求，或向客人提出建议，或提供其他酒店的相关信息。

（2）如果客人不接受建议，还可征得客人的同意，让客人留下姓名、电话，并且登记在

"候补客人名单"(On-waiting List)中,当有了空房时马上跟客人取得联系(这一做法一般发生在旅游旺季或酒店业务繁忙的情况下)。

(3) 如果最后还是无法满足客人的要求,预订员也应用友好、遗憾和理解的态度对待客人,并表示今后愿意随时为其提供服务。

3. 寄致歉信

按规范拟写一封致歉信并寄出,如果客人是书面订房而酒店无法满足客人的订房需求时,应立即礼貌复函。部分酒店使用规范的婉拒信函寄发给客人,以达到同样的效果,见表2-11、表2-12。

表 2-11　常用婉拒预订书信句型

_____本店为没能满足您的要求深表歉意,希望下次能有机会为您提供服务。 　　　　　　　　　　　　　　　　　　　　　　　　　　　顺致 崇高敬礼! _____We regret that we have been unable to be of service to you. However we hope to be in a position to accommodate you at a future date. 　　　　　　　　　　　　　　　　　　　　　　　　　　　Yours Faithfully

表 2-12　致歉信

尊敬的_____先生/女士: Dear Mr. /Ms_____, 　　感谢您对本酒店的关照和支持。非常遗憾地向您解释,本酒店____年__月__日的客房已经订满,无法接受您的订房要求,对此,我店深表歉意。希望有机会再能为您服务。 　　Thank you for your attention and support for us. I regret that our rooms are fully booked on _____ so that we are not able to accept you booking request. We deeply apologize for this. However we hope to be in a position to accommodate you at a future date. 　　　　　　　　　　　　　　　　　　　　　　××酒店前厅部经理 　　　　　　　　　　　　　　　　　　　　　　Front Office Manager of ×× Hotel 　　　　　　　　　　　　　　　　　　　　　　　　年　　月　　日 　　　　　　　　　　　　　　　　　　　　　　　　　　Date

4. 整理资料

(1) 将客人列入"等待名单"。

(2) 将资料存档备案。

【特别提示】　当客人的订房要求不能满足时,预订员应该向客人积极推销其他与客人要求相近类型的房间,切不可直接拒绝。如果客人还是不能答应,则应想办法与客人协商,主动再提出一系列可供客人选择的建议,建议客人重新选择来店日期或改变住房类型和数量。

工作任务二　变更/取消预订

基础知识

一、预订变更的含义

酒店在接受预订后,客人在抵店前常常会由于种种原因对原来的预订提出变更要求甚至可能会取消预订。预订的变更(Amendment)是指客人在抵达之前临时改变预计的日期、人数、要求、期限、姓名和交通工具等。

二、处理预订变更/取消的总体要求

1. 处理时有耐心

对于预订员而言,无论是客人变更还是取消预订,预订员都要耐心、高效地提供对客服务。对于酒店来讲,客人能够花费时间通知酒店更改或取消原来的订房,可以使酒店有充分的时间接受其他的预订以降低酒店的损失,因此,酒店应鼓励取消预订的客人及时与酒店联系,预订人员既要灵活地面对现实,又要表现出极大的热情接待客人。据有关调查表明,取消预订的客人90%在今后的旅行活动中都会考虑在原酒店预订客房。

2. 处理时要迅速

在核对预订过程中,如果发现客人(散客)预订变更或取消预订,则应及时修改预订记录,并迅速做好取消或更改预订后闲置客房的补充预订工作。如果客人的预订取消或变更是在抵店前一天发生的,补充预订已经来不及,则应迅速将客人取消或更改预订情况及时通知总台接待处,以便能够及时将这类客房重新出租给未预订而直接抵店客人。

实践操作

一、变更预订

1. 接收更改信息

(1) 询问要求,更改预订客人的姓名及原始到达日期和离店日期。

(1) 询问客人需要更改的日期。

2. 确认更改预订

(1) 在预订变更时,预订员首先应该查看计算机,看是否能够满足客人的变更要求。如能够满足,则予以确认,同时填写"预订更改表",修订有关的预订记录,并将这一新信息通知有关部门;如不能满足客人的变更要求,预订员应根据具体情况与客人协商解决。

(2) 在有空房的情况下,可以为客人确认更改预订,并填写预订单,记录更改预订的代理人姓名及联系电话。

(3) 若预订的变更内容涉及一些特殊安排,如接送和放置鲜花、水果等,则需尽快给相关部门发出变更(或取消)的通知。

3. 将更改单存档
(1) 找出原始预订单,将更改的预订单放置在上面订在一起。
(2) 按日期、客人姓名存档。

4. 处理未确认预订
(1) 如果客人需要更改日期,而酒店客房已订满,应及时向客人解释。
(2) 告知客人预订暂放在等候名单里,如果酒店有空房时,及时与客人联系。

5. 完成更改预订
感谢客人及时通知,感谢客人的理解与支持(未确认时)。

二、取消预订

1. 接收预订信息
询问要求取消预订客人的姓名、到达日期和离店日期。

2. 确认取消预订
记录取消预订代理人的姓名及联系电话,提供取消预订号。通常,取消预订号记录在预订资料上并加以存档。

【特别提示】 使用取消预订编号是证明预订已被取消的最好方法。例如:82511MT228,前面三位数表示客人原订的日期(8月25日);接着的两数表示该酒店的编号;字母则表示预订员的姓名的两个首位字母;最后三位数表示酒店取消预订的序号。

3. 处理取消预订
(1) 感谢预订人将取消要求及时通知酒店,询问客人是否要做下一个阶段的预订。
(2) 将取消预订的信息输入计算机。
(3) 在预订单上盖上取消预订的印章,并在备注栏内注明取消日期、原因、人数等,然后存档。如果客人的预订信息已经通知到相关部门,则应将客人取消预订的这一新信息通知相关部门。

4. 存档并通知
(1) 查询原始预订单,将取消预订单放置在原始预订单之上,订在一起。
(2) 按日期将取消单放置在档案夹最后一页,将取消的信息通知有关部门。

【特别提示】 当客人在原定抵店日未能到店,则由总台接待员办理有关事宜(仅限预订1天的客人)。如果是取消预订,同样要通知有关部门,必要时可以为客人保留房间至约定时间(1天以上的转预订员处理)。

三、记录预订信息

1. 计算机输入
(1) 将计算机调整到工作状态。进入主菜单,选择系统快捷功能键,输入客人的相关预订资料,计算机很快做出接受与否的判断。
(2) 查询预订客人是否为常客及其相关的客史记录,并按特定操作程序输入。
(3) 核查输入信息内容,并对错误或资料不详之处进行修改、完善,最后确定,计算机即可记录并自动生成入住登记单;接待员可随时调用预订资料,并随时按客人要求和预订管理控制规程进行修改、变更、取消及再确认。

2. 填写表格

(1) 首先查阅预订控制记录,如有空房,应根据客源类型,分别填写散客或团队客房预订单。

(2) 在客房预订汇总表(见表2-13)上标注房型、数量及住店天数(日期)等。该表突出地显示了客房预订中最重要的信息:谁租用;什么时候租用;租用哪种类型的客房。这种预订汇总表用来了解平均停留天数长的客人预订状况,例如公寓式酒店、度假村型酒店等。

(3) 将有关信息输入计算机,填写预订登记簿。

表2-13 预订汇总表
The Conventional Chart

2012. 11. 1~10　　　预订部(Reservation)　　　8楼(8th Floor)
(符号说明Signs:标准间STD、单人间SGL、套间SUITE及其他Other……)

房号 Room No.	房型 Room Types	房价 Room Rates	1 星期日	2 星期一	3 星期二	4 星期三	5 星期四	6 星期五	7 星期六	8 星期日	9 星期一	10 星期二
801	STD	280.00	××公司(Company)									
802	STD	280.00							××旅行社(Travel Agency)			
803	STD	280.00		××旅行社(Travel Agency)								
804	STD	280.00						××公司刘先生(Mr. Liu From Company)				
805	SGL	260.00		××公司(Company)								
806	SGL	260.00				Mr. Smith						
807	SGL	260.00										
808	SGL	260.00				Ms. J. Mary						
809	SUITE	580.00										
…	…	…										

四、整理预订资料

1. 整理订房资料

整理受理预订过程中所使用的客房预订单、预订变更或取消单、客人预订信函、传真、电子邮件、收取客人预付款(定金)收据、客史档案卡等。

2. 整理装订

(1) 将同一天抵店的全部客人资料按字母A~Z的顺序进行装订。

(2) 接下来,按如图2-2所示的顺序排放并装订订房资料。

```
酒店相关部门最新发出的预订确认传真或信函
           ↓
某客人多次询问进展的来电或来函
           ↓
酒店相关部门确认某客人的传真或信函
           ↓
某客人要求修改、变更的预订传真或信函
           ↓
某客人发出询问相关价格、项目的咨询信函
           ↓
酒店销售部或预订部向某客人发出的推销信函
```

图2-2 订房资料排放装订顺序

（3）如果客人的订房资料中另有返程预订、为他人预订等两次以上的订房要求，或者同行的客人不在同一时间抵店等情况，预订员则应复印相应份数的订房资料，然后按不同抵店日期分别存档。

工作任务三　控制超额预订

基础知识

一、超额预订的涵义

超额预订（Over Booking）是指在酒店客房预订已满的情况下，再适当增加订房数量以弥补因少数客人取消预订而造成的损失。超额预订通常出现在旅游旺季或是常年开房率较高的酒店。这样做的目的在于充分利用酒店的客房，提高客房出租率，减少因客人预订未到而给酒店造成的经济损失。

二、超额预订的"度"

超额预订既是酒店经营者胆识和能力的表现，又是一种风险行为。因此，超额预订应该有个"度"的限制，以免出现因"过度超订"而使预订客人不能入住，或因"超订不足"而使客房闲置。因此，搞好超额订房主要解决两个问题，一是如何确定超额订房的数量，二是一旦超订过度如何补救。这个"度"的掌握是超额订房管理成功与否的关键，它应是有根据的，这个根据来自于经验，来自于对市场的预测和对客情的分析。

实践操作

一、查控预订过程

1. 检查、纠正错误

（1）检查有无将订房人误认为住宿人。
（2）检查有无将抵、离店日期写错。
（3）检查是否准确把握对影响预计出租率变化的数据，如预订而未到的房数等。

2. 及时处理"等候名单"

（1）每天检查预订状况时，若发现"等候名单"中的客人抵店前有可租房，应立即通知客人，经确认后，将其从"等候名单"中取消，列入预抵店客人名单。

（2）对房情预订总表或计算机预订控制系统进行相应的修改。

二、控制超额预订

1. 超额预订的计算方法

（1）查找订房统计资料中特殊客人的数量和比率：预订不到者（No-shows）；临时取消者（Cancellations）；提前离店者（Understays）；延期住宿者（Overstays）；提前抵店者（Early-arrivals）。

（2）牢记计算超额订房数量的公式：

公式一：$X = (A - C + X) \cdot r + C \cdot f - D \cdot g$。

式中：X——超额订房数；A——酒店可供出租客房总数；C——续住客房数；r——预订不到及临时取消和变更的比率；D——预期离店客房数；f——提前离店率；g——延期住宿率。

公式二：$X = Q \cdot r - D \cdot f$。

式中：X——超额预订房数；Q——预订房间数；D——预期离店客房数；r——临时取消率；f——延期离店率。

公式三：超额预订率＝（超订数量÷可订数量）×100%；预订未抵店客房百分比＝（预订未到客房数÷订房客用房数）×100%；提前离店客房百分比＝（提前离店客房数÷预期离店客房数）×100%；延期离店客房百分比＝（延期离店客房数÷预期离店客房数）×100%；未预订抵店客房百分比＝（未预订抵店客房数÷抵店客房数）×100%。

【特别提示】 根据超额订房数量的公式计算出的结果仅供参考，因为它是依据酒店以往的经营统计数据计算的，未来状况会怎样，还要作具体分析，还要考虑其他各种影响因素。

2. 控制不兑现客人的数量

（1）在客人预订和入住时必须确认离店日期，并在预期离店的前一天再次确认提前离店客人。

（2）过了12:00即加收半日房租，促使当日离店客人在12:00前结账退房。

（3）让有预订的客人预付定金，按保证类预订处理；在销售旺季预测客满前，通过电话或传真与当日未交预付定金的客人再次联系。

3. 处理已订房客人到店而客房已全部出租的情况

（1）在预计出现超额订房时，应事先与其他同星级酒店联系并确认客房数量。

（2）出现房租差价时应由酒店承担，包括提供车辆及通讯等费用，并且在客人于次日返回酒店时，应以重要客人的礼遇安排入住。

4. 恰当使用超额预订的方法

（1）预测当日超额订房的房间数。

（2）反复核查当日预抵店客人名单，在确认保证类订房的基础上，在非保证性订房或18:00以后抵店的客人中，排查可能会出现的预订未到客人的用房数。

(3) 核查当日延期房间数量,并向要求办理延期续住的客人进行必要的解释。

(4) 核查维修房恢复状况,对无法进行维修且故障小的房间,提前征求客人意见,适当给予折让后,安排给客人入住。一旦有合适的房间,尽快为客人办理换房手续。

(5) 核查团队、会议订房,有否可能将两人两间房合并为一间,并及时与订房单位协商和确认。

5. 调整预留房数量

(1) 在房况控制过程中,客房的提前预留肯定会对客房的出租状况产生影响。实际上,客房预留的数量一般都会大于实际的用房数量。

(2) 酒店预留较大量的客房,有时是出于某个团队或会议预订房未作最后的确认,这可能会对酒店带来损失。因此,控制预留房的数量要及时准确地统计预订而未抵店客人用房数,并以此为依据,接受一定数量的超额订房,减少由于过多的预留房而给酒店带来的经济损失。

6. 处理常见问题

(1) 订房信息记录不准确。客人的抵离店日期、预订天数和房数、房价或房间类型、客人人数和姓名记录不准确,或未及时进行核对确认,这会造成排房失误或客人抵店时对房型、房价有异议。

(2) 订房信息未及时、准确的传递。订房信息未及时准确传递到接待处,将会使接待处分房不当或未及时排房;客人用餐、订票、订会议室、订康乐设施等要求没有及时准确地传递到有关部门,将会造成这些部门未及时准备或准备失误。

(3) 房价未能保密。酒店与旅行社或其他代理商之间的房价,告诉客人或间接让客人知道,会影响旅行社或代理商的客源,进而影响酒店的客源。

(4) 预留的房间号码过早告诉客人。预留的房间号码过早告诉客人,会使酒店在排房时缺乏灵活性,难以变更,一旦改变预订承诺会导致客人的不满。

(5) 酒店在旺季突然涨价,涨价幅度太大或不能预留房间。旺季时,酒店未预先通知而突然涨价,或已预先告知但涨价幅度太大会造成客人的不满;未能如约留房,特别是无法提供客房给保证类预订客人,会造成客人的强烈不满及投诉。

(6) 客人在预订时要求在房间内增加或减少部分家具。对于这类要求,一方面问清所提要求的原因,如果是由于房间临时加用,则请客人与客房服务中心联系;另一方面委婉地告知客人,通常客房固定配备的家具不宜挪动,请客人谅解。

(7) 不兑现客人数量增大。通常,酒店接受超额预订的比例应控制在5%～15%之间。具体而言,各酒店应根据各自的实际情况,合理掌握超额预订的"度"。对超额预订影响最大的因素是不兑现客人,应将这部分客人数量控制在最小范围内。

三、解决预订失约问题

订房失约是指客人按约定的时间或曾保证过订房,抵店时却遭遇客满,酒店不能提供房间的情况。预订失约会给酒店的声誉带来严重的影响。

1. 对预订员提出专业实操要求

(1) 严格对预订员进行专业技能的培训,熟悉工作流程。

(2) 在客人办理完预订手续后一定要进行复述,与客人进行有关预订的核对和确认。

（3）向客人解释酒店的政策和惯例，解释酒店专用的术语的确切含义。

（4）采用预订单记录客人的订房要求，务必仔细、慎重。

2. 对订房信息提出专业处理要求

（1）对订房的变更或取消应高度重视，及时办理修改预订记录、重建预订单等相关手续。

（2）预订处应与总台、酒店的市场营销部密切联系，及时准确地掌握可售房信息。

（3）建立相应的审查制度，在预订资料输入计算机存档以前，应交当值领班或主管审查，确认无误后方可进行下一步的工作。

3. 店内解决

（1）如果有比客人原预订标准高的房间，可采取"升格"法，让客人支付原预订客房的价格，入住档次较高的房间。

【特别提示】"升格"法通常用于给常客、重要客人房间升级。当客人多次住店后，酒店为了吸引客人，会让客人以低价享用一晚高级客房，通常需有经理批准方可。

（2）如果只有比客人原预订标准低的房间，则可采取"降格"法，委婉地跟客人商量，通过提供更多的实惠、便利等使客人接受低等级的房间。

4. 店外解决

（1）致歉、解释，请客人谅解。

（2）立即与同等级同类型的其他酒店联系，酒店免费派车送客人前往。

（3）免费提供1~2次的长话费用或传真费，以便客人将住址改变的事宜通知有关方面。

（4）为客人支付在其他酒店住宿的第一夜的房费；征求客人意见，做好第二天搬回酒店的工作。

（5）继续保留客人的有关信息，以便为客人提供查询服务等。

（6）第二天排房时优先照顾这类客人的用房安排，同时做好客人返回的接待工作：大堂副理迎候客人，房内摆放鲜花、水果等。

（7）向提供住房援助的酒店致谢，向预订委托人致歉。

工作任务四　核传预订信息

基础知识

一、核对预订信息的原因

客人抵店前，前厅部预订员要核对预订信息，并将相关预订信息传递到总台、礼宾处等部门，有针对性的做好客人抵店前的准备工作。由于客人通常会提前较长时间向酒店订房，在入住前一段时间内很可能由于种种原因更改预订或取消预订。酒店为了提高预订的准确性，保持酒店良好的入住率，并做好客人抵店前的准备工作，通常，客房预订员在客人订房之后会通过电话等方式与客人进行多次的核对、确认，弄清楚客人的预订是否有变化。

二、保障客房预订信息预报准确的前期措施

当预订员接受到客人的订房原始凭证后,应立即用打时机打上时间,或在填写完预订单后立即用打时机打上时间,要求时间打在预订单或原始凭证的下方。将预订单及时输入计算机,并盖上"已输入计算机"的章或做一个"已输入计算机"的记号。上述图章或记号应盖或画在预订单的指定位置,但不能盖住预订员的签名。根据订房的不同情况把有关图章盖在预订单的指定位置,如"已确认"、"定金已付"、"保证类预订"等。把相应的预订资料整理形成订房档案后,应装订以防资料的丢失。在资料的左上角用大头针或回形针固定订房资料,然后依次放入订房档案夹、档案柜。如订房客人已离店,则应将订房档案连同客人的客史档案一起存档。在确保原始资料准确无误的基础上,预订员再相应地整理出与其他部门相关的预订信息,然后才能做到客房预订信息预报的准确。

实践操作

一、核对抵店客人预订内容

1. 熟悉核对信息的三个阶段

(1) 第一阶段:在客人抵店前一周或数周将主要客情,如 VIP、大型团队、会议接待以及客满等信息传递到相关部门。可以采取分发一周客情表、VIP 预报表等方法,也可由总经理或主管副总经理主持协调会来发布。

(2) 第二阶段:在客人抵店前,将客情及具体的安排以书面形式通知相关部门,做好接待准备。酒店常使用的通知书主要有:VIP 接待通知单,次日抵店客人一览表、接站单、订餐单、鲜花水果通知单等。

(3) 第三阶段:客人抵店当天,总台接待员应根据客人的订房要求提前做好排房工作,并将房卡、住房登记单准备好,将有关接待细节通知相关部门,共同完成客人抵店前的各项准备工作。

2. 核对次日抵店散客预订主要内容

(1) 预抵店客人姓名、单位(公司)、国籍(地区)。
(2) 预订房间种类、价格、间数;预抵店日期、时间和预离店日期、时间。
(3) 预订种类(是否保证性预订)、付款方式及预付定金。
(4) 联系单位(公司)及电话、传真等;是否有安排接送等特殊要求。

3. 核对次日抵店团队/会议预订主要内容

(1) 预抵店团队/会议团号、单位(旅行社等)。
(2) 预订房间种类、价格、间数、人数;预抵店日期、时间和预离店日期、时间。
(3) 付款方式及接待单位(旅行社)承担付款范围和项目;接待单位(旅行社)及电话、传真等。
(4) 团队/会议客人中是否有夫妇、儿童等;是否有加床、用餐安排、取送行李安排等特殊要求。

【特别提示】 可以根据以下三点作为区分散客与团队客人的参考依据:一是客人中是

否有领队;二是是否要为客人安排特殊项目服务、提供优惠价格及办理预订的完整计划;三是客人与酒店账务结算是否按主账单、分账单分别处理,即主账单由与酒店签订合同或协议的单位支付,而分账单则由客人自行支付。另外,散客中既有已办理预订的客人,也有未办预订、直接抵店的客人;团队客人几乎都是预先办理客房预订的客人。

4. 填写、使用和审核相关表单

(1) 填写/打印次日抵店客人名单(见表2-14)、团队接待通知单(见表2-15)

表2-14 次日抵店客人名单
The Next Day Arrival Guest List

年   月   日

预订号 Reservation Number	序号 Serial Number	客人姓名 Name	房间数 Room Amount	房间类别 Type of Room	抵达时间 Time of Arrival	预期离店时间 Expected Time of Departure	备注 Remarks

表2-15 团队接待通知单
Team Reception Notice

年   月   日(Date)

团体名称 Name of Team		国籍 Nationality		
人数 Number of Guests	男 Male 女 Female	房号 Room No.		
抵店日期 Date of Arrival		班次 Working Shift		
离店日期 Date of Departure		班次 Working Shift		
拟住天数 Expected Duration of Stay		接待标准 Reception Standard		
接待单位 Reception Unit		陪同人数、身份 Number and Identity of Accompanying People	男 Male	女 Female
特殊要求 Special Requirements				
审核人 Clerk		经手人 Approved By		
备注 Remarks				

(2) 审核:所选报表是否正确,填写项目是否齐全,文字表述是否清楚,日期、时间、数量等是否准确,呈报批复手续是否完备。

5. 分送表单

预订员根据次日预抵店客人情况，按客源分类及排列顺序填写或打印上述表单，呈交主管审核无误后，按前厅服务管理规定的时间和方式分送至各个相关部门。

6. 递送更改信息

（1）发现预订有更改记录，须将原始订房单与变更单相关内容进行核对，或与相关记录进行核对；发现预订被取消，须与预订取消记录簿的相关内容进行核对，或与计算机记录进行核对。

（2）由于更改或取消预订的时间与客人抵店时间间隔很短，再做补充预订已来不及，所以应立即将更改内容或取消预订的通知传达至总台。

二、制作报表

1. 明确报表用途

（1）由预订人员和前厅管理人员使用。

（2）依工作流程要求向其他部门提供，并送达上级主管领导查阅。

2. 填写报表

（1）看清原始记录，如实填写，填写内容字迹清晰、数据准确；如发现内容不详或字迹模糊，应设法查清。

（2）报主管或经理审阅，批准后再行打印。

（3）除本部门存档外，其余按工作流程及时分发和送达，重要的报表应由收存部门负责人签收。

（4）在采用计算机系统管理的酒店，报表的统计分析由计算机自动处理。但是，有些报表还是要经预订员手工记录并输入计算机。

【特别提示】 相关统计计算公式：①当日出租客房数＝前1天实际用房数＋次日抵店用房数－次日离店房数；②团队用房率＝（团队用房数÷可出租客房总数）×100%；③客房出租率＝（出租客房数÷可出租客房总数）×100%。

项目小结

房态英文简码：干净的住客房—OC、住客脏房—OD、干净的空房—VC、无住客脏房—VD、短期维修房—OOS、长期维修房—OOO、走客房—C/O、保留房—B/R、请勿打扰房—DND、外宿房—S/O、双锁房—D/L。

计价方式英文简码：欧式计价—EP；美式计价—AP；修正美式计价—MAP；欧陆式计价—CP；百慕大式计价—BP

"冲击式"报价：即先报价格，再提出房间所提供的服务设施也项目等。

"鱼尾式"报价：即先介绍房间所提供的服务设施与项目以及房间的特点，最后报出价格。

"夹心式"报价：即将房价放在推销服务中间进行报价。

订房方式：电话预订、函件预订、面谈预订、OTA预订。

OTA预订（Online Travel Agent）：是指通过网络或者电话向旅游消费者提供酒店、机票、旅游线路等旅游产品预订服务的在线旅游代理商，消费者可选择通过网上或线下支付，也称第三方旅游代理商。

临时类预订（Advanced Reservation）：是客人在即将抵达酒店前很短的时间内或在到达的当天联系订房。

保证类预订（Guaranteed Reservation）：指客人保证前来住宿，否则将承担经济责任，而酒店在任何情况下都应保证落实的预订。

确认类预订（Confirmed Reservation）：通常指在酒店与客人之间就房价、付款方式、取消条款等声明达成了正式的协议，并以书面形式确认过的预订。

超额预订（Over Booking）：是指在酒店客房预订已满的情况下，再适当增加订房数量以弥补因少数客人取消预订而造成的损失。

检 测

一、电话预订综合实训

表 2-16 电话预订综合实训

训练项目	电话预订业务		
训练地点	前厅实训室		
训练时长	45 分钟		
操作程序	考核标准	考核要求	得分
1. 情景对话（15 分）	内容符合酒店工作常态、合理、顺畅	每一处错误扣 1 分，扣完为止	
2. 仪容仪表（5 分）	服务牌佩戴在外衣左上方，服装整洁得体、无破绽，钮扣齐全；鞋袜洁净；不留长指甲；不佩戴过于醒目奇特的饰物；男不留胡须，发长不盖耳；女化淡妆	有一项不符合要求，扣 1 分，扣完为止	
3. 仪态（5 分）	行走、站姿正确，行为规范有礼	有一项不符合要求，扣 1 分，扣完为止	
4. 了解客人需求（10 分）	礼貌地询问客人是否需要订房，以及订房的时间和房型	每出现一处错误或遗漏，扣 1 分，扣完为止	
5. 介绍房间（15 分）	介绍三种（含）以上客房，并正确描述各类客房的优点；正确报价	只介绍一种或两种，扣 1 分；描述客房优点基本正确，但不够充分、全面，扣 1 分；每报错一种房价，扣 1 分，扣完为止	
6. 表格填写（10 分）	填写规范、完整	出现一处表格填写错误，扣 1 分，扣完为止	
7. 确认情况（20 分）	确认订房的时间、天数、房型、房数、房价、付款方式、保留时间、特殊要求等	每出现一处错误或遗漏扣 1 分，扣完为止	
8. 道别（5 分）	礼貌地向客人道谢、道别	每出现一处错误或遗漏扣 1 分，扣完为止	
9. 预订程序（15 分）	按照正确的程序向客人提供预订服务	出现一处错误，扣 1 分	
总得分			

二、案例分析

客房重复预订

王先生在新婚之日来到酒店,要求办理在一个月之前预订的新婚套房的入住手续。接待员查看后,发现他所预订的套房住着一位一周前抵店而延期离店的李先生。王先生一听在一个月前预订的房间居然落空,情绪激动,在总台大闹。接待员请来大堂经理,经理了解情况后,立即将王先生请入办公室,端上饮料和毛巾,并对酒店的抵店准备工作的疏忽向王先生表示深深的歉意。补救方法是以原房间对折的价格另准备一间更高档次的豪华套房作为王先生的新婚套房,并且在王先生的婚宴上每桌免费赠送一个特色菜,以表歉意。王先生虽然接受了这个建议,但又要求酒店给当日婚宴打八折,否则一定要原来预订的房间。大堂经理陷入两难境地。

（资料来源：http://doc.mbalib.com）

思考：请问你若是本案例中大堂经理,该如何处理王先生提出的要求?另外,简评大堂经理的补救方法的可行性。

三、小组讨论

针对目前OTA预订占酒店预订份额逐步增加的情况,作为酒店的经营管理者,如何发挥自身优势,增加酒店的预订份额?

四、课内实训

电话预订情景对话（请将下列英语对话翻译成中文,并模拟表演出来）：

R：Shanghai Hotel. Reservation Desk. How may I help you?

G：I'd like to book a room in your hotel. Can you arrange it for me?

R：What kind of room would you like, sir? We have single rooms, suites and deluxe suites in Chinese, Japanese, Roman, French and Presidential styles.

G：A French suite, please. .

R：Would you please tell me your arrival and departure dates?

G：I'll stay in your hotel from May the 15th to May the 19th.

R：May I have your name, please?

G：George Smith.

R：Mr. Smith, would you like breakfast?

G：Yes, please.

R：Well, a French suite with breakfast from May 15th to May 19th. Am I correct, Mr. Smith?

G：Yes.

R：One moment, Mr. Smith. I'll check the computer. Sorry to have kept you waiting, Mr. Smith. We can give you the room. The room rate is 800 Yuan a day.

G：OK.

R：What time will you be arriving, Mr. Smith?

G:At about 4:00 in the afternoon. Is it all right?
R:That'll be fine. We are looking forward to having you with us, Mr. Smith.
G:Thank you. Goodbye.
R:Goodbye.

五、课外拓展

1. 有资料称:2011年45%以上的酒店预订(包括休闲旅游、集中和非集中管理的商务旅行)已在网上进行直销和分销。请着手调查一下当下的有关情况,并写出一份调查报告。

2. 郑州某网站称:力图打造3G时代手机上的绿色订房专家。请问:具备哪些条件才可被称为网络"绿色订房专家"?

3. 有观点称:婉拒预订并不代表服务的终止。你怎样理解?

4. 多数酒店声称:为预订客人保留用房的时间定在客人预抵店日18时。请从《消费者权益保护条例》等相关法律法规的角度,谈谈这一说法或做法的合法性。

项目三 礼宾部服务

学习目标

- 了解金钥匙组织的服务理念、服务特色及贴身管家服务的内涵。
- 理解店内外应接、入住接待、行李搬运寄存、问询代办等服务要求。
- 掌握行政楼层所提供的各服务项目要求及贴身管家服务要求。
- 运用礼宾接待服务知识与技能,做好酒店客人迎来送往的工作。

项目导读

每家酒店大堂礼宾服务部的管辖范围及提供的服务项目并不完全一致。目前,我国大部分酒店的大堂礼宾服务部,其英文名称为"Bell Service",在高档饭店中称为"Concierge"。酒店礼宾服务的主要岗位是大堂服务主管、酒店驻机场代表、门厅应接员(门童)、行李员、委托代办员及行政楼层经理、主管和贴身管家等,其服务项目通常有迎送客人、疏导酒店门前车辆、替来店客人泊车、行李搬运及寄存服务、递送邮件/留言单、分发住客的报纸、传呼找人、预订出租车服务、向客人借出雨伞和店外代办等。礼宾服务是酒店服务品质的反映,应给予充分的重视。本项目内容也是重点学习内容,其要点内容如表3-1。

表3-1 本项目要点内容阅读导引表

客人抵店服务	客人在店服务	客人离店服务	行政楼层服务
关于VIP的等级划分	住客行李服务标准	对礼宾员的送客要求	楼层服务项目/使用价值
店外应接/争取未预订客人	礼宾部行李房管理制度	礼宾部送客态度要求	楼层经理/主管岗位职责
金钥匙服务标准和精神	行李寄存/领取/换房服务	送别VIP/散客/团队客人	楼层一般接待/VIP接待
接收/分拣/运送行李标准	处理行李服务特殊问题	送别徒步"过往"客人	送水果/茶水/咖啡进房标准
门厅应接抵店客人服务	礼宾部代办员素质要求	运送行李离店的服务标准	行政楼层结账方式/离店服务
散客/团队抵店行李服务	寻人/泊车/租借等服务	散客/团队离店行李服务	贴身管家素质标准/服务要求

模块一 客人抵店服务

任务导入

礼宾部客人抵店服务——掌握酒店内/外应接服务技能

1. 学生事先预习或自学有关酒店服务礼仪的知识,重点掌握礼宾部岗位礼仪要求,即接机/接站礼仪规范、行李服务礼仪规范、礼宾员(门童)服务礼仪规范。

2. 教师播放有关酒店礼宾服务——门厅应接的视频资料短片后,各小组就"我看礼仪在酒店服务中的作用"的主题进行发言。

3. 教师结合礼仪和服务心理学的相关知识,讲解礼宾部提供抵店服务的知识点。

工作任务一　店外应接服务

基础知识

一、酒店应接服务种类

对客应接服务主要由酒店住机场代表(Hotel Representative)、门童、行李员等提供的一系列面对面的服务,一般可分为店内和店外迎送两种。店外应接服务主要由酒店代表提供。

二、酒店住机场代表的工作内容

多数高星级酒店设机场代表一职,在其所在城市的机场、车站、码头设点,派出代表,接送抵离店的客人,争取未预订客人入住本酒店。这是酒店设立的一种服务规范,既是配套服务,也是酒店根据自己的市场定位所做的一项促销工作。

在机场(车站)设点的酒店,一般都有固定的办公地点,都有酒店的明显标志,如店名、店徽及星级等。酒店代表除迎接客人和推销酒店产品外还向本酒店已离店客人提供送行服务,为客人办理登机手续,提供行李服务等。为了做好服务工作,酒店为客人提供接车服务(Picking up Service),一方面于旺季在酒店与机场(车站)之间开设穿梭巴士(Shuttle Bus),另一方面根据客人的要求指定专门的车辆服务。

三、酒店驻机场代表工作的总体要求

酒店驻机场代表是代表酒店欢迎客人的第一人,应该特别注意自身的仪容仪表,举止言谈要温和得体,动作要迅速准确,要充分体现出责任心、自觉性、灵活性、协调性和独立性的工作特点。

即使有的时候因为其他航空港的原因造成失误,例如行李未随机而来或者丢失等状况,客人只要把基本情况向酒店的机场代表说明,就由酒店方面来负责协调。客人的行李未随机的,机场代表负责与对方航空港联系,在约定送达后进行接收,然后亲自送到客人手里;对于丢落物品的客人,机场代表会尽量与有关方面进行协调、调查,最大程度上保证客人出行的安全和顺利。

四、关于贵宾(VIP)

贵宾(VIP)即 Very Important Person 的简称。VIP 是酒店给予在政治、经济以及社会各领域有一定成就、影响和号召力的人士的荣誉,是酒店完善标准的接待规格服务对象,

是酒店优质服务体系的集中体现。一般酒店在开业前期会准备一份酒店贵宾接待标准,根据贵宾的身份、地位、资质设定相对应的 VIP 等级并按照对应的标准接待规格进行接待。

在酒店通常将 VIP 分四个等级,按级别高低依次为 VA、VB、VC 和 VD。

VA:国家元首、国家部委领导、省主要负责人等。

VB:各政府部门领导、市主要领导、企业高层管理者、同星级酒店董事长、总经理、省级国旅总经理、对酒店有过重大贡献的人士、酒店邀请的客人等。

VC:社会名流(演艺界、体育界、文化界)、酒店邀请的客人(业务客户)。

VD:个人全价入住酒店豪华客房三次以上客人、个人全价入住酒店客房十次以上的客人、酒店邀请的客人等。

不同级别的 VIP 分别由集团董事长、酒店的总经理、驻店经理、公关营销部经理等批准,方可成为酒店的重要客人。

实践操作

一、应接预订客人

1. 准备工作

(1) 有些客人在订房时会声明需要接车服务,并事先告知航班(车次)、到达时间、接车车辆的类型。此时,应首先按酒店规定的标准全面检查仪表仪容,确定相关信息来源。

(2) 掌握预抵店客人名单(如表 3-2),向预订处索取"宾客接车通知单",了解客人的姓名、航班(车次)、到达时间、车辆要求及接待规格等情况。

表 3-2 次日抵店客人一览表
The Next Day Arrival Guest List

年　　月　　日(Date)

预订号 Reservation Number	序号 Serial Number	客人姓名 Guest Name	房间数 Room Amount	房间类别 Types of Rooms	抵达时间 Time of Arrival	预期离店时间 Expected Time of Departure	备注 Remarks
1							
2							
3							

(3) 安排好车辆,备好接机(站)牌。接机(站)牌正面刻要有酒店的中、英文名称,反面是客人的姓名,牌子手把的长度在 0.5 米左右。

(4) 及时了解并掌握航班航班(车次)、到达时间、车辆要求及接待规格等变更情况。

2. 迎接客人

(1) 到达车站(机场或码头),站立在显眼位置举牌等候、主动问好、介绍自己、代表酒店欢迎客人;根据预抵店客人名单予以确认。

(2) 帮客人搬运行李并确认行李件数,挂好行李牌,引领客人前往接机(站)车前;开车前 10 分钟应将客人送到开车地点,引导客人上车,协助将行李装上车,然后向客人道别,开车时站在车前的右前方2米左右,微笑着挥手向客人道别。

（3）电话通知酒店大厅值班台客人到店的有关信息:客人姓名、所乘车号、离开车站时间、用房有无变化等。

【特别提示】 如果客人漏接,则应及时与酒店接待处联系,查核客人是否已经到达酒店,并向有关部门反映情况,以便采取弥补措施。

3. 前往酒店途中

（1）主动介绍本地和酒店概况。

【例3-1】

各位宾客:大家好,旅途辛苦了!我代表承德××酒店欢迎大家的到来!

首先,我向大家简要介绍一下承德市的概况。承德市位于环渤海经济区腹地,南临京津,北靠辽蒙,距首都北京224公里,三个小时的车程。承德是闻名中外的历史文化名城和著名的旅游胜地,辖八县三区,总面积近4万平方公里,总人口356万人。大家都知道,承德旅游资源享誉中外,避暑山庄及周围寺庙被列入"世界文化遗产名录",还有塞罕坝国家森林公园、金山岭长城、雾灵山自然资源保护区、京北第一草原、蟠龙湖等一批国家级旅游景区,大家在今后的几天当中都会有机会游览到!

我们即将下榻的××酒店是一家四星级酒店,开业于2006年,坐落于承德市新华路。交通便利、地理位置优越,是一家集客房、餐饮、休闲和娱乐于一体的现代化、多功能酒店,拥有各类客房222间。我们酒店还具有接待大型宴会的功能。第四层有棋牌室、茶艺室、高尔夫球场、斯诺克、乒乓球和飞镖等娱乐设施,另外第五层还设有美容美发、健身室、健康舞厅等生活休闲设施。预祝大家在我酒店居住愉快!

好了!下面请大家打开窗帘,尽享承德市的美景!

（2）始终与总台保持联系,及时通知车辆预计到达酒店的时间,以保证酒店及时做好接待准备。

3. 抵达酒店后

（1）将客人介绍给酒店门厅应接员(Door man),并将行李物品交付行李员送到房间,特别注意核对行李件数及有无破损。

（2）如果客人属VIP,则应通知酒店大堂副理,并告知其客人离开机场(车站)的时间,请他安排有关部门做好迎接工作;协助大堂副理做好VIP接待,并协助客人办理入住手续。

（3）收集客人意见和建议,及时反馈,做好每日工作记录,做好与下一班的交接。

二、争取未预订客人

1. 推销准备

（1）准确掌握当日和近期客房出租情况。

（2）熟悉酒店餐饮、会议等服务特色、酒店周围环境,包括交通、购物、旅游、区位优势等。

2. 确定潜在客人

（1）首先使用观察法,在接待中寻找潜在客人,并将其作为产品销售的重要对象,注意捕捉客人对酒店主要服务项目的价格、种类、优惠附加值等信息的敏感程度。

（2）采用连锁介绍法，将酒店其他相关服务项目连带介绍，尽量吸引客人的兴趣和注意力。

3. 倾听回答

（1）热情、耐心地回答每一位客人的咨询，认真倾听客人要求，恰当地提出建议供客人参考和选择。

（2）根据客人年龄、职业、身份等特点有针对性地介绍和推销酒店服务产品特色。

【特别提示】 机场代表接近客人时，应运用感情上的交流、沟通，设身处地为客人着想，以热情、真诚取得客人的信赖；在主动推销、争取客源的过程中，若提出过服务承诺，则应尽快促成交易并信守承诺。

4. 办理手续

（1）及时、迅速地办理预订手续。

（2）安排车辆，主动扶老携幼，提拿行李，引领客人上车；通知酒店总台做好接待准备。

三、特殊问题处理

1. 机场代表按客人预订时所报的航班去接客人，但是客人一直没有出现

（1）确认该航班是否抵达，有无其他特殊情况而引起的晚到。

（2）若已抵达，则应从民航有关部门了解客人是否乘该航班到达；若查明确有该客人，则应询问客人是否因某原因在机场内受阻。

（3）联系总台，看客人是否已经到店；若客人还未到店，则应请订房中心员工根据客人留下的联系方式与客人取得联系，以确认客人是否改变行程。

2. 已订房客人要求接机员先将其行李送回酒店

（1）了解行李情况，提醒客人贵重物品或现金请客人自己携带，并向客人询问是否有易碎物品。

（2）检查行李的破损情况，并向客人说明。

（3）填写行李寄存卡，寄存联挂在行李上，提取联交给客人；提醒客人妥善保管行李提取联，凭行李提取联提取行李。

（4）将行李运回酒店寄存，并做好交接。

3. 填写接机单时，发现航班号与时刻表不符

（1）查询机场问询处，核实是否有此航班及抵达时间。

（2）与客人联系，请其再次确认所乘的航班；如与客人联系不上，应根据其可能乘坐的航班派车到机场等候。

4. 客人的航班临时更改又未通知酒店，造成接机接空

（1）如客人自己临时更改航班，又未及时通知酒店而造成接机接空，费用由客人承担；由于天气等不可抗拒因素造成航班无法正点抵达，接机费用由酒店承担。

（2）客人抵店时，通知大堂副理，由其出面向客人索取接机费用。

工作任务二 门厅应接服务

基础知识

一、"金钥匙"(Concierge)概述

在酒店中,经常可以看到胸前别着两把金钥匙的工作人员,他们是礼宾部的工作人员,被人们称之为"金钥匙"(Concierge)。"金钥匙"常被客人视为"万能博士"、"百事通"及解决问题的专家。金钥匙既是一种专业化的服务,又是对具有国际金钥匙组织会员资格的酒店礼宾部(有的酒店称为委托代办组)职员的特殊称谓。

金钥匙是一个国际的服务品牌,拥有先进的服务理念和标准;是一位服务的专家,服务的榜样;也是一个服务的网络。国际金钥匙组织(其标志见图3-1)起源于法国巴黎,自1929年至今,是全球唯一拥有80年历史的网络化、个性化、专业化、国际化的品牌服务组织。自1995年被正式引入中国以来,覆盖到190个城市,1 200多家高星级酒店和高档物业,并拥有2 000多名金钥匙会员。金钥匙服务已被国家旅游局列入国家星级酒店标准。中国是国际金钥匙组织的第31个成员国。

图 3-1 酒店金钥匙标志

酒店金钥匙的服务宗旨:在不违反法律和道德的前提下,为客人解决一切困难;酒店金钥匙为客排忧解难,"尽管不是无所不能,但也是竭尽所能",要有强烈的对客服务意识和奉献精神,为客人提供满意加惊喜的个性化服务。酒店金钥匙组织的工作口号是"友谊、协作、服务"(Service Through Friendship);酒店金钥匙的人生哲学:在客人的惊喜中找到富有乐趣的人生。

二、门厅应接员(Door man)工作要求

门厅应接员代表着酒店的形象,一般安排身材高大、英俊、目光敏锐、经验丰富的青年男性担任,但也可用气质、风度好的女性担任。门厅应接员通常要穿着高级华丽、有醒目标志的制服,一般由军礼服式样演变而成。上岗时精神饱满、热情有礼、动作迅速。工作时通常站于大门一侧或台阶下、车道边,站立时应挺胸、手自然下垂或下握,两脚与肩同宽,其主要承担迎送客人,调车,协助保安员、行李员等人员工作的任务。

实践操作

一、认知金钥匙服务标准和精神

1. 服务体现"可靠度"——严格按承诺提供规范服务

(1) 处理事情及时,改正错误迅速,始终如一。
(2) 结账等服务准确,柜台服务符合标准。

2. 服务体现"可信度"——对知识、礼仪把握适度,在沟通中显示出信任与自信

(1) 完整回答客人问题。

(2) 客人进入(餐厅、酒吧、商场、大堂等)时感到舒适,立即获得尊重。

(3) 主动提供房单、餐单、酒单或展示商品,介绍产品,如房状或菜肴成分、加工方法等信息。

(4) 服务操作表现出有教养、职业性、富有经验,使客人有安全感。

3. 服务体现"灵敏度"——乐于帮助客人,并能竭尽全力,提供快捷服务

(1) 时刻提供快捷服务,竭力满足客人的特殊需求,从不说"不"。

(2) 员工之间互助合作,保证服务速度、质量。

4. 有形服务体现"完美度"——仪容仪表、设施、设备、环境维护等状况良好

(1) 员工着装整洁、美观、合适。

(2) 建筑外观、停车场、庭园醒目,有吸引力;装修、装饰、布局、陈设档次与价格相符。

(3) 餐厅分区、商场、通道等醒目,有吸引力;各出入口便利、顺畅,环境宜人。

(4) 客房、餐厅、卫生间、商场等各类服务场所前后台整齐、清洁。

(5) 菜单、宣传品醒目、完好,有吸引力,符合公司形象。

(6) 时时保持床铺、坐椅、桌面、车辆、计算机等整洁、舒适,且在布置上体现高雅与热情。

5. 无形服务体现"充实度"——无微不至,有针对地对应客人个性

(1) 时时微笑,让每位客人都感到受到特别礼遇。

(2) 主动、细心体察,预料到客人个人需求、愿望,而非呆板地从属于规范、制度。

(3) 为每一过失细节负责,表示歉意、同情,并保证事不过二;以客人获得最大利益为己任。

【特别提示】 金钥匙的本意是指酒店前厅部委托代办工作中服务质量最高的工作表现以及由此形成的一种特有的荣誉标志。随着社会的现代化发展,金钥匙服务已经成为一种追求极致的服务精神的代名词。

二、应接门厅客人

1. 等候引导

(1) 身着制服,并检查仪表仪容是否得体,精神抖擞地站在门口一侧,站姿标准,体现出良好的职业风范,恭候客人到来。

(2) 在客人乘车抵达酒店时,使用规范手势示意(切忌大喊大叫),指挥车辆停到方便客人进酒店的位置,同时不影响交通。

2. 开/关车门

(1) 将车门打开 70°左右,右手挡在车门框上,为客人护顶,欢迎客人光临(对常客或重要客人可以称呼其姓名和职务以示尊重)。

(2) 关车门时应注意不能夹住客人的衣物,还应注意车上有无遗留物品。

(3) 行李员未能及时到场时,将行李从后备箱中拿出、清点;如果客人行李较多,应主动提醒客人清点件数、带好个人物品,然后用手势提示行李员为客人运送行李。

3. 站回原位

(1) 若客人行李较少,在进入大厅前将行李交给行李员,由行李员引领客人到总台。

(2) 客人如乘坐出租车,应迅速记下车牌号,站回原位,继续迎候新来的客人。

【特别提示】 门厅应接员在住客进出酒店时,应主动为客人叫车;客人乘坐出租车抵达时,应等客人付完车费后再把车门打开;如遇雨天,应打伞为客人服务,并礼貌地请客人擦干鞋底后进入大厅;团体客人到店时应维持好交通秩序,迎接客人下车。

三、特殊问题处理

1. 客人在大堂、走廊不小心摔倒

(1) 迅速上前扶起客人,询问客人有否跌伤,是否需要请医生。

(2) 如是轻伤,应找些药物处理;如伤势较重,应迅速将客人送到医务室并通知总经理;如客人需外出治疗,应迅速安排好车辆与陪同人员。

(3) 查清摔倒的原因,如是地毯起皱或地面太滑,应通知有关部门及时采取措施。

2. 客人欲将宠物进入酒店住宿

(1) 有礼貌地告诉客人根据酒店的规定宠物是不能进入酒店的,建议客人将宠物交行李部代为寄养。

(2) 寻找适当的地方寄养,客人喂食或领取宠物时须出示住房卡以免宠物被人冒领。

(3) 行李部与大堂副理分别做好记录;经常进行观察保障宠物安全健康。

3. 在下雨天、地面滑或有台阶时

门童应摆放醒目的标志牌或以口头的形式提醒客人小心路滑,以防意外,并提供雨伞临时寄存服务,设置伞架、防滑除尘踏垫等。

工作任务三　抵店行李应接服务

基础知识

一、行李服务与行李员(Bellboy)

行李服务由前厅部的行李处负责提供。酒店一般将行李处设在客人很容易发现的位置,所处位置也可以使行李员便于观察到客人抵店、离店的进出情况,便于与总台协调联系。行李服务是前厅部向客人提供的一项重要礼宾服务,由行李员完成。行李员一般由高大威猛、身体强壮的男性承担。作为一名合格的行李员,应严守行李服务标准,认真、热情的为客人提供行李服务。

二、接收行李的标准

1. 当客人行李送抵酒店大门时,应尽快推出行李车接应。

2. 清点行李件数,检查行李有无破损,如遇损坏,须请客人签字证明;如果是团队客人,需通知团队陪同及领队。

3. 客人下车后,上车检查是否有遗留物品;如客人乘坐出租车抵店,还要特别记住客人所乘出租车的车牌号。
4. 统计行李件数,请客人签名确认。
5. 整齐码放行李,全部系上有本酒店标志的行李牌,并用网子罩住,以防止丢失、错拿。

三、分检行李的标准

1. 根据总台分配的房号,分检行李,并将分好的房号清晰地写在行李牌上。
2. 与总台联系,问明分配的房间是否有变动,如有变动须及时更改。
3. 迅速将已知房号的行李送至房间。
4. 如遇行李姓名卡丢失的行李应由客人确认。

四、运送行李到房间的标准

1. 将行李平衡摆放行李车上,在推车入店时,注意不要损坏客人和酒店的财物。
2. 在进入楼层后,应将行李放在门一侧,轻敲门(按门铃)三下,报出"行李服务(Bell Service)"。
3. 客人开门后主动向客人问好,固定门,把行李送入房间内,待客人确认后方可离开。
4. 如客人不在房间时,应按照房号将行李放在房内行李架上。
5. 对于破损和无人认领的团队行李,要同领队或陪同及时取得联系以便及时解决。

实践操作

一、散客抵店行李服务

1. 问候引领

(1) 主动问候客人,检查、清点行李有无破损和缺少,大件行李装行李车,贵重及易碎物品应让客人自己拿好。
(2) 引领客人时,应走在客人的左前方两三步远处,随着客人的脚步走,在拐弯和人多时应回头招呼客人。途中可视情况询问客人姓名、有无预订、是否初次到达本店;或简要介绍本酒店的服务项目。

2. 看管行李

客人在总台办理入住登记时,行李员站于客人身后2米左右处看管行李;眼睛注视着接待员,并随时注意接待员的示意。

3. 引客至房

(1) 当客人登记完毕后,应主动上前从接待员手中接过房卡,引领客人前往客房。引领途中走在客人侧前方两三步远处,搭乘电梯时请客人先上先下,适时向客人介绍酒店的特色、新增服务项目、特别推广活动等,并简短地向客人介绍紧急出口及客人房间在酒店的位置。

（2）进房前到达房间时知会客人，按"敲门（按门铃）—通报"进房程序将房门打开，立于一侧，请客人先进，将行李放在行李架上。

（3）若是白天，应先为客人打开窗帘，将房卡交给客人，再适当向客人介绍房卡的使用方法及电源开关；有选择地向客人介绍电视的收看、电话的使用、小酒吧的收费及主要电话号码等服务内容，并注意把握客人的心理活动和表情反映。

4. 返回大厅

（1）询问客人是否还有其他需要，如果没有则应祝客人入住愉快。离开房间时，退后一两步，然后再转身走出，面朝房内轻轻将房门关上，再迅速离开。

（2）从员工通道返回大厅礼宾台，在"散客行李进店记录表"（如表3-3）上逐项填写并签名。

表3-3 散客行李进店登记表

日期（Date）：

房号 Room No.	行李员姓名 Bellboy Name	进店时间 Arrival Time	所乘出租车车牌号 Taxi License Plate	行李员回到大厅时间 Bellboy's Return Time	行李数目 Number of Luggage	备注 Remarks

二、团队抵店行李服务

1. 分检行李

（1）根据团队抵店时间安排好行李员，提前填好进店行李牌，注明团队名称和进店日期。

（2）领班与团队负责人一道清点行李件数、检查破损情况等，然后填写"团队行李进出店登记表"，请团队负责人签名；将行李拴上填好房号的行李牌，以便准确地分送到客人房间，如暂不分送，应码放整齐，加盖网罩。

（3）若没有客人的行李或行李短缺、破损，则婉转地请客人稍候，并立即通知领班查询解决。

2. 分送行李

（1）将行李装上行李车，行李车上的行李不得过高，避免损坏客人和酒店的财物；走专用通道到指定楼层，"敲门（按门铃）→通报"。

（2）进房后将行李放在行李架上，请客人清点及检查行李，无异议后道别（如客人不在房间，应先将行李放于行李架上，个别无房号的暂存楼层，与团队负责人协商解决）。

3. 行李登记

分送完行李后，应在"团队行李进出店登记表"（见表3-4）上记录并签名，按登记表上的时间存档。

表 3-4　团队行李进出店登记表
Group Luggage Registration Form

团体名称 Name of Team				人数 Number of Members	
抵达日期 Arrival Time				离店日期 Departure Time	
进店 Arrival	卸车人员 Unload Staff		酒店行李员 Bellboy		领队(签字) Team Leader
离店 Departure	卸车人员 Unload Staff		酒店行李员 Bellboy		领队(签字) Team Leader

行李进店时间：　　　　　　　　车牌
Luggage Arrival Time：　　　　License Plate：
行李收取时间：　　　　　　　　车号
Luggage Collecting Time：　　License Plate：

房号 Room No.	行李箱 Suitcase		行李包 Luggage Bag		其他 Others		备注 Remarks
	进店 Arrival	出店 Departure	进店 Arrival	出店 Departure	进店 Arrival	出店 Departure	

三、特殊问题处理

1. 团队的个别房间行李搞错

（1）向客人了解行李的大小、形状、颜色等特征，与陪同的最新排房表核对，核查是否有增房。如有，查对增加房间的行李，检查客人不在的房间，务必尽快将行李调整；若没有，请陪同人员协助查找客人在的房间，予以调整，做好记录。

（2）本批团体行李中多一件或几件行李，应把多余的行李存放在行李房中，同一批多余的行李应放在同一格内。用行李标签写一份简短的说明，注明到店时间及与哪个团体行李一起送来，然后等候旅行社来查找。同批团体行李中少了一件或几件行李，亦应在签收单上加以说明，同时与旅行社取得联系，尽快追回。

（3）行李错送的处理应把非本团行李挂上行李标签，做一个简短的说明后，存放于行李房的一格中，等候别的旅行团来换回行李，或通过旅行社联系换回行李事宜。

2. 无人认领的行李

（1）若为发放团队行李时无人领取，行李员首先应将情况向领班汇报，由领班及时与该团队的陪同或领队沟通，行李员此时要协助陪同或领队一起寻找行李的主人。

（2）若客人的行李寄存时间早已过期，但无人领取时，行李员应及时汇报领班，由领班查找后联系客人，通知客人及时取行李。若客人表示没有时间或不方便领取时，则行李员应征求客人意见后做出相应的处理，必要时行李员应提供帮助。行李员在工作时应常对行李进行整理,以便能及时发现问题。

(3) 若在大堂发现无人认领的行李,行李员应首先向前台其他人员了解情况,然后将行李放在行李房,同时检查,根据行李上的线索查找失主,及时汇报上级管理人员并做好登记,以便及时告诉来寻者。

3. 行李破损或丢失

(1) 在酒店签收前发现破损的行李,酒店不负任何责任,但必须在团体行李进店登记表上登记。签收后,在运往客房的途中,或从客房送至酒店大门的途中破损,应由酒店负责。首先应尽力修复,如果实在无法修复,则应与团队中的领队或导游及客人协调赔偿事宜(或钱或物)。

(2) 行李到店前丢失,由旅行社或行李押运人员负责;如果酒店押运的行李是在去酒店的途中丢失的,酒店应负责任。但因客人尚未办理入住手续,还不是酒店的正式客人,酒店的赔偿责任,应轻于住店客人的行李丢失情况。

【特别提示】 团队或散客的行李抵店后,发生任何情况之前,均应由酒店一方首先将行李妥善保管。

模块二 客人在店服务

任务导入

礼宾部客人在店服务——掌握行李寄存/行李换房/委托代办服务技能

1. 学生利用节假日去高星级酒店租借自行车游览市区。要求:(1)记住店方办理有关手续的程序;(2)保留所有租借凭证;(3)注意观察酒店大堂礼宾台接待客人入住和送别客人离店时的工作情形,并适时拍照留存;(4)回校后以小组为单位整理所有资料,制作多媒体课件,并做好情景模拟演示的准备。

2. 教师将本项目的模块二和模块三的四项工作任务交由前两三个小组代表分别讲述或进行模拟训练,适时进行点评。

3. 各小组根据教师设计提供的评价表开展互评。

工作任务一 在店行李服务

基础知识

一、行李服务要求

1. 为了能做好住客行李服务工作,行李组领班及行李员应具备良好的职业道德,做到诚实、责任心强,思维敏捷。能吃苦耐劳,做到眼勤、嘴勤、手勤、腿勤,善于与人交往,和蔼可亲。

2. 行李组领班及行李员必须熟悉酒店内各条路径及有关部门的位置。
3. 掌握酒店内餐饮、客房、娱乐等服务内容、服务时间、服务场所及其他相关信息。
4. 掌握酒店所在地名胜古迹、旅游景点及购物场所的信息。
5. 熟知礼宾部,特别是行李员的工作程序及操作规则和标准。

二、行李登记标准

行李登记的服务标准包含两个方面:一是送完行李后将每间房间的行李件数准确登记在入店行李登记单上,开门直接送的行李应注意"开门"字样,并核对总数是否同刚入店时一致;二是按照客人入住单上的时间存档。

三、行李房管理制度

酒店礼宾部为方便住客存取行李,保证行李安全,会有专门的行李房并建有相应的管理制度。

1. 行李房是为客人寄存行李的重地,严禁非行李房人员进入。
2. 行李房钥匙由专人看管,做好"人在门开,人离门锁"。
3. 行李房内严禁吸烟、睡觉、堆放杂物,要保持清洁。
4. 寄存行李要摆放整齐,寄存的行李上必须系有"行李寄存单"。
5. 行李房内不寄存下列物品:非酒店住客的物品,贵重物品,包括现金、金银首饰、珠宝、玉器、护照等,易燃、易爆、易腐蚀等危险品,枪支弹药、毒品等违禁物品,宠物,易变质食品及易碎物品。

实践操作

一、行李寄存服务

1. 礼貌应接
客人前来寄存行李时,行李员应主动问候,热情接待,礼貌服务,并确认客人身份。

2. 弄清情况
(1) 弄清客人的行李是否属于酒店不予寄存的范围(非住客的行李多数酒店不予寄存)。
(2) 问清行李件数、寄存时间、是否有贵重物品或需特殊处理的物品客人姓名及房号,并做好记录。

3. 填写行李寄存单
填写"行李寄存单"(见表3-5),并请客人签名,上联附挂在行李上,下联交给客人留存,告知客人下联是领取行李的凭证。

4. 存放行李
将半天、一天、短期存放的行李放置于方便搬运的地方;如一位客人有多种行李,要用绳系在一起,以免错拿。

表 3-5　行李寄存单
Luggage Storage Sheet

姓名及房号 Name & Room No. _____ 行李数目 Number of Luggage _____ 日期　　　　　　　　　　　　时间 Date _____　　　　Time _____ 客人签名 Guest's Signature _____ 行李员签名 Bellboy Signature _____

5. 进行登记

经办人须及时在"行李寄存记录本"（见表 3-6）上进行登记，并注明行李存放的件数、位置及存取日期等情况。

表 3-6　行李暂存记录本
Luggage Storage Record Sheet

日期 Date：

客人姓名 Guest Name	房号 Room No.	行李数目 Number of Luggage	存放时间 Storage Time	保管条号 Storage Number	提取人 Luggage Claimer	提取时间 Luggage Claiming Time	备注 Remarks

二、行李领取服务

1. 签名询问

（1）客人来领取行李时，收回"行李寄存单"下联，请客人当场在寄存单下联上签名。

（2）询问行李的颜色、大小、形状、件数、存放的时间等，以便查找。

2. 核对记录

（1）核对"行李寄存单"上、下联的签名是否相符，如相符则将行李交给客人。

（2）在"行李寄存记录本"上做好记录。

3. 特殊情况处理

（1）如住客寄存、他人领取，须请住客把代领人的姓名、单位或住址写清楚，并请住客通知代领人带"行李寄存单"的下联及证件来提取行李。行李员须在"行李寄存记录本"的备注栏内做好记录。

（2）当代领人来领取行李时，请其出示存放凭据，报出原寄存人的姓名、行李件数。行李员收下"行李寄存单"的下联并与上联核对编号，然后再查看"行李寄存记录本"记录，核对无误后，将行李交给代领人。请代领人写收条并签名（或复印其证件）。将收条和"行李寄存单"的上、下联订在一起存档,最后在记录本上做好记录。

(3) 如果客人遗失了"行李寄存单",须请客人出示有效身份证件,核查签名,请客人报出寄存行李的件数、形状特征、原房号等。确定是该客人的行李后,须请客人写一张领取寄存行李的说明并签名(或复印其证件)。将客人所填写的证明、证件复印件、"行李寄存单"上联订在一起存档。

(4) 来访客人留存物品,让住店客人提取的寄存服务,可采取留言的方式通知住客,并参照寄存、领取服务的有关条款进行。

(5) 客人的行李寄存时间早已过期,但无人领取时,行李员应及时汇报领班或大堂副理,并做好登记,由领班或大堂副理查找后联系客人,通知客人及时领取行李。

【特别提示】 行李寄存及领取的种类有三种:(1)住客自己寄存,自己领取;(2)住客自己寄存,让他人领取;(3)非住客寄存,但让住客领取。

三、换房行李服务

【特别提示】 客人未到达时要求换房,由预订处更改客人的入住信息后及时将房间变更单分发至相关部门;客人入住后要求换房,除按散客换房处理外,必须通知大堂副理或部门管理人员,以确保服务周到。

1. 问清房号

接到总台客人换房通知后,问清客人的房间号,并确认客人是否在房内。

2. 敲门(按门铃)入房

(1) 到达客人房门口时,按程序"敲门(按门铃)→通报",经客人允许后方可进入。

(2) 了解行李情况,提醒客人贵重物品或现金请客人自己携带,并向客人询问是否有易碎物品。

3. 点装换房

(1) 请客人清点要搬运的行李及其他物品,并将它们小心地装上行李车;在搬运客人私人物品时,除非经客人授权,应坚持两人以上在场(大堂经理等)。

(2) 带客人进入新的房间后,帮助客人将行李重新放好,然后收回客人的原房间住房卡,将新房间的住房卡交给客人;向客人礼貌道别,离开房间。

4. 交还房卡

将客人的原房间住房卡交回总台,并做好换房行李记录(见表3-7)。

表3-7 换房行李登记表
Room Change Luggage Registration Form

日期 Date	时间 Time	由(房号) From (Room No.)	到(房号) To (Room No.)	行李数目 Number of Luggage	行李员 (签名) Bellboy (Signature)	楼层服务员 (签名) Floor Attendant (Signature)	备注 Remarks

四、特殊问题处理

1. 客人登记入住后,并不立即去房间,而要求行李员将其行李先送入房间

(1) 问清客人的房号并请客人出示房卡,请客人核对行李件数,确认无误后送入客房,进入客房时,须同楼层服务员一起进入。

(2) 做好该房的送运行李记录。

(3) 因房间尚未整理或有行李而致使客人无法住进已开好的房间时,行李员在到总台为客人调换房间之前,对于是否能够换房成功不要对客人轻易表态。

2. 送客人进房时,房间尚未整理或有行李

(1) 马上关上房门,向客人致歉,请客人稍候,立即到总台为客人调换房间。

(2) 带客人到新换的房间,并再次向客人致歉。

3. 当行李送入房间时,客人说还有欠缺

(1) 向客人表态致歉,迅速查找失误环节,主动与陪同联系,协助查找并安慰客人。

(2) 如到店行李件数与送入客房件数一致,在本团队客房中查找;如送入客房行李件数少于到店件数,有可能行李遗留在仓库或错送其他团队客房。

(3) 如实在找不到,应分清责任,如酒店负有责任,酒店应酌情赔偿。

【特别提示】 在处理住客行李服务中常见的问题时,应注意结合酒店自身为保证客人行李安全制定的相关制度,以确保酒店的利益不受损害。

工作任务二 在店代办服务

基础知识

一、礼宾部代办人员素质要求

国际金钥匙协会组织对以"金钥匙"为代表的代办人员的最基本的要求就是忠诚。它包括对客人忠诚、对酒店忠诚、对社会和法律忠诚。具有敬业、乐业精神,能够遵循"客人至上,服务第一"的宗旨为客人服务。具有热心的品质和丰富的专业知识,通晓多种语言,热心与人交往,亲切热情、想方设法帮助客人。熟悉酒店业务和旅游业有关知识与信息,可担当起"活地图"的角色。能够以酒店为依托,善于广交朋友,能够建立广泛的社会关系与协作网络。

礼宾部代办人员还需身体强健,精力充沛,彬彬有礼,善解人意。处理问题机智灵活,应变能力强,具有较强的耐性、韧性。

二、礼宾部委托代办书

礼宾部委托代办书的样式(表3-8)及填写要求如下:

表 3-8　礼宾部委托代办书
Concierge Authorization

```
房号                    客人姓名
Room No.：_____       Guest Name：_____
代办服务
Service：
  ☐ _____
  ☐ _____
  ☐ _____
  ☐ _____
备注
Remarks：_____
宾客须知
Notes：
  1. 如需到本店以外办理委托之业务，完成与否，均需收取交通费用。
     If You Need To Shop Outside Handle Trust Business，Complete Or Not，Are Required To Collect Traffic Cost.
  2. 本酒店不负责在委托代办所提供之服务中出现的任何遗失或损坏。
     The Hotel Is Not Responsible For Any Loss Or Damage Caused By The Concierge Services.
  3. 本人已明了及接受以上各项委托条件。
     I Have Understood And Will Accept All Commission Terms Above.

宾客签名                                    日期
Signature：_____                         Date：_____
经办人
Handle By：_____
已按如上委托条件完成
According All Commission Terms Above Have Been Completed.
宾客签名                                    日期
Signature：_____                         Date：_____
经办人
Handle By：_____
```

实践操作

1. 举牌寻人

（1）当访客来到酒店欲找某一位住店客人、恰好这位客人不在房间，并向礼宾值班员反映时，值班员应先问清住客的姓名，与总台核准住客相关信息。

（2）在前厅等公共区域举着写有这位客人姓名的"寻人牌"呼唤寻找客人。可边举牌行走，边敲击牌上安置的铜铃或其他发声装置，以便发现或提醒客人。

（3）在店内寻找非住店客人，或在其他营业场所、娱乐区域寻人时，还可通过电话与各营业点值班服务员联系查找。

2. 替客泊车

【特别提示】　泊车服务是酒店设专职车辆管理员，负责客人车辆的停放服务。泊车管理员应注意车内有无遗留的贵重物品及其他物品，车辆有无损坏之处，并将停车地点、车位号、车牌号、车型等内容填入工作记录。泊车服务对管理员素质要求较高，除应受过严格的专业训练并具有优秀的驾车技术和很强的安全意识以外，更应具有高度的责任心。

(1) 递交寄存牌。客人驾车到店时,泊车管理员将车辆钥匙寄存牌(Car Valet Parking Coupon)交给客人,并礼貌提醒客人保管好随身携带的物品,将客人车辆开往停车场。

(2) 交还驾车。客人离店需用车时,出示车辆寄存牌,泊车管理员迅速将客人车辆开到酒店大门口,交给客人驾车;礼貌告别客人。

3. 预订车辆

(1) 通知机场代表。根据预订处提供的有关通知及预抵店客人名单、国籍等信息,行李员应提前通知机场酒店代表和车队。

(2) 记录要求。行李员应耐心、细致地将客人的订车要求准确记录,替客人联系预订店内车辆或店外的出租车。出租车可以是酒店本身拥有的;也可以是出租车公司在酒店设点服务的,或是用电话从店外出租公司叫车;根据客人的要求,也可提前预订包车。

(3) 讲明情况。当被叫的出租车到达酒店门口时,行李员应向司机讲清客人的姓名、目的地和客人的要求;也可填写一张向导卡给客人,卡上用中文写明客人要去的目的地及酒店的名称、地址等。必要时,前厅接待服务人员应充当客人的翻译。

(4) 礼貌告别。按行业标准和酒店规定指挥车辆,并提前明示行驶路线或停靠位置,态度友好、和善地与客人告别。

4. 自行车出租

【特别提示】 客人提出租用自行车,值班员将预订要求记录在值班日志上并予以安排;非住店客人要求租用自行车,应视本酒店的具体管理规定是否允许及车辆是否够用而定。自行车除本市(县)统一牌号以外,还应有本酒店的编号;每天各值班员应按制度清点数量和检查完好程度,并做检查记录。

(1) 询问情况。客人提出租用自行车,值班员填写自行车租用单,并问清客人房号、姓名、国籍、抵/离店时间,向客人说明租金标准及结账方式。

(2) 挑选车型。引领客人到自行车停放处,请客人挑选车型并验车;向客人说明自行车使用规定,尤其对境外客人要说明在分阶段车道骑行、存车收费等规定。

(3) 还车结账。客人退还自行车时,记录归还时间,核对车型、车号,并检查车辆是否完好无损,如有损坏,视损坏程度按管理办法请客人赔付;将客人租用车费记入账单,请客人签字后,及时按规定将账单转入总台收银处。

5. 衣物寄存

【特别提示】 酒店有宴会、舞会、文娱演出及大型会议等较大规模活动时,一般由礼宾部安排人员承担客人衣物寄存服务。闲杂、无关人员不得进入存衣处。

(1) 提前准备。礼宾部接到提供衣物寄存服务的通知后,提前将存衣处(衣帽间)内的挂衣架、存包架、存衣牌等物品准备充足。

(2) 说明提醒。客人存衣物时,服务人员要主动向客人说明贵重物品等谢绝寄存。将存衣牌取下交给客人,并提醒客人妥善保管存衣牌;将衣物上架按顺序放好。客人凭存衣牌取衣物时,首先核准号码,然后将衣物交给客人,并请客人当面确认衣物是否完好无缺后礼貌告别。

6. 托婴服务

(1) 客人需要提供托婴服务时,请客人提前三小时与房务中心联系,并由房务中心请客人填写一张《托婴服务申请表》。

（2）详细核对客人所填表格，了解有关婴儿的生活习惯，是否有特殊要求并特别注意客人在表格中填写的有关吩咐。

（3）礼宾部经理或大堂副理根据婴儿的性别、年龄情况安排适合人员提供看护服务。

（4）看护人员要按时抵达看护地点，并留意客人的有关吩咐，处理交接事宜。

（5）服务中看护人员务必小心谨慎，不能离开小孩，不能随意给小孩吃东西，不让小孩接近容易碰伤的东西，不能把小孩带离指定的地点。

（6）客人外出时，请留下联系电话，以便出现特殊情况进行联系。

（7）将婴儿安全地交还给客人后，请客人签单确认并付费。

（8）完成托婴服务后，及时通知房务中心并由房务中心处理有关费用问题。

7. 护照签证服务

（1）事先了解。事先向当地公安局了解护照办理的有关政策、所需时间及程序等，认真负责地向客人提供有关信息和具体服务。

（2）迎客验收。主动迎接客人，介绍服务项目与服务标准；收齐办理护照签证的有效证件，并向客人介绍服务费的收费标准。再次检查各有关证件，确定有效、齐全之后，让客人填好相关表格及委托书等；按规定收取服务费，将各证件材料装入护照签证专用袋（填上姓名、日期、编号等）。

（3）通知领取。等护照签证办妥之后，及时通知客人来领取，并退还有关证件，请客人填好收取确认书；按规定办理结账手续，做好记录备案工作。若是VIP，在护照签证办妥之后，应派专人送去，并请客人填好收取确认单。

8. 客人借用雨伞

（1）请客人交付押金，待客人将伞退还时，将押金还给客人。

（2）在雨伞出租本上注明客人的姓名、房号、借伞时间、经办人姓名；出借时须向客人申明借用期限，超过期限按丢失处理。

（3）如果客人将雨伞丢失或超期未还，应将押金交总台收银处，作为客人的赔偿金，并通知客人，同时，做好记录。

9. 电梯服务

现代酒店大多使用自动电梯，不需要有人看管和服务。但酒店为了对某些重要客人显示礼宾的规格或为尽快疏散客人，酒店行李服务处派行李员专门为客人操纵电梯或在电梯口照顾引导客人。

模块三 客人离店服务

任务导入

礼宾部客人离店服务——掌握住客离店及行李服务技能

1. 学生利用学习本项目模块二所积累的多媒体课件资料做讲述或情景模拟演示的准备。

2. 教师将本模块的两项任务交由后几个小组代表分别讲述、或通过情景模拟演示完成，适时进行点评。

3. 各小组根据教师设计提供的评价表开展互评。

工作任务一 客人离店服务

基础知识

一、送客业务要求

客人离店时，对门厅应接员（门童）的业务要求主要有：微笑服务，使用敬语向每一位离店客人致以问候，指挥并疏导酒店门前车辆，维护门前秩序；了解VIP姓名、离店时间、接待规格及特殊要求；为出店客人准备车辆，为上下车客人开关车门，为客人出店提供拉门服务；协助行李员装卸行李，帮助维护门厅环境卫生；替客人指示方向，回答客人问询；注意门厅出入人员动向，协助保安部做好安全保卫工作。

二、送客态度要求

在客人离店服务过程中，客人出现不礼貌行为的情况不多。即便极少数客人因各种各样的原因对前厅服务人员做出了某些不文明的行为，前厅服务人员也首先要保持忍耐和克制。

实践操作

一、送别VIP

【特别提示】 对VIP离店时的送别工作，酒店应严格地按照接待其入住时的规格进行，一般由公关营销部会同大堂副理或宾客关系部主任在大堂等候送别客人。各部门按标准要求完成VIP送别任务后，所有接待资料均要记录存档。

1. 调好车辆

（1）准确掌握VIP离店时间，事先调好车辆等候客人；但需要注意控制车辆的等候时间不能过长，以免影响其他客人进出酒店。

（2）把调来的汽车引导到便于客人上车及上行李的地方（若遇到下雨天，要控制上车的位置不能积水）。

2. 清点行李

客人的行李若是跟车走，请陪同人员或礼宾人员当着客人的面点清行李件数后再请客人上车。行李多时，门童要协助将行李搬上车。

3. 开门护顶

（1）客人上车时，门厅服务员要帮助客人拉开车门，并为客人护顶（护顶时要考虑佛教和穆斯林的宗教习惯）；对年老体弱客人和身体有障碍者，要给予特别照顾。

(2) 待客人坐稳、确认客人的衣角（裙角）没有露在车外后，向客人致祝愿语，欢迎客人再次光临，轻轻将车门关实。

4. 致意告别

车门关好后，门厅服务员要马上走到车的斜前方2米左右处，引导司机将车慢慢开出；车启动后，面带微笑，挥手致意，直到车子离开。

二、送别散客

1. 门童致意

散客离开，门童要主动点头致意、微笑。如果客人暂时外出，可以说"一会儿见"；如果客人已结账欲离去，则向客人致祝愿语，欢迎客人再次光临。

2. 调好车辆

（1）若散客要乘车离店而又对酒店周围环境不熟悉，门童应热情、耐心地问清客人所去目的地，然后告诉司机，填写"服务指南卡"，记下车号、日期、时间及目的地，然后将卡交给客人留存；特别是人多的时候，要调好车辆，按先后顺序排列，让客人有序地离开；在车辆和客人发生冲突时，首先要考虑把客人调开。

（2）在用车高峰期或下雨天时，应主动为客人调度、联系出租车，并协助保安人员及时疏导车辆。

3. 开门护顶

（其服务方式和标准与送别 VIP 相同）

三、送别团队

1. 门童致意

（1）协助行李员再次清点行李件数后再装上汽车。

（2）客人上车时，站在车门一侧，要一直把住车门，一边点头致意，一边注意客人上车过程，要主动协助行动不便者上车。

2. 目送告别

（1）如果是自动门，在客人全部上车后松手即可。

（2）车门关好后，站到车的斜前方1~1.5米处，向客人挥手道别，目送客人离店。

3. 注意事项

（1）团队中如有儿童，应礼貌、委婉地提醒家长陪同，特别是进出旋转门、自动门或穿行于车场时务必注意安全。

（2）团队人员多、杂时，为保证客人财产安全，要区分非团队的其他人员，密切注意和清除酒店门口附近的闲杂、可疑人员。

四、送别徒步离店客人与"过往客人"

【特别提示】 除住店客人外，临时参观酒店、参加宴会或会议的客人均可视为"过往客人"；对"过往客人"，也要同样提供微笑、热情、细致和周到的服务。

1. 主动致意

（1）送别徒步离店客人，应主动招呼致意，并注意礼节礼貌规范，做到态度友善、情感真诚。

(2) 门童在人数或行李较多时,应主动帮助行李员搬运行李。

2. 疏散车辆

(1) 宴会或会议结束后,客人离店时间比较集中,大厅内外一时会比较拥挤,门卫要迅速而有序地引出客人的车辆,让客人和车辆迅速疏散。

(2) 在不同告别情形下,应注重告别礼节形式的正确使用,如对自己施以鞠躬礼的客人必须还以鞠躬礼,一般客人的告别只需使用注目礼和点头礼,并同时使用文明告别语即可。

五、送别客人时的其他服务

【特别提示】 此项服务是酒店整体对客服务的延伸和扩展,越来越多的酒店都非常重视,并努力使之更具专业;为客人提供送别时的其他服务,需要相关服务人员熟悉酒店业务和旅游方面的知识与信息,还需具备"敬业是本分,奉献是美德"的心态。

1. 保持大厅内外环境清洁

(1) 发现有杂物应立即通知保洁员,发现纸屑、烟蒂、果皮等,马上捡起投进垃圾桶内。

(2) 发现有在禁烟处吸烟,或在大厅乱丢乱扔垃圾等不文明行为的客人,应主动上前委婉、礼貌地加以规劝。

2. 维护大厅及其周围秩序

(1) 门童、保安人员及时疏导车辆,维护大门周围良好秩序,保持门口、车道的安全、畅通。

(2) 在用车高峰或雨雪天时候,主动为客人联系、调度出租车。

(3) 记下出租车车号、日期、时间和目的地,然后将卡片交给客人留存。

3. 注重送别服务的礼貌细节

(1) 对不熟悉酒店周围及酒店所在地环境的客人,热情耐心地问清客人所去目的地,填写服务指南卡,然后交给司机,向其做些必要的嘱咐,并对司机表示感谢。

(2) 礼貌地回答客人询问,对不能确定的问题,可以请客人到问讯处询问,或代客人询问后再告诉客人。

六、特殊问题处理

1. 客人请服务员外出(去玩或者看戏)

(1) 当客人请你外出时应借故婉言谢绝,如"实在对不起,今晚还要参加学习"、"真抱歉,今天我还有别的事情要办"等等。

(2) 总之,根据实际情况,灵活运用语言艺术,婉言谢绝客人。

2. 客人要求和服务员合影留念

(1) 首先表示谢意,然后尽量婉言谢绝。

(2) 若客人确实出于诚意,难以推辞时,也应多找几位同事一起合影,不要单独和客人拍照,以免造成日后的误会。

3. 客人向服务员赠送礼品或小费

(1) 服务员首先要婉言谢绝,语言要有礼貌,对客人的心意要表示感谢。

(2) 如果客人坚持一定要送,实属盛情难却,为了避免失礼,引起客人的误会或不快,服务员应暂时收下,并表示谢意,事后交领导处理,并说明情况。

4. 客人提出批评意见时

(1) 如果客人批评的是自己,服务员应虚心听取,诚意接受,对自己的不足之处表示歉意,并马上改正;如果客人是一时误解提出意见,则要看适当的时机做耐心细致的解释,争取客人的理解,切不可在客人未讲完之前急于辩解。

(2) 如果客人批评的是他人或其他部门,服务员同样要虚心接受,在客人的眼里,酒店的每一位员工都代表着酒店,切不可事不关己高高挂起,对客人的批评漠不关心,或推卸责任。

5. 外国客人想在本地游览,但人生地不熟

(1) 向外国客人提供一张本地的旅游图,根据客人的兴趣,介绍有代表性的名胜和反映市民生活习俗、风貌的场所。

(2) 询问客人的游览时间,据此向客人提出建议。根据客人需要,组织路线,联系导游人员和交通工具。

6. 客人离店时,带走房间物品

个别客人在临走时出于贪小便宜,或是为了留个纪念等心理,顺手拿走酒店的茶杯、毛巾等用品的事情常有发生。直接向客人索要是不合适的,会令客人下不了台,破坏彼此间已建立起来的和谐关系。解决的办法较多,值得做多方面的思考。

工作任务二　行李离店服务

基础知识

一、离店行李服务要求

门厅送别服务除了礼宾员送别客人服务以外,还有行李员提供行李服务等项目。客人离店时,往往会打电话通知行李员帮助提拿或运送行李,因此,行李员要保养好运输搬卸工具,使之随时处于良好状态,听从领班的工作安排。按照行李服务工作程序,为散客及团队客人的离店提供最佳的服务。根据散客、团队客人的不同特点,有针对性地做好行李服务,并协助维持大厅的秩序。回答客人提出的有关询问,尽量满足客人要求。行李装车后,应礼貌地向客人道别。

二、离店行李服务标准

1. 接到客人离店需提供行李服务的通知后,根据行李数量、客人要求等情况确定行李车的数量和大小,然后快速推车前往离店客人房间。

2. 在进入楼层后,应将行李车停放在客房门一侧,按进门操作要求轻敲门(或按门铃),报出"行李服务(Bell service)"。

3. 客人开门后主动向客人问好,固定门,询问客人运送行李的要求。

4. 检查客人行李是否完好,然后将行李平衡摆放在行李车上,待客人确认行李件数后方可推车离开客房;如客人行李有破损,应当场指明、告知客人。

5. 在推车离店,途径电梯、楼道、台阶等场所时,注意不要碰坏客人行李和酒店设施及用品。

6. 如果到达客人房间而客人不在房内,应迅速与总台和客房楼层值班台取得联系,并保证按时取拿行李。

实践操作

一、散客离店行李服务

【特别提示】 行李员站在礼宾台时,应注意大厅内客人的情况,发现客人携行李离店时,应主动上前提供相应的服务。这里介绍的是行李员接到客人收取行李的电话后的服务程序和标准。

1. 离店准备

(1) 接听客人收取行李的电话,问清房号、行李件数、收取时间。

(2) 推行李车,三分钟内或按客人要求准时到达房间。

2. 提取行李

(1) "敲门(按门铃)→通报"进房,问候客人,同客人一起清点行李件数,检查有无破损,并系上填好的行李卡。

(2) 如客人不在房内,请楼层服务员开门取行李,并注意检查有无客人的遗留物品。

3. 引领客人

(1) 引领客人至大堂,请客人先行,保持一定距离。

(2) 先确认客人是否结账,如未结账则礼貌地暗示客人到总台收银处结账。

(3) 再次请客人确认行李件数。

(4) 确认客人已经结清账目,用手势告诉门厅应接员叫车,将行李装上车。

4. 道别返回

(1) 向客人礼貌地道别,祝客人旅途愉快,欢迎客人再次光临。

(2) 返回大堂,至礼宾台逐项填写"散客离店行李登记表"(见表3-9)并签名;必要时通知门童为客人叫来出租车。

表3-9 散客离店行李登记表
Fit Out Luggage Registration Form

日期 Date:

房号 Room No.	到店时间 Time In	行李数目 Number of Luggage	迎接行李员 Reception Bellboy	出行李时间 Luggage Out Time	离店行李员 Check-out Bellboy	车牌号码 License Plate	备注 Remarks

二、团队离店行李服务

1. 准备

(1) 弄明总台送来的团队离店名单,将次日离店团队的团号、房间号、人数与计算机档案核实。

(2) 与"团队行李进出店登记表"核对,并重新建表。

(3) 夜班领班将核实后的表格转交下一班领班。

2. 收取

(1) 准备行李车,依照团号、团名及房间号到楼层收取行李;收取团队行李时,须首先辨明行李上所挂的标志是否一致。

(2) 与客人确认行李件数,如客人不在房,门口又无行李,不可擅自开门收取行李,应通知值班台,尽快与领队或陪同人员联系。

(3) 根据领班指定的位置摆放行李,并罩好行李网。

3. 核对

(1) 统计行李件数的实数是否与登记吻合。

(2) 由领班与陪同或领队一起确认行李件数,无误,则在"团队行李进出店登记表"上签名。

4. 放行

(1) 从总台得到行李放行卡后,方可让团队离店。

(2) 协助外行李员将行李装车,并由外行李员清点行李件数,无误则签字,注明车号。

(3) 将"团队行李进出店登记表"存档(此项工作一般由领班负责)。

模块四 行政楼层服务

任务导入

行政楼层服务——掌握迎接/餐饮/酒廊/管家服务技能

1. 教师邀请合作酒店行政楼层经理或主管或宾客关系部主任到校进行关于行政楼层服务的专题讲座。要求每个小组做好提问和记录准备:(1)必须精心设计1~2个有关酒店提供行政楼层服务的问题,重点围绕"行政楼层服务为什么是一个系统性服务"展开;(2)必须记录讲座内容,其方式或笔记,或录音,或录像(若后两者须经讲座人同意)。

2. 各小组自行组织一场关于餐厅托盘、餐巾折花和酒水斟倒的技能比赛(有条件的学校还可组织一场调酒和艺术插花的比赛)。赛后,由组长向教师进行口头汇报。

3. 教师讲解行政楼层知识点。

工作任务一　入住接待服务

基础知识

一、行政楼层服务项目

酒店将一层或几层的客房相对划分出来,用以接待对服务标准要求高,并希望有良好商务活动环境的高端商务客人,这些楼层称为行政楼层。

行政楼层客房通常位于酒店最高的几层,其房间也比一般客房豪华,设有独立的接待区域,称为行政酒廊(Executive Lounge/Executive Club)。客人可在此享用美味的早餐和茶点、鸡尾酒。完备的委托代办服务为客人解决文秘、通讯及交通方面的问题。每一位入住行政楼层的客人都将受到贵宾般的接待,享受细致快捷的服务。

二、行政楼层商业价值

行政楼层服务会使客人有一种比其他住客更受关注的优越感。当然酒店行政楼层的存在和设立也不完全是为了满足客人这种感觉,可观的经济效益还有固定存在的利润增长、附加值的增长,这些都是行政楼层带来的商业价值,更重要的是行政楼层带来了回头客人的增加,据有关资料统计开发新客源成本是留住回头客人成本的2~3倍。从以上种种可以看出,行政楼层的设置给酒店带来的不光是投资成本的增加,更重要的是商业价值和经济效益的不断增长。

三、行政楼层开设条件

行政楼层的设立和开放是建立在酒店先投资,后收益的基础上。从客观上讲,并不是所有的酒店都适合设立行政楼层,设立行政楼层后有可能会出现投资过多而收益较差等客观现象。一般原因有:酒店的规模达不到要求、服务与管理水平还不高、客源结构相对单一、酒店的整体氛围不够等。设想一下,要能够提供"一对一"的系统服务,酒店需要一批训练有素的贴身管家服务员,还需要有一套能够提供如此服务和解决在服务与管理过程中出现的问题的运作系统。

四、行政楼层经理/主管岗位职责

行政楼层经理是行政楼层的直接管理者,全权负责行政楼层的运行及管理。

1. 行政楼层经理岗位职责

(1) 直接对前厅部经理负责,按照前厅部经理的指示工作。
(2) 协助前厅部经理,保证前厅工作的顺利进行,完成总经理下达的营业指标。
(3) 制订行政楼层的工作计划,向部门经理作季度、年度总结汇报。
(4) 检查督导下属员工的仪表仪容、礼貌礼仪、业务技巧和纪律情况,并对其进行评估。
(5) 直接参与行政楼层的日常接待工作,帮助下属解决工作中的疑难问题。

(6)直接督导本部员工的服务态度和服务质量。
(7)受理客人对下属员工的表扬或投诉,处理工作差错和事故。
(8)掌握房间预订情况和当天客情。
(9)检查督导下属主管的工作进度,纠正偏差。
(10)不定期对主管进行培训和考核,并检查其对员工的培训和考核工作。
(11)负责协调行政楼层与其他部门之间的关系。
(12)不定期与下属员工进行谈心,了解员工的思想状况。
(13)检查并负责行政楼层的治安、防火工作。
(14)做好人员、物资等方面的成本控制。
(15)监督做好行政楼层的维修保养工作。

2. 行政楼层主管岗位职责

(1)直接对行政楼层经理负责,按行政楼层经理的指示工作。
(2)制订本组的工作计划,向部门经理作月度、年度总结汇报。
(3)督导属下员工履行他们的职责,负责安排、指导和检查他们的工作,对他们的工作表现进行评估。
(4)检查督导属下员工的仪容仪表、礼貌服务、工作态度及执行纪律、工作规程、员工守则情况,把好工作质量关。
(5)直接参与本组的日常接待工作,帮助下属解决工作中的疑难问题。
(6)受理客人对下属员工的表扬和投诉,协助行政楼层经理处理工作差错和事故。
(7)掌握客房出租情况和当天客情。
(8)制订培训计划,负责对属下员工的业务培训、外语学习和政治学习,定期进行培训。
(9)抓好餐具、用具的清洁卫生,保证行政楼层服务范围的环境卫生。
(10)负责行政楼层日常行政事务(领用物资、员工考勤、前厅部会议传达、通知、文件资料的发放、工作评估、排班等),保证工作顺利开展。
(11)负责安排对行政楼层设施、设备进行定期的维修保养工作,不断完善、更新服务设施。
(12)密切注意市场动态,客情变化及同行的有关信息,及时提出管辖区内的整改方案并上报行政楼层经理。
(13)不定期与下属员工进行谈心,体察员工的思想变化,做好员工的思想工作。
(14)制订本组的规章制度和工作程序,健全岗位责任制。
(15)做好本组范围内的防火防盗工作。
(16)做好客人档案管理和客人联谊的工作。

实践操作

一、一般接待

1. 准备工作

(1)在客人到达前,公关营销部或大堂副理或宾客关系主任、行政酒廊经理等,必须准备好登记单、房卡及欢迎信(如图3-10)。

(2) 房间检查,包括房间卫生整洁;房间的物品配置齐全并按标准配放;房间空调、照明等主要设施工作正常;电视及遥控器状态正常并确保每个频道信号正常;电话线路畅通,留言信箱设置正常;迷你吧物品配置齐全且都是在保质期内;欢迎鲜花、水果等布置到位,且品质合格。

(3) 确保房间被再次检查过,且房卡已经调试过,房门能够正常开启。

表3-10　××酒店行政楼层欢迎信(中文版)

尊敬的××先生/女士:
　　您好!
　　我谨代表行政楼层的全体员工欢迎您来到"六朝古都"——南京,并衷心的感谢您选择下榻××酒店。我们将尽最大的努力为您提供尽善尽美的服务。位于28楼的行政酒廊每日06:30至23:00营业,在此您将尊享如下礼遇:
☆ 专享行政楼层入住登记和结账服务
☆ 06:30-23:00内随时享用行政酒廊
☆ 行政酒廊早餐:
　　06:30～10:00(周一至周五)
　　06:30～10:30(周六、周日)
☆ 行政酒廊下午茶(15:00～17:00)
☆ 行政酒廊欢乐时光(17:00～19:00)
☆ 延迟退房至16:00(视当日客房情况而定)
☆ 每日免费熨烫一套西装或水洗一件衬衫(不可累计)
☆ 每日免费使用行政酒廊会议室2小时(需提前预约)
☆ 商务中心八折优惠(通信费除外)
☆ 洗衣服务八折优惠
☆ 贴心睡眠关怀计划
☆ 全面的贴身管家服务
我们将竭诚为您服务,如果您有任何需要,请随时联系我们,我们的分机号是8。
祝愿您入住愉快!

行政楼层经理
×年×月

2. 迎接客人

(1) 客人抵店后应由大堂副理或宾客关系主任陪同,前往行政楼层办理手续,与此同时,总台接待应立即电话通知行政楼层接待在门口迎接。

(2) 当客人抵达行政楼层后,行政楼层接待员应用酒店标准的欢迎语问候客人并自我介绍。

3. 办理入住手续

(1) 引领客人到座位上休息并为客人送上欢迎饮料及毛巾。

(2) 将准备好的入住登记单取出,请客人签字认可,注意检查并确认客人的有效证件、付款方式、离店日期与时间等内容(此过程两分钟内须完成)。

(3) 将已准备好的行政楼层欢迎信及房卡交给客人。

(4) 主动介绍酒店及行政楼层的设施设备和服务项目,包括早餐时间、下午茶时间等。

4. 送客入房

(1) 待客人用完欢迎饮料后,引领客人进入房间(走在客人侧前方),并且询问客人的一些具体要求,例如叫醒时间,喜欢喝的饮料,喜欢阅读的报纸等。

(2) 达到房间门口时,演示房卡的使用方法;进入房间后向客人介绍房间内的设施设备的使用,并预祝客人入住愉快。介绍的设施设备主要包括:取电槽、照明电源开关、空调温度调节器、小酒吧、客用保险箱、宽带服务、电话功能、卫生间设施、SOS报警按钮及逃生图等设施。

(3) 通知礼宾部,十分钟内将行李送至客人房间。

(4) 当行政楼层客人办理完入住手续后,需由一位接待人员送客人进入房间并介绍房间设施设备的使用。

【特别提示】 在客人入住期间,行政楼层为客人提供各种客房服务,如洗衣服务、擦鞋服务、各种客房用品的递送服务等。

二、VIP 接待

1. 准备工作

(1) 接到公关营销部下发的《VIP接待通知单》后,立即仔细阅读并记录在案。在客人抵达酒店的前1~2天与公关营销部、客房部确定好房号,VIP房分配力求选择同类房中方位、视野、景致、环境、保养处于最佳状态的客房,并于VIP到店前一日将预抵VIP通知单(见表3-11)发至各相关部门。

表3-11 预抵VIP通知单
VIP Arrival Information

VIP 等级 VIP Grade	姓名 Name	身份 Title	房型 Room Type	房号 Room No.	抵店日期 ARR. Date	离店日期 DEP. Date	公司 Company	销售人员 Sales

表3-12 客用赠品申请单
Amenity Requisition

姓名　　　　　　　　　　　房号　　　　　　　　　　　抵店日期
Name _____　　　　　　Room No. _____　　　　Arrival Date _____

人数　　　　　　　　　　　房间类型　　　　　　　　　布置时间
No. of Persons _____　　Room Type _____　　　Set Up Time _____

□A级贵宾　　　　　□B级贵宾　　　　　□C级贵宾　　　　　□D级贵宾
VIP A　　　　　　　VIP B　　　　　　　VIP C　　　　　　　VIP D

备注
Remarks _____

申请人　　　　　　　　　　　批准人
Issued by _____　　　Approved by _____

白联—管家部　　　　红联—厨房　　　　黄联—宾客服务经理　　　蓝联—房内送餐
White-Hskp　　　　　Red-Kitchen　　　　Yellow-GSM/GRO　　　　Blue-Room Service

（2）在VIP抵店前负责准备总经理签署的欢迎信，并交由客房部放置于VIP房间。

（3）大堂经理或宾客关系主任需按VIP等级下发客用赠品申请单（见表3-12）至餐饮部、客房部等相关部门，通知其按时准备完毕。

（4）VIP到达前须准备好登记单和房卡，并检查房间。检查VIP房间时主要看房门是否能够正常开启，空调是否打开，设施设备是否完好，鲜花、水果、总经理名片、欢迎卡等是否按规格要求摆放妥当，其他物品是否一应俱全，确保房间状态正常，并提前通知酒店领导和其他迎接人员安排时间，做好迎接工作，礼品发送应准确无误。其摆放标准如图3-2。

图3-2　VIP房间鲜花水果摆放图例

（5）大堂副理或宾客关系主任在客人到达前一小时检查房间；客人抵达前半小时，大堂副理应准备好房卡、欢迎卡及住宿登记单，在门厅迎候客人抵店。

（6）礼宾部通知保安部为贵宾预留车位，并在酒店门前等候，以便为VIP开启车门、提拿行李。

（7）通知保安部安排员工安排一部电梯专门接待VIP。

2. 办理入住手续

（1）准确掌握当天预抵VIP姓名；以客人姓名称呼客人，对不同级别的VIP，相应地通知酒店总经理、驻店经理、前厅部经理及大堂副理等亲自迎接。

（2）不同级别的管理人员与大堂副理或宾客关系主任一起分别将不同级别的VIP亲自送至房间并办理入住手续，同时向客人介绍酒店设施和服务项目。

3. 储存信息

（1）当大堂副理或宾客关系主任将VIP入住资料送至总台后，总台接待员应及时在系统中将房态更改为入住状态，并准确将VIP资料输入计算机系统，在计算机中注明"VIP"以提示其他各部门或人员注意。

（2）为VIP建立客史档案，并注明身份，以备查询。

工作任务二　餐饮服务

基础知识

一、送VIP欢迎水果进房服务标准

填写水果配送单，写清日期、房号（或楼层）、数量，由批准人签名，注明承担费用部门及

申请人姓名。将白、红两联送交餐厅,黄联留存。检查水果质量确保新鲜,表面无斑痕、无污迹,如有质量问题应立即通知餐厅更换。准备餐车或托盘,按已预订房号逐一送房(按进房程序操作)。

摆放要求:水果盘应放于茶几上或写字台上,果盘靠左上方,垫盘靠右下方。水果造型美观,口布折叠后放于垫盘上。左叉、右刀斜放在口布里,露出刀叉手柄。水果应在客人入住以前送进房内。

二、送茶/咖啡进房服务标准

准备一个托盘或一辆手推餐车(餐车上铺干净的垫布),并在上面整齐摆放好茶杯碟、茶匙、糖缸、奶盅、茶壶或咖啡壶、瓶花、杯盖、白脱碟和三片柠檬(配柠檬茶)。

查阅需求记录单,在叫早时间过五分钟后,主动打电话询问客人是否需要送茶或咖啡服务。若需要,则按进房程序操作。如房门显示"请勿打扰",应先打电话征得客人同意后再送。如客人不便开门,应先送其他房间后再返回。经客人同意进房时,应按酒店进房程序要求敲门并通报身份。进入房间后向客人问好,并将茶或咖啡轻轻放在咖啡茶几上,并请客人慢用。离开房间时,轻轻将门关上并祝客人愉快。操作中员工进出要乘员工电梯。

实践操作

一、早餐服务

1. 工作准备

配合餐饮部专职员工,在开餐前十分钟做好全部准备工作,包括将自助餐台摆好、将食品从厨房运至餐厅、将餐桌按标准摆放、更换报纸杂志、调好电视频道等。

2. 引领客人

(1)当客人到来时,每位服务员都必须致以礼貌和友善的问候。

(2)当弄清客人人数后,服务员即做一个请的动作,并在客人左前方距离2米左右处引导客人入座(对于熟客或者长住客人,要牢记他们喜欢的座位并主动为其安排)。

(3)委婉询问客人房号。行政楼层客人可免费享用早餐,如非行政楼层客人,应礼貌询问早餐费用如何支付。

3. 客人就餐前

(1)帮客人拉凳子,并为客人铺好餐巾,把同一张台上多余的餐位、餐具收走。

(2)询问客人是否需要咖啡或茶。

(3)向客人介绍用餐形式(主要是指示自助餐台的位置及布局)。

4. 客人就餐时

(1)当客人桌面上的茶或咖啡没有时,应该主动帮客人加满。

(2)客人吃完后的空餐碟应征询客人意见后方可撤走,同时要询问客人对早餐质量及服务的意见。

(3)及时添加、补充自助餐台上的食物、饮料和餐具。

(4)注意保持自助餐台和餐厅地面的清洁。

5. 客人就餐后

(1) 当客人用餐完毕,准备离座之际,服务员应主动上前拉椅。
(2) 检查客人是否遗留物品,如有,应及时送还客人。
(3) 送客人离开酒廊,对客人的光临表示感谢并向客人表示一天的祝福。
(4) 统计早餐用餐人数,做好收尾工作及场地清洁工作。

二、下午茶与"欢乐时光"服务

【特别提示】 行政楼层下午茶服务时间一般为每天15:00~17:00。而17:00~19:00为行政楼层客人提供免费的鸡尾酒及各种含酒精饮料,通常这一时间段被称为"欢乐时光(Happy Hour)"。

1. 下午茶服务

(1) 提前十分钟按要求准备好下午茶台,包括茶、饮料和各色小点等。
(2) 微笑、主动地招呼客人;引领客人入座,拉椅子;询问房号,请客人随意饮用。
(3) 在客人食用过程中,要勤巡台,收空餐具及台面杂物。
(4) 在17:00下午茶结束五分钟前,礼貌通知客人下午茶服务即将结束。
(5) 客人离开时应向其表示感谢,并礼貌地与客人道别,欢迎客人参加晚间鸡尾酒会。
(6) 各项程序和要求可参照早餐服务程序。

2. "欢乐时光"服务

(1) 提前做好全部准备工作。微笑礼貌地招呼客人,引台、为客人拉椅子、让座。
(2) 询问客人的需要并为其提供,对于熟客应主动提供客人喜欢的酒水。
(3) 注意观察,客人杯中饮品不足1/3时,要及时询问、续添,将用过的杯盘及杂物及时撤走。
(4) 客人离开时向其表示感谢并与客人道别。
(5) 填写记录表,下班前应统计酒水消耗情况,在盘点表上做好记录并根据标准库存填写申领单。

【特别提示】 保证酒水饮料的品质;记清每桌所点酒水的名称、数量;19:00提供最后一道免费酒水,故应提前五分钟提醒客人;鸡尾酒会的服务程序和操作标准参阅《餐饮服务与管理》中的相关章节。

工作任务三 酒廊服务

基础知识

一、行政酒廊的营业时间和服务内容

行政酒廊的营业时间一般为6:30~23:00,除固定时间提供的早餐、下午茶及鸡尾酒会服务外,行政楼层客人可在营业时间内任何时间自由出入行政酒廊,享受免费提供的软饮、咖啡或茶,也可以在行政酒廊享受到商务及秘书服务。

二、行政酒廊服务的一般标准

对客人服务从一句亲切的问候语开始,紧接着进行快捷有效的服务。严格按先女后男,先宾后主,先老后少的顺序为客人服务。所有的服务按顺时针方向进行;所有的服务在客人的右边进行;所有饮品必须带有杯垫(除带杯碟的饮品,如咖啡等)。客人点饮料、咖啡、茶后两分钟之内必须得到服务;客人点鸡尾酒后三分钟之内必须得到服务。

所有的饮料都需用规定形制的饮料杯装盛,配小吃和餐巾;确保所用的杯子及餐具是干净干燥的;对于听装或者是瓶装的饮料,先询问客人是否需要加冰,如果需要,则将冰加至杯子的 2/3 处;咖啡一定要保持温度,严格按配方去煮;斟咖啡时,需将空杯连托拿在手上,添完后,再把咖啡杯放回台上。

保持台面的清洁,一有空的餐具就要收,规定除了大餐碟可以不用托盘外,其余餐具一律用托盘去收或换。摆放餐具时,手只能拿餐具的柄部。

实践操作

一、酒廊早班工作

【**特别提示**】 酒廊早班工作时间为 06:00~14:30,含半小时员工用餐时间。各项早餐准备工作应于 06:30 前准备妥当,06:30 准时打开行政酒廊大门,以良好的精神状态,微笑迎接客人。

1. 准备工作

(1) 06:00 前做好仪容仪表准备后到总台索取行政楼层的房卡,向总台夜班了解前一晚行政楼层开房情况,并了解有无特殊事项。

(2) 进入酒廊后,打开所有电灯、电源开关,打开并检查热水器、微波炉、咖啡机、灭蝇灯、计算机、空调、电视等各种设备是否完好可用;把电视机调至规定频道,并放置好当天报纸、杂志。

(3) 验收由餐饮部送上的各种食品并检查其质量;煮好咖啡。

(4) 摆放早餐位和自助餐台,要求台面干净、无污渍,椅面无杂物,餐具、器皿干净、摆放整齐。

(5) 检查果汁、牛奶质量并按标准摆放到位。

2. 早餐接待

(1) 接待用早餐的客人,并做好登记(包括客人的喜好)。

(2) 如发现食物或者饮料等数量不够,应提前十分钟通知餐饮部准备食物,并请其尽快送到。

(3) 早餐结束后,关闭电视,打开音响,收早餐并清洁自助餐台、休息室和备餐间。

3. 其他工作

(1) 将管事部清洗好的餐具消毒、擦拭后分类摆放回指定的地方。

【**特别提示**】 管事部是酒店餐饮部的附属部门,其主要职责是负责餐饮部后台的清洁卫生工作,负责所有餐具、器皿的洗涤、消毒、储藏及餐饮部物资财产的管理工作;必要时支援各餐饮部门的临时需求。

(2) 检查摆放的装饰插花的质量,不够标准则与花房联系更换;根据天气、酒廊的光亮程度,可以考虑关去部分电灯,以节省能源;完成当日的卫生清洁工作。

(3) 招待当天前来办理入住及退房的客人,提供日常的餐饮服务。

(4) 完成当天早上餐饮服务的统计工作并填写行政楼层工作统计表中的餐饮服务栏。

(5) 13:00换布草,折叠口布,补充冰箱里的酒水、饮料;如发现有酒水和日常单据、办公用品不足的现象,应提前两天准备领货单,提交经理签字后,及时领回。

(6) 完成工作日志,与晚班员工进行交接;下班前把所有用过的餐巾及垃圾清走。

二、酒廊晚班工作

【特别提示】 酒廊晚班工作时间为14:30~23:00,含半小时员工用餐时间。21:00之前,在不打扰客人休息的前提下,做好行政楼层客人的礼仪电话(Courtesy Call)工作;征询客人是否需要次日的叫醒服务或是否有其他服务要求,如果客人第二天离店,询问客人具体的离店时间,并详细记录做好交班。

1. 准备工作

(1) 交接班,了解入住和结账离店人数、在住房号及客人姓名。

(2) 检查咖啡豆、茶叶、果汁等是否足够并补齐。

2. 用餐接待

(1) 接待用下午茶的客人,并做好记录;招待当天入住的客人。

(2) 做好鸡尾酒会的准备及接待工作,且详实记录每桌酒水消耗情况。

(3) 及时通知餐饮部收餐,通知管事部清洁鸡尾酒会使用的餐具。

(4) 做好酒水消耗及冰箱内剩余酒水的记录;鸡尾酒会后补充冰箱内的酒水。

3. 其他工作

(1) 准备好第二天需用的餐巾和其他早餐物品。

(2) 负责为商务客人复印资料、发传真及完成委托代办服务工作。

(3) 打印行政楼层次日预抵客人名单,并按客人预订要求安排房间,准备好登记单和房卡。

(4) 准备欢迎信并将欢迎鲜花、水果的数量及等级书面通知客房部及餐饮部。

(5) 在22:30前完成第二天的部分早餐台和自助餐台的摆放工作。

(6) 准备次日上交的行政楼层报表(如行政楼层当日在住客人列表、次日预抵客人列表、次日离店客人列表、一周客情预报等),确保数据的准确及时。

(7) 完成工作日志,需早班知晓或跟进的事宜必须交代清楚。

(8) 下班前关闭行政酒廊的照明设施及夜间不需开启的电器;把垃圾清走。

工作任务四 客人离店服务

基础知识

一、行政楼层的结账地点

行政楼层客人作为酒店的重要接待对象,酒店在各个方面的服务都需要特别仔细、尽心,其中也包括给客人留下最后印象的行政楼层客人的送别服务。一般来说,行政楼层客人在行政酒廊办理退房结账手续而不是在大堂的总台,这就要求酒店的几个部门在送别客人时要做好衔接工作,让客人满意地离开。

二、行政楼层的结账方式

酒店往往为行政楼层客人提供快速结账服务(Express Check Out)。快速结账服务的前提是客人须使用信用卡结账且授权酒店可使用其信用卡对其在酒店的消费进行结算。快速结账服务的特点是客人不必等候退房,只需将相关签署过的文件交给行政酒廊接待,这项服务为赶时间的客人节省了宝贵的时间。

实践操作

一、客人离店服务

【特别提示】 每日行政楼层晚班当班人员需打印次日离店客人报表,了解次日预计离店客人的信息;每日16:30打印次日离店客人的快速结账报表,其信息包括次日离店客人的姓名及房号、结账指导、信用卡号及预授权金额。

1. 快速结账服务

(1) 如见到次日要离店的客人,可与其确认以下问题:是否需要安排车辆离店、具体离店时间及准备账单时间、是否有其他需要帮忙的事情,如行李是否要包装或寄存、是否住得开心、对酒店的工作有什么建议等。

(2) 若没有见到此类客人,则在晚上22:00前打电话到客人房间,与客人确认以上内容,做好交班记录。

(3) 行政楼层接待将根据快速结账报表,在20:00前打印客人账单并与快速结账服务通知(见表3-13)一起放入快速结账信封。

(4) 21:00前将快速结账信封交给礼宾部送至客人房间;客人离店时只需将填写好的快速结账服务信及签过字的账单交还给行政楼层接待即可离店。

表3-13 快速结账服务信

尊敬的××先生/女士:
　　能够为您服务,我们深感荣幸。
　　通过您的预订信息,我们获悉您将于明日退房离店。为了免除您退房时排队等候的烦恼,我们提前为您准备了详细的账单。请您仔细确认并提供您的信用卡号码、有效期及您的通讯地址并在信的末尾签名。
　　我们将会在您离店前一天的21:00准备好您的账单,此后的其他消费及签单也将记入您的账目中。
　　当您离开酒店时,请将账单与此封信件一同交予行政楼层接待,您将及时收到您的最终账目及完整的信用卡使用信息。
　　快速结账信息:
　　姓名:　　　　房号:　　　　信用卡号:　　　　信用卡有效期:
　　客人签名:　　　　通讯地址:
　　感谢您入住××酒店并欢迎您再次光临!

前厅部经理
年　月　日

2. 一般离店结账服务

（1）行政楼层早班接待需按照客人要求的准备账单时间打印好账单。打印客人的最终账单须与有客人签字的账单进行比对。如果账单一致，将房间在系统中退房，刷卡后将信用卡单与相关附属文件一同交给财务部；如果账单不一致，找出原因，并使用信用卡分别收费，最后将房间在系统中退房并提交相关附属文件至财务部。财务部安排将客人的最终账单及完整的信用卡信息按照客人预留的地址邮寄给客人。

（2）当客人前来行政楼层前台要求退房时，引领客人到座位上休息并为客人准备饮料。

（3）确认房号后立即通知客房中心查房并立即通知行李员来运送客人的行李，避免出现让客人等候行李员的情况。

（4）请客人在事前准备好的账单上签名确认，办理结账手续。

（5）询问客人是否需要送车服务，如果需要，立即通知礼宾部准备车辆，确保客人出门时车辆已经在酒店门前等候，门童及司机都已经做好了为客人服务的准备；询问客人是否需要帮助安排下一程的旅行预订房间；询问客人是否需要做"返回预订"。

（6）当客人办理完退房手续之后酒廊接待应送客人至电梯口，帮客人按电梯，等客人进电梯后与其告别，感谢客人的入住、祝福客人旅途愉快。

（7）通知宾客关系主任在大堂等候送别客人，详细告知客人乘坐的电梯号，客人姓名、房号及客人的基本特征；宾客关系主任应一直陪同客人至大门外，向客人道别，目送客人离开后方可返回酒店。

二、特殊问题处理

【特别提示】行政楼层会使客人有一种比其他住客更受关注的优越感，也因此对相关服务接待人员的服务和处理问题的能力和水平提出了更高的要求。一个高星级酒店行政楼层的经营，其关键，并不在于有否单独的行政酒廊等基本设施，而是能否为客人提供他们需要的增值服务。

1. VIP 要求变更房号

（1）首先判断要求变更房号的时间，若在 VIP 抵达酒店前，则应首先记录更改人的姓名、工作单位、日期、时间、经手人，检查是否已报房号给接待单位。如果已报，则应及时通知有关接待单位（特别是公关营销部），并做好计算机更改。

（2）若在客人抵达后，则需要通知接待单位和将 VIP 单发至的所有部门，并做计算机房号更改。

2. VIP 要求换房

（1）客人未到达时要求换房，由预订处更改客人的入住信息后及时将房间变更单分发至相关部门。

（2）客人入住后要求换房，除按散客换房处理外，必须通知大堂副理或部门管理人员，以确保服务周到。

3. 持有酒店 VIP 卡的客人在结账时才出示 VIP 卡，并要求按 VIP 优惠折扣结账

（1）向客人解释：根据酒店规定，VIP 卡在入住登记时出示才有效，否则不能按优惠折扣结账。

（2）如客人坚持要求按优惠折扣结算，可报大堂副理或宾客关系主任或部门经理，由其决定是否作退账处理。

(3) 通常这种情况都是出现在初次入住的客人身上,若客人曾入住过,计算机客史资料会提示客人的卡号。

4. 公安机关通缉的人员要求入住

(1) 接待人员发现后应先稳住客人(按正常程序请客人到休息室入座并提供饮料),对清证件,保持警惕和冷静,尽量拖延时间立即向当值主管汇报,由主管核实无误后立即通知大堂副理、保安部、客房部,做好严密监控。

(2) 在为这类客人分房时,务必将客人分在在住客人较少的楼层,并靠近楼层服务台的房间。

(3) 由大堂副理及保安部经理通知公安机关,由其接手处理。酒店做好协助工作。

5. 客人在办理入住时发现在机场错拿了行李

(1) 安抚客人情绪并告知客人酒店会帮助其处理。

(2) 获取客人的护照(或身份证),机票及行李信息(行李箱大小、颜色、品牌等)。

(3) 填写委托代办单并请客人签字确认。

(4) 及时通知礼宾部帮客人去机场换拿行李。

(5) 及时告知客人处理的结果。

6. 办理入住时客人提出房价高于销售经理与他确认的价格

(1) 查看相关预订信息,确认营销部是否有书面通知。若无,联系公关营销部。

(2) 如果属实,请销售经理补发书面的价格更改通知,并立即向客人道歉。

(3) 如果不是,请相关销售人员向客人解释说明。

(4) 若联系不上销售人员,可建议客人先以高价格入住,并告知客人我们会与公关营销部联系,若情况属实会帮其更改房价。

(5) 做好交班,跟踪处理。

7. 客人来行政酒廊用早餐可座位已全满

(1) 首先向客人表示道歉,并安排客人坐下稍等。

(2) 若客人不愿等待,可建议客人至酒店接待普通楼层客人的餐厅用餐。

(3) 也可请客人点单,酒店免费将早餐送至客人的房间。

8. 有孩童在行政酒廊内跑闹玩耍

(1) 耐心礼貌地制止跑闹的孩童,告知他这样很危险,会摔倒受伤。

(2) 若制止无效,应将孩童带至家长身边,礼貌告知这样做会造成孩童的受伤同时也打扰到了其他客人,希望其看好自己的孩子并感谢客人的配合。

工作任务五　贴身管家服务

基础知识

一、贴身管家服务的内容

贴身管家服务(Butler Service)在高星级酒店中非常流行,这是一种更专业和私人化的一站式酒店服务,它是集酒店前厅、客房和餐饮等部门的服务于一人的服务。贴身管家既是服务员,又是秘书;既负责客人的生活琐事,也操办客人的商务活动。诸如:拆装行李、入住退房、客房服务、叫醒服务、订餐送餐、洗衣、订票、旅游安排、秘书服务、客史档案的收集与管理等。

二、贴身管家的基本素质标准

鉴于贴身管家服务的全面性、专业性和重要性,贴身管家需具备下列基本素质标准:具有大专以上学历或同等文化程度,接受过酒店管理专业培训为佳。具有至少两年丰富的基层服务工作经验,熟悉酒店前厅部各个分部门的工作流程及工作标准;具有餐饮酒水知识及服务技能;掌握客房服务的工作流程及标准;具有较强的服务意识,能够站在顾客的立场和角度提供优质服务;具有大局意识,工作责任心强;具有较强的沟通、协调及应变能力,能够妥善处理与客人之间的发生的各类问题,与各部门保持良好的沟通、协调;了解酒店的各类服务项目,以及酒店所在地区的风土人情、旅游景点、土特产;具有一定的商务知识,熟练掌握各种商务设备的使用,能够简单处理客人相关的商务材料;形象气质佳、具有良好的语言沟通能力,至少熟练运用一门外语、具备丰富的知识面,有较强的抗压能力。

实践操作

一、客人抵/离店前后服务

1. 抵店前后

(1) 检查客人的历史信息,了解客人抵离店时间和客人喜好。应做好24小时为住店客人提供细致和周到服务的准备。

(2) 客人抵店前两小时检查客房和餐室的准备情况,准备客人的房间赠品,了解房间的布置是否符合客人的喜好、生活起居习惯和宗教忌讳等。提供客房服务时还应注意客人的性格,注意客人安全,隐私保密,并注意房间的温度、气氛(味、花)及音乐是否调到适宜。

(3) 与相关部门沟通,及时跟进客人喜好安排。

(4) 与各部门密切配合,安排客人房间的清洁整理、水果和报纸配备、夜床服务及餐前服务的准备工作。

(5) 准备酒店的产品、当地的旅游信息和商务信息资料。

(6) 提前十分钟到达大厅迎候客人。

2. 离店前后

(1) 征询客人住店期间的意见,进一步了解客人的消费需求,并及时与相关部门沟通落实。

(2) 掌握客人离店的时间,为客人安排车辆、叫醒服务和行李服务。

(3) 了解客人对酒店的满意度,确保客人满意离店。

(4) 做好客人档案管理和客人遗留物品的处理工作。

二、客人住宿期间服务

1. 引领介绍

(1) 客人抵店后,严格按规范要求引领客人至客房。

（2）介绍酒店设施及房间情况，递送欢迎茶及小毛巾，并适时推荐酒店产品与服务。

（3）告知客人自己的联系方式。

2. 个性化服务

（1）提供房内用餐服务：接到客人房内用餐要求后，及时将客人的饮食习惯反馈到餐饮部；根据客人要求，将点餐单送到客房；根据客人的用餐人数及饮食习惯为客人推荐食品与酒水；及时将客人的点菜单反馈餐饮部，做好准备和送餐工作。

（2）根据客人需求每日为客人提供洗衣服务、叫醒服务、商务秘书服务、日程安排、用车、当日报纸、天气预报、会议室租用等服务。

3. 其他服务

（1）继续做好酒店各部门的沟通和跟进工作，以满足客人需求，力求超越客人的愿望。

（2）致力于提高个人的业务知识、技能和服务质量，保持与其他部门良好的沟通关系。

（3）做好客人喜好的观察和收集，妥善处理好客人的意见和建议。

【特别提示】 在中国市场开拓与发展的一些国际顶级奢华酒店，贴身管家的客人住店服务还包括：(1)为客人提供沐浴前的准备工作，即放水、调试水温、点燃香薰灯、准备各色沐浴精油等；(2)帮助客人进行私人飞机及游艇的预订及行程安排；(3)高尔夫球场的预订及开场时间的安排；(4)提供酒店外的伴游服务，如陪同客人购物并充当购物顾问等。

项目小结

对客应接服务：主要由酒店住机场代表(Hotel Representative)、门童、行李员等提供的一系列面对面的服务，一般可分为店内和店外迎送两种。店外应接服务主要由酒店代表提供。

VIP：即 Very Important Person 的简称，贵宾的意思。VIP 是酒店给予在政治、经济以及社会各领域有一定成就、影响和号召力的人士的荣誉，是酒店完善标准的接待规格服务对象，是酒店优质服务体系的集中体现。在酒店通常将 VIP 分四个等级，按级别高低依次为 VA、VB、VC 和 VD。

金钥匙(Concierge)：在酒店中，经常可以看到胸前别着两把金钥匙的工作人员，他们是礼宾部的工作人员，被人们称之为"金钥匙"(Concierge)。"金钥匙"又常被客人视为"万能博士"、"百事通"及解决问题的专家。金钥匙既是一种专业化的服务，又是对具有国际金钥匙组织会员资格的酒店礼宾部职员的特殊称谓。

酒店金钥匙的服务宗旨：在不违反法律和道德的前提下，为客人解决一切困难；酒店金钥匙为客排忧解难，"尽管不是无所不能，但是也是竭尽所能"，要有强烈的为客服务意识和奉献精神，为客人提供满意加惊喜的个性化服务。

过往客人：除住店客人外，临时参观酒店、参加宴会或会议的客人均可视为"过往客人"。

行李寄存及领取的种类有三种：一是住客自己寄存，自己领取；二是住客自己寄存，让他人领取；三是非住客寄存，但让住客领取。

委托代办服务：是酒店为了方便住客而设立的一个服务项目，酒店各个部门都有义务承担客人的委托代办服务。

行政楼层(Executive Floor)：酒店将一层或几层的客房相对划分出来,用以接待对服务标准要求高,并希望有一个良好商务活动环境的高端商务客人,这些楼层称为行政楼层。

行政酒廊(Executive Lounge/Executive Club)：行政楼层客房通常位于酒店最高的几层,其房间也比一般客房豪华,设有独立的接待区域,称为行政酒廊。客人可在此享用美味的早餐和茶点、鸡尾酒。完备的委托代办服务为客人解决文秘、通讯及交通方面的问题。

快速结账服务(Express Check Out)：快速结账服务的前提是客人须使用信用卡结账且授权酒店可使用其信用卡对其在酒店的消费进行结算,其特点是客人不必等候退房,只需将相关签署过的文件交给行政酒廊接待即可。

贴身管家服务(Butler Service)：这项服务在高星级酒店中非常流行,这是一种更专业和私人化的一站式酒店服务,它是集酒店前厅、客房和餐饮等部门的服务于一人的服务。贴身管家既是服务员,又是秘书；既负责客人的生活琐事,也操办客人的商务活动。

检 测

一、礼宾服务综合实训

训练项目	店外应接服务		
训练地点	前厅实训室		
训练时间	45分钟		
训练方法	先由教师讲解、示范,然后分角色模拟练习,最后由教师考核点评		
操作程序	考核标准	考核要求	得分
1. 准备工作 (37分)	精神面貌及仪容仪表(10分)	符合酒店迎宾人员要求,精神饱满	
	掌握预抵店客人名单(Expected Arrival List,EA)(5分)	熟悉客人情况及禁忌	
	向订房部索取"宾客接车通知单",了解客人的姓名、航班(车次)、到达时间、车辆要求及接待规格等情况(10分)	做好与酒店各部门的沟通协调工作,确保接待工作准时完成	
	安排车辆、准备酒店标志牌,做好各项准备工作(10分)	物品齐全	
	及时了解航班变更、取消或延迟的最新消息,并通知酒店总台接待处(2分)	及时准确地了解交通信息	
2. 客人抵店时 (18分)	代表酒店向客人表示欢迎和问候(5分)	迎宾员热情、礼貌、亲切	
	根据预抵酒店的客人名单予以确认(3分)	向领队或全陪核实客人人数	
	搬运并确认行李件数,拴好行李牌(5分)	确保准确无误	
	引领客人上接送车(5分)	引领客人时,应站在客人的侧前方1米左右处	
3. 途中(25分)	主动介绍本地和酒店概况(10分)	对酒店及所在地区情况熟悉,讲解生动,富有吸引力	
	始终与总台保持联系,及时通知变化情况(15分)	适时推销酒店产品	

续表

4. 抵达酒店后(20分)	将行李物品交付行李员送到房间(10分)	核对行李件数及有无破损	
	协助大堂副理做好 VIP 贵宾接待(10分)	接待有条不紊,服务规范标准	
总得分			

二、案例分析

垃圾里翻出集体签证

某大酒店大堂经理小沈接到了一个电话,从电话里传出南京金陵酒店一位先生急切的声音。他是昨天住店的德国马耶斯团领队,叫欧思敏,刚才发现该团的集体签证原件不见了,估计有可能今天早晨遗失在该店。由于该签证是整个团队出入境的凭证,万一遗失,该团 15 位德国客人将无法离境,而重新办妥签证需五天以上时间,客人的行程计划将全部打乱,旅行社和客人都要蒙受巨大的损失,因此欧先生焦急万分,只能恳求该店予以帮助。

小沈当即把情况向保安部做了报告,并走访了酒店所有营业场所和有关人员,但没有发现有价值的线索。又彻底地查找了欧先生昨天住的 620 房间和该楼层的服务室,还是均无所获。他想,本店员工受过良好的业务培训,他们发现客人丢失的物品或资料都会交由大堂副理处理,他推断签证是否有可能在匆忙中被欧先生混入垃圾袋里。于是决定立即组织人员前去寻找,在五分钟内,他和五位员工带着应急电筒赶到垃圾场。面对堆积如山的废品,大家一张纸、一张纸的挑拣,决不放过任何蛛丝马迹。半小时过去了,翻遍了整个垃圾场,没有发现签证的踪影。

这时,小沈发现废品仓库还有两车未经挑拣的垃圾,为了防止遗漏,大家又用双手在垃圾袋中进行翻找。每个人忙得汗流浃背,满手污物,找完了一车,又推出一车,在四只应急手电的照射下,大家一直寻找着……

正当翻找第二袋垃圾的底部时,小郑发现了两对折的白纸,她展开一看,一枚公安部出入境管理局的鲜红印章赫然在目,签证找到了!

9 点 10 分,小沈拨通了金陵酒店 508 房间的电话,当欧先生得知签证已被找到时,他激动的几乎哽咽了,连声道谢。

思考:请针对本案例中大堂经理小沈的做法谈谈您的看法,并以此评价一下该大酒店前厅服务的得失。

三、小组讨论

1. 2011 年 1 月 1 日颁布实施的国家标准《旅游饭店星级的划分与评定》(GB/T 14308—2010)的第 4.4.1 条中规定:在正常情况下,酒店电话总机的铃响 10 秒内须有应答。讨论:其"电话铃响 10 秒内应答"要求的依据是什么?

2. "金钥匙"和"贴身管家"有区别吗?请回答,并说明理由。

四、课内实训

1. 请调查一下 2~3 家商务度假酒店的礼宾部,分析其功能有哪些,并写出书面报告。
2. 分角色进行散客入店行李服务全过程的训练。

五、课外拓展

1. 寄给住店客人的邮件,如查无此人,在总台工作的实习生蔡东丹认为只要按原地址退回就行了。请思考:能这样处理吗?

2. 酒店住客毛一舒小姐在行李员卸下车的行李中只找到了自己的一只箱子,而另一件行李却不知去向,不免心中着急。在不安中等待十分钟后,终于在第二辆行李车中找到,这一经历给毛一舒小姐带来不安全感。请问:行李分送服务中应怎样避免这类事情的发生?毛一舒小姐的不安全感来自哪里?

3. 国际金钥匙组织中国区申请入会的基本条件:申请人必须是年满21岁,品貌端正,是酒店大堂礼宾部的首席礼宾司。须具备至少五年酒店从业经验(在酒店的任何职位均可,且至少有三年以上从事委托代办服务工作经验和必须达到一定的工作水平),至少掌握一门以上的外语,参加过国际金钥匙组织中国区的服务培训。对此,您有何想法?

项目四　接待处/问讯处/收银处服务

> **学习目标**
>
> - 了解酒店客房状态的基本类型、分房技巧、电子锁故障处理方法、总台建账与跟踪。
> - 理解即时房态控制、夜审、酒店对客人贵重物品丢失的赔偿条件。
> - 掌握身份证件识别及客用房卡制作分发、信息查询、住客/访客留言、散客退房结账等项总台核心工作的步骤和标准。
> - 运用总台服务的原理和技能,完成预先分房、贵重物品存取和散客(团队)入住登记工作。

> **项目导读**
>
> 总台接待处、问讯处和收银处的服务是前厅部对客服务的最关键部分,是酒店与客人之间实现客房销售的正式性、合法性的最根本环节。其涉及预离店状况显示、提前分房、查询留言、入住登记、换房续房等一系列工作内容。本项目内容是本书重点内容,其要点内容如表4-1。

表4-1　本项目要点内容阅读导引表

客人抵店服务	客人在店服务	客人离店服务
控制即时房态的方式/方法	计算机入账/凭单入账	现金/信用卡等结算方式
分配客人用房的技巧/步骤	访客/住客查询与留言	退房结账的计算机操作
处理特殊安排客房问题	交通旅游信息服务	退房结账的人工服务
身份证/护照/签证等种类	住客邮件转交/专递服务	处理退房结账特殊问题
接待散客的步骤和要求	处理查询/留言特殊问题	收银审核的意义和作用
接待团队的步骤和要求	客用保管箱的启用/退箱	编制收银报告的步骤和要求
处理特殊入住登记问题	处理特殊保管箱服务问题	前厅部夜间审计
制作分发房卡/问题处理	换房手续办理步骤/要求	快速结账手续的办理
手工/计算机设立客人账户	续房手续办理步骤/要求	即时消费的收费

模块一　客人抵店服务

任务导入

客人抵店服务——掌握客房分配/办理登记/制发钥匙/建立客账的技能

1. 教师将《临时入住登记表》、《押金单》等办理入住手续需用的单据准备好,请学生们了解一下。

2. 学生通过互联网收集各种护照和签证的图片资料和使用情况文字说明资料,互相交换并丰富自己的资料库。

3. 各小组利用学校的前厅实训室,预先进行角色分工,在教师的指导下进行"接待员"和"住店客人"的交流,并事先熟悉一下实训室安装的酒店计算机管理信息系统软件。

4. 教师讲授总台抵店服务各环节的知识点和技能要求。

工作任务一 客人用房分配

基础知识

一、客房分配工作总体步骤

分配客房一般在客人到达前一天进行,有时也在客人办理住宿手续时进行。在现代化的酒店里,分房工作经常由计算机来进行。其总体步骤是:先由接待员将需要的房间类型及住宿期输入计算机,其屏幕上就自动出现若干个符合要求的房号,然后,接待员凭着对客房情况的了解和客人的需要进行选择。

二、房间即时状态与远期客房状况

房间即时状态(Room Status):是指把酒店每一间客房的类别、所处的形态随时、准确、全面地显示出来。有效的客房销售和分配取决于准确、及时的房态信息。正确显示房态,有助于搞好酒店的客房销售,提高客房利用率,增加客房收益,提高前厅接待与服务质量。

远期客房状况(Room Forecasting):也称为客房预订状况预测,是根据客人入住和预订的情况来预测酒店未来某一时期内某种类型的客房预订和占用情况。

实践操作

一、控制即时房态

1. 计算机信息控制

(1) 计算机系统中的房态控制位于"客房部模块",使用的权限可以修改 VD 房、OOO 房、VC 房、切忌修改 C/I 房或把上述房态修改成 C/I 房态。

(2) 个别情况:有客人离店却未结算的房间时,可把 C/I 房态修改成 VD,但要做好记录。

(3) 平时更要注意房态的变化,发现房态自动变化的或已报 C/O,房态仍是 C/I 的要询问楼层原因,并提示楼层核实房态实情。

2. 对客服务控制

(1) 客人打来的电话,首先征询客人的房号、贵姓,重述一遍给客人听,以防听错。

(2) 如发现客人所说的房号与计算机房态不符时,如:客人说是 8012 房,但计算机上显示是 VD 或 VC,应再次重述一遍客人所讲的房号,然后立即通知领班前去服务并证实情况。

【特别提示】 应杜绝不良人员利用 VD 房,或利用 OOO 房、自用房在酒店过夜或趁机作案。

3. 分房前控制

(1) 应提前一天完成分房工作并把接待要求以书面形式通知到有关部门。

(2) 客人入住后,总台接待员应及时将保留房或空房状态转换到住客房状态,并及时通知客房部。

(3) 换房可能是客人的愿望,也可能是酒店的要求。不论是哪一种,系统中换房一旦发生,调换出的客房就由住客房状态转换成走客房状态,调换进的客房由空房状态转换成住客房状态。接待员还应开具客房变更通知单下发到有关部门作为换房的凭证。

(4) 总台接待员在接到客人退房离店信息后,应及时将住客房状态转换成走客房状态,并通知客房部。客房因设施、设备损坏需要维修而暂时不能销售时,客房部应及时将此房转换到待修房状态,等房间恢复后再及时取消。

(5) 楼层每天三次核实房间实情:中班与早班交接时段、夜班与中班交接时段、凌晨 3~4 点。领班和服务员在此三个时段一定要对 VD、VC、OOO 房间敲门进去核实房间情况,检查卫生、物品、设施问题等。

【特别提示】 在淡季,由于出租率下降,酒店为节约能源,减少成本或利用淡季改造、维修、保养客房,常采用相对集中分房,关闭一些楼层的措施。此时,根据酒店规定,将关闭楼层的客房转换到维修房或关闭楼层的状态。

二、分房的一般性原则和技巧

在进行分房操作时,为了提高客人的满意度并提高酒店的住房率,分房时应讲究一定的分房原则和技巧。

1. 一般分房

(1) 团体客人或会议客人应尽量安排在同一楼层或相近的楼层,能够使客人间便于联系,也便于酒店对客管理。同时当客人离店后,空余出的大量客房可以安排下一个团队,这样有利于提高住房率。此外,由于一般的散客怕干扰,也不愿意与团队客人住在一起,因此应对团体客人或会议客人提前预留好房间。

(2) 行动不方便或带小孩的客人应尽量安排在离电梯和服务台较近的房间,能够给客人提供便利,能够更多地给予客人照顾。

(3) 内外宾有着不同的生活习惯、不同的语言,安排在不同的楼层能防止它们彼此互相干扰,方便管理,提高客人的满意程度。

(4) 常客和有特殊要求的客人应给予特殊的照顾,尽量安排在他经常入住的房间内。

(5) 敌对国家的客人在一起时容易产生摩擦,民族仇易演变成个人恨,如美国客人和伊拉克等中东国家的客人就不宜安排在同一楼层或相近的房间。

(6) 分配房间应尊重民族习惯、生活禁忌。如:西方客人忌讳"13",因此有些酒店的"13"层都未标出,而使用"12A"、"12B";港澳及我国沿海等地的客人忌讳"4"、"14",因此应避免给其分配在 14 层或带 4 的房号。

2. 特殊分房

（1）为VIP房分房。打印预抵VIP客人列表，结合VIP客人的特殊喜好为其分房，给VIP客人排的房间应是同等级房间中方位、视野、景致、环境、保养均处于最佳状态的房间。排好房间后应将房号立即通知其他相关部门，让所有的相关部门立刻进行VIP房间的布置，为客人准备好房间。

（2）为提前抵店的客人分房。尽可能的安排干净房间，确保当客人提早到店的时候能立刻为客人办理入住。如果安排了脏房，应立即通知客房部客人的预计到店时间，让客房部首先打扫此房。

（3）为没有明确到店时间的客人分房。首先尽量安排干净的房间，以便客人随时到来。如果没有干净空房，尽量安排脏房，并通知客房部速扫。

（4）为抵店时间较晚的客人分房。根据抵达时间安排脏房，以便于干净的房间能尽可能的卖给直接上门(Walk-In)的客人。

（5）为老年人分房。尽量安排低楼层的、靠近电梯的房间。尽量安排靠近紧急出口的，以便在发生紧急情况时客人能够快速撤离。如老人是独立出行，出于安全考虑应安排无连通门的房间。若有人同行应安排连通房以方便对老人的照顾。

（6）为单身女性分房。设有女士楼层的酒店，应将客房排到女士楼层。尽量选择安静的房间排给单身女士。

【特别提示】 老人、妇女是一个特殊的群体，前厅接待员平时应多注意针对老人和妇女心理方面知识的学习，并努力将其运用到实际的接待工作中去。在为单身女士分房间时，应特别注意除非客人自己提出特殊要求，否则不安排有连通门的房间。

三、具体分房步骤及要求

1. 分房准备

（1）在客人到达前一天晚上，要检查预订客人的房间是否已准备好，避免出现遗漏或差错。为此，分房工作人员应事先做好相应的准备工作。

（2）核对客房销售状况：当天可销售的客房数＝可供出租客房数－昨日占用房数＋今日离店房间数－预订房间数－维修房数。还应针对实际的变化情况进行调整，如延期离店等。

2. 核对房态

通常可通过"续住通知单"、"房间/房价变更通知单"、"客房报告表""房态校对报告"、"房态差异表"、"逾期未离店客人催办交接表"等表单在相关部门之间的及时传递，由大堂副理牵头进行房态的核对及妥善处理来确保入住登记的准确性。

3. 核对预订单

（1）核对次日到达酒店的客人预订单，通常在前一天的下午由预订员按客人姓氏字母顺序整理并移交给接待员。

（2）由接待员或夜间值班员将预订单按房间类型和住房费的不同分别核对每位客人预订的客房数。

4. 整理空房卡

（1）按房间类型、住房费的不同分别整理，并放在空房卡卡片箱中保管。

（2）核对房卡架、检查客人的预抵店日期和插在房卡架上的抵达登记卡与离店日期。

（3）对照已预订的客房与可出租的客房数目，根据预订单，按客房类型和费用，计算出已被预订了的客房数目，另外再根据空房卡，按客房类型和费用，计算出可以出租的客房数目。

四、常见问题处理

1. 分房过程中出现矛盾房

（1）认真核对当前房态，确定为矛盾房，并将此房进行管制。

（2）打印一份矛盾房报表，并按照酒店有关规定送部门领导进行审核。

（3）及时按检查完毕的房间实际状态更改计算机中原有的信息。

（4）每天必须及时与房务中心核对房间实际状态；将已签字的矛盾房的报表存档，以便日后查寻。

2. 开重房

（1）房间确定后要立即锁房，并且在计算机信息表上注明房号、价钱和退房日期。

（2）预订出去的房间开给另一个客人，应及时对当天预订本、计算机和房卡作更改。

（3）两台计算机同时拿房前，同事之间一定要先沟通。

（4）房间确定后一定要仔细检查计算机；换房后要及时更改计算机，并且开转房单，并通知收银处、总机房和当班人员。

【特别提示】 同班之间沟通要细。不管当班时间内谁接待客人，工作完成后，一定要相互沟通，详细说明接待情况和未办事项，以便为下一次接待打好基础，不出差错；开完房后要有检查的习惯，要及时发现问题，及时补漏。

3. 客满

（1）联系预计当天离店的客人，保证客人按期离店。

（2）预计早到的客人分配到预计早退客人的房间；预计晚到的客人分配到预计晚走的客人的房间。

（3）查看客房实际状态，并与客房部协商确定需要即刻清整的房号及其清理的顺序，并及时安排客人入住。

4. 报房表中房态为"有入住房"，而计算机中却为"可售房"

（1）遇到这种情况，应先检查钥匙是否在总台，如在总台，则打电话请客房部再次核实。

（2）如客房部仍报有入住房，应立即将该房钥匙封锁，房间暂不出售。如钥匙不在总台，应将报房表与入住登记表核对，核查是否客人入住后忘记输入计算机，或客人结账后又决定延住但又没有重新办理登记手续，而持欢迎卡让服务员为其开门入住。

（3）查明原因后，更正计算机资料或请客人重新办理入住登记手续。

5. 客人已离店，报房表中为"空房待清洁"，而计算机中为"住客房"

（1）检查客人是否已结清账目，通知收银员更改计算机资料，检查是否收银已为客人结完账而未及时更改计算机资料。

（2）通知客房部清理房间，及时出租。如有其他情况报大堂副理解决。

工作任务二　办理登记手续

基础知识

一、一般证件

中华人民共和国居民身份证(或临时身份证)、中国人民解放军四总部制发的现役军人身份证件(或军官证)、武警总部制发的警察身份证件(或军官证)、中华人民共和国护照、中华人民共和国香港特别行政区护照、港澳同胞回乡证、台湾居民来往大陆通行证、中华人民共和国外国人居留证(或临时居留证)、海员证。

二、护照

护照种类一般根据持照人的身份确定。世界上多数国家签发的护照分为三种,即外交护照,公务、官员护照和普通护照。有的国家还颁发因公普通护照,集体护照,特别护照等。

外交护照(Diplomatic Passport):发给驻国外的外交代表、领事官员和出国进行国事活动的国家元首、政府首脑、国会议员、政府代表团成员及其配偶和未成年子女。持有外交护照的人享有外交特权和豁免,除非本人声明放弃外交特权和豁免。

公务、官员护照(Service or Official Passport):发给出国从事各种公务活动的人员,如政府的一般官员、驻外使领馆行政技术人员以及国外执行文化、经济等任务的人员。

普通护照(Passport):发给因私事前往国外或旅居国外的本国公民。普通护照是目前世界上颁发最多、使用最为广泛的一种护照。

三、签证种类及代码

外交签证(W):发给持外交护照的外交官,领事馆、政府高级官员及其随行家属,以及外交部领事司通知发给外交签证的人员。

公务签证(U):发给持公务护照的外国驻华使领馆、处工作人员,联合国系统组织驻华机构中持蓝皮通行证的人员及其随行家属,因公临时来华或过境持公务护照、官员护照、特别护照或联合国蓝皮通行证的人员及其家属,应邀访华的外国党、政代表团中未持外交护照的人员。

礼遇签证(Y):发给卸任的外国元首、政府首脑、国会议长、最高法院院长、外交部长、前驻华大使和其他高级官员、知名人士及其随行家属,签证机关认为应该发给礼遇签证者。

普通签证:发给持普通护照的外国人,根据外国人申请来华事由分为九类:定居签证(D)、职业签证(Z)、学习签证(X)、访问签证(F)、旅游签证(L)、乘务签证(C)、过境签证(G)、常驻我国的外国记者签证(J1)、临时来华的外国记者签证(J2)。

四、住宿登记项目

客人姓名及性别:姓名与性别是识别客人的首要标志,服务人员要记住客人的姓名,并要以姓氏去称呼客人以示尊重。

房号:房号是确定房间类型和房价的主要依据。注明房号同时有利于查找、识别住店客人及建立客账。

房价:房价是客人与接待员在酒店门市价的基础上协商而定的,它是建立客账、预测客房收入的重要依据。如标准价(Rack Rate)为 US＄100,给客人八折优惠,在登记表上最好以 US＄100～20％的方式标记。这种方式虽不符合逻辑,但易于操作,既反映了标准价,又表明了优惠率。

付款方式:确定付款方式有利于保障客房销售收入及决定客人住宿期间的信用标准,并有助于提高退房结账的速度。最主要还是方便住客,由酒店为其提供一次性结账服务。

抵离店日期:掌握客人准确的抵店日期、时间,有助于计算房租查询、邮寄等系列服务的顺利进行;而了解客人的预计离店日期,则有助于订房部的客房预测及接待处的分房(Room Assignment),并有助于客房部清扫工作的安排。

住址:正确、完整的客人永久住址,有助于酒店与客人的日后联系,如遗留物品的处理、邮件转寄服务等。

酒店管理声明:登记表上的管理声明,即住客须知,它告诉客人住宿消费的注意事项,如:退房时间(Check out Time)为次日 12：00 前;建议客人使用前厅收银处的免费保险箱,否则如有贵重物品遗失,酒店恕不负责;还有会客时间的规定等内容。

接待员签名:接待员签名有助于加强员工的责任心,利于控制和保证服务质量。

有些酒店为进行市场分析,还在登记表中设计了调研项目,如停留事由、交通工具、订房渠道、下个目的地等内容。

实践操作

一、接待散客的步骤和要求

1. 询问查看

(1) 微笑问候,询问客人是否有预订。

(2) 在当日预抵客人列表中查询客人的预订。

2. 索要客人证件登记并核对

(1) 礼貌地请客人出示有效证件并仔细核对,如使用二代身份证识别仪(见图 4-2)需及时读取证件信息并进行传输。

(2) 填写入住登记表(见表 4-2)并请客人签字确认(需与客人再次确认房价、房型、抵离店日期等信息)。

【特别提示】 对国内客人证件的查验:证件有无涂改、伪造,发证机关是否合法存在;证件相片与持证人相貌是否一致,证件上的年龄、相片及出生日期与持证人实际年龄是否有明显差距等。对涉外证件的查验:本人出入境有效身份证件上的姓名、国家或地区、证件名称及证件号码是否正确与合法;签证机关是否合法存在,签证种类及签证号码是否相符,有无超过停留有效期,边防入境检查印章是否清晰有效等。

3. 确认付款方式

（1）礼貌询问客人选择何种方式来支付预付款（常见方式为现金支付或信用卡支付）；礼貌告知客人需支付的预付款金额并按规定收取（用信用卡的要预先刷下信用卡的授权；付现金的则直接收取现金），将相关信息输入计算机后引领客人到收银处缴纳。

（2）请客人在银行卡单或押金单（见表4-3）上签字确认。

表 4-2 临时入住登记表
Registration Form of Temporary Residence

中文姓名 Name	姓 Surname	名 First Name
性别 Gender	出生日期 Date of Birth	国籍 Nationality
证件种类 Certificate Type	证件号码 Certificate No.	
签证种类 Visa Type	签证有效期 Visa Expiry date	停留事由 Purpose of Stay
永久地址 Permanent Address		
同行客人房号 Accompanying Room No.		房号 Room No.
邮件地址 E-mail Address		房价 Room Rate
贵宾卡号 VIP Card No.		（需加收15％服务费及政府税） Subject to 15% Service Charge and Government Tax
由何处来 From(country & city)	往 To	
抵店日期 Arrival Date	抵店时间 Arrival Time	离店日期 Departure Date
房型 Room Type	预付金 Advance Deposit	备注 Remarks

付款方式
Method of Payment
□ 现金 Cash   □ 转账 Bill to Company   □ 信用卡 Credit Card
□ 旅行社凭单 T/A Voucher   □ 其他 Others

无论是否有其他任何的付款指示，本人要在此确认本人账单的一切项目将由本人负责缴付。
Regardless of charge instructions, I hereby acknowledge that I am personally liable for the payment of my statement of accounts

酒店对任何客房内遗失的现金、珠宝或其他贵重物件不承担任何责任
酒店在前台设有免费保险箱，请阁下在使用时遵守有关的使用规则及条件
如果您不希望个人信息被用于市场推广之用途，请在此框中打勾
The hotel is not responsible for money, jewellery or other valuables left by guests in the rooms
Safety deposit boxes, subject to the terms and conditions for use are available free of charge at the front desk
If you prefer your information not to be used for marketing promotion purposes, please check this box

总台接待 G. S. A.	客人签名 Guest Signature

表 4-3　押金单
Deposit Receipt

日期 Date ＿＿＿＿＿＿
房号 RM No. ＿＿＿＿＿＿

兹收到
Received From ＿＿＿＿＿＿＿＿＿＿＿＿＿＿＿＿＿＿＿＿＿

金额（大写）
The sum of ＿＿＿＿＿＿＿＿＿＿＿＿＿＿＿＿＿＿＿＿＿＿

用于支付
Being payment of ＿＿＿＿＿＿＿＿＿＿＿＿＿＿＿＿＿＿＿＿

☐ 以现金支付
By Cash（Guests must be personally holding the original receipt for deposit refund）（客人须亲自持该收据原件退还押金或余款）

☐ 以支票支付，支票号为
By Cheque No. ＿＿＿＿＿＿＿＿＿＿＿＿＿＿＿＿＿＿＿＿＿＿＿

签发银行
Issue Bank ＿＿＿＿＿＿＿＿＿＿＿＿＿＿＿＿＿＿＿＿＿＿＿＿

☐ 信用卡：运通／维萨／万事达／大莱／JCB　　长城／牡丹／太平洋／龙卡／金德／其他
　　Credit Card：AE／VS／MS／DC／JCB　　　　GW／MD／Pacific／Dragon／Jinsui／Others

客人签名
Guest Signature ＿＿＿＿＿＿＿＿＿　　总台接待
G. S. A. ＿＿＿＿＿＿＿

白联－宾客　　　　　　红联－总台接待　　　　黄联－财务部
White－Guest　　　　　Red－G. S. A.　　　　　Yellow－Finance

注：此联不作报销凭证

4. 制作房卡

在系统中更改房态为住客状态并制作房卡（详见本模块工作任务三）；若有两位以上的散客，住房卡应人手一份。

5. 将房卡交给客人并道别

（1）双手将房卡递给客人并告知房间方位，如有行李员陪同，需将房卡交给行李员。

（2）告知客人早餐的时间地点、客人住店期间可寻求帮助的服务中心分机号；感谢客人，并预祝在酒店入住愉快。

【特别提示】　在为客人办理入住登记手续过程中，除回答客人提问外，还应不失时机地主动介绍餐饮、娱乐、会议等设施和服务项目，使客人加深对酒店服务的认可和信任。

6. 整理资料，完成入住登记手续

（1）打电话通知客房部客人进店信息，并说明有关注意事项，如客人特殊要求等。

（2）整理客人的入住登记资料并及时准确地输入计算机，然后放入该房间账夹中保存。

二、接待团队的步骤和要求

1. 准备工作

（1）根据团队接待通知单中的信息，包括用房、用餐及其他需求等内容，在客人抵店前与系统中录入的信息进行核对确保准确，并进行预先分房。

（2）打印出团队名单并分送至客房部、餐饮部等相关部门。

（3）提前准备好团队房卡、欢迎信、就餐券、宣传品等，并装入信封内。

2. 抵店接待

（1）团队客人抵店时，需安排专人迎接并引领客人至团队接待区域。

（2）向团队客人致欢迎词并简要介绍酒店设施设备及服务项目。

（3）总台接待应主动与领队或陪同取得联系，根据"团队接待通知单"与其核对该团的人数、用房数、用餐安排等信息有无变更。

3. 入住登记

（1）请领队或陪同协助收取客人的身份证件并验证。填写团队临时住宿登记表（见表4-4），如果是外国客人且无团体签证，则要每个客人填写临时入住登记表（见表4-2）

表 4-4　团队临时住宿登记表
Registration Form of Temporary Residence for Group

国家/地区 Nationality/District	团号 Group Code	总人数 Total Number	
证件名称 Name of Certificate	签证种类 Visa Type	签证有效期 Expiry Date	停留事由 Purpose of Stay
抵店日期 Arrival Date	离店日期 Departure Date	由何地来 Arrived From	前往 To

房号 Room No.	姓 Surname	名 First Name	性别 Gender	出生日期 Date of Birth	证件种类 Certificate	证件号码 Certificate No.	永久住址 Address	备注 Remarks

（2）在系统中将该团办理入住并归还证件、将房卡发给领队或陪同，由其发给团队成员。

（3）安排专人引领团队成员至电梯厅，告知客房楼层，送客人进房休息。

（4）请领队或陪同在团队入住登记单上签字并确认以下信息：①付款方式；②用餐时间及地点；③叫醒时间；④出行李时间；⑤退房离店时间；⑥领队或陪同的联系电话。

（5）团队客人临时提出加房、加床的要求，要严格按照合同和操作程序处理。

4. 行李递送

将团队名单送至礼宾部，安排行李员及时准确地将团队行李送至相应房间。

5. 资料整理及更新

（1）通知客房部、总机、餐饮部等相关部门该团队进店

（2）将团队资料集中并整理，及时输入计算机系统，建立团队总账单（Master Folio）。

（3）将团队登记单及相关单据放入指定团队文件夹保存。

【特别提示】 如遇大型团队，可在指定区域或特别场所为客人办理入住手续。做好完善的团队客人抵店前的准备工作能够避免在客人抵店时酒店大厅内出现拥挤阻塞的混乱现象。

三、常见问题处理

1. 客人表示不愿意交付押金或对押金数额高出房费有异议

（1）首先了解客人不愿意的具体原因。建议客人使用现金作为房费押金，其余可刷信用卡结算。

（2）向客人说明，酒店收取一定押金的目的是为了确保客人在住店期间消费方便，告诉客人可以凭房卡在酒店的任何营业点进行消费，并向客人申明酒店对客人押金会"多退少补"。

（3）如果此时客人还不能接受，应及时请管理人员在客人入住登记单上签署意见，并在备注栏内注明，以提示其他员工注意并做好押金的跟催工作。

【特别提示】 在实际工作中经常会遇到客人不愿意交付押金、客人对押金数额高出房费有异议、客人要求用一个证件同时开两间客房以及分发与使用房卡过程中的出现的各种问题，总台员工一定要按酒店要求和程序处理。

2. 客人押金数额不足时

（1）客人的钱只够支付房租数，而不够支付额外的押金。遇到这种情况，接待员要请示上级作出处理。

（2）如让客人入住，签发的房卡为钥匙卡（不能签单消费），应通知总机关闭长途线路，通知客房楼层收吧或锁上小酒吧。后两项工作一定要在客人进房前做好，不要让住客撞见，以免客人尴尬和反感。客人入住后，客房楼层服务员对该房间要多加留意。

3. 不愿登记或登记时有些项目不愿填写

（1）耐心向客人解释填写住宿登记表的必要性。

（2）若客人出于怕麻烦或填写有困难，则可代其填写，只要求客人签名确认即可。

（3）若客人出于某种顾虑，担心住店期间被打扰，则可以告诉客人，酒店的计算机电话系统有"DND"（请勿打扰）功能，并通知有关接待人员，保证客人不被打扰。

（4）若客人为了显示其身份地位，酒店也应努力改进服务，满足客人需求。比如充分利用已建立起的客史档案系统，提前为客人填妥登记表中有关内容，进行预先登记，在客人抵店时，只需签名即可入住。对于常客、商务客人及 VIP 客人，可先请客人在大堂里休息，为其送上一杯茶（或咖啡），然后前去为客人办理登记手续，甚至可让其在客房内办理手续，以显示对客人的重视和体贴。

4. 客人要求用一个证件同时开两间客房

（1）礼貌地向客人解释酒店的有关规定：两间房必须有两份以上的证件登记。

（2）与客人商量是否可以请其朋友出示证件办理入住登记；若客人表示其朋友要随后到达酒店，则应请客人先开一间房，另一间作保证类预订处理。

（3）若客人坚持要办理入住手续，则应请客人提供其朋友的有关信息，查看客史档案，办理入住；若没有客人的档案，为客人办理入住手续后，房卡保留在总台，提醒客人请其朋友来后到总台取房卡或通知接待员送到房间并补办手续。

（4）对客人表示感谢，并做好跟进服务工作

5. 住店客人要求保密

（1）确认客人的保密程度，例如是只接长途电话，只有某位客人可以来访，还是来访者一律不见，来电话一律不接听等。

（2）在值班日志(Log Book)上做好记录，记下客人姓名、房号及保密程度。

（3）当有人来访问要求保密的客人时，一般以客人没有入住或暂时没有入住为理由予以拒绝。

（4）通知电话总机做好客人的保密工作。例如来电话查询要求保密的客人时，电话总机室的接线员，应告诉来电话者该客人未住店。

6. 酒店提供的客房类型、价格与客人的要求不符

应向客人提供一间价格高于原客房的房间，按原先商定的价格出售，并向客人说明情况，请客人谅解。

7. 遇到不良记录的客人时

（1）接待员凭以往经验或客史档案（黑名单），认真、机智、灵活地予以处理。

（2）对于信用程度低的客人，通过确立信用关系、仔细核验、压印信用卡、收取预付款等方式，确保酒店利益不受损失，及时汇报。

（3）对于曾有劣迹、可能对酒店造成危害的客人，则应以"房间已全部预订"等委婉的说法，巧妙地拒绝其入住。

8. 一位以前曾经逃过账的客人又要求入住酒店

（1）通知保安将该客控制住，通知财务找出欠款账单，请客人付清欠账。若客人再入住，收取该客消费押金。

（2）注意此客的动向，防止再次逃账。

9. "未抵达"业务处理

（1）将订房未抵客人的订房资料和预登记表集中起来，按规定仔细查阅；将预订资料在计算机中根据客人信息进行逐一核对预订，排除因重复预订客人已抵店的可能。

（2）检查未到客人是否有特殊要求，如订票、订车、留言、物品转交等特殊要求，并与有关部门或班组联系后做相应处理。

（3）对未抵店的旅行社订房，在做加收房租处理后，将作息将登记在账单本上，连同订房资料一并送收款处签收。

工作任务三　房卡制作与分发

基础知识

一、客房部房卡管理制度

1. 领用

房卡（住房卡）由客房负责保管，必须存放在指定地方，值班经理每周抽查一次；房卡时间设置为一个月，每月第一周的星期一更新；房卡由客房主管/领班在每日晨会时发放给服

务员;服务员在领用和交接时必须在工作记录本上记录并签名确认。非工作需要不得擅自开启客房;不得随便为他人开启客房;按总台指示为客人开启房门;客人在楼层要求开门,服务员应请客人出示证件,用电话和总台核对(姓名、身份证号、入住日期等),待确认客人身份后方可为客人开启房门。

2. 保管

房卡要时刻随身携带,不得乱丢、乱放;严禁将房卡转借他人使用;丢失房卡,马上报告主管,查明原因,积极寻找;房卡严禁当取电牌使用。

3. 归还

夜班员工将房卡交还给客房主管/领班;中班、夜班员工领取总管卡;房卡归还必须有记录,并且签名确认。

二、电子锁一般故障及其处理方法(见表4-5)

表4-5 电子锁一般故障及其处理方法

现 象	原 因	排除方法
插卡无反应	* 电池耗尽或接触不良 * 卡座损坏 * 主板故障	* 用后备电子钥匙或机械钥匙将门锁打开,更换电池计算机板、卡座
插卡有反应,但不能开门	* 锁芯插头脱落 * 电池电压不足	* 用后备电子钥匙或机械钥匙将门锁打开,插好插头或更换电池
房号设置卡失败	* 楼号、楼层不正确 * 房号卡污染或损坏	* 重新设置楼号、楼层 * 清洁卡或换卡
总控卡、应急卡能开门,其余卡不能开门	* 未设置楼号、楼层、房号 * 门反锁	* 设置楼号、楼层、房号 * 检查方舌是否打开,若打开则更换锁芯
所有开门卡均不能开门	* 设置了封闭功能	* 用封闭卡解封
不能设置授权信息	* 以前设置了非本系统授权信息 * 卡座损坏 * 主板损坏	* 将本系统授权卡在门锁上刷一下,使本系统授权码读入门锁 * 更换卡座 * 更换主板
客人卡不能开门	* 时间不合法 * 未设置楼号、楼层、房号 * 插过退房卡、又来使用客人卡挂失功能	* 检查客人卡住宿时间,用数据卡读取时钟,若时钟不准,首先设定时钟,若客人时间不对,重新发行客人卡 * 设置楼号、楼层、房号 * 再插一次退房卡
总控卡、楼号卡、楼层卡、清洁卡不能开门	* 设置有误 * 卡中时间不合法 * 门锁时钟不准	* 重新设置信息 * 重新发卡 * 校准门锁时钟

实践操作

一、制作并发放房卡

1. 输入信息

当总台接待排完房后,在系统制卡页面中输入房号、抵离店日期和时间、房卡数量等信息。

2. 制卡

(1) 在发卡机上放置一张空卡,然后在系统中点击"发卡"。如门锁系统为磁卡式,则应将空卡插入制卡器内,再点击"发卡"按钮。

(2) 将做好的房卡再次放置在发卡机上,读取信息并检查核对信息是否正确。

3. 交付

(1) 在住房卡封套上填写房号、客人姓名、离店日期等信息。

(2) 将住房卡插入房卡封套内,交给客人(对初次住店客人应主动介绍使用方法)。

(3) 客用房卡(住房卡)在客人办理完入住登记手续后由总台接待员制作、发放,每间客房可根据客人数量要求制作多张房卡。

二、常见问题处理

1. 发放时

(1) 发放住房卡时,应顺便检查邮件架内是否有客人信件、留言单等,以便及时交给客人。

(2) 接待员(问讯员)可直接把住房卡分发给熟悉的 VIP 客人、长住客和酒店的常客。

(3) 应小心慎重,决不可漫不经心地将客人的住房卡弄错,引起客人的反感。

(4) 正确的分发住房卡,可防止和避免发生意外,如客人拿错了住房卡,入错了房间,被该房间的客人投诉物品丢失便很难处理。

(5) 对于服务员不认识、不熟悉的客人来拿住房卡时,应该有礼貌的询问客人的姓名,然后与住客名单仔细核对,确认准确无误后,方可给予客人住房卡;如遇疑问,还应请客人出示房卡,以供核对。

(6) 非住店客人若要取用住房卡,一定要有住客的书面授权或书面证明方可,非住店客人如有特殊情况必须进入客人房间时,一定要有大堂副理及保安人员在场陪伴。

(7) 客人希望多得到一把住房卡,或要求酒店允许他指定的人进入客房,按酒店安全管理规定,应请客人填写"客房住房卡准用单"。

2. 收回时

(1) 客人办理续住手续时,请客人交回原住房卡,将新的日期、时间等信息输入编码器,并在读写槽划过,同时将住房卡日期予以更改或更换新卡,连同住房卡一并交给客人。

(2) 住房卡从客人手中收回时,应放入住房卡格内,以免到处放容易丢失,将住房卡放入住房卡格时一定要看清楚房号,不要放错,避免引起工作不便。

3. 事故处理

(1) 客人住店期间电子门锁出现故障而无法开门时,应按系统制定的紧急程序处理。

(2) 如发现住房卡遗失,须在房间控制表上的相应位置注明"住房卡遗失"的标记,同时填写住房卡遗失的报告。报告的内容除证实该住房卡遗失外,还应填写遗失的原因,以便前厅部管理人员发现问题并改善管理。

(3) 客人遗失住房卡或换房时,在核准客人身份等情况后迅速制作新卡,并告知客人旧卡已自行失效。

工作任务四 建立客人账户

基础知识

一、建账的作用和目的

总台收银处给每位登记入住的客人建立个人账户(见表 4-6),供酒店各消费场所登录该客人在酒店居住期间内的房租及其他各项花费(临时用现金结算的费用除外)。它是酒店编制各类营业报表的资料来源之一,也是客人离店结算的依据。

表 4-6 客人分户账单
Guest's Sub-account Bill

房号 Room No.		姓名 Name				备注 Remarks	××Hotel. 地址 Add: 电话 Tel:		
房租 Room Rate		抵店日期 Date of Arr.		离店日期 Date of Dep.			电传 Telex: 传真 Fax:		
日期 Date	房租 Room Rate	服务费 Service Charge	餐饮 Food and Beverage	洗衣 Laundry	电话 Telephone	电传传真 Telex & Fax	其他 Others	小计 Total	贷方 Credit	余 额 rate balance
住客签名 Guest Signature		地址 Address			房卡请交总台 Please Return The Room Card (Key) To The Front desk. 第 页		最终余额 Final Balance 第 页		
付款单位 Charge to									

为客人建立账户的目的,就是随时保持客人账户的最新的和准确的记录,满足客人随时结账之需。同时清晰而完整的账单还可以让客人清楚地了解每一笔消费项目的详情,减少客人付账时的疑虑,提高客人对酒店的信赖和满意度。同时,通过账户的跟踪与监督,也便于做好酒店内部控制,加强应收账款的管理。

二、客人账户的设立编排

一般情况下,酒店为散客设立个人账户,为团队客人设立团队账户。团队客人除综合服务费标准外,准备自行消费的,也可设个人账户。无论是个人账户还是团队账户,户头必须清楚、准确,尽可能详细,切忌混乱不清,特别是姓名、团名(号)、房号必须与住宿登记表内容保持一致。账户要分类归档,以便取用。总台客人账户一般以一个支付主体作为记账的户头来开设,每一个账户都编排了一个唯一的账户号码,它是酒店会计控制系统所采用的一种识别号码。酒店通常按照房号开设账户,为每间入住的客房建立一个账户。不过也有例外,比如,同住一室的朋友各付各的账,就要求为每一个客人各设一个账户;分散在一间以上的客房中的家庭成员或许只需要设立一个账户。

实践操作

一、手工操作账户与计算机自动操作账户

【特别提示】 不论账户建立是人工操作还是自动化的酒店,总台都应为每一个账户准备一个账夹,将账卡连同登记表的一联存放于账夹内,按照房号顺序排列在账单架(盒)内。账单架(盒)是酒店特制的存放账单的架子或盒子,将账卡、登记表连同此后客人入住期间的各种消费和支付凭证都存放在同一个地方,便于查找、复核与结账,这些单据同时构成了客人结账时的原始凭据。

1. 建立手工操作账户

(1) 客人在办理入住登记手续时,接待员为其安排房间,确定房价,并确认付款方式。

(2) 完成以上工作以后,接待员将入住登记表中的一联转交总台收银员,作为开立账户的原始依据。

(3) 收银员为账户分配账号,并将客人登记表上的有关信息(如客人姓名、房号、房价、地址、抵离店日期等)记录在账卡上就设立了一个新的账户(如表4-6所示)。

(4) 账户建立后,可将客人在酒店的各种签单消费项目系统地记载于账户之中。

2. 计算机自动建立账户

(1) 接待员输入相关信息后,计算机会根据接待员输入的登记资料自动为每一位入住的客人分配账号并建立电子账户。

(2) 如果客人有预订,账号的分配通常在预订时就完成了,提前指定账号是为了准确记录客人预订时邮汇的或转账的定金,计算机还可以根据预订资料自动建立账卡。

(3) 电子账卡储存于计算机内,在需要的时候可以显示或打印出来。

二、建立散客账户

1. 设立账户

散客登记入住后,收银员以"入住登记表"的收银联作为依据,将押金单的其中一联与其订在一起,按照房号为住客设立账户。

2. 检查账单

检查账单各项内容如客人姓名、房号、房型、房价、抵店和离店日期、付款方式等是否填写齐全、正确;如有异议,应立即与接待员核实。

3. 核准付款方式

(1) 如填写的是使用信用卡支付付款,则检查账单中所附的信用卡签购单是否压印齐全,查验信用卡有效期,对照信用卡公司或银行机构所发"黑名单"(注销名单)予以核实等。

(2) 如果是现金付款,要仔细清点应缴纳的押金数量并验钞。

4. 检查有关附件

如入住登记表、免费/折扣通知单、预付款收据等是否齐全。

5. 存放账单

将客人的账单连同相关附件放入标有相应房号的分户账夹内,存入住店客人账单架中。

三、建立团队账户

1. 签单检查

(1) 建立团队客人自付款项的分账单,注意避免重复记账或漏记账。

(2) 签收团队总账单,检查总账单中团队名称、团号、人数、用房总数、房价、付款方式、付款范围等项目是否填写齐全、正确。

(3) 查看是否有换房、加房、减房、加床等变更通知单。

2. 账目处理

将团队总账单按编号顺序放入相应的团队账夹内,存入住店团队账单架中;真实、准确地对团队总账单核收并进行妥善存放保管是核收账户的一项重要的工作。

模块二 客人在店服务

任务导入

客人在店服务——掌握跟踪客账/兑换外币/问询留言/邮件处理/换房续住技能

1. 每位学生通过互联网或其他手段了解当下人民币汇率的资讯,并尽可能多收集主要客源国币种的照片,互相交流一下。

2. 每位学生准备和储存以下信息资料:(1)最新铁路或航空线的时刻表、里程表和票价;(2)学校所在地至周边主要城市、景区的距离、特色及抵达方式等;(3)所在地的影剧院、展览馆、博物馆、大专院校及著名餐馆、购物中心、会展中心等的名称、地址、方位、距离、电话号码、开放时间、上展节目、经营特色和抵达方式等。

3. 教师组织各小组之间进行一场针对以上信息的比赛,选出"信息王"一名。

4. 教师讲授有关总台在店服务的知识与技能。

工作任务一 入账/外币兑换

基础知识

一、入账定义

建立了客人账户,客人在酒店内的各项消费单有了汇总、存放的地方,酒店就开始把客人的预付保证金、各项消费数记入客人户头,这就叫入账。

二、入账种类

总台收银员主要通过"借方"和"贷方"两个方面入账。借方入账内容:房租、餐饮费用、电话费用、洗衣费用、客房小酒吧费用、其他房间转来的账单、其他费用(如康乐中心、商务中心等)、代付款项、赔偿。其中代付款项(Visitors Paid Out,简称 VPO)是指酒店代为客人支付店外消费的款项,常见的如租车费、旅游观光费、邮资等。贷方入账内容:预付定金、结账时的补足款项、账单修改对冲数等。

三、入账方法

手工入账:有些小型的酒店是通过手工入账,手工入账速度慢,有时还会造成漏收,这就要求酒店要建立严格的程序,责任到人,加快账单开出和传送的速度,以提高入账效率。

计算机入账:通过主处理器,有些费用可通过计算机入账,如房租(见图 4-1)。无论采用哪种入账方式,客人的账单最后都有归到总台收银处,由收银员放入客人的账卡里,作为客人结账的原始依据。收银员在存放账单时,应认真核对账单上的签名、房号及账卡是否与登记表上的相符。入账不仅要准确,而且要及时,尤其是客人即将离店时所发生费用的及时入账就更为重要。通过计算机入账,快捷而准确,同时还可以通过计算机编制营业报表。

实践操作

一、入账及监督

1. 计算机输入入账(见图 4-1)

客人在酒店的消费,可以通过设置在各营业点的计算机输入,然后进入总台收银处的客人账户。如餐厅收银机与总台收银处计算机联网后,无论客人在哪个餐厅消费,在收银机操作时,就能输入到客人的消费账户中去。

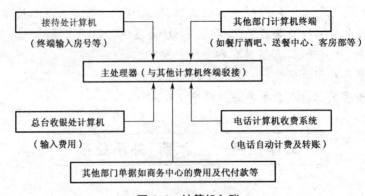

图 4-1 计算机入账

2. 凭单直接入账

不是酒店的所有地方都能与总台收银处计算机联网,如代付款等,这就只能通过凭单送到总台收银处直接入账。

3. 跟踪与监督客人账户

通过账户的跟踪与监督,及时了解酒店各有关营业部门的经营状况,为管理层提供决策资料。同时,通过账户的汇总,取得酒店每天营业收入的具体情况,比如收取了多少现金、支票,各种转账签单、免费或折扣房价是否获得了相应的授权等,有助于酒店做好内部控制。

4. 计算每个账户的每日余额

总台收银处通过计算每个账户的每日余额,可以了解是否有客人接近或超过信用限额的情况,并及时采取催账和收账的措施,防止客人跑账。以信用卡结算的客人,在其消费累计数额接近信用卡公司规定的信用额度时,通知客人改用其他方式,以免除客人在退房结账时的尴尬情形。对于那些代表公司或旅行社签账的客人,酒店通常在每月底把账单寄往相应的付款单位,由银行办理转账。

二、外币兑换

【特别提示】 受中国银行委托,酒店根据国家外汇管理局公布的外汇牌价,代办外币兑换业务。中国银行除收兑外币现钞外,还办理旅行支票、信用卡等收兑业务。中国银行会根据酒店的业务量大小,相应拨给酒店定额周转金,酒店总台收银处则应每天定时收外币、银行支票及相关外币兑换凭证,递交中国银行并换回相应金额周转金。

1. 兑前准备

(1) 接班时,审核外币兑换记录,分别清点兑换数额,准确无误,双方签字,并问清工作情况,有无需要处理的遗留问题。然后精神饱满地提供服务。

(2) 遵守中国银行外币管理规定,控制外币周转金限额,遵守酒店管理制度和外币出入库手续。早班交接领取外币周转金的同时,收听和录制中国银行公布的当日外币兑换牌价,并填写外币兑换牌价表(图4-2),挂牌公布,标牌美观、字迹工整,同时准备好各种账单和用品,准备迎接客人。

2. 兑换服务

(1) 客人前来兑换外币,主动迎接问好,问清客人姓名、房号,检查有效证件(护照或签证),填写外币兑换水单(共4联,见图4-2),并审核外币币别和兑换数额。经审核和换算准确无误后,外币当面点清。

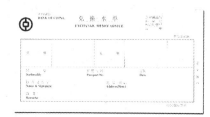

图4-2 外币兑换牌价表与外币兑换水单

(2) 兑换过程中实行两级审核控制制度,兑换员和复核人员互相交换复核;每日下班前,按照外币兑换水单号码、现金金额、币别和兑换牌价制作外币兑换日报表。

(3) 现金分类打捆、签字上交入库,以便第二天继续兑换。

四、外汇旅行支票兑换

【特别提示】 旅行支票(Traveler's Checks)是银行或大旅行社专门发行给到国外旅游者的一种定额支票,旅游者购买这种支票后,可在发行银行的国外分支机构或代理机构凭票付款。旅游者在购买支票时,需要当面在出票机构签字,作为预留印鉴。旅游者在支取支票时,还必须在付款机构当面签字,以便与预留印鉴核对,避免冒领。

1. 了解识别

(1) 了解客人所持旅行支票的币别、金额和支付范围,以及是否属于饭店的收兑范围,并告知是日估算价。

(2) 必须与客人进行核对,对其真伪、挂失等情况进行识别,清点数额。

2. 兑换服务

(1) 请客人出示房卡与护照,确认其住店客人身份,请客人在支票的指定位置当面复签,然后核对支票初签和复签是否相符,支票上的签名是否与证件的签名一致。

(2) 收银员将外币种类及数量、兑换率、应兑金额、有效证件(护照)号码、国籍和支票号码等,填写在水单的相应栏目内。

(3) 请客人在水单的指定位置签名,并注明房号。

(4) 按当天汇率准确换算,扣除贴息支付数额。

(5) 订存支票。

工作任务二　问询/留言/邮件服务

基础知识

一、问讯处

前厅是客人接触最多的活动场所,因此,问讯处通常设在前厅总台。问讯服务包括查询信息、留言服务、客房房卡分发与管理、客人物品转交等项服务,并配置问讯架、房卡架等必要设施设备。大、中型酒店设置问讯员,一般分两班制,主要负责白天及晚间工作,有关问询的夜间工作则由接待员完成。有些酒店,特别是小型酒店,不设专职问讯员,其工作由总台接待员兼任。

二、酒店内部信息

有关酒店内部信息的问询通常涉及到:

(1) 中西餐厅、酒吧、商场、商务中心所在的位置、营业时间、服务项目及特色。

(2) 宴会、会议、展览会举办的时间、场所及主办单位等。

(3) 酒店提供的其他服务项目、营业时间、收费标准,如健身、娱乐、洗衣、租借等。

(4) 住店散客或团队客人的有关信息,如有无退房、有无在店、有无留言等。

三、酒店外部信息

客人对酒店外部信息的问询涉及面极广,即使最优秀的问询员也不可能答出所有客人的问题,也不可能把客人所需的信息资料全部记忆在脑子中。因此,问讯处还必须准备大量的书面资料或存储大量的计算机信息资料,并根据客人的需求和具体情况的变化,对信息资料不断的更新补充。问讯处应准备和储存的信息资料一般应包括:

(1) 国内、国际航空线的最新时刻表,航空公司名称、航班号和票价等。

(2) 最新铁路时刻表、里程表、发车时间和票价等。

(3) 最新轮船时刻表、里程表,发船时间地点以及各等级舱位的票价等。

(4) 出租车市内每公里收费标准、目的地的距离、乘车注意事项等。

(5) 酒店所在地至周边主要城市、景区的距离、特色及抵达方式等。

(6) 酒店所在地的交通情况、治安情况及有关各领事馆、大使馆、影剧院、展览馆、博物馆、政府部门、大专院校、科研部门、主要银行、主要医院、主要酒店、教堂庙宇、著名餐馆、购物中心、会展中心等的名称、地址、方位、距离、电话号码、开放时间、上展节目、经营特色、抵达方式等等。

(7) 全国、全省及本市县的电话号码簿及邮政编码簿。

(8) 世界地图、中国地图、本地区地图及中国工商企业名录等。

四、回答客人询问的总体要求

酒店对服务员回答客人询问的总体要求主要体现在以下五个方面:

(1) 在回答客人询问时,问询员应热情、主动、有耐心,做到百问不厌。

(2) 注意站姿、表情、眼神的和谐统一。

(3) 答复要肯定而准确,语音流畅、简明扼要。

(4) 不可做出模棱两可的回答,更不可推诿、搪塞、不理不睬,不可简单回答"不知道"、"不行"、"不一定"、"说不好"等。

(5) 对不能回答或超出业务范围的问题,应向客人表示歉意或迅速查阅有关资料、请示有关部门或请教同事后回答。

实践操作

一、访客查询住客信息

1. 仔细聆听

记录要点,与访客确认住客姓名及房号,如只知姓名不知房号,可通过客人姓名在系统中查找。

2. 确定是否住店

(1) 在计算机系统中的在住客人列表中查询,看客人是否在店。

【特别提示】 客人列表实际上也就是客人订房表,一般由客房预订中心出保存。

(2) 在当日离店客人列表中查询,看客人是否已经退房。

（3）从客史档案中查找，看客人是否曾入住或已离店。
（4）从预订客人列表中查询，看客人是否将会入住。

3. 酌情处理

（1）住客尚未抵店的，请访客在住客预计到达日期再来询问。
（2）住客已退房的，向访客说明情况，若住客有留言，查看住客委托事项或留言，告知访客住客离店后的去向和地址。
（3）住客仍在店的，询问访客姓名及公司名，先打电话给住客进行来电通报，征询住客意见，确定住客是否接听；或将电话转入房间，或婉言回拒。
（4）查不到住客信息的，向查询者解释或提供其他线索帮助查找。

二、访客留言

1. 创建新留言

（1）在计算机系统中查询到客人资料后，进入留言界面；点击"新留言"按键，进入新留言界面。
（2）在新留言界面中，输入访客给该住客的留言信息，与访客核对内容无误后保存（此时客房电话机上的留言指示灯会自动亮起）。

2. 打印并递送留言

（1）将留言依照酒店规定格式打印出来。
（2）通知礼宾部将其中一联客人留言送入客人房间，另一联备存。
（3）各班次交接班时应对上一班次和本班次留言处理情况交代清楚；留言传递要做到迅速、准确；楼面客房服务员予以配合，在住客回房间时提醒有关访客留言事宜。

三、住客电话咨询

1. 仔细聆听

（1）接到住客的咨询或查询电话，应仔细聆听，边听边做有关记录并予以确认，再给予正确答复。
（2）回答客人问题不能使用模棱两可的语言，更不能直接回答"不知道"，应做到热情、耐心、快速，有问必答，百问不厌；同时，要讲究接待与服务的语言艺术。

2. 酌情处理

（1）对熟悉的情况，随问随答；对不清楚的问题，请客人稍等，查询后给予答复。
（2）对不清楚又一时查不到的信息，向客人说明，请客人谅解，或转交大堂经理处理，或记下客人姓名等，待查询后回复客人；经查询后仍无法解答的问题，回复客人并向客人道歉。

四、交通/旅游信息服务

【特别提示】要掌握国际标准时制度，懂得时区的划分，了解时差及其计算方法。注意更新酒店所在地的有关交通和旅游信息。

1. 熟悉交通状况

通过各种途径和方法，了解和掌握以下信息：国内、国际民航及铁路、长短途汽车、轮船最新时刻表和票价,市内公交车主要线路、到达目的地所需时间、票价;交通部门关于购票、退票、行李大小与重量等的详细规定。

2. 熟悉旅游景区(点)情况

尽可能多地熟悉酒店所在地及周边主要旅游景区(点)简介、文化特色、地址、开放时间等。

五、进店邮件处理

1. 普通邮件的分发

(1) 接收、清点并签字。当收到邮局或快递公司送来的邮件时,问讯员应仔细清点件数,在邮递员的收件簿上签字。在有邮戳的邮件上打上收到日期,并在"客人邮件收发簿"上登记。

(2) 分类、登记并分发。按以下种类和顺序分检:客人邮件→租用酒店场所的单位邮件→酒店邮件→员工邮件。分发进店邮件之前,根据邮件姓名、房号一一打电话,确认客人是否在房间,按照从高层到低层的顺序送达。客人不在房间时,则从门缝塞进。分类完毕即分发,并请收件人签收。

(3) 设置楼层服务员的酒店,普通邮件可由楼层服务员将邮件送进客人房内,放在客房写字台上;客人领取特种邮件时要查看有关证件,并请客人在邮件收发单上签字。普通信件可在仔细清点件数后不签字。

2. 专寄住客邮件的处理

(1) 核对资料。收到挂号信、包裹单、汇款单、邮政特快专递急件等邮件后立即同计算机上的资料核对,查看邮件是否与住店客人的姓名和房号吻合;没有计算机的,可在客人花名册中查找。

(2) 酌情处理。邮件上只有姓名无房号的,先从计算机中找出相应房号,然后在邮件上注明。普通邮件可电话通知客人来取,有的酒店则直接由行李员将客人邮件插入客房门缝内。普通邮件若客人不在房间的,也可将邮件放入客人房卡格内;挂号信、包裹单、汇款单、EMS邮政特快专递急件等特种邮件如客人不在房内,则发一份"邮件通知单",并在信件记录本上做好记录。房卡由客人自己保管的,可通知总机亮起房内留言灯,客人回来后就可到总台领取邮件。

六、特殊问题处理

1. 遇已委托旅行社订房的客人询问房价

告诉客人其房费由旅行社代付,房价可向旅行社询问。若客人态度固执,可将酒店门市房价报给客人,切不可将酒店与旅行社的协议房价告诉客人。

2. 客人结账离店后发现某些物品遗留在客房内,打电话到总台请求查找

(1) 首先问清客人遗留物品的种类、形状、特征,请客人稍候再打或留下电话号码,然后立即通知客房中心帮助查找。

(2) 若确有其物,可告诉客人酒店会将东西保存,直至客人来取。

(3) 若客人委托他人来领取,应出具委托书,领取时收取委托书,复印来人证件并核对。

3. 曾经住店但已离店客人的邮件处理

（1）对于寄给已离店客人的邮件，在确认该客人离店后，应在邮件上注明客人离店日期。

（2）如果客人离店时有交代，并留下地址委托酒店转寄的，酒店应按要求转寄；如客人未作任何交代，又属普通信件的，则在邮件上注明保留期限为五至十天，过期按寄件人的地址退回。客人的电报、加急电报、电传、传真等通常按原址及时退回。

工作任务三　保管贵重物品

基础知识

一、客用保管箱的管理

客用保管箱的管理形式主要有两种，一种是设在客房内的小型保管箱，比较普遍的有电子密码式、磁卡、IC 卡式保险箱，密码由客人自己设定，操作简单，方便适用，由客人自主启用管理；另一种则是设在总台的客用保管箱，由收银员负责此项服务。

总台客用保管箱一般设置在总台收银处后面或旁边单独的一间房内，每个小保管箱都有两把钥匙，一把由收银员保管，另一把由客人保管，两把钥匙同时使用时，才能开启保管箱。如果客人遗失保管箱钥匙，酒店通常都要求客人作出经济赔偿，但必须有明文规定。

二、对"如有遗失概不负责"的理解

一些酒店在其向客人提供的"住宿登记表"上明确指出："贵重物品请存放在收银处之免费保管箱内。否则，阁下一切物品之遗失，酒店概不负责"，这种做法对客人来讲是不公平的，在法律上也是站不住脚的。因为：

第一，按照国际惯例和有关法律，酒店有义务保护住店客人人身和财产的安全。

第二，客人入住酒店是以"安全"为前提条件的，安全对于客人来讲，是第一重要的，服务质量居于其次。

第三，在很多酒店都在一定的场所和位置向客人声明：请将您的贵重物品存放在酒店贵重物品保管处，否则，如丢失，酒店概不负责。这就意味着，如果客人按照酒店的要求将贵重物品存入贵重物品保管箱，酒店就应该对其负责。

第四，尽管"保管箱有两把钥匙，客人和酒店方面各执一把，只有当这两把钥匙同时使用时，才能打开保管箱"，但这并不能保证客人的贵重物品万无一失，因为酒店负责保管客人贵重物品的收银员完全有机会用工作之便，另配一把"客用钥匙"，打开保管箱。

三、酒店对客人贵重物品丢失的赔偿条件

酒店对客人贵重物品丢失的赔偿条件，必须是寄存在酒店"贵重物品保管处"的贵重物品，否则，如果客人没按要求将其贵重物品存放在贵重物品保管处，对于因此而造成的贵重物品的丢失，酒店可以不负责任或少负责任。

实践操作

一、客用保管箱启用

1. 询问确认

主动问候,问清客人的保管要求;请客人出示房卡并在系统中查询,确认其是否为住店客人。

2. 填单签名

填写贵重物品寄存单(如表4-7),请客人签名确认。

表4-7 贵重物品寄存卡(正面与背面)
Safe Deposit Record Card

3. 择/开箱

(1) 根据客人要求,选择相应规格的保管箱,介绍使用须知和注意事项。

(2) 将箱号记录在寄存卡上;打开保管箱,请客人存放物品,并回避一旁。

4. 交付钥匙

客人将物品放好后,收银员当面锁上箱门,向客人确认已锁好;取下钥匙,总钥匙由总台接待保管,另一把交给客人保管。提醒客人妥善保管钥匙,向客人道别。

5. 记录存档

在保管箱使用登记本上记录各项内容,并将贵重物品寄存卡存档。

二、中途开箱

1. 核对开启

礼貌应接,客人要求开启保管箱时,核准钥匙、房卡以及客人的签名;当面同时使用总钥匙和该箱钥匙开启。

2. 签名记录

客人使用完毕,按照启用保管箱的要求,将保管箱锁上;请客人在寄存卡相关栏内签名,记录开启日期及时间;总台接待核对、确认并签名。

三、客人退箱

1. 取出物品
礼貌地接待客人并取出物品;取出物品后,总台接待请客人交回钥匙。

2. 请客人签名
请客人在寄存卡相应栏内签名,记录退箱日期和时间。将贵重物品寄存卡妥善收存备查。

3. 记录告别
(1) 收银员在客用保管箱使用登记本上记录该箱的退箱日期、时间、经手人签名等内容。
(2) 向客人致谢告别。

四、常见问题处理

1. 客人保管箱钥匙遗失处理
(1) 酒店在寄存卡上印制使用须知及赔偿金额。
(2) 收银员在启用保管箱、介绍注意事项时,向客人说明酒店有关规定。
(3) 确认客人遗失钥匙后,客人要求取物,此时收银员、保安人员和客人均应在场,在办理完规定手续后,由工程部人员强行打开保管箱。
(4) 收银员取出寄存卡,请客人确认签名。
(5) 收银员在总台客用保管箱使用登记本上详细记录并签名

2. 有访客欲将贵重物品寄存在总台,并要求转交给当日预抵的客人
(1) 向客人解释酒店不便转交贵重物品。
(2) 如预抵客人为 VIP,访客确实无法亲自送时,应交大堂副理处理,客人入住登记时,通知大堂副理。

【特别提示】 客房内的保管箱一般由客人自己启用,收银员只要给予相应的指导即可。当总台服务人员处理有关贵重物品保管箱的问题难以做出决定时,应及时向大堂副理或值班经理汇报、请示,切不可草率了事。

工作任务四 换房/续住控制

基础知识

一、换房的原因

换房总体上有两种可能:一是客人主动提出,另一种是酒店的要求。客人要求调换房间,通常有以下几种情况:正在使用的房间在其价格、大小、种类、噪声、舒适程度以及所处的楼层、朝向等方面不合客人的意;住宿过程中人数发生变化;客房设施设备出现故障等。

二、换房处理总体要求

换房往往会给客人和酒店带来麻烦,必须慎重处理;若不能马上满足客人换房要求,应向客人说明,请其谅解并做好记录。一旦有空房,则按客人提出换房的先后顺序予以满足。

若属酒店过错(超额订房、设施故障等)应向客人表示道歉,必要时,可为客人免费升级至规格较高的客房入住。

三、续住处理总体要求

在房间不紧张的情况下,按酒店规程要求为客人办理续住手续;在房间紧张的情况下,客人要求续住,可以先向客人解释酒店的困难,征求其意见,是否愿意搬到其他酒店延住。如果客人不愿意,则应尽快通知预订处,为即将来店的客人另寻房间,或是联系其他酒店。

实践操作

一、换房手续办理

1. 问清原因

(1) 客人要求换房时,首先问清要求换房的原因,如属于房间设备、设施问题则为其调换同一类型房间,如客人要求变换房间类型,则需要事先与客人确认新房价,待客人接受后才可为其换房。

(2) 在条件允许的情况下,尽量满足客人的要求,并填写换房通知单,注明新、旧房号和房价、换房日期及时间等,方便情况下请客人签名认可。

2. 更改信息

(1) 更换客人的房卡,如客人在房内电话要求换房的,则将更换的新房卡交与礼宾部,由行李员代为办理,电话通知客房楼层与总机。

(2) 更改计算机资料,将客人原房间资料调入新换入的房间信息内,尤其要注意房价的变动,并通知总机关闭原房的 IDD/DDD 电话。

3. 通知换房

(1) 将换房通知单分送各有关部门并存档(第一联总台留存、第二联交房务中心、第三联交总机)。

(2) 根据客人的要求,通知礼宾部为客人换房提供行李服务。

(3) 为客人办理换房业务而客人不在房间时,一定要与客人确认。

二、续房手续办理

【**特别提示**】 续住手续的办理应首先问清客人姓名、房号、续住时间,了解当日和近日客房状态,然后针对不同情况做相应处理。

1. 公司付费的房间续住

(1) 告之客人房间续住如仍由公司付费,需要公司发一份续住付费的确认传真,如不能确认,则不能享受原房价。

(2) 如果在客人退房时没有收到公司的确认传真,酒店将依照基准价格收取费用。

2. 房费已付的房间续住

(1) 在系统中查看房间是否已结账,如房费已结,需请客人重新缴纳预付金。

(2) 在系统中更改客人的离店日期,向客人要回旧房卡重新制作。

（3）旅行社凭单结账或已付房费房间的处理应向客人重申付款方式、房价，如不能享受原房价，需向客人说明，必要时请示上级。

3. 房费未付的房间续住

（1）在账务系统中查看客人的押金是否足够，如不足，需请客人补交押金（使用信用卡的客人需再做一次预授权）。

（2）在系统中更改客人的离店日期，向客人要回旧房卡重新制作。

4. 换人房间的续住

（1）在系统中查看房间是否已结账。

（2）征得原住客同意后，做好新入住客人登记，注明"换人续住"。

（3）确认新住客的付款方式，按规定办理入住手续。

（4）在系统中将原住客办理退房，将新住客资料输入计算机。

（5）将新住客的登记单等资料整理后，放入该房间的档案中保存。

模块三　客人离店服务

任务导入

客人离店服务——掌握退房结账/收银审核服务技能

1. 各小组利用学校的前厅实训室，在教师的指导下进行"接待员"、"收银员"和"住店客人"角色上的交流，教师点评并提出实训目标要求。
2. 学生事先掌握实训室安装的酒店计算机管理信息系统软件中有关"退房结账"界面。
3. 教师讲授有关总台离店服务的知识与技能。

工作任务一　结账服务

基础知识

一、现金结算

现金付款方式操作比较简单，总台收银员只需按账单上的总消费金额请客人交款即可。但这种结算方式风险较大，收银员需增强防盗、防劫意识，并具有对各种主要流通货币的伪钞辨别知识，同时总台应配备验钞器材以降低风险。

二、信用卡结算

信用卡结算是一种方便安全的结算方式。总台收银员在处理这种结算方式时，要检查信用卡的有效性，检查是否为酒店允许接收的信用卡，并对客人的签名要进行核对。目前可接收的信用卡主要有：维萨卡（Visa Card）、万事达卡（Master Card）、运通卡（American

Express)、大莱卡(Diners Card)、发达卡(Federal Card)、JCB 卡(JCB Card),以及我国自己发行的长城卡、牡丹卡、金穗卡等信用卡。

如果客人用信用卡结算,则应检查客人信用卡的安全性:

第一,辨别信用卡的真伪。检查信用卡的整体状况是否完整无缺,有无任何挖补、涂改的痕迹;检查防伪反光标记的状况;检查信用卡号码是否有改动的痕迹。

第二,检查信用卡的有效日期及适用范围。

第三,检查信用卡号码是否在被取消名单之列。

第四,检查持卡人的消费总额是否超过该信用卡的最高限额。如超过规定限额,应向银行申请授权。

三、支票结算

支票是持有人用现金在银行购买的一种委托银行等金融机构支付的结算票据。支票原则上应由客人填写,若客人无法填写须由酒店专业财务人员填写。接收支票需非常仔细谨慎,拒绝接受字迹模糊、过时失效或书写不规范的支票,并且在接受前要检查支票是否为挂失的或失窃的支票。

如果客人用支票结算,则要注意以下三点:

第一,检查支票的真伪,检查支票是否过期,金额是否超过限额。

第二,检查支票上的印鉴是否清楚完整。

第三,在支票背面请客人留下联系电话和地址,并请客人签名,如有怀疑请及时与出票单位联系核实,必要时请当班主管人员解决。

四、转账结算

这种结算方式必须建立在酒店与客户事先签订合同的情况下,并且经酒店有关负责人批准后方可办理。客人在结账时在账单上签字确认即可。总台收银员将此账转入酒店客户往来账,由财务信用进行追收。总台在处理转账结算时,一定要严格按照酒店规定的程序和要求执行。转账结算单位一般包括与酒店签约的协议公司及旅行社等。

实践操作

一、退房结账手续计算机操作

【特别提示】 前厅部使用计算机对经营和接待服务的数据进行分析、分类、统计和打印,可使前厅部管理人员和总台收银员随时掌握和了解当前状况,为实时控制提供准确的资料。客人在离店结账时,总台收银员只需往计算机输入客人房号、姓名、抵、离店日期等,账单就会自动打印出来。

1. 打开系统主界面

(1)在系统的主界面上(图 4-3)找到要退房的房间右击鼠标,在弹开的菜单上找到并点中"账务处理"的选项,进入账务处理界面(图 4-4)选择"结账选择"的按钮进行结账。

图 4-3　系统主界面

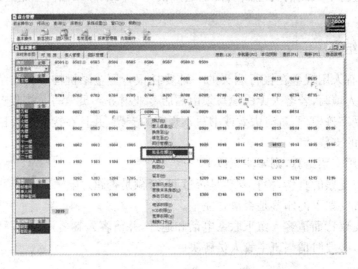

图 4-4　账务处理

（2）由于住店的客人可能是多人，在结账时系统会提示进行的选择是全部或是其中的某个人，如图 4-5 所示：

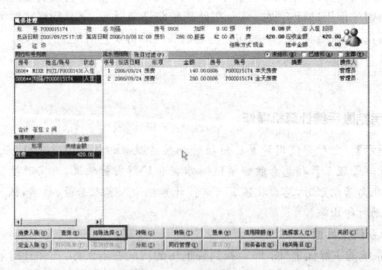

图 4-5　选择一起结账的人

（3）当选择好要结账的客人后，按"确定"键进入结账环节，在这一界面上是进行结账方式的选择,用现金、信用卡或是转为应收账款等,如图 4-6、图 4-7 所示;图 4-8 的界面是结账方式转为应收账款时需选择转到具体某个公司账号上,以方便日后的结算。

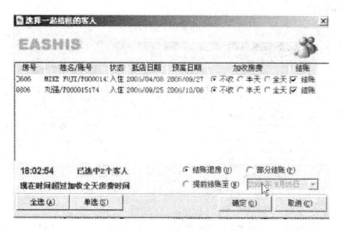

图 4-6　退房(一)

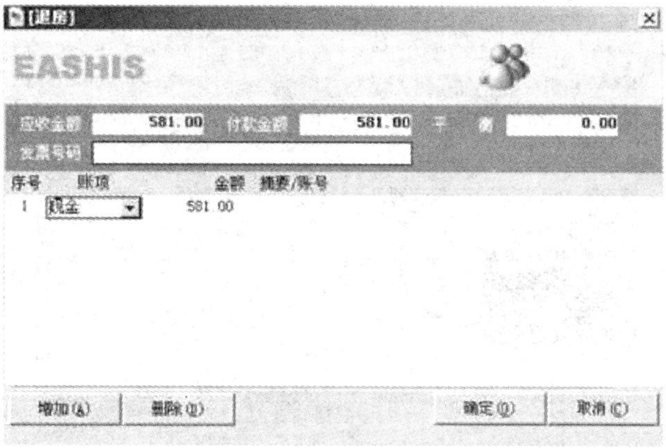

图 4-7　退房(二)

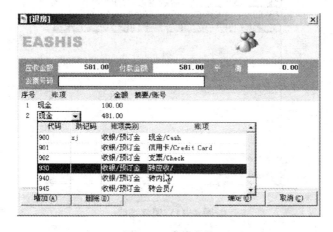

图 4-8　应收账款

（4）在结账过程中可能会出现需要调整或取消部分结账内容的情况,那就需要在账务处理(图4-9)的主界面上选择;图4-10的界面显示的是取消部分结账内容;图4-11显示的是调整部分结账内容。

图4-9　账务处理

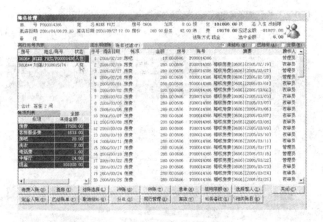

图4-10　选择要取消的结账批次

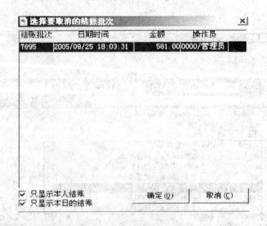

图4-11　调整结账

(5)当结账结束后最后一步就是账单打印,系统会根据客人的要求打印出中英文两种格式的账单(英文格式的账单略),如图4-12所示。

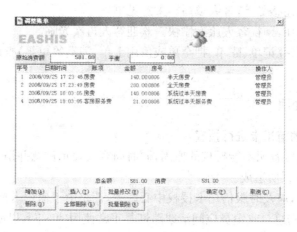

图4-12 账单打印

【特别提示】 前厅部使用计算机技术以及计算机外部打印设备,可及时看到以下具体内容:全部当前预订资料分类及汇总、历史同期汇总、全部在店客人状况分类及汇总、夜间审计对账单、费用超限报告、客户信用级别报告、计划完成进度报告、户籍报送记录及统计报告、自定义报表。

二、退房结账手续人工服务

1. 准备工作

(1)总台收银员需打印所有次日离店客人的账单并与21:00前送至客人房间。
(2)夜班总台收银员需检查所有预期离店客人账夹内的账单。

2. 迎接客人

(1)礼貌问候客人并了解客人需求。
(2)有行李的客人,应通知礼宾部及时提供行李服务。

3. 检查、确认客账

(1)询问客人房号并请客人出示房卡;如客人暂不交房卡,在通知客人结账时,应提醒楼层服务员收回房卡,并记下楼层接话人员工号。
(2)在系统中确认房号后通知客房中心查房,以免有客人的遗留物品或房间物品有丢失或损坏现象。
(3)礼貌询问客人有无最新消费(如没有及时入账的,总台需立即入账);打印客人账单并请客人确认、签字(等待打印账单时,询问客人是否需要车辆服务)。
(4)取出客人入住登记资料(登记单、消费签单等)。

4. 结算客账

(1)询问客人付款方式,按照客人要求的付款方式进行结算。如是现金结算,需请客人出示押金单并收回,根据客人的实际消费金额多退少补。
(2)及时在系统中将房间退房,使房态能够及时更改。

(3) 给客人开具账单及发票。
5. 征询道别
(1) 询问客人入住感受,请客人填写客人意见书。
(2) 感谢客人入住,预祝客人旅途愉快。欢迎客人再次光临。
(3) 将客人资料(登记单、账单、押金单或信用卡单、消费签单等)整理并装订,以便上交财务进行核查。

三、常见问题处理

1. 无法对客人的信用卡进行授权
(1) 总台收银员应查明不能授权的原因,同时向客人表示歉意并请客人稍候,再次确认是否由于自己操作失误所造成。
(2) 如确认不是,应及时跟信用卡授权中心联系,若是由于信用卡授权中心的线路出现故障或较忙等原因,则总台收银员应问清线路恢复正常使用的时间,以便于向客人解释。
(3) 若由于客人消费额超过有效限额的原因,应立即通知信用卡授权中心,申请授权号码。所批准的授权号码应写在信用卡单据的右上角。

2. 客人出现欠款情况
(1) 如果客人在入住登记时交纳的押金已经用完而继续消费时,总台收银员应及时通知客人补缴,防止出现逃账现象,给酒店造成经济损失。
(2) 遇到欠款较多又拒绝付账者要及时报告主管处理,在发催款通知单前也应让主管审阅,以免得罪一些特殊客人。

3. 他人代付房费
他人代付房费时,最好有客人或代付单位的书面授权,并且对代付的具体范围要跟客人明确以免出现纠纷。
【特别提示】 践中发现,大多数客人或单位只为客人代付房费,其他费用客人自己承担,而有些客人可能会以为所有消费都由他人代付,结果在结账时出现纠纷。

4. 团队结账
(1) 结账过程中,如出现账目上的争议,及时请结账主管人员或大堂经理协助解决。
(2) 收银员应保证在任何情况下,不得将团队房价泄露给客人,如客人要求自付房费,应按当日门市价收取。
(3) 团队延时离店,须经销售经理批准,否则按当日房价收取。

工作任务二 收银审核

基础知识

一、收银审核的目的

总台收银审核是总台收银处的一项日常业务工作。为避免出现工作差错,避免发生逃账、漏账情况,确保酒店营业收入发生的合法性、完整性、可靠性和及时性,也为了确保对客结算的快捷、准确及营业收入报表对决策的依据作用,总台收银处必须有一套完善的收银审核制度,并依靠各业务部门的配合和酒店财务部来进行审核监督。

二、夜间审计及夜审员

夜间审计是酒店每日必须进行的一项工作,通过夜间审计以保持各账目的最新的和准确的记录,进而开展营业情况的总结与统计工作,这项工作主要由收银处夜间工作人员承担。

夜审员(Night Auditor),其主要职责是进行营业情况的总结与统计工作,进行酒店的内部控制以及向管理层及时反馈酒店每日的经营状况。在小型酒店,夜审员往往身兼数职,除了夜间稽核的工作外,还同时承担前厅部的夜班值班经理、总台收银处等工作,接受前厅部和财务部的双重领导。

实践操作

一、收银报表编制

1. 交款填表

(1)收银员清点好款项,按币种分类,填写交款表(见表4-8),然后将现金交给酒店总出纳。

表4-8 交款表

收银点 Cashier Location:　　　　　日期 Date:　　　　　班次 Hotel Shift:

单位:元

票额 Denomination	人民币 RMB		港币 HKD		美元 USD		其他 Other Currency		备注 Remarks
	数量 Amount	金额 Sum	数量 Amount	金额 Sum	数量 Amount	金额 Sum	数量 Amount	金额 Sum	
1 000									
500									
100									
50									
20									
10									
5									
2									
1									
0.5									
0.2									
0.1									

交款人 Payer:　　　　　　　　　　　　　　　　　收款人 Payer:

(2)交款方式分为直接交款和信封交款两种方式。直接交款,即由收银员将现金直接上交给总出纳。信封交款是由于酒店总出纳晚上不当班,而采用把款项用信封装好投入指定的保险箱的方式;把款项用信封装好投入指定的保险箱时,需要由总出纳和财务主任保管的两把钥匙同时使用才能开启。

2. 整理账单

(1) 把已经离店结账的账单按照"现金结算收入"、"现金结算支出"、"支票结算"、"信用卡结算"、"挂账结算"等类别进行汇总整理。

(2) 把入住客人的保证金付款单据等分类整理。

(3) 每类单据整理好后,计算出合计金额,把合计金额的纸条附在每一类单据的上面,以便核对。

3. 编制收银报告

(1) 收银员明细表(Cashier statement Detail)。内容包括房号、账号、时间(入账时间)、单号(入账单据的号码)、费用项(应向客人收取的费用金额)、现金(住客付来的现金)、信用卡(客人用信用卡签付的金额)、转账(指转为外账或挂账结算的金额)、支票(收进的支票)、现金支出(指退给客人的现金)。见表4-9。

表4-9　总台收银员明细表
Cashier Statement Detail

收银员 Cashier		班次 Shift		日期 Date		时间 Time			
房号 Room No.	账号 Acc	时间 Time	单号 Reference	费用项 Charge	现金(收进) Cash	信用卡 Credit card	转账 Transfers	支票 Cheque	现金支出 Paid
				合　计 Total					

(2) 收银汇总表(Cashier statement)。总台收银员当班收银汇总表(见表4-10)分为两大栏:借方和贷方。借方栏列出该收银员经手记入的各住客账户的费用额,即酒店应收住客的款项,内容为各种消费单。贷方栏列出该收银员当班办理结账的数额,即酒店应收住客的减少数额,内容为结算方式,如现金、信用卡、转账和支票等。

表4-10　总台收银员报表
Cashier Statement

收银员 Cashier		班次 Shift		日期 Date		时间 Time	
借方 Debits		金额 Amount		贷方 Credit		金额 Amount	
合　计 Total				合　计 Total			

4. 核对账单、现金及收银报告

(1) 核对账单和收银报告。把整理好的账单和收银报告总表的有关项目进行核对,即将住客的消费单汇总表上的"借方"栏的有关项目逐个核对,将现金结算、信用卡结算、转账、支票等单据与汇总表的"贷方"栏项目逐一核对。如发现有误,则将不符的项目与收银员明细表中的有关项目进行核对,及时更正。

(2) 核对现金与收银报告。将两个收银报告中的"现金(进入)"项目与"现金(支出)"项目比较,其差额就是"现金应交款"。如不符,应立刻查找原因。

5. 送交夜审

现金核对准确后,按酒店规定上交酒店总出纳,同时将账单和收银报告按酒店规定移交和分发,准备夜审。

二、夜审

【**特别提示**】 由于各酒店规定的核账员的岗位职责不尽相同,因此,夜间核账的工作程序也有所不同,但大多数酒店的夜间审计工作与以下介绍相同。

1. 准备工作

(1) 夜审员必须在晚上 11:00 之前到达总台办公室。

(2) 检查收银台上有无各部门(主要指无计算机、未联机的部门)送来的尚未输入计算机的单据,如果有,将其输入计算机,并按照房间号码进行归档。

(3) 检查前厅的收银报表和账单是否全部交来。

(4) 检查前厅交来的每一张账单,看房租和住客在酒店内的消费是否全部计入,转账和挂账是否符合制度等。

2. 预审对账

(1) 将各类账单的金额与收银报告中的有关项目进行核对。

(2) 打印整理出一份当天客房租用明细表,内容包括房号、账号、客人姓名、房租、入店日期、离店日期和结算方式等。

(3) 核对客房租用明细表的内容与总台各个房间账夹内的登记单、账单是否存在差错;如发现不符,应立即找出原因及时更正,并做好记录。

3. 检查表单

(1) 检查调帐凭证上的内容,确定其是否符合调账条件。

(2) 检查审核账务更正表。

(3) 经过上述工作,确认无误后,便指示计算机将新的一天房租自动计入各住客的客人分户账;编制一份房租过账表,并检查各个出租客房过入的房租及其服务费的数额是否正确。

4. 试算核对

对当天所有账目进行试算,确定是否平衡。为了确保计算机的数据资料准确无误,有必要在当天收益全部输入计算机后和当天收益最后结账前,对计算机里的原数据资料进行一次全面的查验,这种查验称为"试算"。

(1) 指令计算机编印当天客房收益的试算表,内容包括借方、贷方和余额三部分。

(2) 把当天总台收银员及各营业点交来的账单、报表按试算表中的项目分别加以结算和汇总,然后分项检查试算表中的数额与账单、报表是否相符。

(3) 对试算表的余额与住客明细账的余额进行核对。住客明细账所有住客账户的当日余额合计数必须等于试算表上最后一行的新余额。如果不等,就说明出现了问题,应立即检查。

5. 对账交接

（1）与客房部、餐饮部、康乐部等部门对账，所有数字一致后，打印当日各部门营业收入日报表、酒店营业收入报表。

（2）做好签字、交接班工作。

三、常见问题处理

1. 客人房内结账

【特别提示】 酒店计算机管理系统具有客人房内结账功能。酒店利用客房内的电视机，将其与酒店的计算机管理系统驳接，客人就能在离店的前一天晚上根据服务指南中的说明启动房内结账系统，开始结账。对于有良好信用的客人，使用信用卡结账的酒店为其提供快速结账服务。

（1）在离店的当天早上，客人可在电视屏幕上看到最后的账单情况，并提前通知收银员准备账单。

（2）如果客人使用信用卡结账，就不必到总台收银处办理结账手续；如果客人用现金结账，则必须到总台收银处结账。因为付现金的客人还没有与酒店建立信用关系，故计算机管理系统控制程序不容许现金付款的客人采取房内结账。

2. 客人填写"快速结账委托书"办理结账手续

（1）客人离店前一天填好"快速结账委托书"（见表4-11），允许酒店在其离店时为其办理结账退房手续；客人可在总台收银处索取"快速结账委托书"，将其填好后送至总台收银处，收银员对其支付方式进行核对。

表4-11 快速结账委托书
An Express Check-out Form

××酒店 ××HOTEL		
早上好！ Good morning! 为了使您的行程更加便捷，我们酒店为您提供快速结账服务。 In order to make your travel more convenient, we provide express check-out service.	办理程序： Here's all you do 1. 确认截止到凌晨3点的消费账单。 1. Confirm up to 3 a.m. bills. 2. 填好账单背面的信息。 2. Fill out the information opposite. 3. 把此表和钥匙拿到大堂任何一个快速结账处办理退房手续。 3. Leave this form, together with your key, in one of the express check out boxes in the hotel lobby. 4. 我们将在24小时内把最终确定的账单寄给您。 4. Within 24 hours, a finalized copy of your bill will be in the mail to you.	请勿将现金放入信封中。 Please do not enclose cash. 非常感谢您入住我们酒店。 Thank you for staying with us. 我们期待您再次光临。 We look forwarding to seeing again soon. 房号： Room number 姓名： 退房时间： 签名： Name　　Departure time　　Signature 如果您需要将账单信息寄到另外一个地址，请在下方填写通讯地址。 If you would prefer your bill mailed to a different location, please note the mailing address now. 姓名： 公司： 地址： Name　　　Company　　　Address

（2）在客人离店当天早上，收银员将客人消费的大致费用告诉客人，这时客人也可能已经离店而未通知收银员；客人离店后，收银员在稍微空闲时替客人办理结账手续，并填制好

信用卡签购单。

（3）"快速结账委托书"上客人的签名将被视为信用卡"签购单"上的签名，酒店财务部凭信用卡签购单和"快速结账委托书"向银行追款；为了方便客人备查，酒店最后将账单寄给客人。

3. 即时消费收费

【**特别提示**】 即时消费收费是指客人临近退房前的消费费用，因送到总台收银处太迟而没能在客人退房前入账。如洗衣费就可能在客人结账退房后才会被送到总台收银处。在这种情况下，对酒店来说，从已退房离店客人那里收款是较为困难的事。

（1）为减少客人临近退房前消费而带来的损失，收银员在客人打印账单前，应确认客人有无仍未入账的消费。例如，收银员应委婉询问客人早上是否有使用客房小酒吧的酒水，有无吃早餐签单等问题。

（2）为了给客人提供准确快捷的结账服务，酒店有必要建立一套高效的、多功能的账目处理系统，来确保客人在酒店内部各个部门的消费账单能尽快传到总台收银处。

4. 提前结账问题处理

（1）收银主管每小时一次通过计算机查核提前结账客人的离店情况。

（2）收银员在结账时，暂时不把客人的资料从计算机中删去。在住房登记卡上注明客人提前退房的时间，并在计算机系统中作标记。

（3）客人的住房登记卡将按照所注明的退房时间放入离店夹内。确定客人真正离店后，并无其他消费项目，方可把客人的资料从计算机中删除。

5. 结账时要求优惠

（1）视具体情况而定，如果符合优惠条件，收银员要填写"退账通知书"（一式二联，分交酒店财务部和收银处）。

（2）由前厅部经理签名认可，并注明原因，最后在计算机中做退账处理。

（3）此外，有时候也有客人要求取消优惠的特殊情况，这类也要尊重客人的意见，满足客人的要求。

6. 某客人于下午入住，当日 18：00 后因急事需结账离店，该客人要求按半日价结算

（1）通常应收客人全日价，若客人是常客，可同意客人的要求。

（2）淡季时亦可灵活处理。

7. 过了结账时间仍未结账

（1）酒店的结账退房时间一般为次日 12：00 前，如果过了 12：00 仍未结账，总台应催促那些预期离店的客人。

（2）如果超过时间，应加收房费。一般 12：00 至 18：00 以前结账的应加收半天的房费，18：00 以后结账的要加收一天的房费。

（3）为了减少客人的误会或在结账时产生不必要的纠纷，对于预期离店而又没有及时结账的客人，总台工作人员应该把上述规定委婉地告诉客人。

[项目小结]

房间即时状态（Room Status）：是指把酒店每一间客房的类别、所处的形态随时、准确、全面地显示出来。

远期客房状况(Room Forecasting)：也称为客房预订状况预测，是根据客人入住和预订的情况来预测酒店未来某一时期内某种类型的客房预订和占用情况。

　　护照种类：外交护照(Diplomatic Passport)、公务/官员护照(Service or Official Passport)、普通护照(Passport)。

　　签证种类及代码：外交签证(W)、公务签证(U)、礼遇签证(Y)、定居签证(D)、职业签证(Z)、学习签证(X)、访问签证(F)、旅游签证(L)、乘务签证(C)、过境签证(G)、常驻我国的外国记者签证(J1)、临时来华的外国记者签证(J2)。

　　总台建账：总台收银处须给每位登记入住的客人建立个人账户，供酒店各消费场所登录该客人在酒店居住期间内的房租及其他各项花费（临时用现金结算的费用除外）。它是酒店编制各类营业报表的资料来源之一，也是客人离店结算的依据。

　　旅行支票(Traveler's Checks)：是银行或大旅行社专门发行给到国外旅游者的一种定额支票，旅游者购买这种支票后，可在发行银行的国外分支机构或代理机构凭票付款。

　　客用保管箱的管理形式：其主要有两种，一种是设在客房内的小型保管箱，比较普遍的有电子密码式、磁卡、IC卡式保险箱，密码由客人自己设定，操作简单，方便适用，由客人自主启用管理；另一种则是设在总台的客用保管箱，由收银员负责此项服务。

　　夜审员(Night Auditor)：其主要职责是进行营业情况的总结与统计工作，进行酒店的内部控制以及向管理层及时反馈酒店每日的经营状况。

　　"试算"：对当天所有账目进行试算，确定是否平衡。为了确保计算机的数据资料准确无误，有必要在当天收益全部输入计算机后和当天收益最后结账前，对计算机里的原数据资料进行一次全面的查验，这种查验称为"试算"。

　　房内结账：酒店计算机管理系统具有客人房内结账功能。酒店利用客房内的电视机，将其与酒店的计算机管理系统驳接，客人就能在离店的前一天晚上根据服务指南中的说明启动房内结账系统，开始结账。对于有良好信用的客人，使用信用卡结账的酒店为其提供快速结账服务。

　　即时消费收费：是指客人临近退房前的消费费用，因送到前厅收款处太迟而没能在客人退房前入账。

检　　测

一、入住接待综合实训

表4-12　入住接待综合实训考核表

训练项目		总台入住接待	
训练地点		前厅实训室	
训练时长		45分钟	
操作程序	考核标准	操作要求	得分
1. 迎接客人并查询（12.5分）	问候并带有微笑（2.5分）	符合酒店总台人员要求，精神饱满，态度谦和	
	确认预订（房型、入住间晚、是否吸烟）（10分）	礼貌，全面	

续 表

操作程序	考核标准	操作要求	得分
2. 索要客人证件登记并核对（15分）	索要有效证件(5分)	礼貌,使用双手接过客人证件	
	证件登记(5分)	证件验证需隐蔽,登记全面	
	登记单给客人签字(5分)	确认房号、房价、离店日期	
3. 确认付款方式（40分）	询问付款方式(10分)	礼貌,提供选择项	
	收取现金或刷信用卡(10分)	注意金额的正确,确保无假钞	
	付款方式签署(20分)	核实信用卡背签,当面唱票	
4. 制作房卡（20分）	房卡制作(10分)	房号及有效期的正确性强	
	填写房卡套(10分)	字迹清楚可认,正确性强	
5. 其他服务（12.5分）	询问是否有贵重物品寄存(2.5分)	态度友好,文明礼貌,过程专业,吐字清晰	
	索要名片(2.5分)	合乎礼仪要求,形体表现良好	
	告知早餐时间地点(2.5分)	态度友好,文明礼貌,时间地点准确	
	告知服务中心电话分机号码(2.5分)	吐字清晰,报号准确	
	三次以上正确使用客人的姓氏称呼客人(2.5分)	神情专注,称呼得当	
总得分			

二、案例分析

未提前分房

某日下午三时许,一对外国夫妇带着他们刚刚出生六个月的孩子到W酒店入住,当总台员工给客人办理手续时发现,客人在预订房间时已经提出房间要放置一张婴儿床,但是由于总台工作的疏忽,没有提前分房,也就没能事先通知客房部准备婴儿床。为这对夫妇办理手续的员工随即向客人表示会尽快将婴儿床送去他们的房间,这对夫妇听后表示了些许的不满,认为酒店应该在他们到店前就准备好婴儿床,而不是等他们入住后才准备。

思考: 请先分析总台工作人员疏忽大意的思想原因和技术原因可能有哪些,然后考虑一下酒店方该如何补救?

三、小组讨论

为了防止一些客人声称自己放在保管箱的钱少了或物品被人偷换了等类似事件的发生,有的酒店要求客人在寄存物品时将自己的物品用酒店的专用信封封起来,并在封口处签字。这样做有哪些利弊?

四、课内实训

1. 完成计算机对散客入住登记手续办理的训练

2. 总台接待办理结账退房的情景模拟

● R＝Receptionist
○ G＝Guest
● R：Good Morning, Sir. How may I help you?
○ G：Check out, please.
● R：Certainly, Sir. May I know your room number? And may I have your room key?
○ G：1202.
● R：Mr. Taylor and your room number is 1202, is it right?
○ G：Yes, you are right.
● R：Did you use the mini bar last night, Mr Taylor?
○ G：No.
● R：Please wait a moment, Mr Taylor. Your bill is being printed now. Do you need the limousine service or taxi?
○ G：No, thanks.
● R：This is your bill. The total is 2 000 RMB. Please double check and then sign on the bottom.
○ G：Ok.
● R：Mr. Taylor, Will you use the previous credit card to settle your account?
○ G：Yes.
● R：May I have your card again?
○ G：Sure, here you are.
● R：Please sign on the credit card receipt.
○ G：It's my pleasure.
● R：How was your stay in our hotel, Mr. Taylor? If you don't mind, would you please fill out this guest comment?
○ G：Ok, no problem. Nice hotel, perfect service.
● R：Thank you, Mr. Taylor. Have a pleasant journey and hope to see you soon. Good bye.
○ G：Thank you, bye-bye.

五、课外拓展

1. 从现代意义讲，接待即迎接、接洽和招待；服务即为别人做事，满足别人需要。对酒店而言，它们皆是酒店组织与社会组织人员间相互交往的方式。那么，前厅部总台的一系列工作哪些应属于接待的范畴、哪些应属于服务的范畴？

2. 随着互联网的普及，越来越多的商务人士已将房间是否有宽带接入作为酒店服务的一项内容，而酒店却有必要对宽带接入进行权限设置。这该如何理解？

3. 如果按照酒店的规定，将贵重物品存放在保管箱后发生遗失事件的，酒店应该负赔偿责任，但有些贵重物品的价值到底多大很难说清，如果按照客人所述价值赔偿，这对酒店也是不公平的。那么到底该怎么办?

4. 根据现代科技水平的提高和客人对酒店服务需求的诸多变化,结合酒店工作的具体情况,你认为酒店总台为客人办理入住手续的方式可以有哪些方面的突破?

前厅服务与管理实务

项目五 电话总机/商务中心服务

学习目标

- 了解电话总机与商务中心的地位和业务范围。
- 理解对话务员、商务中心文职人员素质要求的意义。
- 掌握电话接转、自动叫醒、人工叫醒和商务代办服务的程序和标准。
- 运用总机服务和商务代办服务的理论知识和实践技能,处理相关的实际问题。

项目导读

酒店电话总机是酒店内外沟通联络的枢纽,电话是当今社会最主要的通信手段之一,也是酒店客人使用频率最高的通信设施。电话总机在对客服务过程中扮演着重要的、不可替代的角色。酒店商务中心一般设在前厅大堂较隐蔽的公共空间,因酒店星级和要求不同,其面积一般在 10~50 m² 左右。商务中心是为满足客人商务需要而设置的,具有上网、电话传真、打印复印、召开小型会议及商务代办等功能。电话总机和商务中心业务是前厅部服务与管理的内容之一。本项目要点内容如表 5-1。

表 5-1 本项目要点内容阅读导引表

电话总机服务	商务中心服务
总机房和总机的地位	商务中心服务项目及环境要求
总机房设备使用标准	商务中心岗位工作流程
机房话务员业务要求	传真/打印/翻译等商务服务
电话接转/留言服务	店外代办的注意事项
自动/人工电话叫醒服务	接送/订房/代购/代取等代办服务
总机服务特殊问题处理	商务代办服务特殊问题处理

模块一 电话总机服务

任务导入

总机服务——掌握电话接转留言和叫醒服务技能

1. 由教师组织学生到合作酒店或学校所属酒店总机房参观,请酒店话务员介绍机房设备的使用方法。
2. 学生在参观现场利用照相机、录音设备和笔记本记录,回校后整理有关资料,在课堂上针对酒店话务员的声音和语言特色作出评价,以体验话务员"只听其悦耳声,不见其微笑容"的魅力。

3. 教师分别对话务员的声音和语言特色及学生的评价进行点评后,介绍总机服务知识点,并对相关技能进行训练。

工作任务一　转接/留言服务

基础知识

一、总机房及总机的地位

总机房是负责为客人及酒店经营活动提供电话服务的前台部门之一。总机是酒店内外沟通联络的通信枢纽和喉舌,以电话为媒介,直接为客提供转接电话及留言、叫醒、查询等项服务,是酒店对外联系的窗口,其工作代表着酒店的形象,体现着酒店服务的水准。

二、机房设备用品使用标准

采用程控交换机,电话门数要和酒店接待能力及业务相适应。配有自动记时、计费、自动叫醒、电话查询和寻呼服务等配套设备。室内设备安装摆放整齐美观,性能优良,维修方便。完好率应不低于95%,且无人为故障发生。另外,电话簿、电话通知单、收费单、留言簿等用品应种类齐全、使用方便。

三、机房话务人员业务要求

高星级酒店一般要求机房话务员能够坚守岗位,处事不惊慌,情绪稳定,能用三种以上的外语和普通话提供通话服务。服务语言亲切、规范,熟悉总机工作内容、工作程序和各项业务操作方法及计算机操作技术。熟练掌握酒店各中服务项目、收费标准、电话号码和主要管理者家中电话号码,熟悉本地及长途电话代码,能够辨别出酒店主要管理人员的声音。不偷听客人电话,操作时,偶尔听到一些内容也能为客人保守机密。保持与总台的联系,掌握住店客人的情况,尤其是重要客人人数、所住房号、逗留时间、活动安排等,以提供特别服务。

【例5-1】　凌晨3:10,除了美容厅外,酒店的各个营业场所已经停止营业,此时对于酒店的总机来说已经不是很忙了,一般较多的是要求叫醒的内线电话。"嘀嘀"话务台显示有电话来了,是外线,话务员接起电话,报店名。"帮我转XX房",话筒里传来了一名女子的声音,"请问您要找的客人贵姓?",话务员问道。"你们真麻烦,他刚刚打电话给我,叫我给他回电话",女子不高兴地说。话务员感到此情况不大好,便问道:"女子,请问您贵姓?""吴"。于是,话务员便打电话至住客房间征求其意见,该住客声称不认识此小姐,拒绝接听。接着话务员便告之吴小姐:"对不起,客人已经休息了,不便接听电话……"话未说完,"啪"的一声电话被挂断了。

为了防止转错电话以及避免打扰到其他客人,酒店一般规定接转电话到住客房间时话务员必须核对住客的姓名,并由总机拨电话至住客房间询问其是否愿意接听此电话,然后根据客人的意思来处理,也可询问来电的客人从酒店拨出的来电显示的号码是多少,以便正确判断住店客人是否真的拨了此电话。对于所有电话的接听都必须彬彬有礼,以显示话务员的专业素质。

实践操作

一、规范用语/储备号码

【特别提示】 话务员能够"机旁一坐,集中思想;铃声一响,即有应答"。发音清晰,嗓音悦耳,音量适宜,语速适中,让客人听出亲切和"微笑"来。准备电话记录簿和圆珠笔,放在电话机旁;要注意对计算机、电话等设备进行安全有效的操作。

1. 规范话务员用语

(1) 市内(外线)电话打进时:"您好(早上/下午/晚上好),××酒店总机。"

(2) 酒店内部电话时:"您好(早上/下午/晚上好),我是总机。"

(3) 遇到客人打错电话时:"对不起,我是××酒店,请您重拨好吗?"

(4) 遇到电话忙音时:"对不起,电话占线,请稍等。"

(5) 遇到叫醒服务时:"早上好,××先生/女士,现在时间是早上××点钟,您起床的时间到了。"

(6) 遇到外线电话要求查找某人时:"请稍等!"如被叫方无人接听,话务员应该说:"对不起,××先生/女士,电话没人接听。您过一会儿再打来好吗?"或"××先生/女士,很抱歉,电话现在无人接听,您是否需要留言或过一会儿再打来?"

2. 储备常用电话号码

在计算机中储存下列常用电话号码:各大酒店电话号码、各驻华使领馆电话号码、各大医院电话号码、各大餐厅酒楼电话号码、各大文艺场所电话号码、政府机关电话号码、最新电话号码。

二、转接服务

【特别提示】 为了高效地转接电话,话务员必须熟悉本酒店的组织机构、各部门职责范围及其服务项目,并掌握最新的、正确的住客信息资料;在等候接转时,应按音乐键,播出悦耳的音乐。

1. 转接一般内外线电话

(1) 明确电话转接顺序:先外线,后内线,最后是酒店内部电话。

(2) 电话铃响三声或十秒内接听,用礼貌用语向客人问好。

(3) 转接后无人接听或电话占线应向客人表示歉意,并说明原因,建议客人稍后再打或询问客人是否需要留言。

(4) 外线要求把电话接到客房时,必须问清受话客人姓名,核对无误后方可接线。

(5) 对客人提出的要求尽可能满足;不能满足的要说明原因,并向客人表示歉意。

2. 人工转接长途电话

(1) 要问清受话国家和城市名称、电话号码和受话单位地址名称。问清是找人电话还是叫号电话,如果是找人电话,需问清受话人姓名、发话人姓名和房号;如果是国际长途,还需要问清客人的付费方式(自付、受付、用信用卡付)。

(2)问清客人所要电话种类,如果是加急电话,要在电话单上注明"加急"字样。写清挂号日期、时间和自己的编号。

(3)及时报长途台,报告是按电话单上的项目报出,问清"流水号",并互报口号。客人打完长途电话,长途台通知时间时,应重复一遍,得到长途台认可后可互报口号。

(4)将账单及时送到总台收银处。每接一个长途电话,应查一遍计算机。如果是当日离店客人,应立即通知总台收银处,以免逃账。

3. 直拨长途电话

(1)接到总台转交的客人住房登记表时要与计算机核实,凡是已结账的客人,一律不开通直拨电话线路,以免逃账。

(2)客房直拨的长途电话通过计算机自动入账。

4. 通知住店客人结账

通知客人结账时,要弄清房间号码、客人姓名并立即关闭直拨电话线路,根据打印出来的内容开出长途电话收费单,将第一、二联送收银处,第三联留存并填写"长途电话登记表"。

三、电话留言/查询服务

1. 接听留言

(1)客房电话无人接听,店外客人要求留言,话务员认真核对店外客人要找的店内客人的房号、姓名是否与酒店信息一致。

(2)准确记录留言者的姓名、联系电话和留言内容(如表5-2所示);复述留言内容,并得到店外客人的认可。

(3)对不能确认是否住在本店的客人,或是已退房离店的客人,除非客人委托,否则不接受房客留言。

表5-2 访客留言单
Visitor Message Registration form

```
女士(先生)(Dear Mr./Ms)_____

当您外出时(When you go out):
来访客人姓名(Visitor's Name)_____
来访客人电话(Visitor's Phone Number)_____
(  )有电话找您(There is a call for you)        (  )将再来找您(Offer to call again)
(  )请回电话(Please call back)                  (  )将再来看您(Offer to visit again)
(  )来访时您不在(You are not in when visiting)
留言(Messages):

经手人(Clerk):        日期(Date):        时间(Time):
```

2. 启用计算机

（1）启用计算机查出店内客人房间，通过固定程序输入留言内容。

（2）核实留言内容无误，在留言内容下方提供留言服务员的姓名；打印出留言。

3. 开/关留言灯

（1）按客房留言灯开启程序开启留言灯。每日接班和下班时核对留言和留言灯是否相符。

（2）当客人电话查询时，将访客留言内容准确地告知客人；关掉留言灯，清除电话留言内容。

4. 查询服务

（1）对常用电话号码，应对答如流，查询准确、快速。

（2）如遇查询非常用电话号码，应请客人保留线路稍等，以最有效方式为客人查询号码，确认后及时通知客人；如需较长时间，则请客人留下电话号码，待查清后，再主动与客人电话联系。

（3）如遇查询住客房号的电话，在总台电话均占线的情况下，应通过计算机为客人查询；此时应注意为住客保密，不能泄露其房号。接通后请客人与其通话。

四、特殊问题处理

1. "免电话打扰"服务

（1）话务员应将所有提出免打扰要求的客人姓名、房号记录在交接班本（或记事牌）上，同时注明接到客人通知的时间。

（2）接到通知的话务员，需将电话号码通过话务台锁上，同时将此信息及时、准确地通知所有当班人员。

（3）在免打扰期间，如发话人要求与住客通话，话务员应将有关信息礼貌、准确地通知发话人，并建议其留言或取消"免打扰"之后再来电话。

（4）客人要求取消"免打扰"，或外出的客人回到房间，话务员应立即通过话务台释放被锁的电话号码，同时在交接班本上标明取消符号及时间。

2. 电话传呼服务

（1）客人要求传呼找人，接到电话后，启动传呼机，准确快速键入客人电话号码、姓名。

（2）传呼找不到寻呼者，主动向客人表示歉意。

3. 受理火警电话

（1）通知总经理、驻店经理到火灾区域。

（2）通知工程部、保安部、医务室到火灾区域。

（3）通知火灾区域部门领导到火灾区域。

4. 紧急情况充当临时指挥中心

（1）电话总机房应备有火灾、治安、医疗及各种自然灾害处理程序的录音带，根据酒店最高管理者的决策迅速播放，遇到特殊紧急情况，话务员应沉着，冷静。

（2）接到情况报告电话，询问清楚报告人姓名、身份和发生何种情况，及时报告有关领导。使管理者迅速进入领导负责状态，并继续提供日常总机服务。

（3）紧急情况的各种电话处理有完整记录，以备日后检查。

5. 服务协调配合

（1）总机房内部分分工配合有序，交接班的内容、待处理问题交接明确。

（2）电话查询服务周到，背景音乐播放时间、乐曲选择、音量控制合理。服务中主动同前厅预订、接待、客房、餐厅、工程、安全、国际国内长途有关部门密切配合。

6. 工作中有亲友打电话找自己

一般情况下，工作时间不能接听私人电话。应告诉亲友：如无重要事情，应避免拨打电话到酒店。如果事情较为紧急，非通话不可时，应简明扼要，切不可高谈阔论，影响工作及电话线路的畅通。

7. 晚上客人打电话缠住服务员，要求陪其聊天

晚上值班若遇到客人打电话缠住，要求陪其聊天，服务员要委婉而严肃地告诉客人，当班时间要做很多工作，若不能按时完成，会影响对客服务质量；同时告诉客人，聊天会长久占用酒店的营业电话，招致其他客人的投诉。同时可向客人介绍酒店的各类康乐场所。

工作任务二　叫醒服务

基础知识

一、叫醒服务

叫醒服务，也多称叫早服务（Morning call Service），是指酒店根据客人指定的时间打电话（或直接敲门）叫客人起床的服务。一般有计算机叫醒和人工叫醒两种形式。

二、自动语音叫醒系统

叫醒系统是指系统在预定的时间拨通预定分机，在得到应答后播放预先录制的语音文件。以前酒店叫醒是客人拨通总机电话，说出叫醒时间，值班员用笔作记录，到时间后拨通客人电话叫醒客人或值班人员输入交换机，由交换机来拨号叫醒。由于大部分为人工操作，客人总是有点不放心，有时甚至要重复拨电话给总机进行确认。叫醒系统则能够帮助酒店提供更优质的服务，树立良好的形象，从而大大提高竞争力。其功能和特点如下：

1. 功能

（1）信息设定：总台可设定单个房间叫醒、群组叫醒（多号码、多房间一次设定，适用于旅游团集体叫醒服务），"叫醒"的时间长度，叫醒不成功重试次数及重试时间间隔。

（2）信息修改：可根据客人要求时间准时将客人叫醒，也可在叫醒时间前随时修改设定或取消设定。

（3）语音管理：叫醒语音的内容可以设定，也可自行录制，并可测试录音效果。

（4）呼叫次数：设定同一分钟最多可容纳的定时呼叫次数。

（5）呼叫记录：记录叫醒分机号码，开始和结束时间、叫醒结果、失败后重试次数等。

（6）语言选择：可以选择叫醒使用的语言种类。

（7）叫醒语言：设定叫醒的语言。

（8）提前叫醒：对于某一个时间段叫醒需求较多的，可设置提前叫醒时间。

(9) 查询:叫醒记录查询(叫醒分机号码、时间、日期、是否成功、重复次数)、操作日志查询、无效号码查询。

(10) 打印:可根据需要将所查询记录打印出来。

(11) 管理监控:管理员可实时监控定时呼叫的情况,如果在设定次数之内被叫方仍未应答,系统会提示服务台进行自动或人工叫醒,以便值班人员及时处理。

(12) 备忘录:客人设定的定时呼叫可保留下来备查,并可将该信息打印出来。

(13) 系统管理:系统管理员可增加、删除操作员,并可设置某个操作员的权限。

2. 特点

(1) 界面友好,一般采用流行办公软件桌面设计,简便易用。

(2) 操作易懂易学,管理员可轻松管理整个系统。

(3) 灵活、方便,功能强,具备人性化特点。

(4) 可附设或增设语音信箱功能,语音咨询功能,全方位为客人服务。

实践操作

一、叫醒服务

【特别提示】 总机提供的叫醒服务是全天 24 小时服务,受理客人要求叫醒的预订时,应首先问清要求叫醒的具体时间和房号,填写"叫醒记录单",在定时钟上准确定时,并再核对一遍叫醒记录,以免出现差错。与客人通话结束,应等客人先挂断电话。同一房间有两次以上叫醒时间的,应在第一时间上注明下一次叫醒时间;某一时间只有一间房需要叫醒的,要把时间同时输入特定分机做提醒。

1. 人工叫醒

(1) 在客人指定叫醒时间,准时拨打客人房间号码,让电话多响几声,给客人充分的时间接电话。

(2) 用亲切和蔼的语气叫醒:"××先生/小姐,您好!现在是×点钟,您的叫醒时间到了。"并祝客人旅途愉快。

(3) 在遇到特殊的气候时可提醒客人室外的天气情况和气温;对于客人未应答时,可在三至五分钟后再次打电话进客人房间。

(4) 电话叫醒无人接听时可在五分钟后指派服务员前往房间,叫醒客人,礼貌道别,并查明原因,及时通知客房中心或大堂副理。

(5) 在叫醒记录本记录叫醒结果,实施人需签名确认。

2. 散客自动叫醒

(1) 接到客人需要叫醒的电话,问清客人房号、姓名及叫醒时间;复述客人叫醒要求,并得到客人确认;检查叫醒客房的种类和客房类型,若是套房、贵宾房,必须做特别提示,祝客人晚安。

(2) 将叫醒信息输入机台,按机台上的叫醒键,输入客房号码和叫醒时间;按机台执行键,将套房客人的叫醒信息输入卧室的电话分机。

(3) 夜班话务员再次检查叫醒输入情况、客房情况、套房状况等,将叫醒记录按时间顺序整理记录在交接本上,并输入到计算机内。

(4) 按照最早的叫醒时间,打开叫醒打印机并检查叫醒系统是否正常工作。

(5) 话务员在叫醒记录单上按时间顺序填写客人房号、姓名、叫醒时间,并认真复查、签名。

3. 团队叫醒

(1) 接到客人要求将旅游团客人全部叫醒的电话时,应礼貌地请客人到总台问讯处登记。

(2) 受理 23:00 以后的团队叫醒服务预订,记录团号、叫醒时间、预订人姓名及房号。

(3) 根据总台问讯处的记录,中班话务员负责找出团队用房表,与叫醒记录单核对,夜班服务员必须再次复核。

(4) 填写叫醒记录单团队分房单,然后将团队叫醒信息输入机台。

二、特殊问题处理

1. 叫醒失误的主要原因

(1) 酒店方面:①接线生漏叫;②总机接线生做了记录,但忘了输入计算机;③记录得太潦草、笔误或误听,输入计算机时输错房号或时间;④计算机出了故障等。

(2) 客人方面:①错报房号;②电话听筒没放好,无法振铃;③睡得太沉,电话铃响没听见等;④客人要求取消叫醒服务。

2. 叫醒失误的对策

(1) 如果发现漏叫或没有打印出客人的叫醒要求,话务员必须用电话叫醒客人,并做好记录。如果客房叫醒无人应答,话务员必须立即通知客房服务中心或大堂副理去客房查看,并做好详细记录。

(2) 经常检查电脑运行状况,及时通告有关人员排除故障。

(3) 客人报房号与叫醒时间时,接听人员应重复一遍,得到客人的确认。

(4) 遇到电话没有提机,通知客房服务员敲门叫醒。

(5) 如果客人要求取消叫醒服务,话务员必须在叫醒记录单、黑板、计算机上同时做出更正,并在交接班笔记上说明。如果客人要求多次叫醒时,话务员必须在"叫醒记录单"上做特殊说明。

模块二　商务中心服务

任务导入

商务中心服务——体验商务代办服务的魅力

1. 每位学生利用节假日实地参观、对比一家高星级酒店与一般街市的商务中心,感受其所提供的服务项目及拥有的设备方面的差异。

2. 各小组事先设计一份"关于在××酒店创办商务中心"的方案,并根据一般酒店商务中心功能弱化的现实状况,设想一下未来自办商务中心的前景。

3. 完成以上任务后,再请教一位教《酒店营销》等课程的老师,听听他(她)的看法。

工作任务一　店内商务服务

基础知识

一、商务中心及其配备

商务中心(Business Centre)通常设在前厅客人前往方便且便于与总台联系的地方,并有明显的指示标记牌。它能够提供电传、传真、复印、打字、秘书等五种以上的服务。

商务中心一般配有现代化通讯配套设备、大小不等的会议室、洽谈室、客人专用上网区、多功能打字机、投影机及屏幕、电视机、计算机以及其他办公用品。同时还应配备一定数量的办公桌椅、沙发,以及相关的查询资料,如商务刊物、报纸、经济年鉴、企业名录大全、电话号码本、邮政编码本、地图册、词典等。各种设备用品布置合理,安装摆放整齐美观。设备性能良好,维修保养及时,完好率不低于98%。

商务中心应注意绿化和美化环境,具有安静、隔音、优雅、舒适、整洁以及服务迅速、给客人以方便感的特点。

二、服务人员业务要求

商务中心服务人员应修养良好,责任心强,能用两种以上外语和普通话提供服务快捷,礼节礼貌表现规范,服务语言准确、能够机智灵活地与客人进行有效沟通。熟悉商务中心工作内容和程序,熟知酒店设施、服务项目和各类产品促销推广信息。熟练掌握各种操作设备性能、作用和操作技术,能进行简单保养和排除简单故障。

三、商务中心岗位工作流程和计费入账要求

1. 岗位工作流程

商务中心岗位工作流程一般为:

提前五分钟到岗,进行交接班并了解上一班的情况→阅读"交接班簿"并在上面签字→检查工作设施,进行清洁维护→开始日常工作。

2. 计费入账要求

商务中心计费入账要求总体上有六个方面:

(1) 如果是住店客人消费,每一次开账单均需核对姓名及房号,包括客人签名、结账日期、入账金额和经手人签名等,避免入错账。

(2) 确定每一笔账均由已登记过的酒店客人签字;将每一张账单仔细填写在记录本上。

(3) 若客人付现金,每天收档时须将现金交给夜审人员。

(4) 若客人当天要离店,则应尽快将其费用信息输入客人房账中。

(5) 账单通常一式三联,将第二、三联撕下,第二联交总台收银员,第三联呈交客人。如果客人不要,立即用碎纸机销毁。

(6)若客人要开发票,将发票第二联交给客人,第三联需同账单的第二联一起交总台收银处。

实践操作

一、店内常规服务项目

1. 发送传真

(1)向客人说明收费标准。

(2)接过客人送来需发送的传真稿件,请客人写下传真号码;将文稿放置传真机上拨号。

(3)线路接通后监视发送情况,若有断线无显示,应视情况重发。发送完后,按照价目表规定计算费用。

(4)结算(现金结算当面点清,转账需查看客人房卡),并入账。

2. 接收传真

(1)询问对方接收人的情况,如是住店客人,立即通知客人或礼宾部取件。如是店外客人,根据传真上提供的信息,电话通知接收人领取。如果找不到收件人,保留半个月,最后移交部门处理。

(2)填写收费单,记录通知客人情况,并标明准确时间。

(3)客人领取传真时,收取费用,并入账。

3. 打字

(1)浏览客人提供的文件,如有不清,立即询问,并了解客人需求,如纸张类型、字体、份数、中(英)文打字等。

(2)向客人说明收费标准及大概完成时间。

(3)打字完毕,先自查,避免错别字,然后请客人检查确认。

(4)询问客人是否需要保留文件。如需保留,请其确认保留时间。不需保留,则删除。

(5)问清客人结账方式,按照客人要求办理。

(6)记录文件名。

4. 复印

(1)向客人说明收费标准。

(2)把原件放在复印机玻璃板的正确位置上(正面向下)。确认纸张的尺寸(如 A3 或 A4)及复印数量。如复印多份,应先复印一份,请客人看是否合适,如合适可继续复印。如不合适,进行调整。

(3)检查复印是否清晰。结账,请客人付现金或签单。

5. 文件装订

(1)拿到原稿后,先识别纸张规格,再告诉客人收费标准,问明具体要求。

(2)按要求将文件放在装订机上,按下打空卡打出孔洞。按要求选择装订封皮与需装订的文件码放在一起,按原件顺序装订。如果装订的文件比较厚,应分批进行,但要注意每批的打孔位置应一致。

(3) 将装订好的文件双手递交给客人,然后开账单,礼貌地送走客人。开账单时,如果客人签单,将账单的第一、三联交给结账处,第二联留底。

【特别提示】 如果是店外客人,在装订前,要请客人先交付押金。

6. 打印照片

(1) 问询说明。礼貌迎接,问询客人打印要求,讲明收费标准。

(2) 设置文档。在计算机 word 中新建一个文件,"页面设置"设为 A4、A5 或自定义尺寸。上下左右均设为"0",电脑会自动调为最小值。

(3) 插入图片。图片数量、大小、位置均可按客人要求调整,但尽量把纸摆满以节约用纸。

(4) 保存、打印后,可依照客人要求复制或删除图片。

(5) 结账告别。询问客人结账方式,按客人要求办理;礼貌地与客人告别。

7. 通讯电码服务

(1) 主动迎接,帮助客人查找或请客人自查商务机构名录。

(2) 收到与本店客人有业务往来的海外或国内机构通讯电码变动信息及时分类,转告客人或留档备查。

(3) 按计费器收取费用;询问客人结账方式,并按客人要求办理。

8. 电话服务

(1) 问询客人电话类别(市话、国内或国际长途);讲明电话收费标准。

(2) 按下计费器,告知客人拨话方法,如对方无人接电话,立即挂上,否则需计时交费。

(3) 按计费器收取费用;询问客人结账方式,并按客人要求办理。

9. 洽谈室出租

【特别提示】 我国《旅游涉外酒店星级的划分及评定》规定,四、五星级酒店商务设施应有可以容纳不少于十人的洽谈室;洽谈室服务包括洽谈室出租及客人会议洽谈期间的服务两部分。

(1) 了解洽谈信息。主动迎客,了解相关服务信息,如洽谈室使用时间、参加人数、服务要求、设备要求等。服务要求主要包括坐席卡、热毛巾、鲜花、水果、茶水、文具等方面的信息要求;设备要求是指对横幅、指示牌、投影、白板、麦克风等的要求。

(2) 受理出租。主动向客人介绍洽谈室出租收费标准;当客人确定租用后,按要求办理预订手续。提前半小时按客人的要求准备好洽谈室,包括安排好坐席、文具用品、茶具、茶水、点心等;检查会议设施设备是否正常。

(3) 会议服务。主动引领客人到洽谈室,请客人入座、为客人上茶;会议中每半小时为客人续一次茶。如客人在会议中提出其他商务服务要求,应尽量满足。

(4) 结账致谢。会议结束后礼貌地送走与会客人,按规定请会议负责人办理结账手续,向客人致谢并道别。立即清扫洽谈室,整理室内物品,恢复室内原貌。

10. 会议记录

(1) 了解会议议程。事先要了解会议的议程,以便于在记录过程中注意各有关方面的关系,将一些事宜有机地联系起来,加快记录的速度;记准、记全。

(2) 介绍价格。给客人讲清收费标准。

(3) 确定标题。标题即会议的名称。一般写法是单位名称、会议事由(含届、次)加上记录组成。如,《××公司产品销售年终总结会记录》。

（4）记录会议基本情况。这部分要写清开会时间和会议地点,出席人、缺席人和列席人等;主持人,写明主持人的姓名、职务;记录人,写上记录者的姓名,必要时注明真实其职务,以示对所作记录的内容负责。上述内容,要在会议召开之前写好,不可遗漏;倘若会议记录要在报纸上公开发表,则可删去。

（5）记录会议内容。主要写会议议程、议题、讨论过程、发言内容、会议决议等。

（6）结尾。会议记录没有固定的格式。一般要另起一行,空两格写"散会"字样。在会议记录的右下方,由会议主持和记录人签名,以示负责。

（7）结账致谢。按规定请会议负责人办理结账手续,向客人致谢并道别。

【特别提示】 会议记录是原始凭证,所以贵在准确、齐全。采用速记和录音的办法,也是保证"记录"准确、齐全的有效方法。通常情况下,现场记录是原始记录,一般需要整理。

11. 翻译

（1）了解翻译信息。主动迎接客人,认真核实要翻译的稿件,问明客人的翻译要求和交稿时间。迅速浏览稿件,对文稿中不清楚或不明白的地方礼貌地向客人了解清楚。

（2）受理翻译。向客人介绍翻译的收费标准。当客人确定受理后,记清客人的房号、姓名和联系方式,礼貌地请客人在订单上签字并支付翻译预付款。送走客人后联系翻译人员翻译文稿。

（3）交稿结账。接到翻译好的文稿后通知客人取稿。如客人对翻译好的稿件不满意,可请译者修改或与客人协商解决。办理结账手续。向客人致谢告别。

12. 旅游服务

（1）礼貌登记。礼貌迎客,登记客人的姓名、房号、日期、人数,并询问有无特殊要求,掌握客人的基本情况。

（2）推介联系。向客人推介有价值、品质高、声誉好的旅游线路、旅游公司或旅行社,并完成相应的旅游项目预订。另外,应建立旅游景点和旅行社档案,因地制宜地推荐和组织客人旅游。

（3）告知事项。告知客人准确的乘车地点、发车时间等,并说明旅途注意事项。

13. 因特网服务

（1）礼貌问候,在得知客人要求后,向客人解释有关费用标准。

（2）开机,并进入浏览器文件。如有必要为客人提供打开浏览器的技术性帮助。

（3）客人下网后,计算时间,并告之客人费用。按照收费与入账程序操作计算机。

（4）填写上网控制表。

14. 设备租用

（1）礼貌问候,弄明白客人要租用的设备。

（2）在得知客人要求后,向客人提供价目表并检查设备是否完好无损。

（3）确定租用时间,并帮助客人安装调试。如果有必要,请求工程部给予技术上的帮助。

（4）客人用毕,仔细检查设备是否有损坏,若有损坏需立即报告上级。

（5）计费和入账,将设备放回原处"待租"。

【特别提示】 若其他部门需借用商务中心的设备,要写借条,归还时也要保证设备完好无损。在无客人租用商务中心设备的前提下,才能出借给其他部门。设备出借不能出饭店,除非领导批准。

15. 刻录光盘

(1) 问询说明。礼貌迎接,问询客人记录光盘类别,说明刻录光盘收费标准。

(2) 打开驱动器。将需要刻录的空白光盘放入刻录机中,随后在计算机桌面上弹出一个"CD驱动器"对话框,在下面选择"打开可写入CD文件夹",单击"确定"按钮,即可打开CD-RW驱动器(也可从"我的电脑"中直接打开该驱动器)。

(3) 复制缓存。将需要刻录的文件或文件夹复制到该刻录机的缓存区中(复制时可通过一般的复制/粘贴的方法进行复制,也可以用"发送到……"的方法进行复制)。

(4) 发送显示。选中需要复制的文件夹并单击右键,选择"发送到-CD驱动器"命令,随后即可将当前的文件或文件夹复制到刻录机的缓存区中,并在驱动器窗口中显示出来,该图标上会出现一个向下的箭头。

(5) 刻录光盘。将需要刻录的文件复制到CD缓存区中后,通过单击左侧的"CD写入栏"中的"将这些文件写入CD"命令,随后弹出一个刻录向导对话框,在CD名称中输入该光盘的名称,如"软件下载"等,随后单击"下一步"按钮,系统就会将这些数据刻录到光盘上。

(6) 结账告别。询问客人结账方式,按客人要求办理;礼貌地与客人告别。

【特别提示】 Windows XP支持清除CD-RW盘片,如果使用的是可擦写式光盘,进入驱动器窗口后可看到在右侧的"CD写入任务栏"中会多出一个"删除CD-RW"命令,单击此命令即可清除CD-RW盘内容。清除CD-RW盘大约需要一分钟。

二、特殊问题处理

1. 不清楚的传真

(1) 将不清楚收件人的传真列入记录本,并注明收到日期、收件人姓名、时间、来源、页数和员工的签名等主要事项。

(2) 若传真被认领,则注明账单号码及取件时间。

(3) 对记录本中已有认领的传真,操作程序与处理住店客人传真的程序相同。

(4) 若客人有预订,可在计算机中直接留言,若无预订,则开留言单在总台留言。

(5) 对走客房的客人传真及无主传真,应归类存放以备查。

(6) 将已有客人姓名的传真放入信封,并写上姓名和页数,每天检查3次,连续检查3天,若无人认领,则当作"死传真"处理。

2. 割字服务

(1) 询问介绍。询问客人所割字的大小、用纸颜色、字体;介绍价格,给客人讲清收费标准。

(2) 割字结账。应先试割一个字,请客人确认,如符合要求,继续割,如不符合要求,待调整后再割字;请客人付现金或签单。

【特别提示】 若割字这样的服务不在业务范围内,应在事前就是否受理、收费标准如何执行等有关事项请示上级。

工作任务二　店外代办服务

基础知识

一、店外代办质量标准

商务中心店外代办服务质量的标准一般为:态度好、效率高;安全、周到。

二、店外代办注意事项

1. 代办服务之前请客人填写委托代办委托书,需填写客人姓名、房号、手机号码等,并请客人签字。

2. 代购药品一定要注意,如客人需要代买感冒药或头痛药等日常用药少量的,可让客人填写药名后代办。如客人要买安眠药或对身体有害的药品的,应告知客人说危险药品不可代办,请客人谅解。

3. 对于可能产生的费用应与客人当面说清楚,如来往交通费、代办费、购买物品费等。

4. 为客人外出办事时一定开好必要的发票,并立刻返回,尽量为客人节省费用。返回酒店后立即送到房间,征求客人的意见。

5. 如果客人的外购任务无法当天立刻解决,请求客人给予一定时间,合理进行解释。

实践操作

一、店外常规服务项目

【特别提示】　住店客人有时会要求酒店代理订房、订餐、订花等业务,对于这类要求,酒店应尽量满足,除商务中心外,一般由订房部或礼宾部去完成。

1. 接送

(1) 书面确定接送的时间、地点、付款等信息;明确会合地点。

(2) 出发前确认航(船/车)班等到达、离开时间。

(3) 掌握预订人的联系方法,以防接送失误。

2. 订房

(1) 登记住客姓名、房号、联系电话;了解客人对酒店的位置、客房和床的类型、到达和退房日期及有无特殊需要等。

(2) 明确客人预订担保条件,以作为客人入住第一晚费用的担保。通常要求将客人信用卡的有关信息传递给对方酒店,如信用卡的号码、有效期、持卡人姓名等。

(3) 向客人指定的酒店订房(但须要求对方书面确认),并将书面确认单交给客人。

3. 订餐

(1) 了解店内、店外特色餐饮场所;了解客人需求,并向客人推荐恰当的地方。

(2) 向餐厅预订并请其关照客人;向客人确认预订已完成,并告知有关注意事项。

4. 订车

(1) 与信誉良好的租车公司建立合作关系。

(2) 告知客人租车公司所需手续;安排客人与租车公司办理相关手续。

5. 订花

(1) 与本地花商建立良好关系。

(2) 记录并复述客人要求,并按客人要求订花;计算费用并请客人付账(或签单)。

(3) 将花送到指定地点。

6. 代购戏票

(1) 熟悉本地戏院、音乐厅等的地址、电话、联系人。

(2) 了解客人要求,并明确如客人要求无法满足可做何种程度的变通;向客人声明取消的条件。

(3) 协助客人外出。

7. 代购车/船/机票

(1) 首先必须问清楚并登记好住客的姓名(全称)、房号、需要订的交通工具类别、所乘日期、班次、时间等。

(2) 确定了上述内容后,要按客人的要求及时与民航、铁路、轮船公司或汽车公司联系订票或订车。

(3) 若客人所订时间的车、船、机票已售完,或没有机票有火车票,或没有客人要求的班次而有另外的班次,应及时征询客人的意见,客人同意改订时即向有关交通部门确定。

(4) 票确定后,再通知客人到时凭证件到委托代办处取票。

(5) 客人取票时,应将客人的证件审查清楚,看是否有到所去国家或地区的签证,证件是不是在有效期内等,否则,不予取票。

(6) 接收客人的票款和手续费时一定要点清。交给客人票和余款时应请客人当面点清。票的班次、时间不可弄错。

(7) 若有的客人要求将票送到房间时,应立刻将票送到房间面交客人,按上述方法点清钱票。

8. 代购物品

(1) 代购物品前一定要问清物品的名称、品牌、型号、款式、规格、颜色、价格或出售的编号等。

(2) 在确认无差错的前提下可为客人代买,并可收取一定的手续费或免费。

(3) 若所代购物品需面交或邮寄,应按客人的委托办理。面交时应请客人签收,邮寄应请客人回执。

9. 代取物件

(1) 住客在本地购买了某物品或邮寄来某邮件,因某种原因不能自取而委托代取时,服务员代取前应问清取物件的地址、单位名称并要携带客人的有关证件,前去代客人领取。

(2) 交予客人时,应将证件与物件一齐呈交,并请客人签收。

二、特殊问题处理

1. 代客外出购物时,若商店无法提供发票或收据

(1) 立即直接与客人联系,将情况告之;如一时无法与客人联系上,应请商店出示相应证明并盖章、签字。

(2) 记下该商店的联系电话号码或其他联络方式,将证明交与客人并说明原因;如客人有异议,可将商店的电话号码告诉客人,请客人直接与商店核实。

2. 客人要求代邮或代送易燃品、危险品

(1) 对易燃品、危险品服务员要坚决拒绝运送和邮寄。

(2) 若接受住客委托,代客送或邮寄其他物品,则应问清送、寄收件的单位或个人的地址、收件人姓名、邮政编码、电话号码等。应向客人收取运费、邮费及其服务费。送到后要有签收,邮寄到后要有回执。

【特别提示】 易燃品、危险品的界定范围是依据有关法律法规来的,主要指民用爆炸物品和国家标准《危险货物品名表》(GB12268—90)中以燃烧爆炸为主要特性的压缩气体和液化气体;易爆液体;易燃固体、自燃物品和遇湿易燃物品;氧化剂和有机过氧化剂;毒害品、腐蚀品中部分易燃易爆化学物品。其具体品名以列入《中华人民共和国民用爆炸物品管理条例》和公安部编制的《化学危险物品消防安全监督管理品名表》中的物质为准。

项目小结

总机功能:是酒店内外沟通联络的通信枢纽和喉舌,以电话为媒介,直接为客提供转接电话及留言、叫醒、查询等项服务,是酒店对外联系的窗口。

高星级酒店对机房话务员的要求:能用三种以上的外语和普通话提供通话服务。

总机在计算机中常储存下列单位的电话号码:各大酒店、各驻华使领馆、各大医院、各大餐厅酒楼、各大文艺场所、政府机关等。

总机面对来电者要求留言的:应记清被留言客人房间号码、姓名及留言人姓名、留言内容、时间并及时开启房间留言灯。

叫醒服务:是指酒店根据客人指定的时间打电话(或直接敲门)叫客人起床的服务。一般有计算机叫醒和人工叫醒两种形式。

商务中心(Business Centre):通常设在前厅客人前往方便且便于与总台联系的地方,并有明显的指示标记牌。它能够提供电传、传真、复印、打字、秘书等五种以上的服务。

商务中心配备:一般配有现代化通讯配套设备、大小不等的会议室、洽谈室、客人专用上网区、多功能打字机、投影机及屏幕、电视机、计算机以及其他办公用品。同时还应配备一定数量的办公桌椅、沙发,以及相关的查询资料。

商务中心岗位工作流程:提前五分钟到岗,进行交接班并了解上一班的情况→阅读"交接班簿"并在上面签字→检查工作设施,进行清洁维护→开始日常工作。

店外代办服务质量标准一般为:态度好、效率高;安全、周到。

检 测

一、商务中心服务综合实训

表 5-3 商务中心服务综合实训考核表

训练项目	商务服务技能		
训练地点	前厅实训室		
训练时间	45 分钟		
训练方法	先由教师讲解、示范,然后分小组逐一模拟练习,最后由教师考核点评		
操作程序	考核标准	考核要求	得分
发送传真(30 分)	精神面貌及仪容仪表(5 分)	精神饱满,衣着整洁,热情微笑	
	向客人说明收费标准(5 分)	说明准确,态度友好	
	接过客人送来需发送的传真稿件,请客人写下传真号码(5 分)	用语文明,候姿优雅,纸笔递送合乎礼仪要求	
	将文稿放置传真机上拨号(10 分)	线路接通后监视发送情况	
	发送完毕,计算费用,礼貌地与客人告别(5 分)	现金结算当面点清,转账查看客人房卡,并入账	
打字服务(25 分)	浏览客人提供的文件,如有不清,立即询问,并了解客人需求(5 分)	能询问纸张类型、字体、份数、中(英)文打印等	
	向客人说明收费标准及大概完成时间(2 分)	说明准确,态度友好	
	打字完毕,先自查,然后请客人检查确认(10 分)	无错别字,格式规范,打字每分钟不少于 100 字,错字少于 2‰	
	询问客人是否需要保留文件(2 分)	如需保留,请其确认保留时间,不需保留,则删除	
	问清客人结账方式,按照客人要求办理(4 分)	问询礼貌,重复确认	
	礼貌送客,并记录文件名(2 分)	告别"合礼",记录准确	
复印服务(25 分)	向客人说明收费标准(5 分)	说明准确,态度友好,重复确认	
	把原件放在复印机玻璃板的正确位置上(5 分)	文件正面向下	
	确认纸张的尺寸、复印数量,开始打印(10 分)	能够检查复印是否清晰	
	询问结账方式,按客人要求办理,与客人告别(5 分)	问询礼貌,告别"合礼"	
打印照片(20 分)	礼貌迎接,问询打印要求,讲明收费标准(2 分)	能够问清 A4、A5 或自定义尺寸	
	在计算机 Word 中新建一个文件,"页面设置"设为 A4、A5 或自定义尺寸(5 分)	接待有条不紊,服务规范标准,界面上下左右均设为"0"	
	插入图片,图片数量、大小、位置均可按客人要求调整(5 分)	能够尽量把照片大小排满纸	
	保存、打印后,可依照客人要求复制或删除图片(5 分)	照片清晰,依客人要求准确处理	
	询问结账方式,按客人要求办理,礼貌地与客人告别(3 分)	问询礼貌,告别"合礼"	
总得分			

二、案例分析

叫醒服务没叫醒 顾客误了乘飞机

杨先生和两位朋友住进大唐镇的一家酒店,三人计划赶第二天中午十二点半的飞机去云南昆明办事,杨先生在总服务台登记房间时,特意跟订房服务员交代,在第三天上午九点半时叫醒他们。没想到,第二天杨先生一觉醒来发现已经是中午十二点了,根本无法赶上飞机航班,行程因此耽搁。杨先生就此与酒店进行交涉,但因双方分歧较大而没有结果。

杨先生随后带着三张飞机票赶到市消保委大唐分会投诉,要求酒店方赔偿因机票作废以及行程耽误的损失7 000元。工作人员立即与宾馆负责人取得联系,了解到杨先生所反映的情况属实。但酒店负责人解释说,通过查看总服务台的计算机存档记录,服务员在当日上午九点半时曾用酒店内线电话对杨先生他们所住的客房进行过叫房,结果遇到内线占线,所以没有成功叫醒杨先生他们。

工作人员针对双方表述进行分析后认为,酒店方当时既然答应叫醒这一服务,那么,在电话叫醒没有成功的情况下,理应派人上门进行催叫;而作为杨先生一方理应自己把握好时间,不能把希望全部寄托在对方上,这件事情双方均存在过失。最后经双方协商,由酒店方免除杨先生三人的住宿费656元,并补偿因耽误乘机所造成的损失费2 000元,此事得以圆满解决。

思考: 针对以上事情发生的过程和处理结果,你如何分析和评价?

三、课堂讨论

有一位客人投诉商务中心一名员工,在为其办理订票业务时,多收了300元好处费。此事投诉到大堂副理那里。然后由保安部协助调查,经过调查和通过对员工的问话,最终这名员工承认了自己从机票预订中得到了230元的回扣。

请讨论:

1. 应对此名员工做如何处理?
2. 这名员工对酒店造成的负面影响到底能有多大?
3. 酒店对此要不要负责?如果要负责,酒店有什么责任?

四、课内实训

分组训练: 记忆80～100个电话号码,包含当地著名旅游景点、博物馆、会展中心、航空(铁路/船舶/汽车)售票点、特色餐馆、购物中心、娱乐场所等。

五、课外拓展

1. 自我训练:在老师和同学不报自己的姓名时,能从电话听筒里分辨出他们的声音。
2. 查阅国家标准《危险货物品名表》(GB12268—90)。
3. 有针对性地做一次主题班会的记录,并呈交老师审阅。

下编　前厅管理

项目六 服务质量管理

学习目标

● 了解前厅部服务质量定义和特性、各质控途径、公安部对入住信息的要求。
● 理解前厅部客人出入安全、接待访客安全、客人遗留物品安全、火灾起因及控制原理和方法。
● 掌握前厅部质检报告的撰写和分析、客户关怀计划制定、前厅部内外沟通、行李安全控制、客人报失处理、防火措施拟定等管理操作。
● 应用前厅部服务质量管理的理论知识和基本技能,提高自身专业素质和管理前厅部服务质量的能力和水平。

项目导读

管理是为了实现某种目的而进行的决策、计划、组织、指导、实施和控制的过程。控制(Controlling)是指监督和检查计划的执行情况及目标的实现程度,即核查计划实施的成效,采取必要的行动,调整偏差,以保证达到预期的目标。控制是管理的具体体现,是管理的有效延伸。前厅部服务过程中每一次"客我双方活动",由于时间、环境、对象、心理和标准等多方面因素的影响,其服务的质量和结果是不尽相同的,因而给前厅部服务质量管理带来许多技术性的要求。

前厅部服务质量管理是酒店前厅部管理的核心内容之一,本项目要点内容如表6-1。

表6-1 本项目要点内容阅读导引表

前厅部服务质量控制	前厅部安全控制	客我关系维护
前厅部服务质量定义和特性	前厅部安全控制点的含义	前厅部个性化服务的思路
前厅服务质控原则和途径	前厅出入点的安全控制	个性化服务中的员工素养
流程关键点的识别	公安部对入住信息的要求	制定扩大顾客关系的任务
注重整体服务的三个结合	酒店安全制度对前厅部的要求	制定顾客关怀计划
控制前厅部服务/质检流程关键点	前厅部对客服务安全点控制	前厅部的内外沟通
撰写/分析质检报告	前厅部意外事故安定控制	处理投诉的流程和方法

模块一 前厅部服务质量控制

任务导入

前厅部服务质量控制——掌握提升前厅部服务质量水平的手段

1. 每位学生利用课余时间,复习《旅游概论》、《酒店管理概论》等课程中有关旅游产品、酒店产品的内容;并在读书(课堂)笔记本上总结归类。

2. 复习"报告"这一文体的写作知识,拟写一份"关于本人上一学期学习质量的检查报告"。

3. 为什么说"前厅部服务过程中每一次'客我双方活动',由于时间、环境、对象、心理和标准等多方面因素的影响,其服务的质量和结果是不尽相同的?"请各小组寻找答案,呈报教师。

4. 教师抽查、点评,并讲解前厅部服务过程质量控制知识点。

工作任务一　质量控制认知

基础知识

一、前厅部服务质量

前厅部服务质量是指酒店前厅部以其所拥有的设施设备为依托,为客人提供的服务在使用价值上适合和满足客人物质和精神需要的程度。所谓适合,是指前厅部为客人提供服务的使用价值能为客人所接受和喜爱;所谓满足,是指该使用价值能为客人带来身心愉悦和享受,使得客人感觉到自己的愿望和企盼得到了实现。因此,前厅部服务质量的管理实际上是对前厅部提供服务的使用价值的管理。前厅部所提供服务的使用价值适合和满足客人需要的程度高低即体现了前厅部服务质量的优劣。

二、前厅部服务的有形产品和无形产品

前厅部向客人提供的服务通常由前厅部的设施设备、劳务服务的使用价值共同组成。从整体来说,前厅部所提供的服务带有无形性的特点,但从局部具体服务的使用价值上带有物质性和有形性的特点。因此,前厅部服务实际上包括有形产品质量和无形产品质量两个方面。国际标准化组织ISO9000族标准规范是酒店企业的质量管理体系,对服务及质量的描述,也反映了前厅部服务产品有形与无形的联系(见表6-2)。

表6-2　酒店(前厅部)服务质量

有形服务质量	无形服务质量
安　全	规　范
方　便	友　好
舒　适	自　然
品　位	超　前

前厅部服务是有形产品和无形劳务的有机结合,前厅部服务质量包括有形产品质量和无形产品质量。有形产品质量是指前厅部提供的设施设备和实物产品以及服务环境的质量,主要满足客人物质上的需求。无形产品质量是指前厅部提供的劳务服务的使用价值,即劳务服务质量。前厅部服务质量是有形产品质量和无形产品质量的完美统一,有形产品质量是无形产品质量的凭借和依托,无形产品质量是有形产品质量的完善和延伸,两者相

辅相成。

三、客人满意度

有形产品质量和无形产品质量的最终结果是客人满意程度。客人满意程度是指客人享受前厅部服务后得到的感受、印象和评价,它是前厅部服务质量的最终体现,也是前厅部服务质量管理和控制的努力目标。

【特别提示】 美国著名的酒店管理者埃尔斯沃斯·斯塔特勒所说的至理名言:酒店经营出售的唯一商品就是服务。前厅部服务所呈现出的人与人、面对面、随时随地提供服务的特点以及前厅部服务质量特殊的构成内容使其质量内涵与酒店其他部门和岗位有着较大的差异,并直接关系着客人的满意度。

四、前厅部服务质量控制

前厅部服务质量控制是指前厅部管理者监督和检查计划的执行情况和目标的实现程度,即核查计划实施的成效,采取必要的行动,调整偏差,以保证达到预期的目标。

实践操作

一、把握前厅部服务质量的特性

1. 构成的关联性和综合性

(1) 前厅部服务质量的构成内容既包括有形的设施设备和服务环境质量,又包括无形的劳务服务质量等多种因素,且每一个因素又有许多具体内容和行为构成并贯穿于前厅部服务的全过程。只要有一个环节出现质量问题,就会破坏客人对前厅部乃至酒店的整体印象。

(2) 无论是诸如计算机显示器、打印机、房卡、信函架以及大厅光线、色彩、温度、湿度等有形产品,还是职业道德、礼节礼貌、客房预订、行李服务、问询留言、总机服务、商务(行政)接待等无形劳务服务,都应要求前厅部员工利用安全有效的设施设备、洁净宜人的环境,以及友好礼貌的语言、热情周到的态度、连贯娴熟的技能、方便客人的手段,确保每项服务优质、高效,使客人获得物质上的满足和精神上的愉悦。

2. 评价的依赖性和主观性

(1) 前厅部服务质量是在有形产品的基础上通过员工的服务创造并表现出来的。而员工的表现又很容易受到多方面因素的影响,如员工个人的情绪和能力、设施设备的好坏和效能、客人的修养和素质、员工与客人之间的情感和关系等,具有很大的不稳定性。所以,通过员工的服务创造并表现出来的前厅部服务质量对诸多方面有较强的依赖性。

(2) 尽管前厅部自身的服务质量水平基本上是一个客观的存在,但由于前厅部服务质量的评价是由客人在享受服务后根据其物质和心理满足程度进行的,因而带有很强的个人主观性。前厅部管理者无法也无理由要求客人对前厅部服务质量做出与酒店的认识相一致的评价,更不能指责客人对前厅部服务质量的评价存在偏见。这就要求前厅部管理者应积极采取妥当的措施,将出现的服务质量问题的后果对客人的影响降到最小,通过对下属和客人的真诚服务,避免矛盾扩大化,建立良好和谐的关系。

二、理解前厅部服务质量控制原则

1. 员工第一,客人至上

(1) 前厅部服务设施设备和服务环境的安全、方便、洁净、舒适、高雅,以及服务人员的精神面貌、礼节礼貌、服务举止、服务感情、服务态度、服务效率、服务效果等氛围都是由员工表现出来的,并再传递或服务给客人的。服务产品的种种表现形式均需要前厅部员工处于精神最饱满、心情最舒畅的状态下才能生产出一种客人最为满意的优质服务产品。

(2) 追求利润是所有经营者的共同目标,这一利益驱使经营者把消费者作为自己的"上帝",提出了"客人至上"的经营口号。对酒店经营者,尤其是前厅部各级员工来说,服务产品质量的评判者是自己所面对的客人。只有令客人满意的服务,其质量才是优质的,而只有靠优质的服务才能吸引更多的客人。

(3) 客人是服务质量的裁判,而员工是服务质量的提供者和保证者,是前厅部管理中最重要的因素。在前厅部服务质量控制中,首先关注、理解和信任员工,进而要求员工从客人的角度出发,时刻把客人的利益放在首位,以客人的身份来体验自己的服务,慎重处理客人投诉,并不断调整服务的程序和做法,使之适应不断变换的客人及不断变化的客人需求和偏好。

【例6-1】 被誉为超五星级的福建悦华酒店规定:管理者见到员工时必须首先向员工打招呼或问好,从总经理到部门经理概莫能外。总经理数十年如一日,几乎每天早晨坚持在酒店门口迎候员工上班。北京建国饭店的总经理连续两个小时站在员工餐厅门口,一次又一次地拉开大门,向前来参加春节联欢会的员工点头致意,说:"您辛苦了!"中外方经理们头戴白帽,腰系围裙,一溜站在自助餐台后,微笑着为员工们盛菜打饭。

2. 教育为先,预防为主

(1) 根据前厅部不同岗位要求和前厅部服务质量标准,按照酒店人力资源管理计划,有步骤、主动、合理、灵活地向员工灌输正确的政治思想、职业道德及酒店的各种观念和意识。传授有关前厅部工作、服务和管理的知识,训练员工适应前厅部服务要求的各种技能,并积极开展旨在增强员工相应的管理能力的活动,以便较好地控制前厅部服务质量,降低前厅部损耗和劳动力成本,为员工提供发展机会。

(2) 在前厅部质量控制中,所有员工(包括管理者)均应全力以赴,把服务质量放在最重要的位置,认真对待每一项工作的每一个细节,并充分考虑可能遇到的各种困难,时刻准备应对每一种突发情况,宁可事先预防,决不事后补救。

【特别提示】 对酒店而言,事后补救所花的"纠错成本"常常数倍于事先预防的投入,而且还得不到期望的效果。再小的服务差错或者失误都会使客人的满意度由100%降至零,而任何补偿都不能100%地抵消客人已经形成的不良印象。

三、确定前厅部服务质量控制途径

1. 树立全员创造意识

(1) 前厅部管理者首先应树立创造意识,并自觉地进行创造性思维,发挥创造潜能,优化创造心理,力求产生管理前厅部的创造性成果。

(2) 通过各种途径,组织前厅部员工进行专门的"创造学"的学习,建立前厅部创造机制,反对墨守成规,使员工努力打破创造力的心理枷锁。

(3) 服务人员应从每一次服务的"准备→开始→进行→结束"的固定模式中解放出来,不断创造新的、更好的服务,减少中间环节,缩短过程时间,更加耐心细致地为客人提供诸如反复查询、解决疑难问题、委托代办、联系协调等超常服务,以满足客人各种合理的消费需求,达到既定的服务标准,实现既定的服务质量目标。

【特别提示】 创造意识是人们在创造活动体验、经验和创造认识基础上形成的对创造的高度敏感性和自觉、自发进行创造活动的一种心理准备状态。前厅部管理者的创造性思维能力,是掌握前厅部质量管理方法的行为结果。

2. 制定服务质量标准

(1) 让前厅部员工了解并掌握明确的质量标准,在广泛征求客人和一线员工意见的基础上进行"结果信息搜集→需求预测→标准拟定→标准试行→信息反馈→标准确定"的步骤,逐步制定针对性强、实施性高的服务质量标准。

(2) 结合对员工进行职业道德、业务技能的教育、培训和激励,使全体员工充分了解并掌握这一标准,严格按照标准中规定的劳动力调配、服务程序、设施设备维护保养、细节事项、服务态度等,利用规定的设施设备在标准服务时限内准确无误地加以落实,从而实现优质的对客服务,如表6-3。

表6-3 某酒店有关总台服务操作时间所限定的标准

序号	内容	标准时间或最长期限
1	总台开房登记表	4分钟
2	续房手续	1分钟
3	总厅收款	3分钟
4	计算机查询	1分钟
5	现金及贵重物品保管手续	4分钟
6	行李寄存手续	4分钟
7	中文打印服务	70字/分钟
8	英文打印服务信息	200字母/分钟
9	传真、邮件等文件送达	10分钟
10	电话接线或电话接听	3声震铃(或10秒钟以内)

(3) 将效率做出量化要求,纯粹是酒店内部的一种管理方式,实际上,客人是不可能为酒店服务效率计时的。其主要作用在于督促员工在一个什么样的时间段内完成某项工作,或告诉员工完成某项工作大体应用多少时间。

(4) 客人对服务质量的认可是非量化的、是模糊的,最终是一种感觉,是包括时间与效率在内的各种因素综合在一起而产生的"好"或"不好"、"满意"或"不满意"的直觉判断,并由此形成一个"好"或"不好"的思维定势,进而影响他在以后与酒店接触的各个阶段的感觉。为了保证前厅部的高水平的服务,必须强调时间及效率管理。

(5) 服务现场是变化莫测的,前厅部服务又具有服务过程较短、服务时间性很强、服务方式较灵活等特点,所以不能将前厅部服务标准及程序固定量化和细化,而只能规定最基本的程序与步骤,留一定弹性供服务员取舍变化。服务员更不可以机械地执行任何量化的时间标准,而是应该根据现场的具体情况灵活运用。

3. 规范操作并完善制度

(1) 在前厅部接待服务中,规范化、制度化的完善主要包括问询、接待、收银等岗位工种在接待服务过程中每一项具体的操作步骤、要求、操作质量原始记录、反馈意见、分析总结和修订实施等内容。

(2) 将服务人员重复性操作行为予以规范,并进一步制度化,是前厅部服务质量过程控制的关键。把规范化的服务标准上升为制度化,从很大程度上能够消除服务人员因个人主观臆断而造成的操作随意性,从而确保服务质量,也有利于服务人员在今后的工作实践中不断地进行自我完善和提高,更使得管理者有了检查和监控前厅部服务质量的依据,以便促进酒店前厅部服务工作达到规范化、程序化、标准化和制度化。

4. 进行有效的"三全控制"

(1) 对前厅部所有服务质量进行控制,即全方位的控制,而不是只关注局部的控制。

(2) 对服务前的组织准备、服务中的对客服务、服务后的善后处理整个服务过程进行全程控制。

(3) 全体员工都参加质量管理与控制工作,并把每一位员工的工作有机地结合起来。

5. 剖析信息并科学评价

(1) 客人评价。微笑、主动、细致、快捷、协调等构成了前厅部服务产品的主要内容,它们除了应该满足客人在店期间各种明确需求以外,同时还要满足客人在各种情况下隐含的潜在需求。前厅部服务员利用设施设备、环境及自身行为向客人提供令其满意的产品,使客人在享受每一次服务后得到心理满足。前厅部服务质量控制就是紧紧地围绕使客人满意这一中心所进行的一系列有效活动,因而,前厅部质量评定必须以客人对服务的满意度为主要标准。

(2) 外部质量检查机构评价。对酒店行业管理主管部门及质量认证机构所做出的重要的专业评价,特别是酒店星级评定和星级复查所进行的评价内容,管理者应对照检查结果,及时找出存在的质量问题,更应分析其产生的原因,进而提出有针对性的改进措施,以不断提高前厅部服务质量。

(3) 内部质量检查机构评价。为了测试客人对服务效率和服务效果的满意程度,为了实现总台服务工作要达到的几个指标:①客房出租率;②双人住房率;③客人回头率;④客房收入年递增率。前厅部管理者要制定严格的服务质量及其服务效果鉴定检查单,以便确保客人的全面满意及实现总台服务的工作目标;酒店服务质量管理机构还可以在组织随机抽样调查、直接征求客人意见、定期分析统计等质量管理活动中对前厅部服务质量做出重要的职能评价。酒店服务质量内部检查不同组织形式的比较见表6-4。

表6-4 酒店服务质量内部检查不同组织形式的比较

组织形式	优势	不足
设专职部门	有机构和人员上的保障	机构设置复杂,有限的人员很难对酒店各个部门的情况都十分了解,故检查本身的质量会打折扣
设置于培训部内	有利于将服务质量检查与培训内容的针对性密切结合起来	缺乏权威性; 缺乏其他部门的参与

续 表

组织形式	优 势	不 足
设置于总经办内	检查的权威性得以加强	缺乏权威性； 缺乏其他部门的参与
非常设服务质量管理委员会	兼顾了检查的权威性和专业化；实现了各个部门的参与	因无专职的部门和专业的人员，检查人员对于自己部门以外的业务不尽熟悉，往往造成自己人查自己部门，因此对现存现象不够敏感； 深层次问题不易查出，且容易出现各部门护短的情况

6. 建立服务补救预警系统

（1）建立服务补救预警系统是对服务失误跟踪识别进行服务补救的重要手段。根据酒店前厅部服务流程和服务质量标准，预测服务失误发生的可能性，从而有效地实施补救策略，使其成为挽救和保持客人与前厅部关系的信号。通过听取客人意见，确定失误所在，才能查找出潜在的失误源。

（2）建立服务补救预警系统，还需要前厅部员工预测服务补救的需求。即在问题出现之前预测到问题发生的可能性的意识。前厅部员工对服务工作中事件发生可能性及其大小的预测，预测服务事件发展的趋势，这会成为服务补救系统中极具诊断价值的信息源，从而有助于前厅部服务与管理水平的提高。

（3）通过服务补救的全程跟踪，管理者可以发现服务系统中一系列有待解决的问题。及时修改前厅部服务系统中的某些环节，从而有效地避免服务失误现象的发生。

（4）对服务补救系统的建立还要针对服务内容，制定服务补救方案。因为对前厅部服务质量评定，是在收集客人反馈信息的基础上，对前厅部服务规范化、程序化、标准化和制度化执行状况做出的整体评价。

工作任务二　质检流程关键点控制

基础知识

一、流程关键点的概念

流程关键点也就是流程关键因素，是指流程的诸构成要素中，对流程的运作起决定性影响的要素。常以"瓶颈"来形容它，显示着该因素的重要性；没有它，流程就难以运作。

二、流程关键点的识别

流程基本要素总的来说有四个：活动、活动的逻辑关系、活动的实现方式和活动的承担者。这四个基本要素在不同的企业流程中，其地位是不一样的，但其中至少有一个是关键因素。流程关键点的识别，主要是看变动某要素是否对流程的运作产生深远的影响，也就是说，能否使流程更好地满足顾客的需要，能否大幅度提高企业的绩效，若是肯定的回答，则该要素就是该流程的关键点；反之，则相反。这是识别流程关键点的根本标准。

三、酒店服务质量检查的原则

酒店前厅服务质量检查是对总台接待、问询、大厅礼宾服务、总台收银、公共区域的卫生清洁等质量标准执行情况做全面、统一的检查，应坚持考虑三个结合的原则。

一是"明"和"暗"相结合。明查可以了解到被检查部门（岗位）在较为充分的准备之后的服务质量状况，虽然可能因事先的准备和"装饰"而缺乏真实性，但却可以反映出酒店服务质量在临近自己最高水平时的一个基本状态；与明查相比，尽管在暗访的过程中会发现过多的问题，但它反映的情况却是真实的。

二是"点"与"面"相结合。所谓"点"就是以检查人员的面貌出现，按照事先确定好要检查的部门（岗位）进行逐项逐条地检查；所谓"面"就是模拟来店客人，从进店入住登记开始，依次在酒店各个场所出现并进行各种活动，直至最后办理离店手续的检查。这种检查可以弥补传统检查容易疏漏许多部位（岗位）的缺陷。

三是"前"与"后"相结合。查要强调连续性，就是在每一次检查前，注意对前次检查的回顾和总结，每一次新的检查，都要特别注意对前次所查问题的复查。

【实践操作】

一、控制前厅部质检流程关键点

1. 控制时间与服务效率

（1）前厅部员工应该掌握在限定时间内完成相关工作的技能技巧。

（2）前厅部员工在具备基本技能后，必须在限定时间内完成操作；但并不是所有的服务都是时间越短越好，应控制在合理的时间范围之内。

【特别提示】 服务效率与服务质量息息相关，效率的高低是衡量服务质量的重要参数。服务效率的高低主要取决于前厅部员工操作技能的熟练程度和被激励程度两个因素。

2. 控制质量标准与现场执行

（1）酒店质量标准往往是用文字条例的形式规定员工在酒店里的行为规范和行为准则。

（2）质量标准制定的目的是为了酒店的服务规范，而要达到规范的目的，就必须确保组织成员人人遵守规则、执行标准。

3. 控制检查周期

（1）通常，岗位/班组一级的检查应贯穿于每日的工作之中；部门一级的检查可每周进行两次左右；店一级的检查每月可进行1~2次。

（2）周期过长，会使服务质量的控制力度弱化；周期过短，又会因此妨碍酒店其他工作的正常进行，而检查本身也会流于形式。

4. 控制检查人员的素质和权威性

（1）服务质量检查是一项既严肃又具有专业难度的工作。

（2）在选择服务质量检查人员和对其进行管理时，应该考虑这样几个条件和标准：具有良好的职业道德和人品；发现问题的专业能力要强。

(3) 酒店总经理可以向服务质量检查机构作出一些授权,以维护其权威性。

5. 控制服务现场

(1) 直接服务现场(一线)和间接服务现场(二线)都要被列为检查对象。

(2) 侧重于直接服务现场的检查是必要的,但不能因此而忽视甚至放弃对间接服务现场的检查;否则,会妨碍前厅部乃至酒店服务质量整体水平的提高。

【特别提示】 前厅部管理人员在检查过程中,要结合前厅部服务的业务特点和现场实际情况,重点检查总台接待、问询、大厅礼宾服务、总台收银、公共区域的卫生清洁等质量标准执行情况,严格、全面、细致、公正、客观地作出评估、总结和处理。

二、控制前厅部服务工作过程

1. 阶段控制

(1) 事前阶段控制。根据前厅部服务质量管理标准,贯彻"教育为先,预防为主"的方针,做好有形产品和无形产品两大方面的充分准备,以确保在客人到来之前有备无患。

(2) 事中阶段控制。根据酒店服务质量管理体系的要求,通过各级管理者的现场巡视管理和每一位前厅部一线服务员严格执行服务规程,确保客人满意程度的提高。

(3) 事后阶段控制。根据酒店服务信息,即服务质量管理的结果,对照酒店服务质量标准,找出前厅部服务质量差异及其产生的原因,及时、主动地与客人沟通,提出有效的改进措施,避免过错的再次出现,确保前厅部服务质量的良性循环。

2. 内容控制

(1) 设施设备与用品控制。计算机、电话交换机、住房卡、保管箱、信用卡刷卡机等所有前厅部设备先进完好,无故障;保证充足的办公用品和各类表格文件的存量。

(2) 服务程序与标准控制。准确测定各岗位上服务员的工作效率,制定各服务项目的标准服务程序和工作定额,通过有针对性的系统培训,确保服务员掌握过硬的业务技能和丰富的业务知识,必须具备良好的语言交际和沟通能力,能够熟练地使用和操作有关接待服务的设备设施。

(3) 服务态度与能力控制。服务员能够着标准制服,言谈举止规范得体,时刻保持饱满的精神情绪和良好的工作状态;能够使用标准普通话,掌握一种以上外语,善于与客人进行有效沟通;能够快速办理入住登记、开房、贵重物品保管等业务等。

(4) 服务效果与服务目标控制。在事前、事中及事后阶段,前厅部各岗位的对客服务均遵守酒店规定,能够在标准服务时限内完成各项服务;能够处处体现为客人和酒店业务服务需要。

工作任务三 分析质检工作

基础知识

一、酒店质检工作的执法依据

酒店质检工作主要依据部门职责、行业标准、酒店制度和执行原则。

酒店质检部门的主要职责是通过计划、组织、指导、协调、控制、监督、检查等保证酒店管理目标的实现,全面负责酒店酒店企业标准化、规范化运营和服务质量的提高。开展质检工作,执行标准主要有2010版《旅游酒店星级的划分与评定》及《酒店行业服务礼仪规范》等相关行业标准。执行的制度可以是酒店酒店企业的《管理手册》、《程序文件》、前厅部门《管理规范》、《员工手册》及《质检奖惩条例》等。另外,在标准和制度的把握上,一般可坚持"结合实际、对标检查、公开公正、人人平等、一视同仁"的原则,坚持以酒店企业领导、质检人员、部门经理、值班经理四级检查相结合开展质检工作。

二、前厅部质检报告的作用

在前厅部质量监督检验制度中,质检报告是对整个抽检过程的集中体现,其作用有三个方面:

1. 判定作用

报告前厅部对被抽检服务质量状况的结论,可作为酒店职能部门质量监督和政府行政执法的依据;还可作为解决客我双方质量纠纷的仲裁依据。

2. 反馈作用

质检报告中记录的服务(无论服务质量合格与否)的各项指标的实测值,及其与服务标准所规定的标准值的对比情况,以"报告"的形式反馈给被检相关部门和个人。

3. 指导作用

被检部门和个人利用质检报告反馈的信息,能及时改进服务技术,排除质量隐患,提高服务质量,同时对于被检部门和个人的服务质量工作也起着重要的指导作用。

【实践操作】

一、撰写质检报告

【特别提示】 在撰写质检报告时,应了解质检工作的几个程序:研究问题→提出要求→确定程序→进行培训→分工执行→检查监督→发现问题→采取措施→再行培训→跟踪检查→落实情况。平时应注意复习、掌握"报告"这种文体的写作规范。

1. 记录

(1)在前厅部服务质量的每一次检查之后,将检查现场发生的实际情况记录下来,不掺杂主观看法和评论。

(2)以酒店管理模式和前厅部服务操作规程为依据和前提条件,对前厅部服务员在接待服务规程中任何细小的违章言行、表情反应及细小的操作失误都做详细的记录。

2. 整理

(1)摒弃个人好恶来组织报告内容,避免对检查到的问题夸大或缩小,也应避免对检查过的内容随意取舍。

(2)同时记录好检查的时间、地点、场合、人物和事情经过等。

【例 6-2】

××酒店服务质量检查委员会检查报告

检查时间：2012 年 10 月 28 日 18：30～22：30

检查项目：前厅部大堂接待

检查人员：×××　×××　××　×××　××　××（外请）

报告整理：×××

整理日期：2012 年 11 月 1 日

整理内容：

18 时整，通过大堂副理向酒店营业车队以客人的名义要出租车 1 辆。15 分钟后，车辆到达前厅门口，车牌号×AG3583。车辆内外整洁，符合营业标准，司机（工号 8021）仪容仪表基本符合标准要求，但领带结扣明显低于衬衣领口，没有戴手套。待检查人员上车后，司机没有使用规范语言，而是问道："到哪儿去？"车在街上小转一圈后开回酒店，停在大堂门口。

前厅部门童（工号 7056）拉车门动作规范，"您好，欢迎您光临！"声调符合标准（前次检查出的问题已改正）。

18：09，检查人员到前台办理住店手续。

接待员（工号 4005）仪表仪容、接待语言均符合标准。但现场的两名接待员（工号 4005、4011）对酒店现行的房价说法不一。4005 号说 80 美元，4011 号介绍为 95 美元。检查组的×××（外请）使用了不易辨认的假身份证，接待员（工号 4005）未能发现，为其办理了入住登记手续。

接待台内一照明灯已不能照明，据接待员讲，已于前日报修，但至今未修。

接待台内客用保管箱有明显的损坏痕迹（前次检查已经指出）。

18：11，入住手续办理完毕，行李员（工号 4023）接过检查人员的手提物品，陪同上房间（817、818）。途中，行李员未与检查人员讲话，且在行走时与检查人员拉开很大的距离（4～5 米）。入房时发现磁卡钥匙打不开 817 号房门（后经查为 4004 号接待员在制作编码时错将房间号 817 输录为 827），行李员请所有检查人员暂时进入 818 号房后，迅速回到前台更正，7 分钟后赶回楼层。入房后行李员的"房内介绍"等其他工作程序符合标准。

二、分析质检报告内容

1. 发现问题

如例 6-2 质检报告样稿中提到的检查人员发现"接待台内客用保险箱有明显的损坏痕迹"的问题，对此进行分析时首先要提出：维修客用保管箱的报告是否已上报工程部？答案只有两个中的一个，即结果 1：已报修；结果 2：未报修。

2. 梳理思路

在了解到其中任何一个答案后，针对一系列需要解决的相关问题，梳理分析和解决该问题的思路如图 6-1 和图 6-2 所示。

3. 找出对策

在确定以上思路后，再以"为什么接待台内客用保管箱有明显的损坏痕迹"、"出现该问题后未及时解决的原因是什么"和"怎样处理好以上问题"等为寻求良策的出发点，针对以

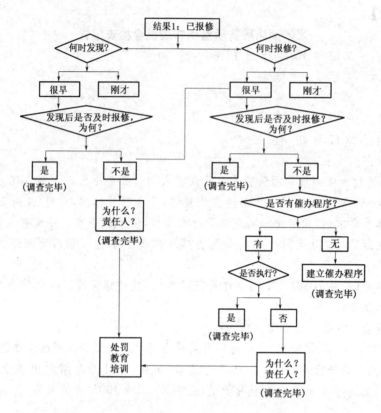

图 6-1 "已报修"问题分析及对策思路

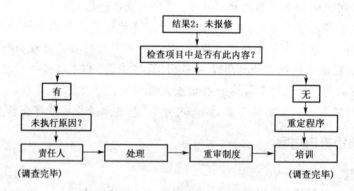

图 6-2 "未报修"问题分析及对策思路

上任何一个甚至几个环节进行周密的分析,进而一次性解决酒店"所有的保管箱的问题"。

【特别提示】 对服务质量的分析是服务质量控制的重要一环,按照问题分析和对策思路,可以由此及彼、由表及里,极大地提高前厅部服务质量控制的效率,亦是每一位酒店管理者应掌握的管理方法。不过,这种管理方法的实施,是必须建立在完善的规章制度和操作程序的基础上的。

模块二 前厅部安全控制

任务导入

前厅部安全控制——掌握前厅部安全防范的措施

1. 安排一节预习课，以小组为单位，通过计算机网络收集酒店安全事件、安全事故的案例，其中有关客人出入前厅部、员工对客服务时遇到安全隐患的案例各3~5个。由组长归类并组织讨论分析后，按教师的要求上交。
2. 教师点评，并播放有关酒店意外事故的视频资料。
3. 教师依据教材所设置的内容，讲解前厅环境安全控制的知识点。

工作任务一 门厅出入安全控制

基础知识

一、安全控制点的含义

门厅出入安全控制主要是指对前厅部安全控制点的建立与控制。安全控制点是指安全管理中重点控制的关键部位。建立安全控制点，加强安全控制，是做好安全工作的关键。

二、门厅主要出入安全控制

从安全防范角度来看，酒店的出入口不宜过多。白天要适当控制入口的数量，夜间，除职工通道以外，最好只设一个供客人使用的主要出入口，这样便于进行重点控制和客流控制。

门童是前厅部服务的重要岗位。门童在出入口向客人提供服务的同时，又是安全员。经过专门培训的门童，应该在工作中与安全保卫人员密切合作，增强识别、防范和控制能力。

大堂是客人出入酒店的必经之地，情况复杂。下雨或下雪时，要放置防滑垫。保安人员应密切注意客人的动向，细心观察，同时注意维持大堂秩序，对一些有碍大堂正常气氛的事件及时婉言劝阻。应防止失窃，特别注意在总台前办理入住手续和离店手续的客人随身物品的安全。夜深人静时仍要注意警戒。应利用好监控设备，任何时间发现可疑情况都应及时上报。

实践操作

【特别提示】 从近几年公安系统破获的案件中分析，犯罪分子越来越趋向于高智商、高科技的专业犯罪团伙，他们往往入住高级豪华酒店，对酒店相当熟悉，以至酒店安全管理难度加大。警惕性高、责任心强是对前厅部服务与管理人员的基本要求。酒店全体员工安全意识要强,发现隐患,尤其涉及客人层面时,要有理、有节地及时、妥善地控制和处理。因此,坚持原则非常重要,适宜的处理时机、方法及技巧也很重要。

1. 电梯安全控制

(1) 电梯是通往客房区域的主要运载工具。为了保障客人的人身和财产安全,除采取设标牌提示和安装监控设备等措施以外,酒店一般在电梯厅处设电梯服务员或保安巡逻,既可为客人提供迎宾、叫电梯和问讯等服务,又可抑制或防止闲杂人员或可疑人员随意进入客房楼层。

(2) 酒店在夜间应安排保安人员在电梯厅巡查,对超过规定会客时间的客人应予以劝阻,并加强对电梯的控制和对客房区域的管理。采用"一卡通"技术,使住店客人可随意使用电梯,而非住店人员则无法开启电梯进入楼层。

2. 消防通道口安全控制

(1) 服务员首先应熟悉前厅消防疏散口位置,另外要保持前厅出入口畅通,无堆放物。

(2) 前厅部服务员应接受如何报警、使用灭火器材、协助疏散客人以及逃生自救等专门培训,掌握救助防范技能。

(3) 在前厅消防疏散出入口安装紧急疏散装置,例如,门锁为单向锁,平日呈关闭状态,店外闲散人员不能入内,发生火灾或紧急情况时,店内人员用力推动此装置,即可打开出入口门。另外,有条件的酒店还可以安装同步电视摄像头,使监控中控室监控画面随时切换至出入口。

3. 大堂吧、咖啡厅、商场安全控制

(1) 服务员注意提醒客人保管好自己的钱物,做好防盗工作。密切注意服务场所的安全工作,对可疑人员要严加监控,出现情况果断处理。

(2) 服务员要严格按照服务规程操作,注意操作安全。

(3) 营业结束后,要督促检查是否已经锁好柜台门、大门和窗户;夜间应加强警卫,保卫场所安全。

4. 行政楼层安全控制

(1) 入住行政楼层的商务客人一般都希望客房安装电子门锁,甚至要求电话、传真加装保密装置,以防止泄漏商业秘密,酒店应予以满足。

(2) 高档的公务客人对行政楼层酒廊、大堂等公共区域或会议室也会提出安全和保密的要求。因此,行政楼层应尽量选择能单独分割开来的楼层,有专门的、个性化的"贴身管家"式的保安力量,或采用先进的科技方法来达到对行政楼层的安全控制。

5. 应急钥匙安全控制

(1) 两套应急钥匙,一套由总经理保管;另一套存放在总台收银处的保险箱内,由财务经理在总经理及总台收银主管在场的情况下装入信封封好,再由三人签名后注上时间,并编上号码(由001起始),于总台收银处开交收单,每个总台收银员当值交接时需在交收单上签名确认收到该应急钥匙和信封。

(2) 在紧急事件中,只能限于酒店指定人员,行政总值班经理(或前厅部经理、当值大堂副理)和保安人员同时执行任务,并需在记录簿上清楚地注明每次应急时用匙的情况。

6. 客用房卡安全控制

【**特别提示**】 酒店房卡一般分为总控卡、领班卡、楼层卡、客用卡四种类型。总控卡店级领导、客房相关管理人员持有(董事长、总经理、副总经理、客务总监、客房经理);领班卡由各楼层领办持有;楼层卡各楼层员工持有;客用卡由总台员工制作和保管。

(1) 制定有关房卡纪律。如,未经登记客人许可,不得为任何来访者开启客房或发卡给来访者;任何服务员如发现房卡遗留于公共场所,应立即交予当值主管,送回总台接待处;若客人以错放或遗落房卡在房间内为由请求开门,客房部服务员应立即打电话到总台核实客人身份,如有任何疑问,应请客人到总台接待处办理补卡手续;总台服务员每班交接时,须核对客用卡数量,发现缺失须上报并在交接本上作记录;将房卡交给客人前,总台服务员须确认客人身份;总台原则上单人房每间只发放一片房卡,双人房可根据客人要求可发放两片房卡,并在电脑中注明;所有IC卡上均不能贴写房号等。

(2) 按程序处理客用卡遗失。验明客人身份和入住登记信息相符→向客人收取或从押金中扣除赔偿费→重新制作房卡给客人→通知房务中心→使用管理卡到该房间插一次卡(做消磁处理,以确保插卡前使用的房卡作废)。

(3) 正确处理客用卡损坏。若验卡显示房号和客人所报相同(且在期限内),则重新制作新房卡给客人并向客人致歉;若卡号不能显示或不能验卡,则验明客人身份和登记相符后,再重新制作房卡给客人,并向客人致歉。

(4) 慎重对待客用卡寄存。听清客人所报房号,请客人稍等后验卡,若显示房号和客人所报一致,则将房卡放在寄存抽屉内,客人来取时,验明身份后交还房卡;如验卡时房号不能显示,应先验明客人身份重新制作房卡再进行寄存;如客人寄存时嘱咐他人来取,则请客人填写留言单并签字确认,再将房卡和留言单存放于收银处抽屉客账夹内,领取时验明客人身份,留言单则保留在客账夹内直至客人退房。

(5) 妥善处理退房房卡。客人退房时,总台服务员应提醒客人交还房卡,如客人出示的房卡没有押金单证明其房号,必须验卡验证无误后,方可通知客房部服务员查房并办理退房手续;若退房时客人将房卡留在房间,应通知客房部服务员查完房交到总台;凡有折痕、断裂、明显污迹、损坏的客用卡,交总台主管保管。

7. 收银安全控制

(1) 收银员在客人进店时核实付款方式,住店期间做到走账迅速,记账及时、准确,总台不保留大量现金,定时上交,送会计部保险库集中,其间的现金押送应由保安部负责。

(2) 有火灾发生时,出纳员要在保安人员的协助下将现金转移到安全的地方;所有人员撤离后,设法抢救有价单据、档案、贵重物品等。

【**例6-3**】 凌晨02:00左右,两位装束不凡的香港客人向酒店总台走去。客人甲在办理好入住手续时,拿出八张面值1 000元的港币要求兑换人民币。小王接过这些港币觉得有些异样且数目较大,便又退回客人甲说:"很抱歉,我们总台没有足够的现金兑换,你还是等到明天吧。"见状,客人甲立即说:"我们现在有点急事需用钱,你能不能帮我们想想办法。"并着重说明这是新版的港币。接着客人乙也用生硬的普通话说,如果你们不兑换的话,那我们就去别的酒店住。小王怕失去这两位客人,又觉得两位客人衣着不凡就消除顾虑,便为客人兑换了8 400元人民币。五分钟后,小王觉得不放心,便向其主管汇报,后经确认发现此"新版"的港币全是秘鲁币,只不过是在钱币上印有港元、发行行、发行时间等字样,主管立即通知保安和楼层服务员查房,发现客人根本未入房,于是向派出所报案。

以上例子表明,在收银工作中有几点值得防范:

第一,酒店平时对员工的培训,往往过分强调"客人至上"、"顾客是上帝"等服务理念。事实上,在培训中也要提供一些负面案例,以提高员工的警惕性。

第二,收银员小王请示不及时,可以假设,如果小王在客人要求兑换人民币时及时请示其主管,也许被骗事情就不会发生。

第三,酒店应及时加大并强化对新外币知识的培训,从案例中可以看出收银员小王对新发行的港币知识不熟悉是导致其受骗的一个重要原因。

第四,一般而言,星级酒店在夜间为客人外币兑换,在数量是有明确规定的,收银员小王之所以敢违规为客人兑换数额较大的外币,一是因为太相信客人;二是因为怕失去两位客人。因此,在培训员工时切记不能"以貌取人";同时也不能盲目地为留住客人而忽略自身的工作职责。

工作任务二 对客服务安全控制

基础知识

一、公安主管部门对酒店入住登记信息管理的要求

公安主管部门规定:凡是已采用电子计算机与公安主管部门联网的酒店,要在每日上午12:00前把前一天的临时住宿登记信息输送到公安主管部门的电子计算机室。没有入网的单位(包括入网后因停电、机器故障等原因不能传输的单位)每天上午10:00前派人把前1天的《临时住宿登记表》报送公安主管部门。

【例6-4】 海南省三亚市公安局于2010年1月,对违反相关规定,未向公安机关申报外国人临时住宿登记的十一家位于亚龙湾国家旅游度假区、大东海、三亚湾及三亚市区的四、五星级度假酒店依法进行查处,按每漏报一名外国人临时住宿登记的酒店,处以人民币50~500元不等的人头处罚。2011年6月,对两家不按规定申报免签团住宿登记的酒店,分别作出责令改正,予以警告并处5 000元和10 000元罚款的行政处罚。

二、酒店安全管理制度对总台办理入住登记手续的要求

凡在本酒店入住的外籍客人、华侨、港澳台同胞及国内客人,一律凭有效证件登记入住。对境外人员无效证件办理入住登记时,必须先与公安局外管处取得联系。

办理入住登记时,遵守先登记后入住的原则,身份证可先扫描后再给客人在登记表上签名,然后由接待员认真查验客人的证件、印签、日期、相片、姓名、职业、年龄、证明等是否清楚、相符,做到表格项目填写完整、字迹端正。接待员应熟记通报和协查内容,对照登记住宿的客人特征,协助公安机关查找犯罪分子和赃物。对可疑的客人,应问明情况及原因后先安排其入住,并立即报告部门负责人或交保安部由其转报有关部门查处。

三、总经理值班制和大堂副理值班制

对客服务安全控制的另一项好的措施就是设置总经理值班制和大堂副理值班制。

从营业首日起,设立总经理值班制度,值班经理分别由各部门经理担任,总经理不在时,值班经理代表总经理全权处理酒店营运事宜,遇有重大安全、财产、人身问题则请示总经理。白天则由大堂副理处理酒店日常事务,重大事情请示当日值班经理。

每日夜班大堂副理均需偕同保安主任,值班工程师一同巡视酒店内部、外部各区域(包括大堂、楼层和部分空房)。在巡视时须注意酒店的办公室门锁是否关好,电灯及其他电源是否关闭,水龙头、消防系统是否能够正常使用等,之后将异常情况内容记录于安全情况登记表上。

实践操作

【特别提示】 酒店客人通常以商务客和旅游客为主,所带资金和财物较多,这正成为外来犯罪分子和内部不法员工进行犯罪活动的目标。如果酒店在安全管理上出现漏洞,不法分子就会乘机作案。从酒店出现的盗窃案件来看,内部员工作案、内外勾结作案也占了相当大的比例,酒店员工在日常工作中有机会接触到酒店和客人的钱、财、物,如果他们的自身修养不足,会令酒店的安全管理工作防不胜防。

1. 住宿登记控制

(1) 接待人员应掌握相关法律法规知识。

(2) 填写《临时住宿登记表》的内容应完整准确,不能有缺项漏项,《临时住宿登记表》中的 14 个项目内容应逐项填写,不能擅自改写。填写的字迹应清晰工整,做到一目了然;缩写要规范,姓名、国籍等可以缩写,但要求严格按照国际认可的标准填写,不得随意自编自造。

(3) 甄别真假,应细心查看住房客人的证件是否有冒用、涂改、更换相片等问题,同时应坚持先核实后办理住宿手续的原则。注意查验证件的有效期限,超过规定期限的证件失去效用,各酒店绝对不能接待持失效证件的客人住宿。查验签证期限,酒店要在客人证件有效签证期限内接待,尤其对"续住"客人要特别注意,防止逾期非法居留。

(4) 按照我国有关法律规定,客人在抵达酒店后 24 小时内,酒店应派人将已填好的《临时住宿登记表》送交公安机关。

2. 检查控制

(1) 指定专人主管或兼管查控工作,建立健全查控工作制度,严密查控措施,防患于未然。

(2) 酒店保卫部门和总台接待部门在接到通知后,应迅速采取措施布置和组织人员落实。

(3) 在服务接待工作中,在登记验证中注意发现查控对象,及时向发文的公安机关报告,切忌拖延时间或漏报。

3. 行李安全控制

【例 6-5】 在香格里拉大酒店,保安人员穿着一身红色制服,显得温文尔雅。而据酒店公关部介绍,酒店给保安人员的定位不是单一的,他不仅仅是保安工作人员,同时也是行

李员和服务生,所以他们给人的感觉是谦和的,而不是一个面无表情的站岗人员。当有客人向保安人员咨询时,保安人员总是微笑着解释,并殷勤地帮客人把包提到电梯口。

(1) 前厅部行李员应准确掌握每天各类客人的抵、离店情况。

(2) 行李到店时,行李员应核准件数,检查行李外观有无破损,逐项填写登记表,与有关人员核实并签收,按规定或商定的时间及时将行李物品送到客房或指定地点。

(3) 行李员将行李放入房间或交给客人,不得随意放在房门口;暂时存放在大厅或行李库房内的行李应加盖网罩,或用绳索连接,挂好行李卡,并安排专人看管。

(4) 客人离店时,行李员应按要求及时将房间行李集中并核准件数,检查行李外观有无破损,与客人或陪同人员再次确认并签收。

(5) 住店客人办理寄存行李物品时,行李员应事先向客人说明酒店不收存易燃易爆等违禁物品,然后按规定办理相关手续。

(6) 行李库房内严禁吸烟,客人的物品应按规定码放整齐,短存与长存的行李要分隔开来,并挂好寄存牌。行李房内不得堆放员工的私人物品,不得使用电炉、电取暖器、电熨斗等电器。其他员工进入时,应由行李员陪同。

4. 访客接待安全

(1) 在 23:00 以后婉拒来访会客者。

(2) 在总台或客房楼层设服务台接待来访会客者并予以登记。

(3) 必须在征得住店客人同意后,才可将客人房号告诉会客者,或按客人的要求答复来访会客者。

5. VIP 保安

(1) VIP 抵店前,清理酒店大门前一定范围内的无关人员,疏通行车通道。

(2) VIP 到达时,加强 VIP 行走路线的警戒,保安人员要密切注意周围环境和人员的动向。

(3) VIP 所到之处都应进行严格检查,如花槽内、桌椅下、天花板、地面、角落等,确定是否有危险品和不安全因素;同时注意尽可能减少对营业场所的影响,做到内紧外松。

(4) 在实施特别保安时,一般都会有公安交管部门人员在场,酒店保安人员应主动与其配合。

6. 客人报失处理

(1) 前厅部服务员接到客人报失后,应首先问清失主姓名、房号、国籍等身份情况以及丢失财物的名称、数量、型号、规格等。

(2) 立即向大堂副理或本酒店受理报失管理的部门反映,并按酒店工作程序规定和客人的要求,积极予以查找或联系。

【例 6-6】 威尼斯酒店对付酒店的偷包族有一套自己的办法:酒店的保安打扮成普通顾客在餐厅里密切注视可疑人员的动向。一旦小偷出手,"便衣"们便一拥而上,将其拿下。

7. 客人遗留物品处理

(1) 大厅服务员在公共区域、总台、门口等处发现客人遗留物品后,应及时上交酒店有关部门,并填表登记,详细记录遗留物品名称、数量、型号、规模及发现地点、捡拾人姓名等。

(2) 对于暂时无人认领的遗留物品,可由指定部门保管。贵重物品应存入保险箱或专人统一处理。长期无人认领的一般性物品在保管三个月以后,贵重物品保管六个月以后,应按规定统一处理。

工作任务三　意外事故安全控制

基础知识

一、酒店意外事故和突发暴力事件

酒店意外事故是指发生在酒店内部造成人员伤亡或物质损失的意外变故或灾害,如客人死亡、房屋倒塌、火灾、煤气泄露等。

酒店突发暴力事件是指突然发生在酒店内的抢劫、行凶、斗殴、爆炸等治安事件甚至刑事案件。

二、前厅部安全预案

制定安全预案的目的,一是预防意外事件的发生;二是当意外事件一旦发生时,前厅部能够按照有关部门制定的预案,及时、迅速、高效地控制事态的发展,保证酒店和客人的生命财产安全。预案一般包括以下主要内容:

1. 成立处置意外事件的指挥机构

应规定指挥机构的成员和职责范围,应明确无论什么时候发生意外事件,指挥机构都能在自己的职权范围内作出处置决定。

2. 建立统一的报警和信息传递程序

应明确一旦发生意外事件,如何报警,向哪个部门报警,要确定好程序。

3. 部署处置力量和具体任务

处置力量和具体任务部署一般包含以下八个方面:(1)现场守护力量,负责警戒,防止现场受到破坏;(2)抢救排险力量,负责受伤人员的抢救,排除灾害险情;(3)调查取证力量,负责现场照相、录像及对有关人员进行采访;(4)捕捉和堵截嫌疑犯力量,发现肇事者或破坏分子要及时捕捉,认真看管,对逃离现场的要布置堵截;(5)联络配合力量,负责与公安部门和酒店其他部门的联系、配合工作;(6)机动力量,负责支援工作;(7)保护力量,对重点部位加强保护;(8)宣传疏导力量,负责住店客人的安全宣传和组织疏散。

4. 安全预案的演练

前厅部安全控制并不仅仅限于对客人安全的控制,还包括对员工安全的控制和整个酒店运营安全的控制。预案制定后,要定期组织有关人员进行演练,强化操作技能。对演练中暴露出来的问题应及时在预案中充实。

实践操作

1. 停电事故处理

(1)在前厅发生突然停电,影响正常工作和服务秩序时,前厅部服务员应首先保持镇静,稳定客人情绪。

(2) 夜间发生突然停电,前厅部服务员立即取出存放在工作地点的应急手电筒,协助大堂副理或保安人员,安排或疏导客人,并向本部门和保安部、工程部报告。

(3) 门童应劝阻无关人员进入酒店。电梯服务人员应立即检查各部门电梯,核实是否有客人被关在电梯内,并采取积极措施将其救出。

(4) 前厅部配备计算机、传真机的工作岗位,在突发停电时,立即关闭电源,待接到正式通知后再按程序接通电源。

2. 突发暴力事件处理

(1) 应利用工作之便见机行事,首先向保安部报警,报告时不要惊慌,切忌大声喊叫,讲清案发地点等现场情况,并做记录。

(2) 协助保安人员尽快制服凶犯,保护现场,或向保安人员提供凶犯逃跑方向、特征、人数等情况。

(3) 在大堂副理或保安人员组织下,保护好客人遗留在现场的物品,逐一登记,安抚客人,积极联系医院救治受伤害的客人。

(4) 积极向公安人员提供案发现场目击情况,协助辨认嫌疑犯,协助做好善后工作。

3. 涉外案件处理

【特别提示】 涉外案件,是指发生在我国境内的涉及外国、外国人(自然人及法人)的刑事、民事、经济、行政、治安等案件。处理涉外案件的原则是:必须维护我国主权和利益,严格依照我国法律、法规办理,做到事实清楚,证据确凿,适用法律正确,法律手续完备。

(1) 对于享有外交特权和豁免权的外国人,如果其违反了治安管理有关规定,则要通过外交途径予以处理。

(2) 对于不享有外交特权和豁免权的外国人,如果其违反了治安管理有关规定,则由公安机关依照《中华人民共和国治安管理处罚条例》进行处理。

(3) 依照法律规定和办案程序,要认真、及时、依法做好查证工作。对外国人违反治安管理规定的案件查处,应由治安部门归口管理,并与外国人管理部门配合进行。

4. 前厅部防火措施

(1) 防范客人吸烟。酒店前厅每天人流量大,人员也比较复杂。前厅部服务员应注意来往人员,尤其注意应劝阻客人吸烟,并防止客人乱扔烟头。

【特别提示】 国家卫生部 2011 年 1 月颁布实施全国《禁烟令》:自 2011 年 5 月起,中国内地将在所有室内公共场所、室内工作场所、公共交通工具和其他可能的室外工作场所完全禁止吸烟。酒店在大堂客人休息处、总台等各个公共区域已取消了烟灰缸的设置。

(2) 勤于观察,及时制止。前厅部服务员在接待服务过程中应随时留意并制止客人将易燃易爆、枪支弹药及其他危险物品带入酒店,发现情况及时向保安部和大堂副理报告。

(3) 不私自加装、动用电器设备。前厅需增加电气设备或更新原设备时,必须经过主管部门、工程技术部门以及保安部共同检查审议,同意后方可安装使用。任何个人不得在工作岗位私自加装、更换电气设备。

(4) 加强日常巡视检查。前厅部服务员每天每个班次都应检查所使用的各种设备状况,如发现隐患应立即向本部门、设备保养维修部门和保卫部门报告,采取积极措施,予以修理、更换或更新。

5. 发生火灾时的行为控制

(1) 尽早报火警。酒店消防预案中明确规定,报火警可分二级处理。因此,前厅部工作人员一旦发现火情,要立即以人工报警方式向酒店消防管理机构报火警。

【特别提示】 "一级报警"是指店内员工发现火情后,向酒店消防管理机构报警;"二级报警"是指由酒店消防管理机构确认火情后向酒店所有部门及客人报警。

(2) 随时答复询问。大堂副理、总台接待员等前厅部工作人员应坚守工作岗位,随时答复客人询问,安抚客人,稳定情绪。

(3) 及时控制电梯。靠近电梯的前厅部工作人员应将自动电梯落下,并告诫客人不要乘用电梯,不要回房间取物品。

(4) 妥善保管财物和资料。结账处员工应把现金、客账、账本等重要财物妥善安置,安排专人保管,随时准备疏散转移;接待处的员工应迅速整理客人住宿登记资料,在接到疏散命令并在指定地点集合后,根据客人住宿登记资料尽快清点人数,将清点结果向保安部汇报。

(5) 妥善安置客人及物品。门童应迅速将所有通向外面的出口打开,协助保安部人员组织客人向外疏散,阻止无关人员进入大厅。行李员应立即将寄存处的客人物品转移到安全地带,并派人严密看守。

【特别提示】 以上是酒店发生火灾时前厅部服务员应该做的救援工作。在平常消防演习和救援培训时,管理人员应该让前厅部服务员明确和熟悉各自的职责和任务,培养其临危不慌的心理素质和专业素质。这对于应付火灾救险或其他突发事件、自然灾害等也大有裨益。

模块三 酒店客我关系维护

任务导入

客我关系维护——掌握前厅部维护客我关系的手段

1. 各小组长组织部分组员,利用课余时间前往本地几家高星级酒店,设法与其前厅部经理或大堂副理座谈,或仔细观察酒店前厅部员工的服务过程。要求:(1)了解酒店前厅部个性化服务方式和客人投诉的类型;(2)索取酒店"客户关怀"计划样本;(3)回校后以组为单位讨论收集到的相关信息,并加以整理,派代表在课堂宣讲。

2. 各小组通过计算机网络,查找有关酒店前厅部际沟通的实例,派代表以"讲故事"的形式进行宣讲。

3. 教师点评后讲授维护客我关系的知识点。

工作任务一 个性化服务管理

基础知识

一、酒店个性化服务

酒店个性化服务（Personalized Service），其含义是指酒店为客人提供具有个人特点的差异性服务，使接受服务的客人有一种自豪感和满足感，从而赢得客人高度认同的一种服务行为。个性化服务也可以指服务人员在提供服务的过程中，对客人经过细心的观察，认真分析和研究判断，做出决定，积极主动地为客人提供完美服务。酒店个性化服务是酒店企业适应和接受日益加剧的竞争的结果。

从酒店管理的角度来看，酒店的个性化服务内涵包括以下两个方面：一是满足客人的个性需要。即在承认客人是不同个性与需求的基础上，有针对性地设计与提供产品。二是表现服务人员的个性。客人个性需要的满足还必须有赖于服务员的个性化表现，深入地了解顾客的个性特点，提供大于100%的满意服务。本教材"服务篇"中的"金钥匙"及"贴身管家"服务，就是为客人排忧解难所进行的一系列富有个性的特殊服务。

二、前厅部个性化服务对管理者的基本要求

个性化服务决不是一句口号，需要付出时间和精力去进行设计。只有当管理者能够把注意力放在酒店和前厅部提供的产品与服务的具体的设计上，并使之趋于科学与合理，个性化服务、人性化设计才能创造自己特有的服务品牌，树立良好的酒店形象，真正为酒店带来效益，让酒店在激烈的竞争中取得相对优势。

实践操作

一、拓展前厅部个性化服务的思路

【特别提示】 个性化服务是一种非常规化的服务。提倡针对性的个性化服务，不是依照酒店前厅部服务标准及要求所能实现的，而是需要超出标准要求之外，靠前厅部员工出自己高度的敬业精神和对酒店的主人翁精神的驱动来实施的。另外，如果没有部门与部门之间的合作和其他员工的参与，个性化服务也许只停留在员工的心里，很难实施。

1. 以敬爱情感提供人性化服务

在一般性的个性化服务当中，酒店应有人情味，提供人性化服务，以最大地满足客人提出的要求。

【例6-7】 有位三十年后再次访问曼谷的英国客人，无意中讲出他昔日睡在蚊帐里的乐趣，客人所在的曼谷东方酒店立即派人送来一顶大蚊帐，设在这位客人入住的带空调的房间里，为客人找回了当年的情境。

2. 以客史档案提供细致服务

利用客史档案，注重服务的有效性，把客人的生活习惯、喜好和使用的物品等等，通过

建立客史档案记录下来,为客人提供更细致的服务和惊喜。

3. 以超前意识提供延伸服务

通常客人在店外的事务及活动,未经客人的要求或同意,酒店原则上是不能过问的。对外出且又不熟悉酒店所在城市的客人提供及时的帮助,把对客服务向店外延伸,是前厅部个性化服务的一个良性选择。

【例 6-8】 住在某酒店的几位客人,一日下午外出购物,离店前询问过大堂副理,因突至的大雨久下不停而无法回店。因客人曾开通过房间的电话,留有电话号码记录,大堂副理于是寻找到客人的手机号码,并与其联系上后,派车冒着倾盆大雨将客人接回酒店。

4. 以礼俗知识提供特殊服务

个性化服务不完全是超常服务,也包括许多常规服务,只不过要在常规服务中加入客人的个性需求。礼俗是发于人性之自然,合于人生之需的行为规范,在前厅部提供个性化服务中有其特殊作用。

【例 6-9】 有位常住东方酒店的美国人,因为宗教信仰原因星期五不乘电梯,如果他星期五抵店时,前厅部接待员把他安排在低层,以便他步行从楼梯出入。

5. 以酒店制度提供温情服务

酒店应将对客人实施个性化服务的各项标准和要求,编制成各式文件,并以此形成对酒店实施个性化服务的制度化管理体制。

6. 以细心观察提供持续性服务

不论是天数,还是以客人入住的次数来记录,只要是相同的客人,对他所提供的个性化服务都应该是有持续性的。

二、强化个性化服务中前厅部员工的职业素养

1. 掌握酒店规范化程序和各岗位操作规程

(1) 规范化的酒店服务程序是个性化服务的基础,它可以反映出酒店的整体服务水平和特色,个性化服务是规范化服务的继续和补充。

(2) 在实施个性化服务时,为满足客人的一些特殊要求,所提供的服务往往会超出酒店职能部门的界限,通过对各部门的统一协调来为客人提供服务。因此,服务员必须掌握酒店各部门的操作规程,必要时应打破部门的局限,为客人提供及时的服务。

2. 熟悉与酒店个性化服务相关的业务知识

(1) 酒店业所提供的服务始终以不同客人、不同时期、不同需要为中心,前厅部服务员对于不同时期客人的需要应有所了解。

(2) 服务人员要快速更新和掌握相关的业务知识。例如,当地的旅游动态、商务动态、航班信息、民俗风情等。这样,在个性化服务过程中才能做到有的放矢。

3. 具备超前意识

(1) "想客人之所想,急客人之所急",是提供优质的个性化服务的一个基本点,但在提供个性化服务时,服务人员加入一些超前意识可使服务更加完美。例如:客人在询问到某景点(区)时,服务人员除了告诉客人路线外,还可介绍一下沿途的景点(区)和返回酒店的最佳路线;如果客人是外国人,还可以为客人准备一些中英文双语的短句和铅笔、纸张供客人沿途问路时使用。

(2) 在最短时间内减少与客人的陌生感,在接到客人入住的消息后,服务员要尽快地熟悉客人的个人资料、生活习惯,并在为客人提供个性化服务时加以灵活运用,这样就会拉近与客人的距离。

【特别提示】 越来越多的客人不再喜欢呆板的酒店服务模式,客人要求酒店根据其需要提供个性化服务,这也是对前厅部员工服务水平的一项重要考验。总体而言,在个性化服务实施过程中,服务员应时刻保持最佳的精神状态,才能了解客人的需求。而且,针对回头客进行持续性的个性化服务,是酒店知名度和美誉度在社会公众中不断提高的有力保证。

工作任务二 顾客关怀计划

基础知识

一、顾客关怀

"顾客关怀"是隶属于营销学范畴的一个基本概念。从营销哲学的发展史来看,先后经历了生产时代、产品时代、销售时代,直到现在的市场营销时代,营销的基本思想被取向定格在顾客群体上。"顾客永远是对的"、"顾客就是上帝"等就是酒店行业对这一思想的阐释。

在产品同质化和竞争日趋激烈的市场环境中,酒店企业和顾客之间的关系是经常变动的,而顾客一旦成为酒店企业的顾客,酒店企业就应尽力保持这种顾客关系。顾客关系的最佳境界体现在最长时间地保持这种关系、最多次数地和顾客交易和保证每次交易的利润最大化,因此酒店企业需要采取行动扩大顾客关系,顾客因为得到更多、更好、更符合其需求的服务而获益,酒店企业也因销售增长而获益。

二、顾客关怀计划

酒店企业根据顾客实际情况和历史服务情况,对不同需求的顾客进行差异化服务,来执行周期性的顾客关怀,以降低销售成本,并通过科学的顾客关系分析,实现顾客价值管理,有效地预测市场需求和经营状况。

通过顾客关怀计划,顾客可以自己喜欢的方式,同酒店企业进行交流,方便获取信息,得到更好的服务,使顾客的满意度得到提高。这样,不仅可帮助酒店企业更好地挽留现有的顾客,而且还可使酒店企业寻回已失去的顾客,并更好地吸引新顾客,使酒店企业的顾客关系管理更上一层楼。

实践操作

一、确定扩大顾客关系的目标、任务和措施

1. 确定目标

(1) 前厅部可协助酒店公关营销部,确定顾客关系关键人员定位及要跟踪的顾客项目

名称列表,系统评估顾客对酒店的价值和贡献,评估顾客关键人员对酒店的价值,以确定扩大顾客关系目标。

(2) 前厅部可根据酒店资源和核心能力,确定为顾客提供的酒店产品、前厅部服务技术和服务内容范围,并根据竞争态势,协助酒店公关营销部,明确酒店要达到的市场排名和市场份额,确定市场的投入产出经济指标预算。

2. 选择任务

(1) 酒店前厅部应与公关营销部配合,根据不同活动内容和目的,拟定不同的人员组成、目标和分工。

(2) 明确市场和销售费用预算,并选择扩大顾客关系的行动。

3. 采取措施

前厅部可通过酒店公关营销部营销方案,了解酒店扩大顾客关系的工作目标,再通过系列顾客关怀行动和采取其他前厅部针对顾客的个性化服务措施,让顾客充分了解酒店对顾客的价值和贡献。

二、制定扩大顾客关怀计划

1. 设计顾客关怀工作表

首先根据酒店公关营销部制定的营销方案,在结合前厅部的工作需要,设计顾客关怀计划表和顾客关怀行动检核表。

2. 与顾客进行深入沟通

通过制定顾客关怀计划与顾客深入沟通,倾听顾客的意见,随时关注顾客的新需求,解决顾客的难题,关注酒店企业顾客资源的动态变化,挖掘顾客更多更深层的需求,为顾客提供更多更新的产品,保持长久关系,争取实现持续销售的目的。

3. 提供顾客关怀推广平台

借扩大顾客关系的关怀活动,对目标顾客展开推广和有效公关,增进与扩大顾客关系,为酒店产品、解决方案进入顾客视野或扩大销售提供公关平台。同时,注重前厅部促销工作的推进和总台员工对客交流能力的提高。

4. 进行顾客关怀评估

(1) 策略评估:包括对规划及目标、顾客分析方法、渠道建设与整合等指标的评估。

(2) 实施评估:包括对系统实施、流程规划、运营管理和投资回报等的评估。

(3) 效果评估:包括对认知度及社会形象、问题解决度(顾客满意度)、顾客忠诚度、酒店企业价值等指标的评估。

三、选择扩大顾客关系的行动方式

【**特别提示**】 如果顾客群非常集中,单个顾客创造的利润非常高,那么与顾客保持密切的联系则非常有利于酒店企业业务的扩展。前厅部可结合自身的工作形式和特点,选择扩大顾客关系的行为方式。

1. 亲情服务

前厅部可根据总台客史档案等信息源,了解顾客的基本信息,选择出特定的顾客列表,在顾客的生日或在重要节假日,寄送本酒店的贺卡、小礼品等,以示祝贺;派代表参与顾客的周年庆典等重要庆祝活动。

2. 推荐产品

通过对顾客分析而得到的各类顾客群体的特征信息，针对不同的群体，宣传、推荐酒店最适合该类顾客的各项服务产品。

3. 建立俱乐部

用俱乐部这种相对固定的形式将顾客组织起来，在一定程度上讲，也是有效狙击竞争者进入的壁垒；前厅部可以发掘出顾客的意见和建议，有效地帮助酒店企业改进设计，完善产品。

4. 推荐优惠政策/组织事件活动

(1) 与酒店公关营销部等配合，根据对顾客分析的结果，针对不同的顾客群体，制定不同层次的优惠政策，主动推荐给顾客。

(2) 协助酒店公关营销部进行市场沟通障碍分析，确定市场难点；进行顾客关注点分析，确定社会热点、活动主题；结合酒店资源和社会免费资源，确定活动性质；根据酒店市场能力，确定活动范围；计划、组织并实施。

【特别提示】 事件活动可以是商业和公益两种性质，目的是在目标市场中形成影响。活动成功的关键是抓住社会热点，制造轰动效应。前厅部开展事件活动的难点是如何利用酒店和社会免费资源。

5. 开展其他活动

(1) 如个性化的服务措施：24小时电话总机服务热线、24小时商务中心免费服务、前台接待技术支持、顾客需求研讨、会场服务小组派遣、顾客需求评估及联合推广、联合公关等活动。

(2) 前厅部扩大顾客关系的方式有很多，透过整个酒店的销售推力和市场与品牌的强势拉力，与顾客互动沟通，培育前厅部顾客观念，是建立酒店企业品牌形象，扩大顾客关系的有效途径之一。

工作任务三　前厅部内外沟通

基础知识

一、沟通的涵义

管理学中的沟通，是指相关部门和岗位之间信息传递和反馈的过程。有效的沟通包括信息传递和信息反馈，即把信息全部传递出去和信息接受者及时、准确、充分地获取全部信息并在必要时反馈信息两个方面。

沟通协调是一种管理活动，这种管理活动是以酒店的决策目标为基本出发点，通过对不同业务部门的调整、联络等活动，使酒店各部门之间、员工之间、酒店与客人之间、酒店与社会公众之间和谐统一，充分发挥各部门的工作潜能，以实现酒店的经营目标。

二、沟通的意义

酒店是一个多部门、多功能,为社会提供综合性服务的酒店企业。众多的部门和功能在自身运行和发挥作用的同时,一方面要保持自身的有效性,另一方面各部门之间只有做到协调一致、和谐统一,才能实现酒店的总体目标。前厅部作为酒店的"神经中枢"以及联系客人与酒店的桥梁和纽带,必须发扬团队精神,做好同客人及其他部门之间的信息沟通,协调处理好相互之间的冲突和矛盾。因此,认识和理解前厅部际沟通有着非常重要的意义。

三、沟通的原则

前厅部进行内外沟通时应遵循的原则主要有三点:

第一,明确沟通目的。为了有效地进行沟通和协调,事先要明确沟通协调的目的,即为什么要进行沟通协调、需要沟通协调的内容到底是什么,然后将需沟通协调的内容仔细、慎重地计划一下,清晰、明了地进行沟通。

第二,注重沟通的对象、时机和渠道。考虑进行沟通协调对象的权限、能力、背景、经历以及对方人际关系情况等;考虑什么时间进行沟通协调,考虑采用何种渠道来传递,只有这样,沟通才能畅通。

第三,注重信息的接受与反馈。进一步核查沟通协调的内容及对方的反映情况,以此完善沟通协调过程,保证沟通协调效果。

实践操作

一、选择沟通方式

【特别提示】 有意义的会议沟通、函件沟通、活动沟通和培训沟通等,对增进管理者和员工之间的了解是极其有效的。员工大会给管理者一个表现的机会,既可以激发员工的热忱,促进合作精神,又能消除员工的心理疑虑。

1. 会议沟通

会议是一种面对面的最明朗、最直接的联系和交流方法。如由前厅部经理召集的部门例会、晨会,前厅部各工种举行的班前会和班后会等。当然,会议的次数和时间都不能影响到酒店的正常业务运行。

2. 函件沟通

(1) 报纸、杂志和内部简报。酒店的刊物在酒店创建企业文化过程中起着非常重要的作用。酒店刊物通常采用店报形式,也有店刊、内部简报等。店报以月报形式多见,主要登载酒店的要闻,宣传酒店的理念和宗旨,发表员工的习作。

(2) 给员工的信。前厅部员工给前厅部经理写信,前厅部经理给前厅部员工发公开信,可以交流信息,加强沟通与理解,探讨前厅部的有关业务,也是一种有效的沟通手段。这种方法花费不多,却比较容易为员工所接受,可以收到很好的效果。

(3) 备忘录。备忘录是酒店上下级、部门之间沟通协调的一种有效形式,包括工作指示、接待通知单、请示、汇报、建议和批示等。

（4）员工手册。酒店经营管理的一个常见方法是编印《员工手册》。《员工手册》人手一册，内容包括规章、政策、权利、禁止事项以及有关酒店的历史和组织等介绍。这一方法对员工内部协调是非常有效的。

（5）日志/记事本。日志/记事本是酒店对客服务过程中各班组相互沟通联系的纽带，主要用来记录本班组工作中发生的问题，尚未完成，需要下一班组继续处理的事宜等。酒店各部门、各环节、各班组均须建立此制度，确保信息传递渠道通畅、迅速、有效。

（6）报表和报告。报表和报告，既是酒店内部各项工作衔接的手段，也是内部沟通和传递信息的方法。报表和报告可以使酒店的经营状况一目了然，可以使管理者掌握基层工种和班组员工的思想与管理水平。

【特别提示】 特别编印真实而具体的有关本酒店收支及发展状况的财务报表发给员工阅读；这种方法可以有效地调动员工关心酒店、参与民主管理的积极性。

3. 活动沟通

（1）多种形式的团体活动是消除误解隔阂、加强沟通交流的较理想的方式。

（2）酒店应定期不定期地举行这类活动，如联谊会、茶话会、酒会、歌舞会、郊游等。去别的酒店考察、外出参观等也是较好的团体活动。

4. 培训沟通

（1）酒店开展内部员工培训，例如前厅部员工的培训、前厅部主管和领班对员工的培训、前厅部员工对员工的培训等。

（2）通过培训既能提高前厅部员工和各级管理人员的业务水平和语言表达能力，又能加强员工之间及员工与管理人员之间的沟通与理解，还能有助于管理人员准确评估员工水平，进而合理安排员工的工作和提拔任用优秀员工。

5. 其他形式的沟通

（1）公告牌是最简单也是最常用的沟通方法之一。它能告知有关事项，提供有关信息、提供当日的工作要点。

（2）前厅部日常工作中还可大量使用电话、传真、计算机、电子邮件等通讯方式进行沟通，这可以大大提高沟通效率和沟通的准确性。

二、加强前厅部的内部沟通

【特别提示】 有效的内部沟通有助于前厅部更好地发挥销售功能，实现客人满意度和营业收入双提高的目标。

1. 接待处与客房预订处

（1）前厅部接待处应每天将实际抵店、实际离店、提前离店、延期离店等用房数以及临时取消客房数、预订但未抵店客房数和换房数及时输入计算机系统内，或采用表格形式递送给客房预订处，以便预订员修改预订信息，确保预订信息的准确性。

（2）客房预订处也应每天将已延期抵店、实际取消以及次日抵店用房数等及时输入计算机内或采用表格形式递交接待处，以便前厅部接待处最大限度地销售客房。

2. 接待处与总台收银处

（1）前厅部接待员应及时为入住客人建立账单，以便收银员开立账户及累计客账；同时,应就换房所产生的房价变动以及客房营业情况互通信息。

(2) 总台收银处还应将客人已结账信息及时通知接待处,以便迅速调整房态,并通知客房中心清扫整理客房,以利于再次销售。

三、加强前厅部的对外沟通

【**特别提示**】 前厅部是酒店其他部门的信息源,也是酒店管理机构的参谋和助手,它的对外信息沟通格外重要,其沟通形式除利用管理信息系统外,还可采取接待通知书、专题报告、报表以及备忘录、相关文件、批示等形式进行沟通。

1. 与总经理室沟通

(1) 及时向总经理请示、汇报前厅部运行与管理过程中的重大事件。

(2) 定期呈报"客情预报表",递交贵宾接待规格审批表,报告已订房贵宾的具体情况;贵宾抵店前,递交贵宾接待通知单。

(3) 每日递交"客情预测表"、次日抵离店客人名单、客房营业日报表、营业情况对照表等统计分析报表;每月递交房价与预订情况分析表、客源结构分析表以及客源地理分布表。

(4) 制定房价与修改条文,转交有关留言与邮件。

(5) 客源销售政策的呈报与批准,免费、折扣、定金及贵宾接待规格的审批。

(6) 准确了解酒店正、副总经理的值班安排和去向,并为其提供呼叫服务。

2. 与公关营销部沟通

【**特别提示**】 通常,前厅部主要负责零星散客以及当日的客房销售工作,而公关营销部则主要负责酒店长期的、整体的销售工作,尤其是团体和会议的客房销售工作。

(1) 为避免用房紧张时超额预订,双方应确定团体客人和散客的接待比例;双方应核对月度、年度客情预报信息。每日应递送"客情预测表"、"客源比例分析表"、"房价与预订情况分析表"、"贵宾接待通知书"、"次日抵店客人名单"等。

(2) 公关营销部将已获总经理室批准的各种订房合同副本交前厅部客房预订处。公关营销部将团队、会议客人的订房资料送达客房预订处。与公关营销部共同磋商来年客房销售的预测。

(3) 团队/会议客人抵店前,将用房安排情况书面通知营销部;团队/会议客人抵店后,公关营销部团队联络员将客人用房变更等情况书面通知前厅部接待处。

(4) 向公关营销部了解离店团队客人最新的行李发出时间以及离店时间;了解团队/会议客人需提供的叫醒服务时间、最新日程安排。

3. 与客房部沟通

(1) 前厅部与客房部都是围绕客房而展开工作的。前者负责客房销售,后者负责客房管理,两者相辅相成。前厅部与客房部间的信息沟通最频繁。目前,很多酒店将两者合二为一,组成房务部(Room Division),以实行归口管理。

(2) 接待处每日递交"客情预测表";客房中心每日递交"楼层报告",以便前厅部接待处核对房态,确保其准确性。

(3) 贵宾团队抵店前,前厅部递交"贵宾接待通知单"、"团队用房分配表";贵宾抵店当天,将准备好的欢迎信、欢迎卡送入客房部,以便客房部布置好贵宾房;递交"鲜花通知单",以便布置客房;书面通知订房客人的房内特殊服务要求;将入住与退房信息及时通知客房部。

（4）递交"客房/房价变更通知单"、"在店贵宾/团队/会议一览表"、"待修房一览表"、"报纸递送单"，将客人用房变动情况和报纸发放通知客房部。

（5）客房部应将客房遗留物品情况通知前厅部，安排楼层员工协助行李员运送抵店的团队行李，派楼层员工前去探视对叫醒无反应的客人，及时向总台通报客房异常情况。

（6）前厅部应积极参与客房打扫、保养和质量检查，与客房部进行交叉培训，以利于沟通。

4. 与餐饮部沟通

（1）每月递交"客情预报表"；每日递送"客情预测表"、"贵宾接待通知单"、"在店贵宾/团队/会议一览表"、"预期离店客人名单"、"在店客人名单"，每日从宴会预订处取得"宴会/会议活动安排表"，更新每日宴会/会议、饮食推广活动的布告牌信息。

（2）发放团队用餐通知单，书面通知餐饮部有关客房布置的要求，如房内放置水果、点心等；向客人散发餐饮部的促销宣传资料，随时掌握餐饮部各营业点最新的服务内容、服务时间以及收费标准的变动情况。

5. 与财务部沟通

（1）为确保酒店的经济利益，前厅部应加强与酒店财务部（包括总台收银）之间的信息沟通，以防止出现漏账、逃账等现象。

（2）双方应就定金、预付款、住客信用限额以及逾时退房的房费收取等问题相互及时通知。

（3）每日向财务部递送"客情预测表"、"贵宾接待通知单"、"在店贵宾/团队表"、"在店客人名单"、"预期离店客人名单"、"长途电话收费单"、"长途电话营业日报表"等。

（4）递交抵店散客的账单、团队客人的总账单与账单、信用卡签购单等。

（5）对客房营业收入的夜审，双方应就已结账的客人再次发生费用而及时沟通，以采取恰当的方法提醒客人付账。

6. 与酒店其他部门沟通

（1）了解各部门经理的值班安排与去向，以便出现突发事件时的信息沟通。

（2）给工程部递送"维修通知单"，并与工程部、保安部就客用房卡遗失后的处理进行沟通。

（3）与人力资源部就前厅部部新员工的招聘、录用、培训、上岗等进行沟通。

工作任务四　投诉意见处理

基础知识

一、客人投诉的特征

酒店客人投诉是客人对酒店提供的服务设施、设备、项目及行动的结果表示不满而提出的批评、抱怨或控告。它具有强烈的主观性，对酒店产品和服务的评价以自身的认识和感受为标准，在个人当时状态以及周围因素的影响下，会进一步激化情绪反应，使投诉者行

为朝着更情绪化的方向发展。其具体特征主要有三个方面:

1. 客人投诉的突发性并要求迅速回应与解决

酒店客人在酒店逗留时间有限,尤其是非当地客人投诉时常常要求酒店在极短的时间内当场解决。因此,在酒店实践中要求具有应对紧急事件的能力和方案,同时也要求具有相应的快速反应能力。

2. 客人投诉要求酒店予以尊重和重视

客人对某一方面或某些方面进行投诉的时候,即使出现了主观的错误判断或认识,也要求酒店工作人员能尊重其反应,能体现出谦恭、认真的态度,并且能够给予适当的解释和感谢,否则客人会有一种挫败感及失落感,从而也会降低或阻碍对酒店的选择。

3. 客人投诉频率的不确定性

酒店客人便利程度与处理速度、酒店与客人的关系以及客人感知酒店改进程度等因素会影响客人投诉的频率、次数以及意愿等。同时,也会在相当程度上影响客人对酒店满意度的最终评价。

二、客人投诉的类型

一般情况下,酒店受到的投诉主要有三个方面:

1. 因系统问题而引起的客人投诉

这里的"系统"指的是把产品和服务传递给客人的过程、步骤、制度和方式等。从这个角度来看,系统问题包括五个主要内容:酒店的布局、停车场所以及电讯信号状况等;资料的记录和保存状况等(包括处理对客交易的计算机系统状况);员工数量与质量;营销与销售政策;涉及产品质量与提供服务的有关政策及流程。

2. 因价值问题而引起的客人投诉

这种类型的客人投诉,主要是因为客人感到从酒店产品或服务本身中得到的价值与价格不相符合,或者说酒店的产品和服务与所承诺的或者客人所期望的有较大的偏差。比如,一个四星级酒店的客房内地毯过于破损或陈旧;五星级酒店餐厅提供的菜肴味道不够鲜美等。

3. 因人员问题而引起的客人投诉

这类投诉一般包括:对客人缺乏问候或亲切的微笑;传递不准确的信息或缺乏应有的职业或专业知识、技能;与其他员工聊天或打电话以至于忽略对客人的关注;鲁莽或漠不关心的工作态度;不得体、不卫生或太随意的外表和装饰(既指员工也包括工作场所);让客人感到不快的语言或态度等。

三、应对客人投诉时的注意事项

因价值和系统而引起的客人投诉大都涉及产品或服务设计、提供的宗旨与理念有关,大多与酒店的中高级经营管理者有关;而因人员产生投诉问题的,主要是因为酒店工作人员自身状态导致的。因此,在看待与应对客人投诉问题时,应该从客观和全面的角度进行。在酒店实践中,一方面,处理客人投诉问题要慎重,尤其涉及对员工或部门评价的时候一定要弄清事实,以防弱化员工的工作积极性;另一方面,对于客人投诉问题,酒店如果能采取正确的处理方法和技巧,那么就可以在一定程度上降低或平息客人投诉对客我关系的负面影响。

实践操作

一、把握投诉处理的原则

1. 真心诚意地帮助客人解决问题

（1）应理解客人的心情，同情客人的处境，努力识别和满足他们的真实需求，满怀诚意地帮助客人解决问题。

（2）酒店要制定合理的、行之有效的有关投诉处理的规定，以便服务人员在处理投诉时有所依据。自己不能处理的事，要及时转交上级，要有一个引导交接的过程，不能在投诉时出现"空白"和"断层"。有些简单的投诉，凡本人能处理好的，更不能推诿和转移。

2. 绝不与客人争辩

（1）处理客人投诉时，要有心理准备，即使客人使用过激的语言及行为，也一定要在冷静的状态下同客人沟通。

（2）当客人怒气冲冲地前来投诉时，首先，应适当选择处理投诉的地方，避免在公共场合接受投诉；其次，应让客人把话讲完，然后对客人的遭遇表示同情，还应感谢客人对酒店的关心。一定要注意冷静和礼貌，绝对不要与客人争辩——任何解释都隐含着"客人错了"的意思。

【特别提示】 态度鲜明地承认客人的投诉是正确的，能使客人的心理得到满足，尽快地把客人的情绪稳定下来，显示了酒店对客人的尊重和对投诉的重视，有助于问题的解决。

3. 不损害酒店的利益和形象

（1）处理投诉时，应真诚地为客人解决问题，保护客人利益，但同时也要注意保护酒店的正当利益，维护酒店的整体形象。不能单单注重客人的陈述，轻易表态，给酒店造成一定的损失；更不能顺着或诱导客人抱怨酒店某一部门，贬低他人，推卸责任，使客人对酒店整体形象产生怀疑。

（2）对涉及经济问题的投诉，要以事实为依据，具体问题具体研究。

二、掌握投诉处理的流程与方法

【特别提示】 在处理客人投诉之前，首先要考虑客人的投诉动机，在此基础上把握一些基本的原则，才有利于投诉的处理。在处理投诉时，既要一视同仁，又要区别对待；既要看投诉问题的情节，又要看问题的影响力，以维护酒店的声誉和良好形象。

1. 谨慎接待

（1）礼貌接待投诉的客人，注意不要把不满的客人集中在一起，应在单独的空间单独处理，并对客人表示理解、同情和歉意。

（2）遇重大投诉（涉及事故或伤亡等）应立即报告上级。

2. 倾听记录

（1）首先让生气的顾客平静下来，让其尽情发泄埋怨，耐心倾听，不要打断。重视客人的叙述，仔细倾听，并做适当回应；确认问题所在，做好记录。

（2）客气、间接地找出客人投诉的原因与需求，尽量用客人的语言归纳要点，复述给客人听。

3. 寻因定夺

(1) 收集所有有关资料,包括客人基本资料、过去客人与酒店的关系等,初步判断原因。

(2) 结合问题严重性的评估,决定应采取的措施;尽量及时与客人沟通、交流。若处理方案超出权限,应立即向上级领导汇报。

4. 解释决定

(1) 告知客人将要采取的补救措施,做出相关解释,并告知客人处理的理由,取得客人认可。如果客人不满意,则回到步骤3,直到取得客人同意。

(2) 至少提出2~3个处理方案征求客人对该问题的处理意见,争取客人的再次光顾。

5. 感谢客人

前厅部服务人员需要说四句话来表达四种不同的意思:第一句话是再次为给客人带来的不便表示歉意;第二句话是感谢客人对于酒店的信任和惠顾;第三句话也是向客人表谢意,让酒店服务人员发现问题知道自己不足;第四句话是向客人表决心,让客人知道酒店会努力改进工作。

6. 跟踪回(随)访

(1) 事后三天左右回访客人,了解其对投诉处理是否满意,如果不满意,则应以"严格、认真、主动"的工作作风重新处理,并再次查找投诉的原因。

(2) 最后,整理该投诉经过,总结归档。

【特别提示】 对于客人的来函、来电投诉,除了上述处理要点外,还应将调查结果、解决方法、争取客人的谅解、表达歉意等写成信函尽快寄给客人;值得注意的是,信内最好有总经理的签名。随后复印客人的原始投诉资料,并将其存档或录入客史档案,以引起今后重视。

项目小结

前厅部服务质量:酒店前厅部以其所拥有的设施设备为依托,为客人提供的服务在使用价值上适合和满足客人物质和精神需要的程度。

前厅部有形产品质量:是指前厅部提供的设施设备和实物产品以及服务环境的质量,主要满足客人物质上的需求。

前厅部无形产品质量:是指前厅部提供的劳务服务的使用价值,即劳务服务质量。

前厅部服务质量控制:是指前厅部管理者监督和检查计划的执行情况和目标的实现程度,即核查计划实施的成效,采取必要的行动,调整偏差,以保证达到预期的目标。

流程关键点:是指流程的关键因素,即指流程的诸构成要素中,对流程的运作起决定性影响的要素。

安全控制点:是指安全管理中重点控制的关键部位。

酒店意外事故:是指发生在酒店内部造成人员伤亡或物质损失的意外变故或灾害,如客人死亡、房屋倒塌、火灾、煤气泄露等。

酒店个性化服务:指酒店为客人提供具有个人特点的差异性服务,使接受服务的客人有一种自豪感和满足感,从而赢得客人高度认同的一种服务行为。个性化服务也可以指服务人员在提供服务的过程中,对客人经过细心的观察,认真分析和研究判断,做出决定,积极主动地为客人提供完美服务。

酒店顾客关怀计划：酒店企业根据顾客实际情况和历史服务情况，对不同需求的顾客进行差异化服务，来执行周期性的顾客关怀计划，以降低销售成本，并通过科学的顾客关系分析，实现顾客价值管理，有效地预测市场需求和经营状况。

沟通：是指相关部门和岗位之间信息传递和反馈的过程。有效的沟通包括信息传递，即把信息全部传递出去和信息接受者及时、准确、充分地获取全部信息并在必要时反馈信息两个方面。

客人投诉：是客人对酒店提供的服务设施、设备、项目及行动的结果表示不满而提出的批评、抱怨或控告。它具有强烈的主观性，对酒店产品和服务的评价以自身的认识和感受为标准，在个人当时状态以及周围因素的影响下，会进一步激化情绪反应，使投诉者行为朝着更情绪化的方向发展。

检 测

一、案例分析

前厅部与客房部的协调

暮秋的一天上午，海天酒店总台人员和往常一样，进行着交接班工作。

8:20，一位中年男子走到总台对服务人员说："小姐，我要退房。"说着把钥匙放到总台。总台收银员随即确认房号，电话通知客房服务中心查房，并办理客人的消费账单。但是客人没有停在总台而径直走向商场，商场部服务员小张面带微笑询问客人："先生，您需要什么？"客人说："要两小包'金芒果'香烟。"小张对客人说："麻烦问一下，您在海天住吗？"客人说："是的，在501房间，可挂账吧！"细心的小张刚刚看到客人把房卡放到总台，不知客人是否要退房，如果是退房，客人就有逃账的可能。职业习惯和强烈的责任感使小张对客人说："先生，您稍等，我去总台问一下您能否挂账。"说着便走向总台，客人急切地问："能否开发票？"小张说："商场不能开，但我可以在总台为您开发票。"客人说："那算了。"

话语间客人和小张已经走到总台，小张从总台接待员那里了解到客人正在结账，此时收银员小高接到客房服务中心电话说，501房间内2条浴巾不见了。小高看到客人从商场走过来便问道："先生，您见没见501房间内的2条大浴巾？"

客人面带不悦，高声说道："昨天晚上你们根本没有给我配，我还没有投诉你们，昨天我回来得晚，还没找你们的事呢！"小高对着话筒说："客人说昨天没有配，再查查。"客房服务中心小徐在电话里："可能没有配吧，让客人先走吧。"与此同时，商场部小张对客人说："总台可以为您开具发票，您是否还需要烟？"客人看上去一反常态，极不高兴而又无奈地拿出100元给了小张，小张很快为客人找零拿烟，并将消费小票给了总台，以便开发票。

这一切都被质检部人员看在眼里，便到5楼客房服务中心了解501房情况，客房服务中心小徐说："昨天有一个房间里没有配毛巾，501房间里找不到大浴巾，我想可能是没有配。"这时，客房服务中心领班说："501房客人住了好几天，查一下房态以及物品配备情况记录。"经过查证，501房间客人从13号入住到18号早上退房，在这五天内，每天都有配备大浴巾的记录，客房服务中心领班又打电话到清洁服务员处，结果是大浴巾配了。质检人员说再到房间查查，501房间除了大浴巾不在，所有物品配备齐全，因此推断，是客人拿走了大浴巾,客房服务中心人员打电话到总台,收银员小高告知客人已经离开。

思考:针对以上案情,分析该酒店管理层面存在的问题。

二、小组讨论

对于"客我关系"有这样一种观点:酒店与客人的关系有些类似于恋爱关系,更高级的是婚姻关系,双方存在一种情感上的依赖。客人的流失未必是感情上的背叛,很多情况下只是发觉自己不再受到重视了,你对他再没有当初的珍惜,你的心不在他身上,自然他也不会在意你。久而久之,他们渐渐地消失了。

针对以上观点,请各小组讨论后选派代表发表看法。

三、课内实训

1. 客人要求将其携带的密码箱打开,以安全控制的思维和行为要求,训练如何面对客人提出的请求。

2. 拟写一份"前厅部顾客关怀计划表"。

四、课外拓展

1. 某旅游酒店服务员的胸牌只有人员的姓名,不能反映服务岗位,更不能表明其服务的真诚。你对此有何看法?

2. 有的酒店为了提高服务质量,特别建立了质检部,但最后发现它的工作对于提高服务质量作用不大。请问:为什么会这样?

3. 在服务补救系统的建立中,需要针对服务内容制定服务补救方案。请调查你所在城市的某一家酒店,根据已掌握的有关知识和技能,为该酒店草拟一份前厅部服务补救方案。

4. "一切以顾客为关注焦点"——这是ISO9000国际质量管理体系的八项管理原则的第一项,也是核心的一项原则。请以此谈谈对酒店管理"以服务好顾客为最终目的"的看法。

项目七 客房销售管理

> **学习目标**
>
> ● 了解前厅部销售的内容、酒店市场与产品市场细分、酒店客房价格、4P理论和酒店收益管理的基本原理。
> ● 理解酒店客房销售的内容、目标市场的确定、客房定价的影响因素、销售渠道管理。
> ● 掌握客房定价的方法、前厅部收益管理、总台销售流程、总台增销管理及前厅部客房销售激励方案的制定。
> ● 应用前厅部客房销售理论知识和基本技能,提高前厅部客房销售能力和管理前厅部客房销售的能力。

> **项目导读**
>
> 前厅部的重要功能是销售酒店客房及酒店其他产品,其销售特点表现在酒店特定的工作范围内,通过员工礼貌、高效、周到的服务来促进或实现销售。前厅部每位员工都是销售员,都应利用自身的优势条件,熟悉和掌握工作范围的销售要求、程序和技巧,适时、成功地进行销售,而酒店或前厅部管理者还要加强前厅部客房销售的管理,以实现酒店收益最大化。前厅部客房销售管理重点是提升销售管理的技能。本模块要点内容如表7-1。

表7-1 本项目要点内容阅读导引表

做好酒店产品销售准备	控制客房销售环节	强化总台客房销售
前厅部客房销售的内容	影响房价的因素	确定总台销售流程的方法
酒店市场与产品目标市场的区分	常用客房定价方法	总台销售的技巧
客房产品目标细分的方式	客房状态差异控制	预防"NO SHOW"的方法
客房产品目标市场的确定过程	确定客房营销组合策略	控制总台增销的过程
客房销售渠道的确定	协调运作收益管理	制定总台增销奖励办法

模块一 前厅部客房销售准备

> **任务导入**

客房销售准备——掌握前厅部客房销售准备内容

1. 小组成员分工描述所在学校或熟悉的酒店地理位置、交通、形象和特点等方面内容;再分析学校或酒店的主要参观或消费的群体特征。

2. 各组交叉讨论,补充完善各组描述的内容,制作PPT,选派代表现场汇报。
3. 教师点评学生成果,并结合本模块内容,导入新课。

工作任务一　熟知前厅部销售内容

基础知识

前厅部销售的不仅仅是客房本身,还应包括酒店地理位置、设施设备、服务、形象和价格等方面内容。酒店产品的任何一方面内容或内容组合都可能是顾客的需求点,都能满足顾客在物质和精神上的需求。

一、酒店地理位置

酒店地理位置是指酒店与机场(车站、码头)、商业街区(购物中心)、旅游景区(点)等场所的距离及酒店周边环境等。酒店所处地理位置是影响客人选择入住的重要因素之一。交通便利程度、周围环境状况等都是前厅部员工用来推销的素材。

二、酒店设施设备

酒店设备设施主要指酒店的有形产品,包括建筑规模、建筑形式、餐厅、客房、酒吧、康乐中心、会议设备设施等。豪华舒适的客房、齐全有效的设施设备是销售的重要条件。前厅部员工必须全面掌握酒店产品的特点及其吸引力。

三、酒店服务

酒店服务是指酒店以其建筑、设备设施等有形产品为基础或依托,通过酒店员工向客人提供的能满足其物质需求和精神需求各种劳务。酒店的服务是无形的,是酒店的核心产品,其主要包括服务人员的礼仪、服务态度、服务技能、服务的效率、交际能力、应变能力、知识视野等。酒店服务是前厅部销售最重要的产品,前厅部员工更应熟知酒店的服务标准,努力提高自身的服务意识和技能水平,为客人提供礼貌、高效、周到、满意的服务。

四、酒店形象

酒店的形象是指客人通过酒店历史、知名度、信誉、口碑、独特的经营风格、优质的服务等因素建立起来的对酒店的总体印象。酒店形象是最有影响的活广告,酒店的形象是通过人体的感官传递而获得。

实践操作

1. 熟知酒店地理位置

(1) 本酒店在本区域的地理位置,如海南省三亚市亚龙湾;本酒店周边情况或与商业街区、机场、车站、码头的距离等。
(2) 本酒店与著名旅游景区(点)、标志性建筑的距离。

2. 熟知交通情况

（1）国际交通情况，如抵离本港的国际航线（班）情况。

（2）国内交通情况，如抵离本港的国内航线（班）、火车、汽车、轮船等情况。

（3）市内交通情况，如抵离本酒店的市内交通、到商业街区（购物中心）、旅游景区（点）、主要政府行政区等交通情况，包括交通方式（公交、出租车、地铁、轻轨、高铁等）、费用、时间等。

3. 熟知酒店设施设备

（1）酒店建筑外观与结构，包括建筑结构内涵、功能布局、外观特色和酒店品质。

（2）酒店规模，包括酒店的客房数及类型、占地面积、楼层、楼号及其分布等；餐厅、酒吧、康乐中心等，包括其位置、风格、主要服务项目和营业时间等。

（3）其他设备设施，包括客用电梯、会议设施设备、停车场等。

4. 熟知酒店服务

（1）前厅部服务内容包括总机服务、预订服务、入住登记服务、行李服务、礼宾和问讯服务、留言服务、商务代办服务、叫醒服务、送餐服务、结账服务等。

（2）服务流程，即服务操作步骤，服务流程是提高服务质量的前提。在服务过程中服务流程有一般服务流程和VIP服务流程。

（3）服务标准是衡量服务水平高低的准则，是服务质量的保证。每个岗位都应建立自己的服务标准。

（4）员工素养以及管理制度和规范，包括员工仪容仪表要求、业务能力要求、沟通能力和团队精神方面的要求，以及完备的管理制度和规范文本，且制度文本要和现场实际运行情况的吻合度要高。

5. 熟知酒店形象

（1）酒店的理念识别，包括酒店的核心价值观、服务理念和经营方针等。

（2）酒店的行为识别，指酒店员工的工作行为方式，它是酒店理念的行为表达。

（3）酒店的视觉识别，包括酒店的标志、基色、字体、印刷品、交通工具和员工服饰等。

工作任务二　分析目标市场/销售渠道

基础知识

一、酒店市场及其目标市场

1. 酒店市场

酒店市场是指在一定时期内某一地区存在的对酒店产品具有支付能力的现实购买者和潜在购买者的总和。酒店市场规模主要取决于人口数量、人们的购买力和人们的购买欲望等三个因素。

2. 目标市场与市场细分

目标市场是指酒店在市场细分的基础上选择的某些市场作为服务目标的消费群体。酒店市场细分是指酒店根据消费者特点及其需求的差异性，按一定细分标准将整个市场划分为若干个具有相似需求特点的消费群的过程。

3. 分析目标市场的作用

通过目标市场的分析可以发现市场机会,预测不同需求的产品的消费者,研究消费者需求的满足程度,分析市场竞争状况,开拓新的目标市场;通过目标市场的选择,可以掌握消费者需求的变化状况,发现潜在需求的市场,及时开拓新产品和服务,更好地满足消费者需求;可以有针对性地制定市场营销策略,开展市场竞争,提高酒店的经营效益。

二、酒店销售渠道

1. 酒店销售渠道的定义

酒店销售渠道是指酒店把产品销售给消费者的途径,或者说,酒店销售渠道是指用来让消费者更容易地得到酒店产品而在酒店与消费者之间建立起来的一种个人或组织结构。

2. 酒店销售渠道的分类

酒店销售渠道可分为两类:一是直接销售渠道,就是酒店自己直接把其产品和服务销售给消费者;二是间接销售渠道,就是产品和服务是经过一定的中间环节销售给消费者。酒店外部的任何组织或个人,只要能为酒店推销产品,并使客人更方便地得到酒店的产品,这样的任何组织或个人都可以成为酒店销售渠道的中间环节或称渠道成员。

3. 酒店销售渠道的主要作用

酒店销售渠道的主要作用有三个方面:一是缩短酒店与消费者在空间上的距离,便于消费者购买;二是保证及时向消费者提供其所需要的产品和服务;三是向消费者提供相关信息,使消费者了解酒店的产品和服务。

三、分析酒店客房销售渠道的重要性

客房是酒店最大的产品,因此,客房销售渠道分析得好不好,会直接影响酒店营销目的的达成。分析客房销售渠道应该与酒店营销计划和营销策略联系起来,营销人员应根据有关市场方面的信息及酒店的本身特点来选择酒店客房的销售渠道成员。

实践操作

一、了解产品市场细分方式

【特别提示】 酒店市场细分可使酒店销售费用的投入更为有效,并产生更大的经济效益;有利于销售人员更能清楚地认识市场中的消费者需求,使酒店的各种销售策略更为有针对性,使酒店更准确地适应市场需求的变化。细分后的目标市场不同,消费者在消费心理、消费行为等方面存在很大差异,因此,具体的客房产品销售方案和销售行为也应不同。

1. 按地理因素细分

(1) 可依照世界旅游组织将世界旅游市场划分为6大区域,即欧洲区、美洲区、东亚及太平洋区、南亚区、中东区、美洲区。

(2) 按我国接待的客人所属的国别划分,确定我国主要客源国是韩国、日本、俄罗斯、美国、马来西亚、新加坡等国家。

(3) 按照我国地理区域来进行细分,可划分为东北、华北、西北、西南、华东和华南几个地区或内地、沿海、城市、农村等;也可以按照行政区划来进行细分,如划分为省、自治区、市、县、港澳台地区等。

(4) 按气候差异可把市场细分为热带旅游区、亚热带旅游区、温带旅游区、寒带旅游区。

2. 按人口因素细分

(1) 按客人年龄细分将酒店市场划分为儿童市场、青年市场、中年市场、老年市场等。

(2) 按性别将酒店市场划分为男性市场和女性市场。

(3) 还可从以下几个角度进行市场细分:酒店客人的收入、职业、民族和宗教信仰以及客人所处的社会阶层、生活方式、个性、购买行为等。

二、把握客房产品目标市场的确定过程

【特别提示】 理论上把那些最具潜力且酒店最有能力经营的亚市场称为酒店的目标市场。酒店客房产品的目标市场可能是一个,也可能是多个,具体要视酒店实际情况而定。

1. 大致确定客房产品的特色范围

(1) 分析酒店客房的舒适度,即分析客房面积、客房类型、客房卫生间设置、客房卫生保洁方式、客房运行模式等将带给客人的愉悦程度。

(2) 对客房预订渠道和方法、入住接待的程序和标准、退房结账的方式和特色等一系列服务内容及个性化因素进行分析、总结,并形成文稿,以供后用。

2. 制定一张综合性酒店细分因素表,并进行市场分析

(1) 根据酒店实际情况选择合适的市场细分因素(如地理因素、人口特征因素、消费行为因素等)制定简表。

(2) 再根据细分因素表将市场进行划分,划分出若干个亚市场。

3. 对亚市场进行定性分析

(1) 对亚市场客人的消费态度、价值观念进行性质意义上的分析。

(2) 对亚市场的发展趋势、变化情况、增长形式以及专家们对各亚市场的开发进行性质意义上的分析。

4. 对亚市场进行定量分析

(1) 用具体的数量标准来衡量和预测各亚市场的现实容量和潜在力。

(2) 利用统计图示法、均数分析法、开平方分析法等对各亚市场进行定量分析。

5. 确定目标市场

(1) 利用大量性、可接近性、可衡量性、可防御性、适应性、持久性等准则来评估各亚市场。

(2) 再从评估后的各亚市场中确定酒店客房产品的目标市场。

三、分析客房销售渠道

1. 分析顾客,确定目标市场

(1) 酒店营销人员首先考虑酒店的主要目标市场在哪里。

(2) 了解酒店目标市场后,大致确定酒店的销售渠道类型,或采用直接销售渠道,或采用间接销售渠道,并针对不同的亚市场配以不同的销售渠道。

2. 写出客房销售渠道目标

（1）用客房销售量或销售收入来描述销售渠道的目标。如，通过××集团的预订系统的购买和使用来填补酒店10%的客房销售量。

（2）也可用利润来描述销售渠道的目标。如，通过旅行社的销售来获取28%的利润。

（3）预订成功率也可作为客房销售渠道的目标。预订成功率越高，那么在相等的时间内争取到的客人就越多。如，酒店要求旅行社在一个季度内的预订成功率达到75%。

3. 分析客房销售渠道策略

（1）采用密集型渠道策略，即将酒店的客房销售渠道集中在某一地或某一目标市场上。如，海南省三亚市的许多酒店常以我国北方或俄罗斯的度假旅游者作为目标市场，因此，它们尽可能利用我国北方或俄罗斯的旅游批发商来提供客源，即采用密集型渠道策略。

（2）选择性渠道策略，即酒店销售人员根据自己酒店的经营情况和目标市场的特点有选择地使用销售渠道。如，位于城市繁华地带的酒店，凭借自己优越的地理位置而有选择地确定销售渠道为商务旅游者或会议旅游者。

（3）排斥性渠道策略，即酒店不使用或很少使用间接分销渠道（独具特色产品的酒店常常采用）。

4. 选择合适的客房销售渠道成员

酒店的销售中间商（渠道成员）是多种多样的，营销人员可根据销售渠道目标、策略及酒店目标市场情况，从众多的可供选择的渠道成员中选出最适合本酒店的渠道销售成员。

5. 管理销售渠道

（1）对于大型酒店，应安排一名经理专门负责对销售渠道的管理。

（2）经常了解中间商的需要，还应尽量满足中间商需要的程度。寻找减少酒店与中间商矛盾的途径，定期举行中间商与酒店的高层管理人员的会谈。

（3）评估中间商的业，特别要对其完成销售指标情况进行考核。

模块二　前厅部客房销售管理

任务导入

前厅客房销售管理——掌握销售酒店最大产品的一般技能

1. 各小组收集三家以上同档次酒店的《房价表》、《客房部客房状态报告》、《客房状况差异表》等房态控制方面的样表及房价调高或调低时的前提条件。

2. 分析所收集的资料信息，归纳总结出酒店调高或调低房价的一般规律，并写成报告；利用互联网，查阅有关"收益管理"的文章，在"收益管理的一般方法"方面作一些笔记。按照教师的要求提交。

3. 教师点评，并讲授客房销售管理的知识与技能点。

工作任务一 做好客房定价

基础知识

一、客房定价的科学性和策略性

酒店客房定价是具有科学性和策略性的问题。科学性就是体现酒店产品的价格制定应以经济学的价格理论为基础,要在了解产品价格的形成及其变化规律的基础上制定;策略性是指酒店产品价格的制定应在分析各种制约因素的基础上制定的。

二、影响房价的因素

酒店在制定客房价格时,应考虑到下列影响房价的因素:

1. 定价目标

客房定价目标由酒店市场经营的目标所决定,是指导酒店客房产品定价的首要因素。它包括利润导向、竞争导向、销售额导向、成本导向等多种定价目标。

2. 成本水平

成本是定价的重要依据。客房产品定价时,必须考虑其成本水平。成本通常是价格的下限,而价格应确定在成本之上,否则将导致亏本。

3. 供求关系

客房产品的价格应随市场供求关系的变化而不断调整。当供大于求时,酒店应考虑降低价格;当供不应求时,酒店应考虑适当提高价格,以适应市场需求。

4. 竞争对手价格

竞争对手的价格是酒店制定房价时重要的参考因素。在制定房价时,应充分了解本地区同等级具有同等竞争力酒店的房价。一般来说,新建的酒店客房的价格略低于同档次酒店的房价,可能具有竞争力,但并非只有低价才能取胜。长期实施低价格,可能会使客人对本酒店的服务质量产生怀疑;也可能会使员工有意无意地降低服务标准,导致服务质量下降,从而影响酒店的市场形象,日后一旦抬高价格,也会引起客人的不满。

5. 酒店地理位置

酒店的地理位置是影响房价制定的又一重要因素。位于市中心繁华商业区,交通便利的酒店,其房价可适当高些;反之,可相应低一些,以提高竞争力。

6. 客人消费心理

客人的消费心理也是进行定价时应该考虑的因素之一。定价时应重点考虑客人对商品价格能够接受的上限和下限,价格过高或过低都会影响到客人的购买欲望。

7. 国家和行业的政策、法令

酒店制定房价,还应依据国家经济政策、行业法规和政府主管部门等对酒店价格政策的制约。如:

【例 7-1】 2010 年 12 月 16 日上午,海南省旅游发展委员会、海南省物价局、海南省工商行政管理局联合召开新闻发布会,宣布决定对2011年春节期间海南省酒店客房价格采用限定涨幅和超标报核相结合的方式实施临时干预,同时实行多部门联动、属地管理等方法,查处炒卖客房等行为,保障旅游市场价格稳定。价格调控期间,三亚市酒店以2009年1月27日(农历正月初二)各类客房的加权平均销售价格为基价,最高涨幅不超过基价的10%;其他市县以2010年2月15日(农历正月初二)各类客房的加权平均销售价格为基价,最高涨幅不超过基价的10%。酒店申报的标房(除套房和别墅外)基期价格在5 500元人民币/间及以上的(含各类手续费、服务费,不含价格调节基金),须由当地物价、旅游部门审查后报省物价、旅游主管部门核准后执行。价格干预时段从2011年2月2日至8日,假期结束,限价措施自动解除。

(资料来源:根据中国网络电视台网站 http://news.cntv.cn 整理)

8. 酒店的服务质量

酒店在客房定价的过程中,必须考虑到酒店服务质量水平的高低,即员工的礼貌水平、服务质量、服务技巧、服务效率和服务项目及要达到的标准。

实践操作

一、掌握常用定价方法

【特别提示】 酒店客房定价的方法有很多,此处仅以随行就市法、千分之一法、盈亏平衡定价法等六大类常用的定价方法为例。通常情况下,酒店在经营过程中不会单一使用某一种定价方法,而是综合运用多种定价方法。

1. 随行就市法

即酒店以同一地区、同一档次的竞争对手的客房价格作为定价的依据,不依据本酒店的成本和需求状况而确定房价的方法,其目的是保证效益,减少风险。

2. 千分之一法

(1)亦称建筑成本定价法,是根据酒店建筑总成本来制定房价的方法。

(2)酒店建筑总成本包括建筑材料、设备费用,还包括内装修及各种用具费用、所耗用的技术费用、人工费用和建造中的资金利息等。

(3)计算公式为:

$$客房价格 = \frac{酒店建筑总成本}{酒店客房总数} \times 1‰$$

【例7-2】 某酒店建筑总成本为1亿美元,客房总数为800间,现在需要按千分之一法计算该酒店的平均房价。

解:

客房价格=100 000 000/800×1‰=125(美元)

(4)此法是人们长期在酒店建设经营管理实践中总结出的一般规律,这种定价方法非常简单,其理论依据是预计酒店在正常经营状况下经过××年,酒店的总建设成本通过客房的销售得以收回,而没有考虑酒店的实际经营费用、供求关系、市场状况、酒店客房、餐饮、娱乐设施等规模和投资比例的差异等。

(5) 由于这种定价方法计算的是酒店的平均房价,因此,此定价方法一般仅作为制定房价的基础,在使用时,还应综合分析其他各种因素,以求定价的合理性、科学性和竞争性。

3. 盈亏平衡定价法

(1) 此法指的是酒店在既定的固定成本、平均变动成本和客房产品估计销量的条件下,实现销售收入与总成本相等时的客房价格,也就是酒店收支平衡时的客房产品价格。

(2) 其计算公式为:

$$客房价格 = \frac{每间客房日费用额}{1-税率}$$

其中,每间客房日费用包括客房固定费用分摊额与变动费用的部分。客房固定费用日分摊额可依据不同类型的客房使用面积进行分摊。

$$每平方米使用面积日固定费用 = \frac{全年客房固定费用总额}{365 \times 客房出租率} \div 客房总使用面积$$

客房变动费用总额可以按客房间数进行分摊。

$$客房每间日变动费用 = \frac{全年客房变动费用总额}{365 \times 客房出租率} \div 客房总间数$$

$$全年客房变动费用总额 = 客房使用面积 \times 每平方米使用面积日固定费用 + 每间客房日变动费用$$

【例7-3】 某酒店有客房280间,其中标准间250间,每间25平方米;双套间20套,每套48平方米;三套间10套,每套68平方米。假使保本出租率为50%,客房全年预计总费用为1 000万元,其中固定费用为830万元,变动费用为170万元,营业税率为5%,试用盈亏平衡定价法计算其房价。

解:

$$每平方米使用面积日固定费用 = \frac{8\ 300\ 000}{365 \times 50\%} \div (6\ 250+960+680) = 5.8(元)$$

$$每间(套)日变动费用 = \frac{1\ 700\ 000}{365 \times 50\%} \div (250+20+10) = 33.3(元)$$

$$标准间房价 = \frac{25 \times 5.8 + 33.3}{1-5\%} = 188(元)$$

$$双套间房价 = \frac{48 \times 5.8 + 33.3}{1-5\%} = 328(元)$$

$$三套间房价 = \frac{68 \times 5.8 + 33.3}{1-5\%} = 450(元)$$

(3) 经过计算,酒店若确定了上述价格,当出租率高于50%时,酒店即可获利;若提高价格,出租率不变的情况下,酒店仍可盈利。因此,此法常常作为酒店对各种定价方案进行比较和选择的依据。

4. 成本加成定价法

(1) 成本加成定价法,亦称"成本基数法",它是按客房产品的成本加上若干百分比的加成额进行定价的一种方法。

(2) 计算公式：

$$客房价格 = 每间客房总成本 \times (1 - 加成率)$$

(3) 按照这种定价方法，酒店客房价格可分三步来确定：①估算单位客房产品每天的变动成本；②估算单位客房产品每天的固定成本；③单位变动成本加上单位固定成本就可获得单位产品的全部成本，全部成本加上成本加成额，就可获得客房价格。其中每间客房每天固定成本的计算公式为：

$$每间客房每天固定成本 = \frac{全部客房全年固定成本总额}{客房数 \times 年日历天数 \times 出租率}$$

【例7-4】 某酒店有客房500间，客房出租率预计为80%，全年客房固定成本总额为4 380万元，客房单位变动成本为100元，预期利润率为20%，营业税率为5%，试用成本加成法计算其房价。

解：客房单位固定成本 $= \dfrac{43\,800\,000}{500 \times 365 \times 80\%} = 300$（元/间·天）

客房价格 $= \dfrac{(单位变动成本 + 单位固定成本) \times (1 + 利润率)}{1 - 营业税率}$

$= \dfrac{(100 + 300) \times (1 + 20\%)}{1 - 5\%} = 505$（元/间·天）

5. 目标收益定价法

(1) 目标收益定价法是指通过定价来达到一定的目标利润，保证预期收回投资的方法。

(2) 其基本步骤：①确定目标收益率（或投资报酬率）；②确定目标利润额；③预测总成本，包括固定成本和变动成本；④确定预期销售量；⑤确定产品价格。其中目标利润额和产品单位售价的计算公式分别为：

$$目标利润额 = 总投资额 \times 目标收益率$$

$$产品单位售价 = \frac{总成本 + 目标利润额}{预期销售量}$$

【例7-5】 某酒店有房间200间，投资总额为6 680万元，全年总成本为1 000万元，投资报酬率为20%，预期出租率为80%，试用目标收益定价法计算其房价。

解：

客房价格 $= \dfrac{10\,000\,000 + (66\,800\,000 \times 20\%)}{200 \times 365 \times 80\%} = 400$（元/间·天）

【特别提示】 美国酒店协会创造了一种类似于目标收益定价法的客房定价法，称之为赫伯特公式法（Hobart Formula）。它是以目标收益率为定价的出发点，在已确定计划期各项成本费用及酒店利润指标的前提下，通过计算客房部应承担的营业收入指标，进而确定房价。

6. 需求差异定价法

(1) 理解价值定价法。这是根据客人对客房产品价格的理解和接受程度来定价的一种方法，其关键是如何测定客人对客房产品的理解价值。酒店产品的特殊性导致只有酒店产品的质量、服务水平、价格和客人的主观感受、认识理解水平大体一致时，客人才会接受；反之,如果定价超过了客人对产品的理解价值,客人就不会接受。

(2) 区分需求定价法。这是指在客房产品成本相同或差别不大的情况下,根据客人对同一客房产品的效用评价差别来制定差别价格。它包括四个方面的定价:①同一客房产品对不同客人的差别定价;②同一客房产品对不同位置的差别定价;③同一客房产品对不同时间的差别定价;④同一客房产品在增加微小服务上的差别定价。

(3) 声望定价法。指一些高星级酒店有意识地把某些客房产品的价格定得高些,如总统套房、豪华套房等,从而提高客房产品及酒店的档次与声望。这种定价法的依据在于:客人经常认为"一分钱一分货",并把价格高低看作产品质量的标志。同时,有些客人把购买高价产品作为提高自己声望的一种手段,这种定价可以迎合这些客人"求名"的心理。

(4) 分级定价法。这是指把客房产品分为几档,每档定一个价格。这样标价,不但可使客人感到各种价格反映了产品质量的差别,而且可简化其选购产品的过程。酒店经常采用这种定价法来确定房价结构,对客房分级定价,制定不同价格,以吸引对房价有不同需求的客人。

【特别提示】 对客房产品进行分级定等、定价时,档次的差别不宜太大,也不宜太小。要想确保需求差异定价取得成功,酒店就应设计出不同等级的客房,并具有各自的风格特点,同时,能为客人提供较宽的价格幅度,让客人有选择合适价格的余地。在实际销售过程中,前厅部销售人员应想方设法让客人相信房价差异是合理的、可接受的。

二、学会控制房价

1. 执行房价制度

(1) 酒店在客房价格制定之后,须建立各种相关的政策和制度,使房价具有严肃性、诚实性、连续性和稳定性,且应要求前厅部销售人员在实际销售客房的过程中严格执行。

(2) 管理人员让前厅部客房销售人员全面了解和掌握有关管理人员对优惠房价所拥有的决定权限、酒店房价优惠的种类和幅度及对象、前厅部客房销售人员对标准价下浮比例的决定制度、各类特殊用房的留用数量、对优惠房价的报批制度等。

2. 限制房价

(1) 前厅部管理人员应随时了解和掌握酒店客房出租率的变动情况,善于分析客房出租率的变化趋势,准确预测未来住店客人对客房的需求量,及时做出限制某类房价的决定。

(2) 如果预测到未来某个时期的客房出租率很高,可采取相应的限制措施,如限制出租低价房或特殊房价的客房、不接或少接团队客人、房价不打折等。

3. 调整房价

【特别提示】 无论是调低房价还是调高房价,都会给客房销售带来一定的影响,引起客人和竞争者的各种反应。注意调价的理由要充分,幅度的适当和时机要选准,因此,管理人员必须密切关注市场动态,尤其是竞争对手的情况,充分考虑各种可能,以便能迅速做出有效的应变决策。

(1) 客房价格制定后,酒店在实际运用过程中应进行有效的检查,并依据房价检查的结果,做相应房价调整。

(2) 在市场供大于求、竞争对手调低价格、客房无明显特色等情况下,为了适应市场环境或酒店内部条件的变化而降低原有的客房价格。

【特别提示】 调低房价不一定就会增加酒店客房销售量，它有可能导致酒店之间的价格战，还有可能给客人带来"低价低质"的消费心理而影响酒店自身在市场上的声誉等。

（3）在出现客房供不应求、酒店成本费用不断增加、酒店服务质量和档次明显提高等情况下调高房价。

工作任务二　正确显示房态

基础知识

一、显示正确房态的目的

房态显示，是指把酒店每一间客房的类别、所处的形态随时、准确、全面地显示出来。有效的客房销售和分配取决于准确、及时的房态信息。正确显示房态，有助于搞好酒店的客房销售，提高客房利用率，增加客房收益，提高前厅部接待服务质量。

客房的使用处于不断变化之中，随时正确地显示客房状态，除了有赖于前厅部员工细致、规范的工作和责任感以外，还需要借助于及时客观的分析和科学的显示手段。

由于总台的工作量大，且客房时常处于变化之中，虽然很多酒店通过计算机查询，可知目前的房态情况；但为了避免由于工作上可能出现的差错，而造成总台接待处的房态与楼层实际房间状态的不符，出现"重房"或"漏房"现象，造成总台客房销售及客房服务的混乱，房态的核对、检查是十分必要的。对于房态的检查，是计算机查询与参考相关客房状况报表并用的。

【例 7-6】 一天，一位客人来到某四星级酒店总台要求入住，总台服务员告知客人已无标准房，客人很生气，因为他事先预订了客房并得到确认。客人报出帮他预订客房的服务员姓名和订房日期，但经查找，计算机里没有此客人当天要到店的记录。服务员通过客史档案发现，此客人是酒店的常客，立即请示经理，很快给他安排了一间高于客人要求的房间。事后经调查，确属酒店的失误。

本案例描述了由于酒店工作人员的失误导致预订客人无法入住所预订客房的情况。之所以会造成这样的局面，主要是因为总台工作人员工作不仔细，没有准确核对好房态，更没有把客人的订房资料记录准确，造成客人到达酒店时无法入住所预订的客房。

二、客房状况差异

1. 客房状况差异的分类

系统记录、显示的客房状况与客房部查房结果不相符合的状况叫做客房状况差异。客房状况差异可归纳为两种，一种叫"Skippers"，是指系统中客房状态显示为住客房，而客房部客房状态显示为空房；另一种叫"Sleeper"，是指系统中客房状态显示为走客房或空房，而客房部客房状态显示为住客房。

2. 客房状况差异的产生原因

产生客房状况差异的原因一般有：

(1) 客人入住后,总台未能及时将空房转换成住客房。
(2) 客人已结账离店,总台未能及时将住客房转换成走客房。
(3) 客人未登记,前厅部显示为空房,而客房部显示为住客房。
(4) 错给客人房卡,客人误进其他客房,而客人进入的客房房态实为空房。
(5) 客人离店时,总台未收回房卡,客人再次返回房间,而总台房态已转换成走客房。
(6) 客人提前结账,但并未退房,总台已将此房转换成走客房。
(7) 客人已换房,但总台未及时将房态进行调整等。

3. 客房状况差异的控制

如果酒店的客房是因为缺乏需求而未能出租,管理部门就应及时分析原因,通过加强宣传、促销、调整价格等措施来改善。如果是由于一些工作失误,让客人进入了尚未清理好的客房或住客房等引起了客人的不满、投诉或造成客房收入的损失,管理者可通过客房状况差异了解差错造成的实际损失,通过分析造成差错的原因,达到加强改善管理工作的目的,进而维护酒店的声誉和良好的对客关系。

实践操作

一、掌握房价/计价方式/房态类型

控制客房状态的首要任务应为掌握客房价格、计价方式和房态类型。其具体操作步骤及要求详见项目二模块一工作任务二、工作任务三。

二、制作客房控制表格

1. 查看客房状况表

启动前厅部与酒店客房中心联网的计算机,在酒店管理信息系统中查看客房实时状况(见图7-1)。

图7-1 客房实时状况表

2. 接收房态信息

客房部的服务员每天至少两次（早、晚各1次）核对客房的自然状态，并将客房部的客房状态报告送至总台（见表7-2），前厅部接待员应实时跟踪核对有关房态的准确信息。

表7-2 客房部客房状态报告

Room Status Report

日期 Date：　　　时间 Time：　　　楼层 Floor：　　　服务员 Room Attendant：

房号 Room #	状态 Status	差异 Discrepancy	房号 Room #	状态 Status	差异 Discrepancy
01			05		
02			06		
03			07		
04			08		

干净空房 VC＝Vacant Clean　　空脏房 VD＝Vacant Dirty　　住客干净房 OC＝Occupied Clean
走客房 C/O＝Check Out　　外宿房 S/O＝Sleep Out　　维修房 OOO＝Out of Order
双锁房 D/L＝Double Locked　　请勿打扰 DND＝Do Not Disturb

3. 填写客房状况差异表

（1）客房状况差异表（如表7-3所示）是用来记录前厅的客房状态与客房部的自然状态不一致之处。

（2）接待员应仔细将楼层报告上的每一间客房状态与总台的客房现状核对，将出现差异的客房填写在客房状况差异表上。

表7-3 客房状况差异表

Room Discrepancy Report

日期 Date：　　　　　　　　　　　　　　　　　　　　　　　　时间 Time：

房号 Room No.	前厅部房态显示 Front Office	客房部房态显示 Housekeeping	备注 Remark

分送　　　　　大堂副理　　　　　财务部　　　　　前厅部　　　　　客房部
Distribution　Asst. Manager　　Finance　　　　Front Office　　Housekeeping

4. 形成客房状况调整表

（1）即将未经预订直接抵店、延期离店和换房等情况汇集起来，形成客房状况调整表（表7-4）。

（2）用于预订处与接待处之间的信息沟通，使预订处依据调整表中的内容，更改并建立新的客房预订汇总表。

（3）调整表上的统计数字，使接待处掌握临时取消住店、已预订但未到店、提前离店和逾期离店客人的数量，以及它们所占客源的百分比。这些数字对客房的销售起到很大作用。

表 7-4 客房状况调整表

Room Adjustment

星期 Day _____   日期 Date _____

房号 Room No.	类型 Type	姓名 Name	需作调整的日期 Period to be Adjusted		备注 Remarks
			自 From	至 To	

备注 REF：　未经预订,直接抵店　　　N/R＝Non. Reservation（Walk-in）
　　　　　　延期离店　　　　　　　　EXT.＝Extention（Overstay）
　　　　　　取消　　　　　　　　　　CNL.＝Cancellation
　　　　　　提前离店　　　　　　　　UX-DEP＝Unexpected Departure（Understay）
　　　　　　订了房,但未抵店　　　　　NS＝No Shows

5. 编制客人名单

（1）在店 VIP 或团队名单：由夜班接待员根据客房状况显示系统提供的资料制作而成。

（2）住店客人名单：一是按照酒店客房房号的顺序排列；二是按住客姓名的首写字母的顺序排列。

（3）预期离店客人名单：一般是按楼层、房号的顺序排列，其作用主要是为总台和客房部提前做好客人离店准备工作及客房重新预订销售提供依据。

6. 撰写维修房报告

总台接待处撰写维修房报告，为工程部进行维修房整修提供记录及依据。

三、做好相应沟通

1. 保证房态信息沟通

（1）总台应每天将实际到店客房数、实际离店客房数、提前离店客房数、近期离店客房数、临时取消客房数、预订但未抵店客人用房数及时通知前厅部预订处和酒店公关营销部。

（2）总台应将客人入住、换房、离店等信息及时通知客房部，客房部则应将客房的实际状况通知总台，以便核对和控制房态。

2. 正确显示房态

（1）完善房态转换检查程序，前厅部接待人员必须在客人登记或结账、换房后迅速及时地变更客房状况。管理人员每天至少两次定时核对前厅部和客房部的客房状况报告。

（2）健全客房状况多级检查、核对和确认工作程序的管理制度。

（3）在总台、客房中心配有联网的计算机终端，各部门通过计算机终端了解、掌握及传递客房状态的信息。

（4）接待员可根据计算机储存的可售房的信息，迅速做出分房入住的决策，也可将用房及住客情况直接输入计算机。

(5) 客人结账离店时,收银员无需再通知接待员改变房态,而是直接将客人结账离店的信息输入计算机,房态可自动转换成走客房状态。

(6) 客房部每日随时能打印出楼层住房状况表,与客房自然状况核对,发现问题及时沟通。

(7) 当客房清扫检查完毕后,客房部管理人员将可出租房直接输入计算机,以加快酒店内部信息沟通的速度,使客房状态显示系统变得更及时、更有效。

【特别提示】 更及时、更有效的客房状态显示系统能极大地提高排房、定价的效率和受理预订的决策力,同时为酒店管理部门提供了分析客房销售状况的依据。

3. 加强对员工的培训

汇总各方面出现的有关房态异常的情况,制定培训方案,对员工进行有关房态显示和控制的培训,并确保每位员工了解各种客房状态的含义、客房状态转换的方法及产生房态差异对服务与管理的影响,以避免反复出现差错。

工作任务三 做好收益管理

基础知识

一、收益管理原理

收益管理的基本原理是"五个最":即酒店企业的产品能在最佳时机,以最好的价格,通过最优的渠道,出售给最合适的顾客,以实现酒店收益的最大化。

酒店收益管理是通过对市场和客人的细分,对不同目的的消费者在不同时刻的需求进行定量预测,通过优化方法确定动态的控制,最终使酒店总收益最大化,确保酒店利润的持续增长。另外,收益管理是酒店经营管理的一项系统工程,在实施收益管理系统时,要明确这一系统不是单靠前厅部就能运作好的,它是酒店提高经营收益、加强管理的一项系统工程,需要酒店层面的运作。

二、酒店客房收入的结构

酒店客房收入一般情况下由三类组成:协议客人房租收入(包括协议公司散客和团队、协议旅行社旅行团队、协议会议团队、协议长住房的收入)、网络公司/订房中心协议房租收入、前厅部散客房租收入。

第一、二类房租收入基本上是由酒店公关营销部通过协议形式与相关企业签订的,这两类协议客人房租收入大体占到当期酒店房务总收入的75~80%左右,而第三类前厅部散客房租收入则占到当期酒店房务总收入的20~25%左右。

三、客房收益管理的协调

前厅部的收益管理运作主要是针对前厅部散客的营销。在酒店中,一般协议客人房价要低于前厅部散客房价,而协议客人通常是由公关营销部洽谈联系,由于市场竞争激励和酒店管理对公关营销的关注力度和工作压力加强,公关营销部会不断地千方百计地扩大协议客人的覆盖面并以此作为部门的工作业绩,随着公关营销部门协议客人覆盖面的增加,前厅部散客的入住率会一路走低。如果要保障酒店平均房价的最大值,就需要酒店管理高层出面加以协调,并根据市场情况和公关营销部、前厅部各自的房租收入历史资料进行分析,理清合适的前厅部散客入住比率,才能防止前厅部散客入住比率不断下滑的趋势。

实践操作

一、确定营销组合策略

【特别提示】 1953年,尼尔·博登(Neil Borden)在美国市场营销学会的就职演说中首次创造性地提出了"市场营销组合"(Marketing mix)这一术语,其意是指市场需求或多或少地在某种程度上受到所谓"营销变量"或"营销要素"的影响。为了寻求一定的市场反应,企业要对这些要素进行有效的组合,从而满足市场需求,获得最大利润。博登提出的市场营销组合实际上有几十个要素,杰罗姆·麦卡锡(McCarthy)于1960年在其《基础营销》(Basic Marketing)一书中将这些要素一般地概括为四类:产品(Product)、价格(Price)、渠道(Place)、促销(Promotion),即著名的市场营销4P理论。

1. 分析营销相关因素

(1) 首先应分析酒店自身拥有的资源优势;其次还应充分认识酒店的关系资源。

(2) 把握消费者需求的发展趋势,并通过对消费者需求的各个方面就其重要性进行排序,深入了解消费者需求有关项目的重点。

(3) 分析竞争者的经营特点和优势。

2. 确定营销组合的主导因素

(1) 通过上述一系列的分析,找出影响消费者需求的重点,分析酒店相关资源在满足消费者相关需求项目上是否具有足够的市场竞争力。

(2) 在此基础上找出影响消费者购买的最重要的几个因素,对应地体现在4P的哪个方面,选择其中的一个作为营销组合的主导性因素。

(3) 进一步提炼相应的经营理念,使之具有酒店经营的战略性意义。

3. 规划主导因素的操作措施

(1) 在确定营销主导性策略和酒店经营理念以后,酒店就可以进一步规划主导性策略的具体内容,使之适应消费者需求。

(2) 此时一个重要的工作是全面分析酒店资源,从可行性角度全面调动和调整酒店资源,规划出相对完善的主导性策略的具体操作措施。

4. 规划主导因素以外的操作措施

明确主导性策略并对其进行初步规划之后,就可以根据主导性策略的特点和要求,规划主导因素以外的操作措施并使之与主导因素相协调。

5. 审查和调整营销组合的细节因素

在依据主导性策略规划出主导因素以外的操作措施后,还应全面审查市场营销组合的各细节因素的整体协调性,对不协调的方面进行调整以确保其系统性。

【特别提示】 在以上制定营销组合策略的步骤中,有两个基本点特别值得营销人员注意:一是营销模式的创新问题,营销模式要尽可能与竞争者有所区别;二是上述步骤在实践中常可能不是线性的,往往需要多次反复才能制定出一套系统整合的营销组合策略。

二、协调运作收益管理

1. 进行需求预测

(1) 在细分市场和了解客人信息的基础上,对不同类别的客人需求进行相对准确的预测。

(2) 采用不同的预售方法和价格差异化的控制,实行动态管理和边际收益管理。

【特别提示】 边际收益是指出售额外一单位产品所带来的总收益的增加,其可以是正值或负值。在完全竞争条件下,边际收益等于价格;在不完全竞争条件下,边际收益低于价格。其计算公式为:边际收益=售价-变动成本。

2. 调控前厅部散客入住比率

酒店公关营销部管理人员应适度调控好协议客人和前厅部散客各自的入住比率,以期达到酒店平均房价的最大值。

3. 设定动态价格格局

(1) 动态价格包括了协议公司散客优惠价、旅游团队房价、会议团队房价、长住客房价、前厅部散客浮动价等。

(2) 对于酒店公关营销部来说,在制定动态价格时,最有参考价值的资料数据是同一地区同星级的竞争对手酒店的分类房价。

4. 控制超额预订

(1) 前厅部与公关营销部加强协调,应对于历史情况和各协议公司的散客预订情况的"虚"和"实"作出清醒的分析判断。

(2) 采取预收定金的方式滤掉"虚"的预订房,增加"实"的预订房比例,以确定合理的超额预订比例。

【特别提示】 包括超额预订控制在内的客房预订控制工作过程及其操作要求,详见项目二模块三。

5. 控制节假日和重大活动的价格需求

这一时段该提价时就提价。在一个市场短暂的"求大于供"的时机,最基本的消费心理就是"求"而不是"供"。

6. 管理团队销售和销售代理

(1) 对于旅行社团队销售应根据每一阶段的市场变化,适时进行调整控制,而对于销售代理商则可每年进行一次市场情况分析后再重新调整新一期的价格。

(2) 与销售代理商商议一个在本地区酒店有竞争力的房价并给予其一个阶梯式的售房奖励制度。

7. 管理酒店附设资源

(1) 前厅部在实施收益管理时,应邀请前厅部员工熟悉酒店附设资源(客房之外的餐饮、娱乐设施和会议设施)的情况、销售价格政策和价格细则。

(2) 对前厅部员工进行营销培训,使之掌握营销技巧,能够有针对性地开发酒店附设资源的销售。

8. 比较和分析经营状况

(1) 前厅部管理人员应将每一月的各种经营数据,包括入住率、各种附设资源销售等情况与历史上的数据进行比较。

(2) 将得到的数据作为前厅部制定各时期房价政策的决策依据,并向酒店管理层报告。

9. 重视影响员工售房的因素

(1) 重视在多变的市场环境中前厅部员工对突发事件如节假日、营业高峰、酒店在特定时段的房价变化的灵活反应。

(2) 重视前厅部员工的售房经验、前厅部房价政策、售房授权制度等的培训。

10. 前厅部要有"公关营销部"的理念

(1) 在做好部门的日常管理行政事务之余,应在前厅部的员工中灌输"前厅部是酒店第二公关营销部"的理念。

(2) 对大堂副理班组和总台接待班组,进行公关营销业务的培训和公关营销洽谈技巧的引导,并把走进酒店的每一位客人当成公关营销对象。

11. 关注非标准房资源的收益管理

为了改变豪华套房、总统套房、行政房空置率比较高的状况,酒店管理者应向前厅部充分授权,前厅部经理再向接待员充分授权,让前厅部接待员有售出豪华房间的洽谈空间。

【特别提示】 随着计算机信息技术的发展,大多数酒店前厅部的预售和客房管理也进入了数字化管理阶段。应用收益管理的模式,通过大量的客户数据的微观分析和比较精确的定量管理,应该说适应于市场和时代发展的需要。另附:酒店销售策略和客房收益预测表,见表7-5。

表7-5 酒店销售策略和客房收益预测表

年　月

市　场		
客源来自		
目标	客房过夜天数:	
	平均房价:	
	客房收益:	
	所占目标市场份额:	
策　略		
策略及促销		
全年营收预测		
	_____年完成客房营收	元
	年平均房价	元
	_____年平均出租率	%

制表人:

模块三　总台客房增销管理

任务导入

总台客房增效管理——掌握酒店增加额外收入的一般技能

1. 利用机会,以"无预订散客"的身份前往当地某高星级酒店预订房间,巧妙记录总台服务人员对自己的客房推销过程,并留心其对其他"有预订客人"客房升级的全过程。要求:(1)事先与大堂副理沟通,收集酒店的总台销售奖励制度,并得到记录许可;(2)记录方式应包含视频、图片;(3)事后向大堂副理和接待员表示谢意。

2. 整理相关资料,针对该酒店总台接待员的推销技巧提出个人的分析,并撰写分析报告呈交教师审阅。

3. 教师协助、指导学生以上社交和学习活动,适时讲授总台客房增销管理的知识与技能点。

工作任务一　控制增销过程

基础知识

一、总台增销的定义

总台增销(Front Desk Up-selling)是指通过前厅部总台接待人员的努力推销,提升酒店客房预订规格,销售高档次客房。总台增销既能增加客人的满意度,又会提高客房的出租率,还有助于挖掘客人的潜在购买力,进而提升酒店平均房价。

二、总台增销的条件

酒店管理者引进、更新增销理念是达到酒店总台增销的前提条件;酒店管理者通过一系列的团队合作活动来增进前厅部和公关营销部之间的合作意识,是总台增销的基础条件;以增销的差价为基础,确定增销奖励额度,并公示每个团队和每个人的增销业绩,是酒店开展总台增销活动的必备条件。

实践操作

一、强化总台增销的技巧

1. 把握客人特点

(1) 团队客人

① 政府代表团及商务团队:总台人员应向其重点销售环境安静、光线明亮、商务办公设施设备用品齐全、便于会客、档次较高的客房;针对女性商务客人最应注重推销客房内配有

全身试衣镜,有足够的衣架,卫生间安装有晾衣绳,客人能亲自清洁卫生洁具以及洗晾小件衣物的房间。

② 文体团队:针对他们随身行李多、时间要求紧,一般白天在店外演出,晚上休息较晚等特点,应向他们推销离电梯较近、有宽敞通道、隐秘性较强的客房。

③ 旅游观光团队:针对其活动有组织、有计划,行动非常统一,日程安排紧凑等特点,应向他们推销环境幽雅舒适、有景观且价格适中的客房。

④ 港、澳、台团队:针对其对数字有喜"8"厌"4"和"13"的习惯等特点,应向他们推销房号不带这些数字的房间。

(2) 一般散客

① 急躁型客人:在推销客房中尽量不要激怒急躁型客人,如果出现矛盾应当避其锋芒;为其办事时要做到迅速无误。

② 活泼型客人:欲将客房成功推销给活泼型客人,就应与其多交往,满足其爱交际、爱讲话的特点;要注意内外有别、言语有度。

③ 稳重型客人:不应给稳重型客人安排靠近电梯旁或有小孩吵闹的房间,以满足其爱清静的特点;当稳重型客人主动提出继续住某一楼层时,要满足其要求。

④ 忧郁型客人:在向忧郁型客人推销客房或临时调整其房间时,尽量在他们面前少讲话,但一定要讲清楚理由,以免引起猜疑和不满。

2. 讲究语言艺术

(1) 正确称呼客人姓名。员工能亲切地用姓名称呼客人,就会使客人产生一种亲切感,拉近酒店与客人之间的距离,以利销售。

(2) 倾心聆听并及时释疑。在推销过程中,要善于从客人的谈话中听出对方的需求和意愿,对客人不明之处、不解之意要及时释疑,免去误会。

(3) 将强调客人利益的技巧用在二次推销上。在推销过程中,要态度诚恳,用热情、友好的语言鼓励客人将需求和盘托出,坚持正面表述,及时将产品给客人带来的益处告知客人,促使其购买。

(4) 在客人登记时进行有效的升级产品销售。首先肯定客人预订的房间也是好的选择,然后试探客人的爱好,再向客人介绍些更高一级选择。

(5) 客人离店时,一定要向客人,特别是公司和企业客户,提供机会让他们选择是否下次还是入住本酒店。若客人选择下次仍住本店,则可以考虑因此免去旅游代理商的佣金和CRS费用,同时也让客人感受到酒店对其的重视。

【特别提示】 中央预订系统(Central Reservation System,简称CRS),主要是指酒店集团所采用的,由集团成员共用的预订网路。它使酒店集团利用中央资料库管理旗下酒店的房源、房价、促销等信息,并通过同其他各旅游分销系统,如:GDS(全球分销系统)、IDS(互联网分销商)与PDS(酒店官方网站预订引擎)连接,使成员酒店能在全球范围实现即时预订。CRS是集团总部控制其成员酒店的有效工具之一。

3. 选用合适的报价方式

(1) 使用高码讨价法:从高到低逐一报价,即向客人推荐适合其需求的最高价格的客房及其特点,直至客人做出选择。这种报价方法适用于未经预订、直接抵店的客人。

(2) 使用利益引诱法:从低到高报价,即向客人先报最低价格的客房,然后再逐渐走向高价客房。销售人员在报出低价客房的同时,应积极推销酒店有特色的附加服务,尤其是重点强调在原收费标准的基础上稍微提高一些价格,便能得到很多实惠。

(3) 使用选择性报价法:是将客人消费能力定位在酒店价格体系中的某个范围,做有针对性的选择推销的方法。总台员工应准确判断客人的支付能力,客观地按照客人的要求选择适当的价格范围,并报价;另外,根据房型报价的方法是根据客房产品优势即卖点设计的,也可充分利用。

4. 注重议价推销

(1) 强调客房优点。在接待过程中,听到客人说:"太高了,能不能打折。"在此情况下,向客人指出为其提供的客人售价高的理由。例如:理想的位置、新颖的装潢、优雅的环境、美丽的外景、宽敞的房间等。

(2) 强调客人受益。接待员应将房价转化为能给客人带来的益处和满足,对客人进行启发和引导,促进其购买行为。如:接待员遇到一位因价高而犹豫不决的客人时,可这样讲:此房间床垫、枕头具有保健功能,在让您充分休息的同时,还起到预防疾病的作用。强调"客人受益",能够强化客人对产品的价值的理解程度,从而提高其愿意支付的价格限度。

(3) 比较客房优势。当客房的供给价格与客人的需求价格矛盾时,不防采用"比较优势"来化解客人的价格异议,即以酒店客房的长处去与同类产品的短处相对比,使本店客房产品的优势更加突出。如:本店的设施是本地区最新的,可收看多套国外卫星节目,房间内具有上网功能等。

(4) 分解客房价格。价格作为敏感性因素,接待员在推销时应将价格进行分解。如:某类房间的价格是 580 元,报价时可将 80 元"免费双早"分解出来,告诉客人房价实际是 500元;假如房费内包含免费洗衣或免费健身等其他免费项目,同样也可以分解出来。

(5) 适当让步。由于客房越来越强的议价特点,所以房价因不同客人而异已成为十分正常的现象。对于确实无法承受门市价格的客人,适当给予优惠也是适应市场、适应竞争的重要手段。但做出的让步要在授权范围内进行。

(6) 限定折扣。限定折扣是一种"曲线求利"的办法。接待员在充分了解客人购买目的的基础上可限时、限地、限量给予适当折扣。如:接待员在了解到客人不太注重房间位置时说:我们酒店有一间角边房,如果您不介意,我可以给您申请七折。

5. 展示客房

(1) 前厅部应备有各种房型的宣传资料供客人观看、选择,有条件的酒店可在大厅醒目位置配备计算机显示屏幕,让客人对客房产品获得感性认识。

(2) 若有必要,还可以在征得客人同意的情况下,带领客人实地参观客房,增强客人对客房产品的认识。

(3) 在展示客房中,总台服务人员要自始至终表现出有信心、有效率、有礼貌。如果客人受到了殷勤的接待,即使这次没有住店,也会留下美好的印象。

二、预防"NO SHOW"造成损失

【特别提示】 总台经常遇到房间很满的时候,已经预订的某批客人却没有来,使酒店当日的出租率和营业收入受到不同程度的影响,这种情况叫"NO SHOW"。

1. 预防旅行社"NO SHOW"

（1）要求旅行社在团队抵店前 15 天给酒店发出接待计划，并告知逾期未到，视为该团预订自动取消。

（2）团队抵达前 5～7 天应与旅行社再确认、核对预订。

（3）团队抵达当日，总台人员应随时掌握团队的入住登记情况，并及时与旅行社联系、询问未到团队及人数的动向。

（4）在旺季，尤其是国家法定假日期间，对国内旅行团队的预订，要求旅行社缴纳足额定金，以防虚占客房。

（5）对"NO SHOW"情况做登记和分析，划分旅行社预订信誉等级，以使今后接受预订时掌握主动。

2. 预防会议"NO SHOW"

【特别提示】 会议报到期间一些会议由于主办方对会议规模和会议代表报到时间不能确切掌握，会出现部分预订不到。

（1）会议预订必须签约。明确双方的权利、义务及违约责任，同时应按会议预计在酒店的消费额的 30～50% 收取定金。

（2）会议入住前几日应再确认预订。

（3）会议报到当日 18:00 前应再与会务组确认、核实当日用房数，对确认后仍出现"NO SHOW"的房，按当日全额房费收取赔偿费。

（4）总结不同类型会议的规模和用房情况的特点，在接受会议预订时尽可能减少"水分"。

3. 预防散客"NO SHOW"

（1）接受预订时，必须了解相关信息，如预订人的姓名、入住客人的姓名、联系方式、预计抵达时间等。

（2）声明并坚持没在确切入住时间的预订只保留至当日 18:00，逾期不到时视为自动取消。

（3）视情况收取一定比例的定金。如在抵达当日才通知取消的，预付款应视为赔偿金来处理。

（4）建立预订信誉等级与定金款额相挂钩。

【特别提示】 因不可抗力外，以上情况出现一般都应向酒店赔偿。但酒店长期处于买方市场，作为卖方的酒店在竞争中经常被迫放弃了应有的权力。

三、重视推销渠道拓展

当收益管理人员努力想着怎样在激励的竞争中将利润最大化的时候，有的酒店将很多精力都放在了电子销售渠道上，而总是忽视了另一个销售渠道：酒店总台及其拓展性其他渠道。

1. 重视直接上门的客人

（1）客人一旦进了大堂，总台接待员就应主动给予欢迎，主动与客人打招呼，并主动询问有什么需要帮助的地方，争取给客人留下一个良好的印象。

（2）主动向客人介绍 2～3 套房间类型，或者几种价格选择，让客人有所选择。向客人多介绍与客人相关的酒店特色。

(3) 对从附近酒店怨声载道地过来的客人,总台接待员应充分展示自己的酒店特色,避免说些不好的话来评论酒店的竞争对手。如果可能,带客人去看看某个或几个房间。

2. 改善总台增销工作条件

可以考虑在总台放置一台平板电脑等,向客人展示数张酒店客房和周围环境的图片。

3. 保持价格的稳定

(1) 保持稳定的价格,避免客人在登记、入住期间或者退房时讨价还价。

(2) 如果遇到讨价还价的客人,则可以温和地提醒客人所订房间的条款,与客人想要的低价做个比较,告诉客人现在订的这个房间价格比原来已经低了。

4. 利用渠道转化技巧

有些客人在浏览完在线旅游代理的网站会打电话总台确认他们在网上看到的价格是不是最优惠的。有关管理员应确保总台接待员能在客人打电话过来的时候就预订,而不是让客人把电话挂了再到网上预订,以保证客人不会被其他在线产品所吸引,更重要的是减少酒店的分销成本。

5. 做好"下班时间"的团队销售

(1) 在上班时间以外,一旦有商务会议或者社会活动的组织者打电话或当面咨询房间和房价,应表现出对客人的关心,耐心解决客人咨询的每一个问题,问客人是否要留张便条而不是请客人将信息转接到公关营销部的语音信箱。

(2) 对于上门咨询的客人,应确保总台员工随时备有销售手册、宣传册和销售总监的名片,以提供给客人。最重要的是,保证员工不说这样的话:请您明天早上 9 点到下午 5 点再打电话过来咨询。

6. 从酒店现有的住客中发掘未来企业客户

如果酒店所在地周围有企业办公楼,或者属于产业综合区,或者是处于市中心,通常客人隔月甚至隔周就会回来酒店。经过一段时间,总台员工就会认得这些客人。总台员工应记住这些客人所在的公司,特别关照来自于新的企业客户的客人。

7. 增加对总台员工的培训

增加对总台员工的培训,让员工知道以上做法是能够增加销售额、增加盈利的机会,并且抓住这些机会就能够让酒店的利润最大化。

工作任务二　巧用激励措施

基础知识

一、总台增销的意义

为了增加客房销售收入,总台员工的工作不仅直接面向客人办理入住手续、排房、结账等,而且在接待服务工作中更应做好面对面的对客销售。总台增销工作的成功与否,直接影响到客人对酒店的认识、评价和是否再次光顾,最终影响到酒店的经营效果。

二、巧用激励措施

为了推动总台客房增销与管理工作的成效,可巧用一些必要的激励措施。如前厅部联合财务、公关营销等部门制定前厅部客房增销奖励方案,并报酒店上层管理者批准实施等,以维护员工的工作热情。只有这样,前厅部当成酒店"第二公关营销部"的理念才能落到实处。好的总台客房增销奖励制度对于销售管理来说可以达到事半功倍的效果的作用。

当然,在制定和使用增销奖励方案等激励措施时,应事先做好市场调研,使政策等措施具有针对性和可操作性。

实践操作

一、制定总台客房增销奖励办法

【**特别提示**】 前厅部为充分调动员工的积极性,结合酒店年度预算考核指标,可有针对性地制定客房增销奖励办法,但须与酒店人事部、财务部、公关营销部共同讨论通过。具体分配方案由前厅部执行,并报酒店人事部、财务部备案。

1. 确定执行时限、原则和奖励对象

(1) 执行时限,一般确定在某一个年度范围内。

(2) 执行原则,考虑总台客源的局限性,原则上采用只奖不罚的原则。

(3) 奖励对象,主要适用于总台主管、督导、接待员、收银员等。

2. 制定总台散客增销奖励标准

(1) 奖励标准。除"有协议的公司散客、网络订房散客、旅行社散客、旅游促销机构散客",总台接待自来散客时,经接待人员推广,如售房价达到如表7-6所示折扣要求,可获得相应的奖励。

表7-6 总台散客增销奖励标准

单位:元

时间	房类 门市折扣	4折	5折	6折	7折	8折	9折	全价
非周末	标准山景房	5	10	15	20	20	20	20
	标准江景房	5	10	15	20	20	20	20
	其他房	标准房奖励×1.2						
周末	标准山景房	无	5	10	15	20	20	20
	标准江景房	无	5	10	15	20	20	20
	其他房	无	标准房奖励×1.2					
节日	标准山景房	奖励标准根据每个节日的市场情况,另行发文通知。						
	标准江景房							
	其他房							
备注	节日主要指清明节、"五一"、端午节、中秋节、"十一"、元旦、春节。							

(2) 操作程序。①接到预订,客人同意后,由当班接待人员填写预订单,办理入住手续;

②预订单由接待员、收银员、前厅部经理、总经理助理签字(可后签)预订有效;③该售房通过夜审审核,并于客人退房、所有账款无误后,此售房奖励有效;④每日的售房统计台账,由前厅部负责进行,酒店财务部每日进行核对确认。

3. 制定散客客房预算完成奖励方案

(1) 前厅部散客客房预算指标按《20××年预算方案》的客房散客任务中关于"总台自入散客"的任务指标进行核定。

(2) 达到指标时,按如下方法计算业绩奖励:当月奖励=实际完成的销售额×4‰。

(3) 超出指标时,按如下方法计算业绩奖励:当月奖励=当月"前厅部散客客房预算指标"×4‰+(当月实际完成销售额-当月"前厅部散客客房预算指标")×10%。

【特别提示】 酒店公关营销部在计算当月绩效奖励时:总台当月实际客房销售额不参与当月公关营销部的绩效奖励计算,但前厅部当月的散客客房销售额作为公关营销部当月的考核业绩。

4. 确定奖励发放细则

(1) 总台散客销售奖励:①由酒店财务部按外联费(即佣金)方式进行运作(需扣除6%税金),每月底由前厅部进行统计,并经酒店财务部、总经理助理审核,报总经理批准后,在次月发放;②奖励分配:总台主管、督导、接待员(收银员)占70%,前厅部其他人员占20%,其余10%留作前厅部部门活动经费。

(2) 前厅部散客客房预算指标完成奖励:①每月5日前(节假日顺延),由总经理助理配合酒店财务部,对当月前厅部的销售业绩进行核定,由酒店财务部将销售业绩造表报送人事部,人事部核定出当月奖励后,由酒店人事部报总经理批准后发放;②奖励的分配:总台主管、督导、接待员占20%,前厅部其他人员占70%,10%留作前厅部部门活动经费。

二、保证客房销售政策落实到位

1. 保证销售政策的传达到位

政策传达到位是酒店落实政策的第1步。应使酒店的销售政策涉及到的相关人员、相关层面都能够了解到酒店当前执行的销售政策,例如:经理、主管、大堂副理、总台服务员等。

2. 保证销售政策的沟通到位

采用有效的沟通方式,如书面通报、销售筹备会议等。这是酒店要保证执行政策的各个环节、各个层面都能够理解政策执行的要素与步骤,这样才能保证销售政策的效果。

3. 保证销售政策落实的督促跟进到位

在销售政策传达下去以后,管理员还需要有必要的销售督促与跟进,以保证销售政策的落实;同时还应通过阶段性的销售跟进了解销售政策的执行效果并做出必要的改进。

4. 保证销售政策的核查监督到位

"督促"并不等同于"监督","督促"仅仅对那些希望执行又不知道如何执行的"执行者"有用,但如果执行者存在执行惰性或者执行"黑洞",就需要通过必要的核查与监督来保证销售政策的执行效果。

【特别提示】 客房销售政策是一项具有引导性、激励性的销售措施。它的目的就是促进销售,给销售带来保障。在执行酒店销售政策和领导口头指令时,要做到事前有确认,事中有汇报,事后有总结和建议。

项目小结

　　酒店市场:指在一定时期内某一地区存在的对酒店产品具有支付能力的现实购买者和潜在购买者的总和。

　　目标市场:指酒店在市场细分的基础上选择的某些市场作为服务目标的消费群体。

　　酒店销售渠道:指酒店把产品销售给消费者的途径,或者说,酒店销售渠道是指用来让消费者更容易地得到酒店产品而在酒店与消费者之间建立起来的一种个人或组织结构。

　　随行就市法:即酒店以同一地区、同一档次的竞争对手的客房价格作为定价的依据,不依据本酒店的成本和需求状况而确定房价的方法,其目的是保证效益,减少风险。

　　千分之一法:亦称建筑成本定价法,是根据酒店建筑总成本来制定房价的方法。

　　盈亏平衡定价法:指酒店在既定的固定成本、平均变动成本和客房产品估计销量的条件下,实现销售收入与总成本相等时的客房价格,也就是酒店收支平衡时的客房产品价格。

　　成本加成定价法:亦称"成本基数法",它是按客房产品的成本加上若干百分比的加成额进行定价的一种方法。

　　目标收益定价法:通过定价来达到一定的目标利润,保证预期收回投资的方法。

　　理解价值定价法:指根据客人对客房产品价格的理解和接受程度来定价的一种方法,其关键是如何测定客人对客房产品的理解价值。

　　区分需求定价法:指在客房产品成本相同或差别不大的情况下,根据客人对同一客房产品的效用评价差别来制定差别价格的定价方法。

　　声望定价法:指一些高星级酒店有意识地把某些客房产品的价格定得高些,如总统套房、豪华套房等,从而提高客房产品及酒店的档次与声望的一种定价方法。

　　分级定价法:指把客房产品分为几档,每档定一个价格,使消费者感到各种价格反映了产品质量的差别,以吸引对房价有不同需求的客人的一种定价方法。

　　高码讨价法:此方法也称从高到低逐一报价法,即向客人推荐适合其需求的最高价格的客房及其特点,直至客人做出选择。

　　总台增销(Front Desk Up-selling):是指通过前厅部总台接待人员的努力推销,提升酒店客房预订规格,销售酒店高档次客房。总台增销既能增加客人的满意度,又会提高客房的出租率,还有助于挖掘客人的潜在购买力,进而提升酒店平均房价。

　　利益引诱法:也称从低到高报价法,即向客人先报最低价格的客房,然后再逐渐走向高价客房。

　　选择性报价法:是将客人消费能力定位在酒店价格体系中的某个范围,做有针对性的选择推销的方法。

检　　测

一、案例分析

巧妙推销豪华套房

　　一天,南京某四星级酒店前厅部预订员小夏接到一位美国客人霍曼从上海打来的长途电话,想预订每天收费180美元左右的标准双人客房两间,住店时间为三天,三天以后来酒店住。

小夏马上翻阅预订记录,回答客人说,三天以后酒店要接待一个大型会议的几百名代表,标准间已全部预订完,小夏讲到这里用商量的口吻继续说道:"霍曼先生,您是否可以推迟三天来店?"霍曼先生回答说:"我们日程已安排好,南京是我们在中国的最后一个日程安排,还是请你给想想办法。"

小夏想了想说:"霍曼先生,感谢您对我的信任,我很乐意为您效劳,我想,您可否先住三天我们酒店的豪华套房,套房是外景房,在房间可眺望紫金山的优美景色,紫金山是南京名胜古迹集中之地,室内有我们中国传统雕刻的红木家具和古玩瓷器摆饰;套房每天收费也不过280美元,我想您和您的朋友住了一定会满意。"

小夏讲到这里,等待霍曼先生回答,对方似乎犹豫不决,小夏又说:"霍曼先生,我想您不会单纯计较房价的高低,而是在考虑豪华套房是否物有所值吧。请告诉我您和您的朋友乘哪次航班来南京,我们将派车来机场接您们。到店后,我一定先陪您参观套房,到时您再作决定,好吗?我们还可以免费为您提供美式早餐,我们的服务也是上乘的。"霍曼先生听小夏这样讲,倒觉得还不错,想了想欣然同意先预订三天豪华套房。

(资料来源:http://www.canyin168.com)

思考:请以总台增销的基本原理和工作要求,分析一下本案例中客房预订员小夏所使用的推销技巧。

二、小组讨论

酒店前厅部往往被视为酒店的"第二公关营销部",其主要针对酒店散客销售客房。那么,前厅部应怎样挖掘酒店的产品特点,以刺激客人的需求?请以当地某家酒店为例进行分析。

三、课内实训

1. 请模拟总台接待,运用相关技巧进行客房推销训练。

2. 以某酒店为实例,拟定一份总台客房销售奖励办法,并印证该办法的合理性(如:通过本办法的实施,前厅部员工收入有所提高等)。

四、课外拓展

1. 请调研当地一家酒店,谈谈你对酒店客房产品及其销售特点的理解。

2. 酒店往往会综合使用各种定价方法,请通过收集某酒店的详细信息,分析它都使用了哪些定价方法。

3. 通过互联网资料,归纳总结中外高星级酒店在"总台增销"管理方面的差异。

项目八 信息系统管理

学习目标

- 了解酒店计算机信息管理的意义、特点、功能、业务流程、表格的类型和文档的分类。
- 理解 HMIS、客史档案、媒体、客房年度销售预测、经营分析会及客房经营指标的概念。
- 掌握 HMIS 主要业务信息分析、表格制作、文档信息管理方法、媒体特点、顾客意见来源及客房年度销售预测、客房经营状况分析和召开经营分析会的途径。
- 运用信息管理管理理论知识和基本技能,提高前厅部信息的收集、整理能力和管理前厅部信息的能力。

项目导读

酒店前厅部是是酒店的信息中心。为了提高效率,便利工作,现代酒店一般都会采用酒店计算机信息系统进行管理。了解酒店前厅部计算机管理系统运作原理,掌握包括客史档案在内内的各类文档信息,并能够预测客房年度销售信息,分析客房收入/客房费用/客房利润,有效地召开前厅部经营分析会,均是前厅部管理者必备的管理技能。本项目要点内容如表8-1。

表 8-1 本项目要点内容阅读导引表

前厅部计算机信息管理系统	前厅部文档信息管理	前厅部经营指标分析
酒店使用 HMIS 的意义和作用	前厅部表格分类/管理前厅部文档原则	预测客房年度销售的过程
分析 HMIS 功能	设计/管理前厅部表格的步骤和要求	客房经营指标分析计算公式
分析 HMIS 业务流程	管理住客客史/宴会客史的内容	客房收入/客房费用/客房利润
分析 HMIS 对信息的处理	收集整理档案信息/建立客史档案	前厅部经营分析会的类别
检查入住/退房/客史三大信息	分析媒体特点/收集顾客意见信息	召开经营分析会的过程要求

模块一 酒店计算机管理系统(HMIS)控制

任务导入

HMIS 控制——认知酒店信息管理软件

1. 学生收集我国酒店行业中的一些品牌酒店或酒店管理公司使用的信息管理系统资料,并初步分析各类酒店管理信息系统的特点。

2. 学生认真研读本项目中的图8-3至图8-8；教师提出相关问题，并讲授本项目内容。

工作任务一　　HMIS综合控制原理认知

基础知识

一、HMIS的含义

HMIS(酒店计算机管理信息系统的简称)是一个能接收、处理、储存并实时控制的高度智能化的酒店综合信息处理系统。

二、HMIS对酒店经营的作用

1. 改变服务与管理人员的素质类型

在知识经济时代，每个酒店都没有长期不变的竞争优势，唯一的优势就是保持比竞争对手更快、更强的学习能力。应用计算机管理信息系统，会使酒店的经营管理发生根本性的变化，这就要求前厅服务与管理人员要由机械操作型向学习型、思考型转变，并最终为酒店适应"信息化、网络化、数字化"的时代做出贡献。

2. 使酒店管理规范高效

HMIS及应用软件本身就是完整的管理模式。它集中反映了经营者的宗旨、组织、计划、控制及经营目的。因此，恰当地、不失时机地引进并充分地利用计算机技术，对加强前台和后台管理、完善功能、保持管理风格，提高酒店管理规范化水平，并使之优质高效具有重要的推动作用。

3. 提高酒店经济效益

成功地应用先进的计算机管理手段辅助酒店的经营管理，不但要求酒店的日常操作模式要符合计算机信息处理要求，而且需要相应的管理体系和人员配合，充分掌握酒店各职能岗位的信息流程和计算机信息处理要求，并善于结合两者的长处。这对酒店节省人力、物力乃至财力，提高工作效率，增强市场竞争力，从而使酒店最终达到增收、节支、成本控制、物流控制的目的都具有重要的意义。

三、HMIS对前厅部管理的作用

1. 提高工作效率

前厅部在每天24小时里要处理大量有关客房预订、入住登记、问讯留言、账务管理等业务，手工操作速度慢、效率低，数据处理手段滞后，不适应经营管理发展和服务的需求。

2. 提高服务质量

前厅部是信息集散的枢纽和中心，且因服务种类繁多，客人需求变化随机性强，其服务的功能性和机能性的变化几率也大，又常常因信息生成及传递的错误或失误等而影响服务质量和管理水平。计算机技术则由于其信息存量大、处理速度快以及实时性控制等，显示了更大的优越性，从而为提高前厅部服务质量及管理水平提供了可靠的技术保障。

四、使用计算机管理信息系统的注意事项

酒店业的发展不能完全依赖于计算机和电子应用技术,计算机代替不了人与人之间面对面的交流,代替不了酒店员工向客人提供的各种个性化的服务与管理。要使酒店管理规范高效的关键因素还是靠"酒店人"及其现代化的管理理念,实现酒店业现代化管理的先导应取决于管理者。

实践操作

【特别提示】 目前大多数 HMIS 达不到对整个 HMIS 输出的最终信息做出管理上的重大决策的层面。今后的 HMIS 在决策层中的应用必定会越来越受重视,如酒店营销策略的制定、财务计划决策、目标利润制定等都是酒店计算机应用的主要领域。HMIS 综合结构如图 8-1 所示。

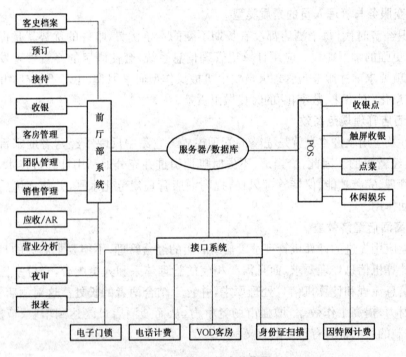

图 8-1 HMIS 综合结构图

1. 以人为主体进行综合控制

(1) HMIS 只是一个现代酒店管理的辅助系统,整个酒店的服务及质量管理还是依靠人来进行,计算机仅是一个处理各种数据的工具。

(2) 服务与管理人员根据计算机数据处理的信息结果,迅速做出服务对策和管理决策,以达到有效控制及经营管理的目的。

2. 以具体数据处理结果为依据进行反馈

(1) 由于酒店的各类信息始终处在一个变化的环境中,在开发 HMIS 时,各种因素不可能完全考虑进去。如果 HMIS 在运行过程中,不根据变化了的实际情况加以调整和扩充,

往往会因脱离实际而无法有效运行。

（2）为延长HMIS的生存周期，必需根据它输出的结果信息以及外界新进入的信息，随时调整内部处理方式或扩充相应的处理功能。

3. 以具有输入/输出为功能进行开放式管理

（1）HMIS是一个具有输入、输出功能并以此为主的开放式系统，输入的是各类凭据上的有效信息，输出的是各种报表的有价信息。

（2）通过输出控制整个酒店的人流、物流和资金流。另外，HMIS不仅能够对环境进行分析，并采取行动去适应环境，而且能在一定范围内、在一定程度上完善和改造环境。

4. 以层次分类为特征进行系统性控制

现代酒店的科学管理具有明显的等级制（参阅项目一模块二工作任务一）。各级管理职责分明，分工明确，下级服从上级，等级制度非常严格。HMIS为适应这种管理制度，也将软件设计成相应的层次，一般分为三个层次，如图8-2所示。

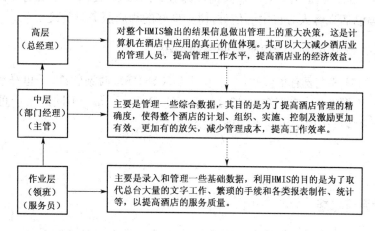

图8-2　HMIS信息层次及作用

5. 结合管理者需求设计的HMIS链接

在HMIS的链接设计中，有两种连接方式结合使用，一般采用树型菜单和框架模式设计用户模块和管理模块（如图8-3）。管理者可随意到达所需要操作的页面，又可知道自己处于整个系统的什么位置。

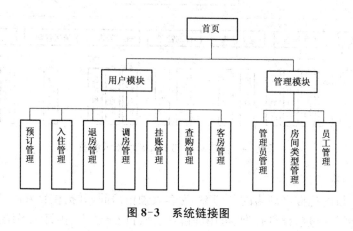

图8-3　系统链接图

工作任务二　HMIS 功能及业务分析

基础知识

一、HMIS 的主要功能

HMIS 的主要功能有预订、接待、结账、调房、客房管理和查询服务等。每个功能模块都和客人直接有关。

二、采用 HMIS 的目的

采用 HMIS 的目的是为提高酒店及前厅部服务的质量,提高酒店及前厅部信息管理的精度,进而提高酒店在客人心目中的信誉,树立良好的酒店服务与管理形象。

二、国内外常见的酒店计算机管理信息系统

常见国内 HMIS 主要有华仪软件、中软好泰(CSHIS)、西湖软件、千里马酒店管理系统等。常见国外 HMIS 主要有 ECI、HIS、FIDELIO、OPERA 等。不同的酒店可根据自己的组织机构和业务特点选用适用的 HMIS 系统。

实践操作

一、分析系统功能

【特别提示】　酒店前厅部信息管理系统是我国旅游酒店星评时对酒店设备设施的要求之一,酒店前厅部信息管理系统既能为员工提供快捷、准备的服务,又能为管理者提供完备的历史数据和分析模式,为管理者进行科学决策提供辅助作用。酒店前厅部 HMIS 功能如图 8-4。

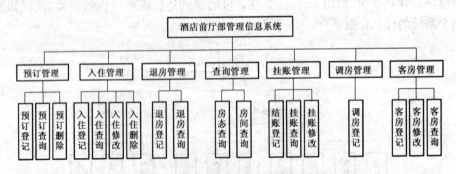

图 8-4　酒店前厅部 HMIS 功能示意图

1. 预订功能需求

(1) 其主要目的是提高酒店的开房率,为客人预留房间,并提供良好的预订服务。
(2) 其功能需求包括预订查询、可用房确认、预订记录建立、预订记录维护等。

2. 接待功能需求

（1）其主要目的是以最快的速度为客人提供快速入住登记服务。

（2）其功能需求包括客人登记、可用房确认、修改客人信息、删除客人信息和查询客人信息等。

3. 查询功能需求

（1）其主要目的是满足客人的需要，快速查找相应的房间和信息，提高服务的效率和树立酒店良好的企业形象。

（2）其主要功能包括房态查询、房间类型查询和房间价格查询等。

4. 客房管理功能需求

（1）其主要目的是对客房的信息化管理，提高客房管理的精度和准确度，同时减轻酒店客房中心员工的工作负担，从而提高客房管理的效率和服务质量。

（2）其主要功能是房态维护、费用记录和客人查询等。

5. 调房功能需求

（1）其主要目的是满足客人调房的需要。

（2）其主要功能是查询客房，调房登记，调房确认等。

6. 结账功能需求

（1）其主要目的是以最快的速度为客人进行退房结账服务。

（2）其功能需求包括客人结账、打印账单（报表）和客人挂账等。

二、分析系统业务流程

【特别提示】 前厅部信息系统的业务流程设计是为了保证信息系统的有效性，进而提高酒店信息管理的效率，不同的酒店还可根据自己的管理实际进行业务流程再造，以增强业务流程的科学性。酒店前厅部信息管理业务流程示意图见图8-5。

1. 预订管理

客人查找是否有合适房间，若有则填写预订登记单，员工审核登记单，若正确无误，则对预订登记，产生预订登记表。

2. 接待管理

（1）接待员查找客人是否提前预订，若有，则填写入住登记单，接待员审核登记单，若正确无误，则对入住登记，客人入住。

（2）若没有提前预订，则查找是否有合适房间，若有，则填写入住登记单，接待员审核登记单，若正确无误，则对入住登记，客人入住。

（3）客人退宿，客房服务员清查房间。若客人结账，则总台接待员进行接待登记，并填写收据和打印报表给客人；若客人打算挂账，则填写挂账登记单，员工审核登记单，若正确无误，则对挂账登记，产生挂账登记单。

3. 查询管理

接待员向客人提供实际或未来的日期查询、姓氏查询、国籍和地区查询、预订查询、账目查询、公司（客房）查询、团队资料查询、VIP客人查询、交通/娱乐/餐饮/医疗服务查询、语音留言等。

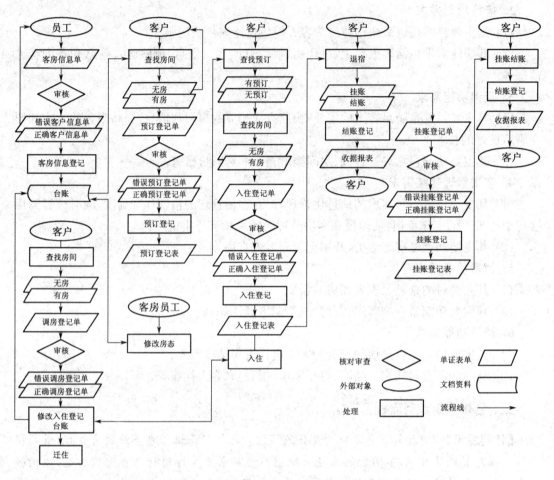

图 8-5 酒店前厅部 HMIS 业务流程示意图

4. 客房管理

接受员工的客房信息单,并审核信息单,若正确无误,则对客房信息登记,记入总账。

5. 调房管理

根据客人的需要,接待员查找同等类型的房间,若有则填写调房登记单,接待员审核登记单,若正确无误,则对修改客房信息表和入住登记表。

6. 结账管理

客人到总台对挂账进行结账,收银员进行结账登记,并填写收据和打印报表给客人。

三、分析主要业务信息处理

前厅主要业务的信息处理包括客房信息处理、前厅接待信息处理和挂账信息处理等,相关的信息处理流程图分析见图 8-6、图 8-7 和图 8-8。

(一)客房信息处理(见图 8-6)

1. 检查准备工作

(1) 检查处理客房的信息内容。管理者应检查员工是否了解客房信息的主要内容,其主要内容应包括房型、房价、楼层、房号、房况(态)、预订、房间设施设备配置等。

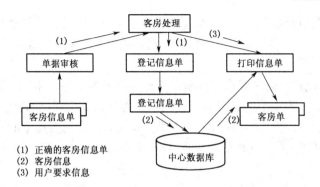

图 8-6 客房信息处理流程示意图

(2) 明确处理客房的信息来源。管理者应检查员工是否明确客房信息的主要来源,客房信息可直接从酒店原有信息系统、相关客房信息单和前厅部、客房部获取。

2. 分析信息处理

(1) 信息的准确性。管理者应分析员工是否仔细审核客房信息的准确性,其录入的信息与信息源是否保持一致。

(2) 登记信息的及时性。管理者应检查员工是否及时将客房变动的确切信息(如,房态变更、房价调整等)输入系统;若信息登记不及时,管理者应分析是否已对销售客房和对客服务造成影响。

(3) 处理信息的权限。管理者应检查处理信息的员工和口令是否相符;员工身份是否与其权限相符。

【特别提示】 一般情况下,员工在登陆 HMIS 时必须要输入自己的口令(员工号和密码),员工层级不同,其处理信息的权限也不同。

(4) 检查打印信息单。管理者应检查员工是否根据酒店或部门要求打印信息单,其打印的信息单是否注意版面、纸张、数量、存档及送达部门等方面的要求。

(二) 总台接待信息处理(见图 8-7)

1. 检查准备工作

(1) 检查处理前厅接待的信息内容。管理者应检查员工是否了解总台接待信息处理的主要内容,其应包括预订处理、入住处理、结账处理等方面内容。

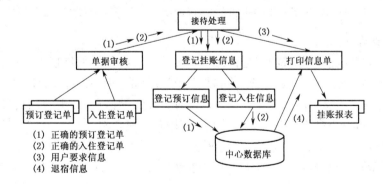

图 8-7 接待信息处理流程示意图

(2) 明确处理总台接待的信息来源。管理者应检查员工是否明确总台接待的信息主要来源,其可直接依据预订登记单、入住登记单、消费项目及账单等方面的内容。

2. 分析处理信息

(1) 信息的准确性。管理者应要分析员工是否仔细审核总台接待信息的准确性,其录入的信息是否与信息源保持一致,其录入的信息是否与相关信息(如其他客人信息)冲突。

(2) 登记信息的及时性。管理者应检查员工是否及时将总台接待的确切信息(如换房、消费项目等)输入系统;若信息登记不及时,管理者应分析是否已对酒店管理和对客服务造成影响。

(3) 处理信息的权限。管理者应检查处理信息的员工身份是否与其权限相符。

【特别提示】 一般情况下,总台接待信息的处理往往会涉及酒店利益或客人的利益,如为客人免费升级房间、优惠房价等,员工层级不同,其权限也不同。

(4) 检查打印信息单(同分析客房信息处理)。

(三) 挂账信息处理(见图8-8)

1. 检查准备工作

(1) 检查处理挂账的信息内容。检查员工是否了解总台挂账信息处理的主要内容,其应包括消费项目、单价与数量、消费时间与对应的房号或接待单位等方面内容。

(2) 明确处理总台接待的信息来源。检查员工是否明确总台挂账的信息主要来源,其可直接挂账登记单、挂账信息、消费协议等内容。

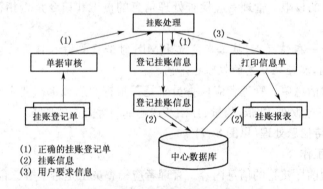

图8-8 挂账信息处理流程示意图

(注:本任务中的图8-3至图8-8均引自林春辉《基于WEB的酒店前台管理信息系统设计》)

2. 分析处理信息

(1) 信息的准确性。分析员工是否仔细审核总台挂账信息的准确性,其录入的信息与信息源是否保持一致,其录入的信息与实际消费信息和消费范围是否相符。

(2) 登记信息的及时性。检查员工是否及时将挂账的信息(如消费项目)输入系统;若信息登记不及时,分析是否已对酒店收益和对客服务造成影响。

(3) 处理信息的权限。检查处理信息的员工身份是否与其权限相符。

【特别提示】 一般情况下,总台挂账信息的处理往往会涉及酒店利益或客人的利益,如优惠消费折扣、消费协议等。

(4) 检查打印信息单(同分析客房信息处理)。

【特别提示】 在现实的前厅部管理过程中,若是由于酒店员工疏忽或不经上级管理者的同意擅自越权处理相关信息,所造成的损失往往由个人承担。

工作任务三　入住/退房/客史信息检查

基础知识

一、运用 HMIS 建档的具体表现

前厅部运用 HMIS 建档的具体表现主要在:客史资料可存档显示,并可对其进行选择、修改、补充或删除;"团队客人"可设置转为"历史客";夜审后可自动转对"历史客"及客史档案进行分类统计。

二、关于"客史资料"对话框中的标签页

"客史资料"对话框的中一般有五个标签页:"详细信息",记录客人的基本信息,如名称、证件、家庭地址、公司地址、联系电话等;"特殊爱好"记录客人的独特的要求和客人的喜好、习惯等;"详细历史"记录客人的住店情况;"未来预订"记录客人的预订情况;"图片信息"配合扫描仪使用,记录客人的肖像、签字样式等。

实践操作

一、检查入住登记信息

1. 登陆系统主界面

(1) 检查员工使用工号和密码登陆信息系统的准确性。

(2) 检查员工打开散客或团队客人入住登记界面的准确性。

(3) 检查员工对"新登记"界面具体内容的了解。

2. 信息录入

(1) 员工能否在系统的"新登记"的"基本"界面上准确、快速、完整的录入客人信息;能否针对持护照入住的客人在系统的"新登记"的"额外数据"界面上准确、快速、完整的录入客人的护照信息。

(2) 员工能否根据"客史列表"显示的信息快速、高效地对常住客办理入住手续。

(3) 员工能否根据系统显示的对话框对首次入住酒店的客人进行信息登记直至自动生成登记账号。

(4) 员工能否在"分机权限控制"界面及时、正确输入房间内电话使用权限和设置叫醒时间;能否在"宽带权限控制"界面设置宽带权限。

二、检查退房结账(Check-out)信息

1. 登陆系统主界面

(1) 检查员工使用工号和密码登陆信息系统的准确性。

(2) 检查员工能否在系统主界面上快速查找到相关需要退房的房间。

2. 检查退房结账信息

(1) 检查员工能否快速准确进入账务处理界面,并点击结账选择;能否准备选择房退房房间的客人进行结账。

(2) 员工能否按酒店规范和客人要求正确选择付款方式;能否正确处理需要调整或取消部分结账内容的信息。

(3) 检查员工能否按酒店和客人要求正确打印账单。

三、检查客史档案信息

1. 客史查询

(1) 检查员工使用工号和密码进入信息系统的正确性,并通过输入姓名(全名或其中一个字、拼音、英文字母)来检查系统显示客人信息情况。

(2) 通过选择证件种类及填写相应的证件号来来检查系统显示客人信息情况,并确定若不填写证件,系统是否能列出全部用该种证件登记的客人的信息。

(3) 通过输入出生日期来检查系统显示客人信息情况(通过出生日期查找的前提是客人在登记时已登记了出生日期)。

(4) 通过输入房费消费总额来检查系统显示客人信息情况。

2. 检查新建/修改客人信息

(1) 检查员工能否正确进入客史资料对话框。

(2) 检查员工能否准备、完整地填写客史资料,是否详细填写或修改常住客和VIP的"特殊爱好"。

(3) 检查员工能否熟练使用"详细历史"、"未来预订"和"图片信息"等其他栏目。

模块二 前厅部信息管理

任务导入

前厅部信息管理——掌握文档/媒体信息处理的一般技能

4. 由各组长为每位组员设计制作一份"同学档案表",并填写相关信息。

5. 每位学生利用互联网收集五份左右的有关媒体对知名酒店的报道、评介的信息资料,并仔细加以归类。

6. 教师抽查学生以上的工作情况后,讲授前厅部信息管理的知识和技能点。

工作任务一 文档信息管理

基础知识

一、前厅部表格的分类

前厅部所使用的表格非常多,但大致上可以分成以下三类:

1. 接待服务用表格

这类表格主要是用于对客服务,如客人入住登记单、客人留言单等。

2. 与各部门联络用表格

这类表格主要用于与酒店内部各有关部门进行信息沟通、业务联络,如在店贵宾一览表、预期抵店客人名单、团队分房表、团队接待单。

3. 各类统计分析用报表

这类报表主要用于向上级报告经营情况,供决策者参考,如客房营业日报表、房价及预订情况分析表、一周客情预测表、客源地理分布表等。

二、确定前厅部表格内容的要求

确定表格的内容时,首先要考虑的是此表格所提供的信息能否满足接受者的需求;其次是表格的内容是否简明扼要、一目了然,排列是否科学、美观。表格的设计要尽量达到高效率、低成本的目标,以有利于工作的顺利进行。

二、管理前厅部文档的原则

文档管理是前厅部管理工作的一个重要组成部分。为了保证文档管理工作的顺利进行,前厅部必须建立健全文档管理制度。管理前厅部文档时应坚持两个方面的原则:

1. 专人负责

可以由各部门负责人亲自进行文档管理,也可委派有一定工作经验、细心、责任心强的员工具体负责。

2. 有章可循

前厅部管理者应明文规定文档管理的规则,并予以公布。规则的内容应包括以下几个方面:明确哪些文件/表格应该存档、存放字母/日期(先按日期后按字母存放)、存放的时间、销毁时的批准程序等。

实践操作

一、设计前厅部表格

【特别提示】 设计表格要比较"投入"与"产出"的关系。"投入"指制作、发放、保存表格所需花费的时间与精力;"产出"指使用表格的机会与效果。

1. 设计表格时应考虑多项因素

(1)目的与内容。即明确为什么设计此表格,以及表格名称、制作过程及使用要求;表格的内容应简明扼要,排列应合乎逻辑,便于阅读,形式美观。

(2)分发对象。确定分发对象的原则是只将表格发给需要的部门与人员。

(3)格式与尺寸。明确什么尺寸最便于存档,所设计的行距是否适于书写、打字、外观如何。

(4)纸张与印刷。在决定与纸张和印刷有关的一系列问题前,需首先考虑的因素是此表格是否与客人见面,然后才考虑纸张质量与成本、印刷的数量与费用、复写的方式、颜色的选择、字体的选用、装订的方法以及是否需要编号等等。

2. 设计表格应符合运转体系要求

(1) 无论是开业前还是开业后,前厅部管理者在设计或修改部门使用的表格时,都要遵循符合运转体系要求这一目标。也就是说,前厅管理者只有在酒店确定了组织机构、职责范围后,才有可能设计出符合运转体系、适合规章制度的表格,也才有可能做好各类表格的衔接与配套工作。

(2) 当运转体系发生变动后,前厅部管理者应考虑部门使用的表格的种类与内容是否有必要作相应的更改。

3. 设计表格应列项正确

(1) 表格设计应包括确定表格的种类与内容两个方面。确定表格种类时,需要考虑的关键问题是此表是否有保留及使用的必要性。

(2) 前厅部管理者应该考虑,如没有这类表格对工作将会产生什么影响,此类表格能否由其他表格代替。

4. 定期审查、修正已投入使用的表格

(1) 每年至少审查一次正在使用的表格。

(2) 在进行修正工作前,应广泛征求使用者及制作者的意见,认真研究所有新设计的表格及需要修正的表格的内容。

(3) 表格的设计、修正作完成后,要经过培训、试用、审查、再次修正(有必要时)等阶段,才能正式印制、使用。

【特别提示】 使用中的任何表格若增加、变更、删减,必须得到前厅部经理的批准,必要时,还需请示酒店分管总经理。前厅部经理应将部门正在使用的所有表格汇集在样本册内。样本册内的表格按序号排列前应加上必要的说明。

二、管理前厅部文档

1. 分类

(1) 待处理类。待处理类文档是指尚未处理的文件/表格。如已填写好的订房单,已制作好但未经审核的表格、客人填写好的入住登记表、待签字的传真、需要答复的文件/信函、酒店客满时订房客人的等候名单等。这类文档不属于归档类文档。

(2) 临时归类。临时归类文档指短期内需要经过处理,然后进行整理归类的文件/表格。如客人的订房资料、报价信函、在店客人档案卡(登记表)等。

(3) 永久归类。永久归类文档指供查阅用的文件/表格。如各种合同的副本、客史档案、已抵店客人的订房资料、取消预订未抵店客人的订房资、婉拒订房的致歉信、各类已使用过的表格等。

2. 归类存放

(1) 待处理类。应先按轻重缓急的次序把文件/表格分成急办、日常事务、等候处理三类,然后分别存放在文件篮、文件架中。如:等待签字的传真等属于急办的待处理文档;各种等待处理的表格可放在日常事务类内;客人的等候名单、需回复的信函、需要起草的报告等则可归在等候处理类。

(2) 临时归类。应先分门别类地整理好,然后存放在专用档案柜的带有悬挂式档案夹的抽屉内或其他固定的器具内。存放的顺序为:订房资料→报价信函→在店客人档案。

【特别提示】 近期的订房资料,先按抵店日期、后按字母顺序存放;远期的订房资料,一般先按抵店月份、后按字母顺序存放。报价信函和在店客人档案均按字母顺序存放。

(3) 永久归类。永久归类文档可存放在贴有标签的活页夹内,也可存放在专用的柜子内,还可以打成包,在包外标明名称,存放在地下室等处。有些酒店把需要长期保存的资料拍成微型胶卷存放;有的酒店运用计算机储存或用计算机复制在软盘上保存。永久归类文档存放顺序:合同副本→客史档案→订房资料→已使用表格。

【特别提示】 订房资料按已抵店、取消、致歉、未抵客、团队等归类;先按抵店日期、后按字母顺序存放;合同副本、客史档案按字母顺序排列;已使用的表格按日期顺序存放。需要特别注意的是,有些必须保存的资料,应存放在特别安全的地方,以防止由于火灾或其他人为原因所造成的损失。

3. 制作索引

(1) 文档归类存放前,负责整理文档的人员应在文档的右上角写上索引字码。按姓名字母顺序排列的文档应写上客人姓的前2个字母,如 Sm、Wh 等;按日期排列的文档则应写上客人抵店的日期,如 30/4、6/5 等,这样做是为了节省查找时间。

(2) 另建一个文档存放的索引本,标明文档的种类、内容、存放地点、起止日期、销毁时间等。

工作任务二　客史档案管理

基础知识

一、客史档案

客史档案(Guest History Record)又称客人档案,是酒店对在店消费客人的个人情况、消费行为、信用状况、偏好和期望等特殊要求所做的历史记录。它是酒店用来促进销售的重要工具,也是酒店改善经营管理和提高服务质量的必要资料。完整的客史档案不仅有利于酒店开展个性化服务,提高客人满意度,而且对搞好客源市场调查、增强竞争力、扩大客源市场具有重要意义。简而言之,酒店建立客史档案是以提高客人满意度和扩大销售为目的的。

在酒店管理中,出于对客服务的需要,不少酒店将客史档案工作记录交由前厅部的客房预订处承担。

二、客史档案的主要形式

客史档案主要分为计算机客史档案和手工的客史档案卡两种形式。客史档案卡是按字母顺序排列,每张卡片上记录了住店一次以上的客人的有关情况,未使用计算机的酒店也有将客人住宿登记表的最后一联作为客史档案卡保存,而在使用计算机的酒店,计算机系统中专门有客史档案菜单,计算机会根据菜单指令记录、储存客人的有关资料,并可随时打印出来。

实践操作

一、把握住客客史和宴会客史内容

1. 住客客史的内容

（1）常规档案。主要包括：来宾姓名、国籍、地址、电话号码、单位名称、年龄、出生日期、婚姻状况、性别、职务、同行人数等。酒店收集和保存这些资料，可以了解市场基本情况，掌握客源市场的动向及客源数量等。

（2）消费特征档案。主要包括：客人租用客房的种类、房价、每天费用支出的数额、付款方式、所接受的服务种类以及欠款、漏账等；客人来店住宿的季节和月份、住宿时间、订房的方式、来本店住宿是否有中介等。

【特别提示】 酒店收集和保存常规档案资料，能了解每位客人的支付能力、客人的信用程度等；了解消费特征档案资料，可使酒店了解客源市场的情况，不同类型客人及特点，客人的入住途径等情况。

（3）个性档案。主要包括客人脾气、性格、爱好、兴趣、生活习俗、宗教信仰、生活禁忌、特殊日期和要求等。这些资料有助于酒店针对性的提供服务，改进服务质量、提高服务效率。

（4）反馈意见档案。包括客人对酒店的表扬、批评、建议、投诉记录等。

2. 宴会客史

（1）宴会客史的内容与散客客史相似。主要记录选订宴会者的情况，即来宾的姓名、单位地址、电话号码。

（2）每次宴会或酒会的情况均应详细地记录在案，包括宴会日期、种类、出席人数、出席者中有特殊要求的客人身份及其要求等内容；还应包括宴会的收费标准、举行的地点、所需的额外服务、所用饮料/菜品名称、出席者事后评价等。

（3）以上资料由餐饮部收集，反馈给前厅部。

二、强化客史档案用途

1. 客史档案可向酒店提供有用信息

（1）该客人在本店住过几次、何时住过。

（2）客人个人的基本情况，如姓名、性别、年龄、国籍、地址、电话等；有哪些爱好、习惯，喜欢哪种类型的客房或哪间客房，喜欢何种饮食或水果等。

（3）客人住店期间的消费情况及信用情况。

（4）客人住店的原因，订房的渠道，由哪个单位接待。

（5）客人对酒店的评价如何，住店时有无发生过特殊情况或投诉等。

2. 酒店可利用客史档案开展针对性工作

（1）为客人再次抵店前做更充分的准备工作。

（2）给住店若干次的客人寄感谢信；给住过本店的客人寄发酒店的各种促销宣传品。

（3）在中外重大的传统节日（如圣诞节或春节）前夕，给曾住本店的普通客人和贵宾寄贺卡。

（4）为市场调研收集资料。

【特别提示】 要想超越服务的现有水平,提供富于针对性的服务,就必须深入了解每位客人的需求特点。了解客人的需求特点,是提供个性化服务的基础,必须做到真心、细心、耐心,而文档与信息管理为这些个性化服务作好了充分的准备。

三、收集客史档案资料

【特别提示】 及时、准确的收集和整理客史档案资料,是做好客史档案的管理工作的基础。这既要求酒店要有切实可行的信息收集方法,又要求前台和酒店其他对客服务部门的员工用心服务,善于捕捉有用信息,并应保证信息收集的质量准确性、全面性、时效性,即要求所收集到的信息要真实、可靠,要广泛、全面、完整,要及时、迅速。

1. 总台员工收集

总台通过预订单、办理入住登记、退房结账等收集有关信息。有些信息从客人的证件和登记资料中无法获得,应从其他途径寻觅,如征集客人的名片、与客人交谈等。

2. 大堂副理整理

大堂副理每天拜访客人,了解并记录客人的服务需求和对酒店的评价;接受并处理客人投诉,分析并记录投诉产生的原因、处理经过及客人对投诉处理结果的满意程度。

3. 其他部门反馈

客房、餐饮、康乐、营销等服务部位的全体员工主动与客人交流,对客人反映的意见、建议和特殊需求认真记录,并及时反馈。

4. 媒体评价

酒店有关部门及时收集客人在报刊杂志、电台、电视台等媒体上发表的有关酒店服务与管理、声誉与形象等方面的评价。

四、建立客史档案

【特别提示】 计算机建档功能主要有以下内容:(1)接受预订时可按客人姓名查询有无客史,有客史者在新预订时可直接调用;(2)对客史进行修改和输入新的说明;(3)清除客史信息;(4)按客人姓名自动累积各次的资料;(5)打印、修改客人住店细目表;(6)即时打印任何客人的客史记录;(7)为总台接待办理客人入住手续时提示客史资料。

1. 坚持建档原则

(1) 建立健全客史档案的管理制度,确保客史档案工作规范化。

(2) 编定编目和索引,卡片存放要严格按照既定顺序;一张卡填满后以新卡续之,但原卡不能丢弃,应订在新卡的后面,以保持客史内容的连续与完整。

(3) 坚持"一客一档",以便查找和记录,并定期整理,以纠正存放及操作的失误。

2. 把控建档案方式

(1) 登记单方式。将客人住宿登记单的最后一联作为客史档案卡。由于要做成卡存放;登记单最后一联的纸应予以特殊考虑。通常最后一联是硬纸卡,反面还应印上每次客史记载的项目。这种方式比较简单易行,但编目保存较困难,而且记载的信息量不大。

(2) 档案卡片方式(见表8-2)。这是一种专门印有各项须填写的客史内容,并按字母顺序编目的正规档案卡。可以根据管理上的规定,将卡片印制成各种颜色,用以代表不同的内容和含义,方便预订人员查找。此种建档方式,编目比较正规适用,但工作量大。

表 8-2　客史档案卡

No.

客人姓名		性　别		国　籍	
出生日期及地点				证件号码	
职　　业				职　务	
工作单位					
单位地址				电　话	
家庭地址				电　话	
其　他					

住店序号	住宿期间	房号	房价	消费累计	习俗爱好特殊要求	表扬/投诉及处理	预订渠道及介绍人	信用卡及账号	备注

3. 计算机方式（见表 8-3）

这种方式是在计算机系统中设定客史档案栏目，将客人的各种信息输入贮存，以供随时查阅。该方式操作简便，信息贮存量大，且易于保管。随着计算机的普及，这一方式将成为建立客史档案的最主要方式。计算机的效能发挥要靠工作人员正确的使用及输入准确的信息，这也是前厅部计算机管理的基础。

表 8-3　计算机客史档案
Guest History Record

Guest name：　　　　　　　　　　First visit：
Group/Company：　　　　　　　　Total visit to date：
Address：　　　　　　　　　　　 Total nights to date：
　　　　　　　　　　　　　　　　Total revenue to date：
Credit：　　　　　　　　　　　　Average spend to date：
Passport No.
Total rate：

Arr.	Dep.	Days	Room	Rate	Payment	Revenue	Special

五、整理客史档案

1. 分类整理

为了便于客史档案的管理和使用，应对客史档案进行分类整理。如按国别和地区划分，可分为国外客人、国内客人、港澳台客人；按信誉程度划分，可分为信誉良好客人、信誉较好客人、黑名单客人等。经过归类整理的客史档案是客史档案有效运行的基础和保证。

【特别提示】 酒店的客史档案整理工作一般归由前厅部承担,而客史信息的收集工作要依赖于酒店的各个服务部门。

2. 有效运行

(1) 客人订房时,如属重新订房,预订员可直接调用以往客史,打印客史档案卡,与订房资料一道存放,并按时传递给总台接待员;

(2) 如属首次订房,应将常规资料和特殊要求录入计算机,并按时传递给总台接待员。

(3) 未经预订的常客抵店,总台接待员在客人填写登记表时,调出该客人的客史档案,以提供个性化服务;未经预订的客人第一次住店,总台接待员应将有关信息录入计算机。

(4) 对涉及客房、餐饮、康乐、保卫、电话总机等部位服务要求的,应及时将信息传递到位。同时,也要注意收集和整理来自其他各服务部位的有关客史信息。

(5) 客人离店后,要将客人的客史档案再次输入新的内容,使客史档案的内容不断得到补充完善。

3. 定期清理

(1) 酒店应每年系统地对客史档案进行1~2的检查和整理。检查资料的准确性,整理和删除过期档案。

(2) 对久未住店的客人档案予以清理前,最好给客人寄一份"召回书",以唤起客人对曾住过的酒店美好的回忆,做最后一次促销努力。

六、保证客史档案信息的有用

1. 树立全店的档案意识

(1) 客史档案信息来源于日常的对客服务细节中,需要酒店全体员工高度重视,在对客服务的同时有意识地去收集。

(2) 酒店在日常管理、培训中应向员工不断宣传客史档案的重要性,培养员工的档案意识,形成人人关注,人人参与收集客人信息的良好氛围。

2. 建立客人信息管理制度

(1) 把客人信息的收集、分析做为酒店日常工作的重要内容,在服务程序中将客人信息的收集、分析工作予以制度化、规范化。

(2) 要求各部门各级管理者及对客服务的员工每天在接触客人的过程中,必须将客人信息及需求填写到客人意见表中。

(3) 在日常服务中应给员工提示观察客人消费情况的要点。同时应以班组为单位建立客人信息分析会议制度,每个员工参与,根据自身观察到的情况,对客人的消费习惯、爱好做出评价,形成有用的客史档案,在客人再次来店时可以针对性的实施。

3. 形成计算机化管理

(1) 客史档案的管理必须纳入酒店计算机管理系统中。

(2) 计算机管理系统中的客史档案应具备以下功能:信息共享功能、检索功能、及时显示功能(详见本项目模块一工作任务二)。

4. 利用客史档案进行常规服务

酒店公关营销部应根据客史档案所提供的资料,加强与VIP、回头客、长期协作单位之间的沟通和联系,使之成为一项日常性的常规工作;可以通过经常性的回访、入住后征询意见、客人生日时赠送鲜花、节日期间邮寄贺卡、酒店主题活动等方式来拉近酒店与客人之间的关系,让客人感到亲切和尊重。

【特别提示】 酒店客史档案的管理和应用是一项系统性工程,需要酒店高度重视,积极挖掘,形成严密完整的体系,并对客人日积月累的消费记录中进行各方面的分析,从而提供有利的决策依据,才能使之成为酒店经营决策的基石。

工作任务三 媒体信息管理

基础知识

一、媒体的含义及特点

所谓媒体,是指传播信息的媒介,就是宣传的载体或平台,一般包括报纸、广播、电视、互联网、杂志、手机等六大媒体。不同类型的媒体,其作用和传播效果也不同。酒店收集媒体评价信息可结合媒体和酒店的特性来选择。从媒体方面来看,一方面要看媒体的权威性,因为媒体的权威代表了媒体的传播效果,影响力和可信度;另一方面要看媒体的定位。媒体定位的不同,其决定着媒体的受众不同。

二、媒体点评的重要性

媒体的最大特点是能在同一时间内把某一个信息传播给许多人,以求同时与为数众多的人建立联系或留下印象,因为新闻界在一般人心目中是公众舆论的代表,立场比较客观。媒体点评能在广大公众面前建立舆论导向,施加正负影响,甚至制造商机和瓦解声誉。

因此媒体点评可明确酒店市场和广告营销的方向,是酒店营销策略的基石。仔细研究酒店在线评论能让酒店真正了解客人的喜好。

【例8-1】 2011年1月24日,国内一知名网站发布的《2010中国酒店用户点评报告》显示,2010年客人和酒店都更加重视酒店点评,点评率和回复率都有了不同程度的提高,酒店点评的数量也继续保持高速增长。随着上网预订酒店成为潮流,越来越多客人习惯通过参考酒店点评来选择酒店。根据该网站的调查,有将近8成的客人表示在预订酒店前会参考酒店点评。据统计,截止至2010年12月31日,该网站上累计酒店点评数与2009年底相比增长45%,参与点评的客人增长超过40%,表明了说明越来越多客人愿意分享入住感受。另外,在报告中还显示,休闲客人最爱点评,所占比例最高,女性客人比男性更乐意分享点评,而以休闲酒店为主的海南酒店业最受关注,被点评率最高。

以上媒体内容里显示了许多客人在决定入住某酒店前会参考一些网络的评价,而在入住某酒店后,客人也会在网络上发表评价。现在的酒店特别是被点评率高的酒店也非常重视评价,处理很及时。

实践操作

一、分析媒体的特点

1. 报纸

其信息涵盖量大,表达上具有较强优势,权威性较强,信息的接收较为深入,受众群体较固定,信任程度高,持续性强,讯息并不随时间消失。但报纸属主动接触型媒体,理性选择较多,较其他媒体接触频率低,关注率低,不提供声音和动态图像,感染力相对较弱。

2. 广播

亲切感人,内容最通俗易懂,实效性强,传播速度快,目标受众特征明确,受众群体相对固定,信任程度较高,持续性较强。但广播属于短效媒体,只能传播声讯,无法直观的传达信息,信息转瞬即逝,不易查存,受众收听习惯不稳定。

3. 电视

生动、直接,收视率高,渗透力强,影响效果显著,社会影响力比较大;但电视受干扰度较强,需达到一定频次,才会加深记忆度。

4. 网络

易反馈,人群锁定性强,媒体新鲜,具较强感染力;但影响范围不能确定。网络评价已经当前酒店评价潮流,互联网已出现了专门的酒店点评网,微博等形式。

5. 杂志、杂志

有效时间较长,可重复阅读,精读率高,针对性强,传阅率高;出版周期长,广告价格相对较高,不会产生像其他媒介那么高的接触频率水平。

6. 口碑

口碑被誉为"零号媒介",属于非正式的人际传播。其特点是双向性强,互动频度高;传播速度快、可信度高;主观性强,传播信息不准确;传播成本低。

二、收集意见信息

1. 外部信息

(1) 客人意见调查表。将设计好具体问题的意见征求表格放置于前厅、客房或其他易于被客人取到的场所,由客人自行填写并投入酒店设置的意见收集箱内或交至大堂副理处。但须注意:客人对此种方式太过司空见惯,热情往往不高;由于多数客人只在调查表上画勾或叉,故很难进一步了解客人的想法;对于部分信息尤其是涉及到服务过程的信息,核实的难度较大;调查信息的准确性及收集的频率易受客人情绪的影响。

(2) 电话拜访调查。此法可单独使用,也可结合电话销售同用,或因要澄清一项特别的事情而使用。有些电话调查是根据设计好的问题而进行的,有些电话调查的自由度与随意性比较大。需注意:此法对客人的打扰比较大,有些客人可能不耐烦回答问题;调查的准确性受调查者的主观愿望与素质的影响大,对调查者的能力要求较高;由于只能凭声音沟通,有时会误解对方的意思,或对对方的表述理解不深。

(3) 现场访问。前厅部管理者应善于抓住并创造机会展开对客人的现场访问调查,如对VIP的迎来送往中、在各营业场所偶遇老朋友、熟客时等。需注意:通过此种方式收集到的信息不易保存;由于时间条件所限,往往不能全面、深刻地展开调查;往往需要由一定层次的管理人员(甚于是酒店总经理)亲自出面进行。

(4) 小组座谈。邀请一定数量的有代表性的客人,以聚会的形式,就有关酒店产品或客人需求方面的问题进行意见征询、探讨与座谈。一般宜结合其他公关活动同时进行,不宜搞得过于严肃。参会的店方人员应尽可能与被邀请的客人相互熟悉,同时应向被邀请的客人赠送礼物或纪念品。但此种方式的组织工作较为复杂;调查的效果受双方的准备与素质的因素影响较大;座谈记录的归纳与分析需要较高的专业性。

(5) 神秘客人。由酒店出资邀请酒店业的专业人士或资深客人以普通客人的身份来酒店进行消费,并就酒店产品中存在的问题以专题报告的形式向店方反馈。但调查人员往往过分强调专业眼光与专业水准,有时对住客需求和酒店自身的具体情况考虑较少。

【特别提示】 其他方法如个别深度访谈法、上门访问法以及邮寄问卷调查法等,应根据所需调查的内容及调查工作的具体要求等情况来灵活选择。

2. 内部信息

(1) 员工意见反馈。酒店前厅部及其他部门的一线服务人员是与客人接触最多、对客人的需求及满意情况最为了解的人,员工当中往往有许多的信息、想法与建议,可通过总经理信箱、案例收集与分析、小组座谈等渠道来收集。但员工对于失败的服务信息,特别是对于涉及到本人、本部门的信息,往往会采取较保守的态度。

(2) 现场巡视。酒店领导、部门经理及专门的质检人员通过例行的工作巡视,采用现场观察的方式来获得有关信息。其弊端主要在于当员工发现有管理人员在场时,很可能做出与平时不同的服务表现,从而使收集到的信息失真。同时此法也受管理人员主观好恶、与下属感情亲疏的影响。

(3) 专业资料参考。许多业内的专业杂志、书籍均时常载有关于客人需求情况的调查报告、论文、心得等性质的文章,这些信息对于补充酒店自有的信息来源会有所帮助。不过,专业资料参考法的缺点在于资料的收集不可能很全面,且要结合本酒店的具体情况作进一步的分析与取舍才能使用。

【特别提示】 客人意见信息的收集要科学、全面、客观地了解客人的需求与期望,以使酒店能够据此制定切合客人需求的服务政策、服务流程与服务标准;衡量服务的具体执行情况是否令客人满意,以使酒店根据衡量工作得来的具体信息做出相应的反应(如必要的奖惩及有针对性的培训等)。

模块三 客房经营指标管理

任务导入

客房经营指标管理——掌握客房经营指标信息分析的一般技能

1. 各小组通过当地旅游局(委)官方网站,了解最近1年有关当地酒店接待量的信息,并写出简要的分析性文章,并作为旅游信息发布在学校或班级内部刊物上。

2. 各小组有针对性召开一次"××活动情况分析会"。要求:①事先设计好会议议程;②指定专人做好会议记录。

3. 教师协助、指导学生进行以上活动,抽查小组会议记录,讲授本模块知识和技能点。

工作任务一　年度客房销售预测

基础知识

一、年度客房销售预测

年度客房销售预测是酒店以经营战略和营销计划为基础，结合目前酒店客房销售和业务情况，在考虑未来一年内各种影响因素的情况下，预估酒店未来的业务、客人数量和客房销售收入情况。年度客房销售预测在酒店经营管理过程中是非常重要。

1. 指导作用

年度客房销售预测是酒店经营计划与管理的前端内容，起到指导服务投入、营销策划和销售执行的作用，是前厅及其他部门在配备设备、人员、费用支出等方面的重要参考。

2. 提高管理的透明度

年度客房销售预测有助于提高销售管理的透明度，指导合理设定销售任务，有效管控销售与合作渠道，并提高业务举措的主动性。

3. 调动员工积极性

通过预测年度销售，制定合理的销售任务，可以调动员工的积极性，促使年度销售指标的完成。

二、年度销售预测误差分析

任何预测都不可能与现实要发生的事实百分之百的符合，必然会产生一定的误差，酒店管理人员要在做好销售预测之后，对实际销售与预测结果进行对比与评估，及时对比分析预测结果与实际销售业绩之间的差距，寻找预测差距并分析其背后的原因，及时总结市场，把握客人需求的变化以及销售预测方法改善，要利用对误差的分析，更加有效的指导以后的日常工作。

实践操作

【特别提示】　由于大部分酒店对散客中的外宾与内宾的房价不完全一样，为了便于今后对房价的控制，进行客源分析时可将散客和团队分开统计。航空公司的客源、会议的客源与其他来源的团队客人，虽然都属于团体客源，但价格方面也不完全相同，为了便于分析、比较，可将其分门别类地统计。

1. 准备好预测资料

（1）酒店总经理下达的来年年度客房销售指标。

（2）收集历年特别是近两年以来客房实际营业状况统计资料。

（3）预期来年的客房预订情况。

2. 明确客房预测的内容

（1）研究、分析资料。仔细研究、分析统计资料，分析并权衡出租率、平均房价与客房年度销售各项指标之间的关系，这是年度预测的关键性一步。

（2）商定出租率和平均房价的浮动百分比。为了使预测更正确、更客观，前厅部应与公关销售部、财务部反复讨论，商定来年客房出租率或平均房价的浮动百分比。

(3) 计算年度客房出租间天数。全年的出租率、平均房价确定以后，通过计算得到全年客房出租的间天数。

(4) 分解预测目标。根据淡、旺季的差别，合理安排每个月份客房销售应达到的平均房价、出租率、间天数及客房营业收入总数。

3. 平均房价可行性分析及计算

(1) 分析房价组成因素。对房价的组成因素进行详细的分析。

(2) 列出主要客源。由于不同客源的价格存在差异，所以要根据酒店具体情况列出主要客源种类，并分别进行统计。从总体上讲，客源可以分成散客与团队两大类。

(3) 预计营业收入。根据团队客房预订间天数及合同价格计算出各类团队客源的预计营业收入。

(4) 推算出平均房价及相应的间天数。依据团队、散客预订用房所占比例推算出散客平均房价及相应的间天数。

4. 填写房价预算表和客房年度销售预算表

(1) 房价预算表(见表8-4)是管理者实现客房年度销售计划、日常销售控制及检查提供了必要依据。

表8-4 房价预算表

客源	项目	一月		二月		三月		四月		五月		六月		七月		八月		九月		十月		十一月		十二月	
		间天	平均房价	间天	平均房价	间天	平均房价	间天	平均房价	间天	平均房价	间天	平均房价	间天	平均房价	间天	平均房价	间天	平均房价	间天	平均房价	间天	平均房价	间天	平均房价
散客	全价																								
	折扣																								
	优惠																								
团队	自联																								
	国旅																								
	中旅																								
	外办																								
航空公司	机组人员																								
	团队小包价																								
会议																									
内宾	散客																								

(2)填写客房年度销售预算表并报酒店总经理审批(见表 8-5)

表 8-5　客房年度销售预算表

项目 月份	间天数				平均房价				出租率				客户营业收入			
	2010年实际	2011年实际	2012年实际	2013年预计	2010年实际	2011年实际	2012年实际	2013年预计	2010年实际	2011年实际	2012年实际	2013年预计	2010年实际	2011年实际	2012年实际	2013年预计
一月																
二月																
三月																
四月																
五月																
六月																
七月																
八月																
九月																
十月																
十一月																
十二月																
合计																

工作任务二　客房经营状况分析

基础知识

一、事先制定经营指标的原因

客房经营状况往往是通过客房经营指标体现的。客房经营状况如何,就要看各种指标的实现度。即如果各种指标的完成和计划指标越接近,甚至是超过,说明经营状况良好;如何各种指标的完成和计划指标相差甚远,说明经营状况还需要改善。因此,客房经营状况的分析需要事先制定经营指标的目标。

二、经营指标的确定需要参考的因素

1. 参考历史数据

客务总监或前厅部经理必须掌握酒店客房经营的历史数据,通过历史数据能了解当年的经营活动的真实情况,可以从每年的历史数据中测算出增减比例,查找原因,可以方便解决当前的问题。经营数据是会说话的,只要管理者重视它,它就能告诉管理者丰富的信息。因此,在日常管理工作中应及时整理历史数据,为制定经营指标提供可靠依据。

2. 资源及经营活动的预估

(1)刚运营的酒店。因为刚运营的酒店还没有开展足够的经营活动,所以没有历史上数据,因此,就需要对自身的资源进行预估,如多少客房、多少配套服务、多少员工等。每个

酒店在筹备前都会对自身定位,结合自身房价及人均消费、出租率来拟定经营指标。

(2) 运营中的酒店。要对在来年中将增加的项目和开展的促销进行计划,对新项目和促销所带来的价值进行预估。另外,还要对硬件老化问题也要作必要的考虑,尽可能使预定的经营指标更精准。

3. 周边同行摸底

酒店在预定来年经营指标时还要至少对周边在中规模、档次方面与本酒店基本相符的酒店同行进行摸底,这也是确定本酒店客房经营指标的重要参考依据。

4. 全年经营分析

通过全年度的经营回顾,除去一些意外因素所得到的收入,这样对新经营指标的确立会提供更大的帮助。如,在2012年某酒店意外接到几个大型会议,经分析是因为受地理因素影响,原定于其他酒店召开的系列会议改在了本酒店,从而增加了本年度的客房经营的收入,因此在制定新一年的指标时要客房考虑意外数据。

5. 市场预测

在酒店经营过程中,每一年的市场环境都是不一样的。这就要求酒店经营者和管理者不仅要具备专业技能,还有了解时事新闻、社会发展趋势等方面的信息。因为酒店在制定经营指标时都必须考虑这些因素将带来的影响,如,本地区明年有什么重要活动(如会议)、时间(会期)多长、规模多大等,还要了解城市未来发展(特别是未来五年)方向、发展重点是什么等。这些因素对经营指标的影响是巨大的。

6. 业主期望值

在现代酒店经营过程中,任何经营、管理者都不可能回避业主的期待。业主考虑的是投资收益的最大化。酒店经营、管理者在给业主提出建议前必须要做好各项准备及参考因素,业主一般会根据这些因素下达指标。酒店经营者或部门管理者就要围绕着指标带领团队去完成。

实践操作

一、掌握相关计算公式

1. 客房出租率

(1) 客房出租率即已出租客房数与可出租客房数的比率。

(2) 客房出租率是酒店经营管理者追求的主要经济指标,它象征酒店的客源充足程度,表明经营管理成功的程度。

(3) 酒店的盈亏百分比线是用客房出租率来表示的。计算公式如下:

$$客房出租率 = \frac{已出租客房数}{可出租客房数} \times 100\%$$

2. 双人住房率

(1) 双人住房率,也称双开率,即两人租用一间客房数与酒店已销售客房数之间的比率。

(2) 酒店注重双人住房率,是提高经济效益、增加客房收入的一种经营手段。同时,了

解双人住房率,对于预测餐饮的销售量、布件的需求量及分析酒店的平均房价都是很有用的。计算公式如下:

$$双人住房率 = \frac{客人数 - 已售客房数}{已售客房数} \times 100\%$$

3. 平均房价

(1) 平均房价指酒店每出租一间客房所获得的平均客房收入。

(2) 酒店的客房收入与出租的客房数量及房价密切相关,所以平均房价对于酒店经营管理者具有重要的参考价值。通过分析平均房价,可以掌握前厅部销售人员向客人出租高价客房的工作业绩。计算公式如下:

$$平均房价 = \frac{客房房费总收入}{已售客房数} \times 100\%$$

(3) 平均房价的高低受到许多因素的影响,如出租的客房类型、双人住房率、白天房价以及房价折扣等。

4. 客房收益率

(1) 客房收益率是指酒店每天的客房实际收入与潜在的最大客房收入之间的比率。

(2) 通过实际收入额同潜在的收入额的比较,既可以反映出酒店经营效果,也可以反映出前台员工销售客房的工作业绩。计算公式如下:

$$客房收益率 = \frac{实际客房收入}{潜在的最大客房收入} \times 100\%$$

(3) 潜在的最大客房收入是指酒店通过出租客房所能获得的最大房费收入。如某酒店共有 200 间标准客房,每间客房的公布房价是 280 元,则潜在的最大客房收入为:180 元×200 间=56 000 元。

5. 人均支付房价

(1) 人均支付房价指每一个住客所支付的平均客房价格。

(2) 酒店的经营管理者通常对客人支付的平均客房价格尤感兴趣,因为它为酒店确定目标市场、调整房价结构提供了重要的参考价值。计算公式如下:

$$人均支付房价 = \frac{客房房费总收入}{住店客人数}$$

二、分析客房经营状况

【**特别提示**】 影响客房营业收入的因素主要有客房出租率、公布房价和折扣率。客房出租率是影响客房营业收入的关键因素。一般来说,出租率越高,收入就越高。公布房价是对外的公开报价,但酒店对于不同的客人有时会给予不同的折扣,所以公布房价与平均折扣率的乘积才是酒店实际收取的房价。在公布房价确定的情况下,平均折扣率越高,实际房价越低,收入也就越少;在平均折扣率确定的情况下,公布房价越高,实际房价越高,收入也就越多。

1. 分析客房营业收入

（1）已知条件如表8-6：

表8-6 客房营业收入

单位：元

项目	2011年8月	2012年8月	差异
客房数	400	400	0
出租率	78%	80%	2%
公布房价	250	240	−10
折扣率	90%	95%	5%
实际房价	225	228	3
收入	2 176 200	2 261 760	85 560

从表7-6中可以看出，某酒店2012年8月客房营业收入2 261 760元，比2011年8月增加了85 560元，增长率为3.93%。若要进一步了解收入增加的因素及影响程度，则需要用用因素分析法进行分析。

（2）用因素分析法进行分析：

①出租率因素对收入的影响：$400 \times 31 \times (80\% - 78\%) \times 250 \times 90\% = 55\ 800$（元），占收入增加额的65.21%。

②公布房价因素对收入的影响：$400 \times 31 \times 80\% \times (240 - 250) = -99\ 200$（元），由于公布房价下降，客房收入减少了99 200元。

③折扣率因素对收入的影响：$400 \times 31 \times 80\% \times 240 \times (95\% - 90\%) = 119\ 040$（元），由于折扣率下降，客房收入增加了119 040元。

④三项因素对客房收入的综合影响：$55\ 800 + (-99\ 200) + 119\ 040 = 75\ 640$（元），三项因素使客房收入比2011年8月增加了75 640元。

【特别提示】 从上面的分析可以看出，客房营业收入增加的主要原因是出租率提高和房价折扣率下降。因此，全面反映酒店客房经营情况的不仅是客房出租率的高低，而且有赖于客房实际平均房价的高低。

2. 分析客房费用

【特别提示】 分析客房费用，就是要分析客房经营费用变化的原因，采取相应的措施。这是加强客房经营管理，提高客房经济效益的重要手段。

（1）已知条件如表8-7：

表8-7 客房部费用对照表

单位：元

项目	2011年8月	2012年8月	差异
工资	8 000	8 000	
福利费	880	880	
低值易耗品摊销	56 500	57 000	500
电话租金	4 500	45 000	

续 表

项目	2011年8月	2012年8月	差异
服务费及其他费用	3 000	3 000	
不变费用小计	72 880	73 380	500
消耗品	25 000	24 000	−1 000
水费	8 000	9 000	1 000
电费	18 500	20 000	1 500
燃料费	16 000	16 600	600
维修费	7 805	6 993	−812
洗涤费	13 000	11 000	−2 000
可变费用小计	88 305	87 593	−712
总计	161 185	160 973	−212

从表8-7可以看出,某酒店客房部2012年8月费用比2011年8月减少212元,其中,是由于间天可变费用下降所致,间天可变费用计算公式如下:

可变费用总额＝客房数量×计划期天数×出租率×间天可变费用

该酒店2011年8月间天可变费用为9.13元,2012年8月可变费用为8.83元,如果用因素分解来表示可变费用总额,则可以写成如下公式:

可变费用总额＝客房数量×计划期天数×出租率×间天可变费用

(2) 用因素分析法进行分析:

① 出租率因素的影响:400×31×(80%−78%)×9.13＝2 264(元)。由于出租率提高,可变费用总额增加了2 264元。

② 间天可变费用因素的影响:400×31×80%×(8.83−9.13)＝−2 976(元)。由于间天可变费用降低,可变费用总额减少了2 976元。

③ 两项因素使客房可变费用总额减少了712元。在酒店经营管理中,对客房间天可变费用常有定额。若将两年间天费用进行比较,则可以发现经营管理中的问题或成绩。

3. 分析客房利润

【特别提示】 客房利润即指在一定时期内房价收入扣除税金和费用以后的余额。在分析利润时,可以按不同类型的客房进行分析计算,因为不同类型的客房房价不同,实际出租率也不同,只有分别计算其收入才更为精确。

(1) 客房利润计算公式:

客房利润＝客房收入−税金−费用

(2) 在一般情况下,营业税率是不变的,所以税金是随着营业收入的变化而变化的。因此,影响因素分析,有必要将收入与费用进行分解,这样才能分别测定各项因素对利润的影响。分解后计算公式如下:

客房利润＝∑〔(某类客房可出租数量×计划期天数×出租率×单位房价)×

(1-税率)]-不变费用总额-∑（某类客房可出租数量×计划期天数×出租率×单位可变费用）

【特别提示】 公式中的某类客房可出租的数量是指酒店拥有的不同档次的客房数量。如果该酒店的客房有多种类型且档次相差较大，那么应该分别计算各种类型客房的收入与支出，然后汇总成酒店的收入与支出。

（3）用因素分析法进行分析如8-8：

表8-8 客房利润分析表

单位：元

项目	2011年8月	2012年8月	差异
客房数	400	400	
出租率(%)	78	80	2%
公布房价	250	240	-10
房价折扣率(%)	90%	95%	5%
税率(%)	5	5	
不变费用总额	72 880	73 380	500
单位可变费用	9.13	8.83	-0.3
利润	1 906 205	1 987 699	81 494

① 出租率因素影响：[400×31×(80%-78%)×250×90%]×(1-5%)-[400×31×(80%-78%)×9.13]=50 746(元)。由于出租率提高，客房利润增加50 746元。

② 房价因素的影响：400×31×80%×(240×95%-250×90%)×(1-5%)=28 272(元)。由于房价提高，客房利润增加28 272元。

③ 不变费用总额影响：不变费用增加，利润减少500元。

④ 单位可变费用因素的影响：400×31×80%×(8.83-9.13)=-2 976(元)。由于单位可变费用下降，利润增加2 976元。

【特别提示】 综合各项因素的影响，该酒店最终利润增加了78 521元：50 746+28 272+(-500)+2 976=81 494(元)；从上面的分析可以看出，出租率提高和房价上升是使利润增加的主要原因，单位可变费用和不变费用的下降也使利润增加；反之，则客房经营利润就会下降。

工作任务三　客房经营分析会召开

基础知识

一、经营分析会

经营指标分析会是指酒店企业或酒店部门定期召开的对自身经营活动进行科学分析的会议，通过对各种经营数据的分析和比较，肯定成功，分析不足，明确酒店或部门未来内部经营方向,以实现效益的最大化。

二、经营分析会的关键点

召开经营分析会,关键在于通过会议使与会人员明确方向,理清思路,找到差距,确定应对措施,最终达到预期目的。要召开好一次成功的经营分析会要注意两个方面:一是会议管理,包括会前有效的组织、会中严格的进程和会后决议的跟踪;二是经营分析议题的选择,议题要符合酒店或前厅部当前的经营状况。

三、经营分析会的分类

就经营分析会来说,有月度经营分析会、季度经营分析会、半年经营分析会、全年经营分析会,不同周期的经营分析会有不同的目的和定位。

四、经营分析会议程的设计

每次召开经营分析会要设计好分析会的议程,经营分析会议程的设计要注意以下 4 个方面:一是既要注重过去结果的分析,又要关注未来的计划调整;二是既要关注内部运营,又要把握市场竞争态势的变化;三是经营分析不仅是财务分析,更应是业务分析;四是经营分析不仅是数字分析,更应关注存在的问题及提出解决方案。

实践操作

【**特别提示**】 前厅部经营分析会,应以前厅部客房销售的历史数据为基础,一般在酒店财务部门统计整理出相关数据后举行。酒店财务部每月根据管理需要提供各部门会计报表并准备经营分析报告,前厅部也应准备好自己的分析报告会。

1. 确定会议召开时间

前厅部经营分析会应每月举行一次,一般可安排在每月 10 日左右。具体情况应根据酒店财务结算的时间来定。

2. 制定管理报表

(1) 前厅部各岗位(班组)负责人(尤其总台主管),应起草财务分析报告,并制作报表;报表应详细记录当期的数据:横向比较上月去年同期和预算的数据,纵向采取总项与分项记入的方式,包括总收入和总成本费用。

(2) 前厅部各岗位负责人财务分析报告须交前厅部经理;同时将与岗位分析报告的有关资料,如 PPT 等交前厅部办公室存入计算机并备档。

3. 确定参加分析会人员

会议应由前厅部经理主持,前厅部负责客房销售的具体负责人主讲,大堂经理、前厅部各主管、领班等参加会议分析;可邀请酒店财务、人事、总经理办公室等部门相关人员列席会议。

4. 确定分析指标

(1) 经营分析要以相对数据分析为主。由于各期数据不同,以绝对数据分析没有实际意义。为对比方便,可采用百分率的方式对照变异差距,找出原因。

（2）具体分析的各项指标：①权重指标分析，即收入构成的权重、成本构成的权重、费用构成的权重；②完成率指标分析：收入的完成率、成本的完成率、费用的完成率等；③差异率指标分析：与上年同期比较的各项指标的差异率、与上月同期比较的各项指标的差异率、与预算比较的各项指标的差异率。

（3）每项指标分析不但要有数字分析，还应加入表格和图示进行对比分析。

5. 规定分析报告内容

（1）分析酒店的客房销售指标的实现与客房散客量、团队、会议、滞留天数的影响，大型接待、团队接待和公关活动对各项收入的影响，协议单位的平均消费标准及当月的应收账催收情况等。

（2）分析当月与本酒店有竞争的同行在客房经营上的特色以及采取的特价、优惠、折扣、包价等情况。

（3）分析本地区同档次竞争对手的出租率、平均房价、会议、团队接待等经营手段的变化信息。

（4）指出本月的不足并提出下月的销售和公关活动重点，已确认预订的和正在洽谈的团队、会议的情况并作出较准确的客情预测。

（5）回顾历史数据（文/表/图）：①本岗位（班组）客房销售行动计划完成情况通报；②酒店规定的报表结算期到分析期的经营收入分析；本岗位（班组）的收入、成本、费用、出租率、平均房价、应收帐款等相关数据分析。

（6）过去经营、服务与管理过程中的问题、原因和对策：①本岗位（班组）存在的问题及产生的原因；②本岗位（班组）收入完成/未完成的因素；③本岗位（班组）销售成本、费用节余/超支的原因分析。

（7）对未来（下月）的展望和具体策略：本岗位（班组）客房销售行动计划方案和策略；客房产品市场预测；如何进一步落实已经确认的预订；需要酒店其他部门配合和协调的事项等。

6. 前厅部经理讲话

（1）从各岗位（班组）谈到的典型事例中归纳总结，说明本月的预算完成、行动计划的履行和各项营销策划活动的总体情况。

（2）提出下月在扩大经营和成本、费用控制方面的意见。

（3）对本月各岗位（班组）在服务项目和经营成本上存在的不足提出改进意见，明确数据目标，要求各岗位（班组）如期完成。

【特别提示】 前厅部经营分析会应重点分析解决存在的问题的办法和措施。会议最后，前厅部经理应代表酒店，对下月的市场和营销措施、推广、分布、活动等策划提出改进意见和指导性措施。

项目小结

酒店计算机管理系统（HMIS）：一个能接收、处理、储存并实时控制的高度智能化的酒店综合信息处理系统。

客史档案（Guest History Record）：又称客人档案，是酒店对在店消费客人的个人情况、消费行为、信用状况和偏好和期望等特殊要求所做的历史记录。

媒体：指传播信息的媒介，就是宣传的载体或平台，一般包括报纸、广播、电视、互联网、杂志、手机等六大媒体。

年度客房销售预测：是酒店以经营战略和营销计划为基础，结合目前酒店客房销售和业务情况，在考虑未来一年内各种影响因素的情况下，预估酒店未来的业务、客人数量和客房销售收入情况。

客房出租率：即已出租客房数与可出租客房数的比率。

双人住房率：也称双开率，即两人租用一间客房数与酒店已销售客房数之间的比率。

平均房价：指酒店每出租一间客房所获得的平均客房收入。

客房收益率：指酒店每天的客房实际收入与潜在的最大客房收入之间的比率。

人均支付房价：指每一个住客所支付的平均客房价格。

客房利润分析：即指在一定时期内房价收入扣除税金和费用以后的余额。

经营分析会：是指酒店企业或酒店部门定期召开的对自身经营活动进行科学的的会议，通过对各种经营数据的分析和比较，肯定成功，分析不足，明确酒店或部门未来内部经营方向，以实现效益的最大化。

检 测

一、案例分析

都是经营指标惹的"祸"

峡谷大酒店是坐落在某市的豪华酒店。该酒店的年平均客房出租率为90%，最近，总经理戴里先生和前厅部经理莱格先生对一个重要问题有分歧，就是莱格先生的部门提交给戴里先生审阅的每日运营报告内容有缺损。直到前厅部审计员布来德里先生让戴里注意到这个问题之前，戴里先生没有意识到每日详细报告的缺损情况。

莱格先生认为，戴里先生每天只应该得到客房出租统计和平均房价的信息，而戴里先生不这么认为，并解雇了他。

戴里面临挑战，他决定寻找莱格的替代者，寻找具有前厅部审计经验的人。他邀请布来德里先生申请此职位，并在两天后聘用了他。许多前厅员工很失望，认为布来德里为了获得前厅部经理的职位而暗伤了莱格。布来德里不得不更加努力地工作，向员工证明前厅部审计员能够管理好部门，并可更好地使用前厅部信息。

本案例中的前厅经理莱格之所以被解雇，原因何在？

二、小组讨论

客人凌晨一点多入住，进房10分钟后表示房间太小，床太小，不能上网，要求取消入住，并退还所有费用。酒店表示，当时客人是同意入住的，并且房内所有的设施已经动过，门店已客满，无法为他换其他房型，已过凌晨，计算机已入帐，无法退钱，客人表示不能接受，于是投诉。

请讨论：如何解决较妥？

三、课内实训

1. 设计几份风格不同的酒店"客史档案表"。
2. 分小组进行对本项目所有计算公式的记忆比赛。

四、课外拓展

1. 考察某酒店计算机信息管理系统,分析该系统的特点、功能及信息处理流程。
2. 通过某著名旅游信息网站,了解顾客的点评信息,分析顾客反映的信息主要集中在哪些方面。拟定一份分析报告,并提出酒店改善服务的方案。
3. 某酒店前厅部将召开 2013 年上半年客房经营指标分析会,请代拟一份客房经营分析会的议程。

项目九 前厅部员工管理

学习目标

1. 了解员工招聘及其作用、培训需求的特征、薪酬内容、酒店设计薪酬制度的原则、激励的作用、影响激励作用的因素、确立绩效考核指标的原则。
2. 理解现场督导在现场管理中的作用、激励的内容和原则、职务分析的过程、薪酬设计内容与体系、酒店文化核心价值观构成。
3. 掌握前厅部的岗位编制方法、员工招聘途径、岗位职务说明书的编写、激励的方式方法、员工个性特征的分析与管理。
4. 运用管理前厅部员工的知识和技能,能够进行前厅部员工的培训、评估和现场督导。

项目导读

管理的目的是效率和效益,管理的核心是人;管理的本质是协调,协调的中心是人。管理大师彼得·德鲁克曾说过:"员工是资产和资源,而不是成本和费用。"人性化管理的核心就是围绕怎样充分利用"人"这一核心资源展开的。本项目从较微观的角度,阐述了酒店前厅部管理人员在选人、育人、用人、留人工作上所应具备的管理技能和要求,其要点内容如表9-1。

表9-1 本项目要点内容阅读导引表

选 人	育 人	用 人	留 人
员工招聘的作用	培训需求的定义/特征	职务分析的定义/目的/意义	薪酬内容与薪酬制度设计原则
招聘与使用原则	培训需求分析及其方法	收集/应用职务分析信息	酒店薪酬类型
岗位编制要求/方法	培训体系的设计原则	员工个性运用	影响激励的因素
招聘途径的选用	注重三种重点培训	前厅部督导与现场督导	激励的不同方式
招聘工作过程划分	制定计划/选用培训方法	前厅部现场督导的作用	绩效考核的控制
招聘工作过程控制	培训质量评估	前厅部现场督导过程	核心文化的构建

模块一 选 人

任务导入

选人——掌握招聘前厅部员工的常用技能

1. 每位学生阅读如下故事,思考:酒店副总选人时的危机感来自何处?

五星级酒店副总的危机感

记得曾经听过一句话,最好的学习方法是教别人。用在培训师身上很是恰当,但不是每个人都有机会教别人的。比如说做招聘的,另外一句话倒有点适合:最好的学习方法是"招"别人。长期从事招聘工作,对自己是一种学习的机会,总有一些有能力,有想法的候选人进入我的视野。他们身上往往有一些自己不曾拥有的东西,说不清是什么,只是总能让我提起十二万分的精神与他们长谈。

最近几次毕业生招聘会让我有不少感慨,有二十岁左右的大学生,也有十七八岁的职高生。他们有学历,有理想,特别是沟通表达能力之强让人刮目相看。居然能当着数十人侃侃而谈,像演讲一样,更难得的是言之有物。虽是有备而来,也比起我们当年是强多了。除了讲课以外,当众讲话的本事我是到了三十来岁才算学会。

记得其中有一位长得挺乖巧的小女孩甚至说,我的愿望是两年之后做到你这个位置。当时吓得我差点从椅子上摔下来。说这话的女孩才十八岁,且不说两年以后二十岁的她能不能做到五星级酒店的副总,能有这种想法,而且还敢于说出来,本身就非常了不起。后生可畏啊!这样的人进入酒店行业,如果踏踏实实地从基层做起,一直坚持下去,前途不可限量。都说长江后浪推前浪,前浪死在沙滩上。我这个前浪看着这些强大的后浪还真有危机感。要想不死,多活几年,真要拼命努力才行!

我一直觉得招聘时,看似考官在考候选人,其实何尝不是在考自己?考自己是不是更专业,是不是更职业,更有服务意识?遇到水平高、有激情、形象又好的候选人,也是一个挑战啊!做人力资源工作最大的好处就是:随时随地让我保持着强烈的危机感。

(资料来源:http://blog.veryeast.cn)

2. 教师讲授酒店前厅部招聘员工的知识与技能点。

工作任务一 岗位编制/招聘途径的确定

基础知识

一、员工招聘的界定及其作用

前厅部是酒店的"信息中心"和"神经中枢",对于员工的要求甚是严格,往往酒店最为优秀的员工都集中在前厅部。所以如何选拔人才是摆在酒店管理人员面前的首要课题。

从某种意义上,前厅部员工招聘可以被界定为:酒店企业以发现和吸引潜在前厅部雇员为主要目的而采取的任何做法或活动。

其主要作用可概括为:(1)保证酒店前厅服务与管理必需的高质量人力资源;(2)输入新生力量,弥补酒店前厅部员工的供给不足;(3)注入新的管理思想,增加酒店前厅部新的活力;(4)了解员工的动机与目标,便于整合与酒店前厅部工作相关的人力资源;(5)扩大酒店企业的知名度。

二、员工招聘与使用原则

1. 坚持公开、公平、公正的原则

前厅部每一次的招聘工作,均应坚持公开、公平、公正的原则,严厉杜绝任何以权谋私、假公济私和任人唯亲的现象。

2. 严格执行录用的基本标准

政治素质与道德品质方面,应拥护党的方针、政策,无偷窃和生活腐化等违法违纪问题;现实表现与业务技能方面,能遵守纪律,劳动态度端正,热爱和安心本职工作,具有规定要求的外语基础和岗位需要的专业特长或具有较好的可培训条件;心理素质与身体素质方面,应思维反应正常,语言表达清楚,性格个性适应岗位工作特点,无传染性疾病和伤残。

3. 向求职者全面客观的介绍酒店情况

酒店应在员工招聘中坚守招聘原则,熟悉招聘工作过程,向求职者全面客观的介绍酒店情况,员工工作的内容、要求,酒店所能为员工提供的培训、晋升、薪酬、福利等,让求职者有充足的信息来决定自己是否愿意在酒店工作。

4. 严格遵守录用程序

服务员岗位应聘人员考核审查合格后,经酒店人力资源部经理批准生效;管理员以上或特殊工种应聘人员考核审查合格后,报酒店分管领导会签,并由总经理批准后生效。被录用人员进店后,人力资源部应认真做好新进员工的档案资料登记等工作;试用期期间,员工如有严重违反酒店规章制度的,酒店方可以拒绝签订劳动合同。

三、岗位编制的要求

岗位编制主要是指在组织结构框架内进行的岗位设置和人员配置,以适当的人员充实组织结构所规定的岗位,从而保证部门的正常运行。招聘人才首先要确定本部门的人员编制,对照合理的编制进行人员补充。

在岗位编制中要遵循关于管理幅度,管理层次和人员总数控制等普遍的规律性。在岗位编制的实施过程中,要全面掌握酒店前厅岗位设置管理的基本精神和主要内容,按照先入轨、后完善的原则,抓住重点环节,严格程序,规范操作,切实保护岗位设置管理的各项政策规定落实到位。要重点抓好以下五个环节:(1)认真制定岗位设置方案;(2)严格按规定程序审核;(3)科学合理的设置岗位;(4)规范岗位聘用;(5)做到岗位设置的审核认定。

实践操作

一、确定前厅岗位编制

【特别提示】 以下前厅部岗位定员工作的所有计算,是以某酒店共有客房总数300间/550床,全年平均出租率60%,客人平均逗留时间2天为基数的。酒店总台24小时提供服务,人员分为主管—领班—接待员三个层次,分三班次工作,接待员日工作量一般为90个散客登记。

1. 确定接待员人数

(1) 确定每个接待员的全年实际工作日。全年工作日=全年天数-每周法定工休日-

带薪假期－法定节假日－病事假＝365－（52×2）－7－10－10＝234 天。

（2）计算总台接待处的全年工作量。酒店全年散客数量为 365×550÷2×60％＝60 225 人/天。

（3）确定各班次接待员编制。早中班接待员编制分别为 60 225÷（90×234）≈3 人，夜班接待员一般 1 人，接待员每天总数为 7 人。考虑员工每周 2 天工休，故接待员编制总数应为 7×7÷5≈10 人。

2. 确定领班人数

由于总台接待处主要工作集中在早、中班，每班都应有人名领班，加上工休人员，故接待处所需领班总数为 2×7÷5≈3 人。

3. 确定主管人数

因为接待处为主管级岗位，主管为唯一负责人，所以接待处一般设 1 名主管。由此，该酒店前厅接待处的编制定员为 10＋3＋1＝14 人。

【特别提示】 前厅部的编制定员主要依靠岗位定员法：先根据前厅部的组织机构、管理模式和服务项目确定主要工作岗位，然后综合测定各岗位的全年工作量，再考虑各岗位的班次安排、国家劳动法有关规定和员工的工作定额（工作效率）、出勤情况等诸多因素，最终确定前厅部各个工作岗位的编制定员。以此方法，可以依次计算出该酒店前厅部各个岗位的编制定员，最后得到前厅部总编制定员人数（见表 9-2）。

表 9-2 前厅部编制定员样表

岗位	班次	员工级别	编制定员
前厅部经理	正常班（周末休息）	经理—副经理	1＋1
前厅部秘书	正常班（周末休息）	秘书	1
值班经理	早、中、晚班	值班经理	4
预订处	正常班（周末休息）	领班—预订员	1＋4
接待处	早/中/晚班	主管—领班—接待员	1＋3＋10
收银处	早/中/晚班	主管—领班—收银员	1＋3＋10
礼宾部/行李处	早/中/晚班	主管—领班—行李员	1＋3＋15
总机房	早/中/晚班	领班—接线员	2＋11
商务中心	正常班（周末休息）	领班—文员	1＋2
前厅部总计			75

二、确定招聘途径

【特别提示】 一个好的招聘途径应该具备以下特征：(1)具有目的性，即招聘途经的选择是否能够达到招聘的要求；(2)招聘途径的经济性，指在招聘到合适人员情况下所花费的成本最小；(3)招聘途径的可行性，指选择的招聘途径符合现实情况，具有可操作性。酒店招聘员工应注意内外结合，立足酒店实际，选择最适合的招聘途径，力求收到最好的效果。

1. 平面广告/互联网

(1)酒店通过当地、全国性或国际性的报纸杂志、广播电视等各种媒体刊登招聘广告，面向社会公开招聘员工。这一招聘方式是目前酒店业较常用的方法，优点是选择面广，影响力大，适合于酒店开业或扩大经营规模时使用。

(2)酒店在国际互联网上发布招聘信息，吸引世界各地的专业人员。这一方式的特点是成本低、见效快，适用于招聘酒店中高层管理人员。

2. 相关院校/专业机构

（1）各类相关旅游院校一直是向酒店输送各类人才的主要途径,这一来源输送的人员的优点是基本素质较好,可塑性较强,有较高的工作热情,且具有一定的专业知识和专业技能。缺点是欠缺实践工作经验和社会经验;但他们在积累了一定的工作经验之后有可能较快地成为酒店业务的骨干力量。

（2）通过专门的劳务或人才市场,面向社会招聘所需员工。这也是目前酒店业及很多行业招聘员工的主要渠道。

3. 同行推荐/竞争对手

（1）直接招聘同行或朋友推荐的人才,这一方法一般用于酒店紧急过渡时期招聘中层以上管理人员。其优点是所招聘人员在行业内有相当的声望和丰富的管理经验,是酒店管理方面的专家,在非常时期能够迅速将酒店运转带上正轨,同时可信度较高。

（2）通过专门的人事(猎头)公司或自行运作,利用各种优厚的条件吸引竞争对手或其他公司的人才加盟。很多新开业酒店常通过这一途径招聘中高层管理人员。

4. 内部选拔

虽然管理者可从酒店外部招聘优秀人才,但从前厅部或酒店其他部门内部选拔人才仍然是许多酒店招聘人才的重要手段,尤其是对各部门各级管理人员的招聘。

工作任务二　招聘过程的控制

基础知识

一、招聘工作过程划分

酒店前厅部员工招聘工作过程是指自求职人员看到酒店前厅部的招聘信息,直到胜任应聘职位的全过程。通常分为(1)人才吸引和申请过程,称之为吸引;(2)招聘甄选过程,称之为招聘;(3)入职至胜任职位的过程,称之为适职。

二、招聘工作过程控制

对招聘工作过程中的吸引、招聘和适职三个阶段的控制,应从前厅部人员的需求分析、人员规划、职位的发布、人员面试甄选、评估和决策等各个层面,建立统一的流程与标准,并准确定义各方的职责以及协作的流程。每个程序中的人员都能够明确知道自己应承担的任务、负有的责任以及拥有的支配相应资源的权利。各个环节上的前厅部人员应清楚地知道酒店企业对于人才的定义、人才的评估标准以及酒店企业的用人理念。当一切都很明晰、透明,招聘的运营效率就会提升。

实践操作

【特别提示】　对特定工作岗位的工作内容和责任的准确完整的描述,是管理者招聘、培训、考核员工的重要依据,也是应聘者和员工了解工作内容和责任的主要途径。

1. 明确岗位职责/提出资格要求

（1）岗位职责通常应包括工作目的、工作职责与内容、工作手段、方法和程序等内容。岗位职责的语言简洁扼要、通俗易懂（见表9-3）。

表9-3　××酒店前厅部秘书岗位职责描述

××酒店员工职责描述

职位：秘书　　　　　　　　　　　部门：前厅部
上级：前厅部经理　　　　　　　　下级：无
一、人际沟通工作
1. 同前厅部员工紧密配合，保证前厅部工作正常运转。
2. 确保同其他部门相关工作人员保持积极协作的良好关系。
3. 保证同酒店客人的良好沟通。
二、主要工作简述
1. 负责前厅部各项文秘工作。
2. 协助完成前厅部的人际沟通工作、其他各项工作。
三、主要工作内容
1. 打印前厅部所有的备忘录、办公信件、工作报告。
2. 负责收发前厅部日常文件、信件、传真、电子邮件。
3. 利用计算机文字处理软件打印、储存前厅各项日常文件、备忘录和信件。
4. 维护前厅部的档案系统。
5. 负责同应聘者联系并安排面谈。
6. 安排新员工办理体检及其他入职手续。
7. 负责更新前厅部员工的人事档案并存档。
8. 每月负责制作前厅部员工名单和工资发放表。
9. 必要时提供文字或口语翻译服务。
10. 负责安排前厅部会议并做会议记录。
11. 接待来访客人。
12. 完成前厅部办公室的其他日常工作。

（2）资格要求指从事某一特定工作所需的资格和条件，包括年龄、性别、学历、工作经验、特殊技能和个性特征等多方面的要求。酒店以此为依据决定应聘者是否符合酒店需要，是否可以录用（见表9-4）。

表9-4　前厅部秘书招聘资格要求

××酒店员工招聘资格要求

部门：前厅部　　职位：秘书　　性别：女　　年龄：20～25岁
一、基本资格要求
1. 学历：文秘或相关专业大专以上学历。
2. 工作经验：3年以上相关工作经验。
二、能力要求
1. 熟悉Windows系统和办公自动化软件。
2. 熟悉使用各种办公设备。
3. 具备一定的英语听说能力。
4. 具有良好的人际沟通能力。
5. 有较强的责任心。

2. 制作并发布招聘广告

(1) 拟定广告内容：招聘广告内容应包括酒店的简要介绍，应聘者的岗位职责和资格要求，以及应聘者的工资福利待遇等内容。

(2) 发布广告：酒店通过报纸、广播、电视、网络等各种招聘途径对外发布招聘信息，吸引应聘者。招聘广告应主题明确，内容真实，用词简洁通俗，力求以最少的文字明确地传达最多的信息，充分发挥广告宣传的效率，以期达到最佳效果。

3. 选择合格人选

(1) 人事部门及前厅部有关人员共同对应聘资料进行整理和筛选，初步确定基本符合应聘资格的招聘对象。

(2) 选择的标准通常是看应聘者的个人简历(包括经历、学历、技能等，应提供相应证书或证明)是否符合酒店的要求，相关证明文件是否真实。

4. 安排面试

【特别提示】 参加面试工作的人员一般包括酒店人事部门及相关部门、岗位的管理人员，以考查应聘者是否适合特定工作岗位。酒店前厅部招聘总机话务员，就应由酒店人事部门人员和总机主管共同参加面试；如前厅部同时招聘多个岗位员工，就应由前厅部经理或副经理参加面试。

(1) 酒店人事部门根据初试选拔出符合酒店招聘要求的应聘人员参加面试工，然后安排面试的方式、方法，面试的时间、地点。

(2) 决定参加面试的人员，做好相应的准备工作。通知合格者参加面试，进一步考察应聘者的性格、应变能力及个人综合素质。

(3) 把握面试工作的注意事项：创造轻松的面试环境，让应聘者能够放松精神，在面试过程中充分展示自己的能力和价值；保持良好的礼节礼貌，整个面试过程中面试者都要保持精力高度集中，对应聘者给予足够的重视；把握好考察重点，面试时应通过仔细的观察来考察判断应聘者的性格特征、人际沟通技巧、待人接物的方式方法，还可利用情景案例考验应聘者处理实际问题的能力和应变能力。

【特别提示】 国内酒店目前应用广泛的是面谈，面谈的形式也是多种多样：既可一次考察单个应聘者，也可同时考察多个应聘者，通过比较进行选择。除直接面谈外，有的酒店还通过电话面谈考察外地应聘者，此方法一般用于招聘较高职位的员工。此外，很多酒店还同时采用书面考试和心理模型测试来综合考察应聘者。

5. 整理汇总面试结果／安排体检

完成对应聘者地综合测试之后，由参与测试的人员共同评定每个应聘者的综合得分，按一定比例选择成绩优秀者参加体检，向指定的卫生部门明确健康要求和标准并派专人带队统一体检，办理健康证。

6. 录用合格人员

(1) 酒店人事部门和前厅部共同根据面试和体检结果，以书面形式通知被录用人员办理录用手续；通知应写清楚被录用人员的报到时间、报到部门、录用岗位等细节，保证被录用者能够及时报到。

(2) 办理录用手续及相关事宜：确定各项工资福利待遇，签订雇佣合同，领取工作服装、名牌工号，安排员工守则和酒店规章制度教育，组织安排新老员工见面，组织新员工参观酒店。

模块二 育 人

任务导入

育人——掌握前厅部教育培训员工的常用技能

1. 第一、二小组讨论：对酒店企业以下做法如何评价？

希尔顿酒店集团每年在员工培训上要花费几十万美元，这说明他们特别重视员工的资产价值，其广告主题是：每两个客人有两个希尔顿服务员。根据希尔顿的培训计划，酒店管理的成就，93%是礼貌，7%是知识和技能。

2. 第三、四小组讨论：对酒店企业以下做法如何评价？

希尔顿酒店集团总经理一般每天都去各个部门查看，以表示对员工、对工作的关心，起到鼓励员工的作用。希尔顿的培训计划认为，礼貌不是经理要求出来的，都出自内心。换言之，总经理应以身作则，成为礼貌的表率。

3. 其余小组讨论：对酒店企业以下做法如何评价？

希尔顿的每家酒店都设立一个礼貌委员会，由总经理、副总经理和人事部部长等成员组成。在部门会议上常以"客我关系"进行讨论，示范说明如何处理相关问题，并放映有关电影。如告诉员工如何有效地使用电话，如何通过个人行为体现公司形象，以及如何同心协力做好本部门工作，加强部门间的合作。酒店要求员工机智灵活，如有时要主动询问旅客需要，有时应完全按照客人要求去做，使其得到最大满足。

4. 教师总结希尔顿酒店集团"育人哲学"，并讲授前厅部育人知识与技能点。

工作任务一 培训需求分析

基础知识

一、培训需求的定义

培训需求是指特定工作的实际需求与任职者现有能力之间的距离，即理想的工作绩效－实际工作绩效＝培训需求。培训需求是培训计划中的一个必要环节，它回答的问题是找到一个培训活动要达到的目标。

【特别提示】 教育与培训的区别：教育为长期行为，而培训属短期行为；教育旨在引导思想与行为，而培训意在提升知识与技能；教育重视理论性，培训强调实践性；教育不一定需要记录，培训一定要有记录，但必须进行相应的考核。

二、培训需求的特征

1. 具有成人学习特征

如经验、自我整合能力、功利性、社会互动性等。这些特征对培训课程设计、培训策略、培训评价等都有影响，尤其是培训内容应满足其成人学习特征，以减轻员工作负担并促进其专业发展。

2. 服务与管理对象不同

前厅部员工的培训需求存在非常大的差异。如何在合理的培训中设计不但能够直接传授知识,而且能够创设合适的信息化环境吸引员工,以便他们更好地进行服务与管理是值得重视的一个问题。

3. 更重视学历进修和职位晋升

与阶段自身开展的培训相比,前厅员工更重视学历进修和职位晋升培训。高学历、高职位是前厅员工工作能力和工作业绩的象征,决定他们的薪酬水平和社会地位。

4. 流动性较大

前厅部员工流动性较大,如何激发起员工参加培训的兴趣而又有效地控制培训成本也是一个十分棘手的问题。

5. 岗位结构差异较大

前厅部岗位结构差异较大,从技术学习的角度分析,不同岗位的服务与管理技术难度是不一样的。因此,如何保障每一位员工都能按要求掌握一定的信息技术,是培训中要解决的一个难点问题。

三、培训需求分析及其方法

培训需求分析是一种较全面收集和分析信息的技术,它可以获得有关培训工作的理想状况与实际状况及培训者的感受、问题的原因和解决培训途径等多方面的信息。

目前,进行酒店员工培训需求分析较为集中的方法是调查法和访谈法。问卷调查法因其固有的弊端,因此,为帮助前厅部员工实现个性化的最大发展,还可以通过访谈法、调阅受训员工档案、网络检索等方法,弥补其不足。

实践操作

1. 组织分析

(1) 组织分析通常是依据酒店及前厅的发展战略和宏观环境,来决定相应的培训内容及可利用的资源,它反映的是酒店前厅工作人员在整体上是否需要进行培训。

(2) 组织分析通常从酒店的外部环境和内部环境方面进行。酒店的外部环境直接影响培训内容和形式,如地方经济社会发展对酒店的改革与发展提出了哪些要求,对前厅部员工培训工作产生了什么新的影响等,弄清了这些问题,前厅部员工培训工作才能有的放矢地进行。

2. 任务分析

(1) 任务分析是分析前厅部员工需要重点完成的入住登记、退房结账、礼宾迎送等工作状况,及需要在培训中加以强调的理论知识和技术能力,以帮助员工完成任务。

(2) 任务分析分为两种:一是一般任务分析,如日常接待与服务所需要的技术能力,它带来的结果是使员工能够很快地掌握前厅部服务与管理技术能力并运用到工作中,并作为进一步学习的基础;二是特殊任务分析,如行政楼层接待等,它带来的结果是将优秀员工的任务经验进行拆分,针对各项目单元详细探讨并记录工作细节、标准和所需要的服务与管理技术能力。

【特别提示】 任务分析是培训需求分析中最烦琐的一部分,但是,只要有针对性地对任务进行精确的拆分,以结果为依据,就能编制出真正符合员工需求的培训课程。

3. 人员分析

(1) 人员分析的目的将酒店员工现有的服务与管理技能水平与未来预期的发展要求进行对照,发现两者之间是否存在差距,帮助酒店管理者确定培训的需求和方向,其侧重点是对员工内在学习需要的分析。

(2) 从员工培训的内在机制来看,只有满足员工内在学习需要的培训,才能产生持续而稳定的学习动机,才能激发员工学习的主动性和积极性。

4. 主题分析

(1) 前厅部经理和各岗位主管应加强同客人的沟通,及时发现员工工作中存在的缺陷和不足,并根据发现的问题确定各岗位培训的主题,有针对性地着手培训准备。

(2) 培训的主题应该明确,易于员工理解,切忌晦涩。

工作任务二 培训组织实施

基础知识

一、培训的主要内容

酒店培训的内容主要包括酒店基本知识(主要产品项目、收费标准、营业时间等)、酒店从业人员职业道德,外事接待礼仪,各部门、各岗位业务技能、服务程序,各类服务设施、设备的使用与维护,以及语言、计算机操作、安全、消防等涉及酒店服务、管理与运转的多方面综合性知识和技能,既包括完成本岗位工作所需的专业培训,也有不同岗位、部门间的交叉培训。

二、不同培训方式的总体要求

培训方式有不同种分法,按员工在岗情况划分可分为岗前培训、在职培训、脱产培训、转岗/晋级培训;按培训形式划分可分为集中培训和单独培训;按培训内容划分可分为一般性培训、专业技能培训和交叉培训。

不论采用何种培训方式,负责实施培训的人员都应具备渊博的业务知识和较高的业务能力,并能够应用有效的培训方法达到培训目的。前厅部员工的岗前或脱产培训通常由专门机构的专门人员负责执行,如院校专业教师、职称等级评定机关专业人员及上级主管机关负责人员等;而前厅部的业务技能和服务程序培训通常由各业务岗位主管负责落实,如预订、接待、行李等的主管,也可聘请其他专业人员或专业教师担当。

三、前厅部培训计划制定的原则

前厅部培训计划的制定是一个复杂的系统工程。制定之前有许多需要考虑的原则,这些原则直接影响培训计划的质量和效果,其主要的有两项:

1. 注重系统性原则

该原则要求培训计划的制定必须符合三个特性：一是全员性，即一方面全员都是受训者，另一方面，全员都是培训者；二是全方位性，即全方位性主要体现在培训的内容丰富宽广，满足不同层次的需求；三是全程性，即酒店企业及前厅部的培训过程应贯穿于前厅部员工职业生涯的始终。

2. 理论与实践相结合的原则

该原则要求培训计划的制定应着重考虑三个目标：一是符合酒店企业要求的培训目的；二是能够发挥受训者学习主动性的培训目标；三是可以有计划、有步骤地对前厅部在职的各级各类人员都进行培训的培训目标。

实践操作

一、掌握培训体系的设计原则

【特别提示】 在进行培训实施初期，前厅部管理者有必要从酒店全局的层面，对前厅部的培训体系有个总体设计，以期培训工作的有序进行。通常以书面的形式对前厅培训体系进行总体设计，并根据变化中的相关信息，进行不断修改，是该项工作的必要措施。

1. 培训的全员性

前厅培训是系统工程，应按照酒店目标建立培训体系，将所有前厅部员工纳入培训网络，包括任何新员工上岗前都应经过岗前专业技术培训。

2. 培训的有序性

一般可将前厅的培训分为三级，一级是经理培训，二级是主管培训，三级是服务员培训，各层次培训有各层次的标准和要求。

3. 培训的有针对性

要针对不同岗位制定和不同的岗位职务标准进行培训，才能收到理想的效果。例如因员工的流动量加大，总台服务人员外语水平下降，应立刻安排岗位外语培训等。

4. 培训的灵活性

二、注重三种重点培训

【特别提示】 对前厅部新吸收的员工，无论是大学生、中专或技校毕业生，还是其他类型的人员，都面临了新的环境，有了新的心情。但前厅部毕竟有自己的工作特点，如何使二者很快协调一致，使员工适应新的环境，掌握前厅部新要求的技能等，是前厅部开展培训的重点项目之一。

1. 新员工的培训

（1）导入教育：主要是激发新员工对组织和工作的兴趣，如前厅部组织概要、前厅部工作条件、奖励措施、福利待遇等，其主要目的是消除新员工上岗前的不安，使之具有在前厅部组织内生活的愿望。

（2）基础培训：培训前厅部工作政策制度、前厅部岗位职责和业务流程、职业规划等，其目标是谋求新员工加快实现成为组织员工的早期转换，以长期的观点构筑培养基础。

2. 员工的自我启发

员工的自我启发：是指每个员工根据自己的意志和判断使自己的能力有所提高。每个人都有使自己称职于本职工作的要求，如果能够通过自己的从业经验知道应该掌握怎样的能力，一般人都会以自己的意志为之努力。要使自我启发法有成效，前厅部管理人员应做推动工作，唤起员工自我启发的愿望。

3. 主管/领班的培训

主管/领班的培训主要有三个目标：一是掌握新的管理知识；二是训练担任领导职务所需要的一般技能，如做出决定、解决问题、分派任务等，以及其他一些管理能力；三是训练处理人与人之间关系的能力，使管理者与员工的关系融洽。

【特别提示】 主管/领班在前厅部、乃至整个酒店经营运作的过程中处于作业现场的主导地位，因此主管/领班培训，又是以上三种培训的重中之重。

三、制定计划并实施

1. 制定计划书

【特别提示】 在培训计划中，培训目标难度应当适中，既要具有可行性，同时也要具有挑战性，确保员工经过一定努力才能达到。目标过低不能充分发挥员工的能力，过高会影响员工的信心。确定培训目标应考虑受训者短期、中期、长期的不同发展，循序渐进，逐步实现，而不能"一步到位"、"一步登天"。

（1）在确定了培训主题之后，前厅部各级管理人员就必须开始制订切实可行的培训计划书，确定培训的目标、培训方式的等。

（2）培训计划书应包括培训负责人员、参加培训对象、培训主题和主要内容、培训计划时间、培训目标和考核办法等内容（见表9-5）。

表9-5　酒店前厅部培训简易计划书样本

××酒店前厅部培训计划	
培训组织人员	总台接待处主管
培训实施人员	外聘专业教师
参加培训人员	总台接待处全体员工
培训岗位	总台接待处
培训项目	总台接待与服务俄语
培训时间	2012/11/20—2012/12/20
培训目的	培养员工俄语能力，提高酒店服务水平，吸引俄罗斯市场客户
培训方式	外聘教师专门授课，员工个人自学自练
培训目标	掌握500个俄语常用词，100句常用服务用语，能应用俄语完成对客服务
考核方式	笔试结合口试，笔试成绩40%，口试成绩占60%。
计划制定人：	计划制定时间：

2. 组织实施

（1）根据拟定的培训计划，通知召集受训人员，对其实施培训。

（2）开始培训前应向受训者充分说明培训的必要性和对受训者个人发展的益处，提高受训者参加培训的积极性和主动性。

（3）选择的培训方法应直观、简单，易于理解和掌握，注意避免使用过分死板生硬的培训方法。

（4）培训材料应以文字材料为主，结合其他多种形式，由培训师讲解、说明、辅导，帮助受训者在计划时间之内完成培训计划，达到培训目标。

四、注重培训方法的选用

【特别提示】 培训的方法是为培训的内容服务的，也是为受训者完成培训计划实施并达到培训效果的一种途径。不同的培训方法有不同的优点和不足，实施培训时，要有针对性地进行选择。但需注意：为了提高培训质量，保证培训效果，往往需要将各种方法配合使用。

1. 讲授法

（1）属于传统的培训方式，优点是运用起来方便，便于培训师控制整个过程。缺点是单向信传递，反馈效果差。常被用于一些理念性知识的培训。

（2）讲授内容应有科学性，讲授应有系统性，条理清晰，重点突出；讲授语言应清晰、生动、准确；必要时应有板书。

2. 视听技术法

（1）通过现代视听技术（如 DLP 投影仪、液晶电视机、AV 功放、MP4、iPad 等工具），对员工进行培训。优点是运用视觉与听觉的感知方式，直观鲜明。但制作成本高，内容易过时。它多用于企业概况、传授技能等培训内容，也可用于概念性知识的培训。

（2）播放视听资料前应说清楚培训目的，以播放内容来发表个人的感想，或以"如何运用到工作中"来组织讨论。

（3）培训结束后，培训师必须做重点总结或将如何运用到工作中的具体方法告知受训者。

3. 讨论法

（1）一般可分成小组讨论与研讨会论证两种方式。研讨会多以专题演讲为主，中途或会后允许受训者与演讲者进行交流沟通。优点是信息可以多向传递，与讲授法相比反馈效果较好，但费用较高。而小组讨论法的特点是信息交流方式为多向传递，学员的参与性高，费用较低。多用于巩固知识，训练受训者分析、解决问题的能力与人际交往的能力，但运用时对培训师的要求较高。

（2）每次讨论都应有明确的目标，并让每一位受训者了解它们。应使受训者对所要讨论的问题发生内在的兴趣，并启发他们积极思考和提出问题；在大家都能看得到的地方公布议程表（包括时间限制），并于每一阶段结束时检查进度。

4. 案例研讨法

（1）通过向受训者提供相关的背景资料，让其寻找合适的解决方法。这一方式使用费用低，反馈效果好，可以有效训练受训者分析解决问题的能力。另外，近年的培训研究表明，案例、讨论的方式也可用于知识类的培训，且效果更佳。

（2）此法实施前，需要对受训者做深入的了解，确定目标，根据预定目标和主题编写教案或选用现成的教案。在培训开始前，让受训者有足够的时间去了解、研读案例。适用的主要对象是中层以上管理员。

5. 角色扮演法

（1）受训者在培训师设计的工作情境中扮演其中角色，其他受训者和培训师适当的点评。由于信息传递多向化、反馈效果好、实践性强、费用低，因而多用于人际关系能力的训练。

（2）培训师应在受训者表演开始前宣布练习的时间要求，并强调对参与表演者实际表演的具体要求，使表演者的每一表演事项都能代表培训计划中所指导的行为。

6. 敏感性训练法

（1）敏感性训练法，是一种有效改善人际关系的方法。此法主要适用于管理人员的心理训练。让受训者在远离工作环境的培训活动中，以亲身体验来提高他们处理人际关系的能力。其优点是可明显提高受训者人际关系与沟通的能力，但其效果在很大程度上依赖于培训师的培训水平。

（2）此法实施前，需要对受训者做深入的了解和分析，同时，要求培训师提供大量的案例，在培训开始前，让受训者有足够的时间去分析、研究案例，并提出自己的看法及需要培训师解决的问题。

【特别提示】 此法的形式，通常是将十几名受训者集中到实验室或远离受训者工作环境的地方，在培训师的主持下，任由受训者自由交谈，但话题仅限定在"此时此地"方式的事情上。培训师通过观察、记录、解释和诱导等手段，发现受训者的心理状态，并设法使受训者在与别人的交谈中能够主动地、设身处地地体察别人、理解别人。

7. 酒店（或前厅部）内部网络培训法

（1）此法是一种新型的计算机网络信息培训方式，投入较大。但使用灵活，符合分散式学习的新趋势，节省受训者集中培训的时间与费用。这种方式信息量大，新知识、新观念传递优势明显，更适合成人学习，是酒店培训发展的一个必然趋势。

（2）此法的实施，需要培训师制作大量的多媒体课件，并能够轻松驾驭计算机网络信息系统的各种培训资源。

8. 自学法

这一方式较适合于一般理念性知识的学习。由于成人学习具有偏重经验与理解的特性，故让具有一定学习能力与自觉意识的学员自学是既经济又实用的方法，但此方法也存在监督性差的缺陷。

工作任务三　培训质量评估

基础知识

一、培训评估

培训评估是一个运用科学的理论、方法和程序，从培训项目中收集数据，并将其与整个组织的需求和目标联系起来，以确定培训项目的价值和质量的过程。建立培训评估体系的目的，既是检验培训的最终效果，同时也是规范培训相关人员行为的重要途径。

二、培训评估的主要内容

在对受训者进行了的培训结束后,要对其进行评估。评估是两方面的:对受训者的评估和对受训本身的评估,二者缺一不可。培训评估的内容主要有以下四个方面:

1. 培训效果评价

主要通过学员的情绪、注意力、赞成或不满等对培训效果作出评价。效果反应的评估主要通过收集学员对培训内容、培训教师、教学方法、培训材料、场地设施和培训管理等的反应情况,进行综合评价。

2. 学习效果评价

主要检查通过培训学员学到了什么知识、掌握知识的程度、培训内容方法是否合适有效、培训是否达到了目标要求等。

3. 行为效果评价

主要是衡量培训是否给受训者的行为带来了新的改变。比如安全培训的目的是使受训者树立安全意识,改变不安全行为,提高安全技能,因此,评价培训的效果应看受训者在接受培训后其工作行为发生了哪些良性的、可观察到的变化,这种变化越大,说明培训效果越好。

4. 绩效效果评价

工作行为的改变将带来工作绩效的变化。例如,受训者安全意识和安全技能提高后,以及不安全行为改变后,相应的工作绩效方面的体现就是违章减少、安全事故降低、事故损失减少等。

实践操作

【特别提示】 培训评估应本着实用、效率、效益、客观、科学的原则而进行,酒店企业应根据自己的实际条件,对各项评估工作进行有针对性的评估。

1. 评估的准备

(1)在培训工作的开始阶段,采用各种科学有效的方法和技术,对前厅部员工的工作目标、知识、技能、技巧、方法、态度、理念等方面进行调查、沟通、鉴别和分析,并确定培训的内容。

(2)在培训实施前,把培训的评估目的明确出来,并结合在培训实施过程中的反馈信息,对培训内容进行调整或修订。

(3)在整个评估准备的过程中应进行定量和定性两个方面的数据收集。

【特别提示】 定量数据包括设备运转率、产品合格率等;定性数据包括员工满意度、工作氛围等。一般而言,前厅部在培训评估中,定性数据应用应广泛些,而且更极具有说服力。

2. 评估的实施

(1)采用发放问卷、调查表、试卷等方法对全部培训都进行评估。

(2)采用抽样调查、关键人物访谈、发放试卷、技能操作演示等方法对要求受训员工掌握的知识或技能的培训进行评估。

(3) 采用业绩考核法测量受训者与未受训者之间的差别,或受训者参加培训前后的差别等。

(4) 采用效益(效果)评价法计算出培训为前厅部和酒店带来的经济效益(成果)。

(5) 收集评估所需的原始资料,并进行科学、客观的分析,得出评估结论。

3. 效果的检验

(1) 由培训组织者对受训者进行考核:合格者予以奖励,不合格的对其再次进行培训,限期达到培训目标,再次考核不合格的可考虑调整其工作岗位。

(2) 培训组织者对培训效果进行相应的评估:培训目标的设定是否符合酒店、前厅部和员工的实际情况,培训方法是否有利于员工掌握培训内容,是否如期取得培训效果等。

(3) 培训组织者对培训的效果进行的评估结果如果是正面的,就应总结经验;假如是负面的,就必须认真分析原因,调整并纠正培训过程中的偏差,为今后的培训工作提供指导。

模块三 用 人

任务导入

用人——掌握前厅部"因材施用"的一般技能

1. 由班级学习委员负责,通过一定渠道,邀请本专业在酒店前厅部任主管级管理人员的毕业生回母校座谈。要求:(1)事先告知其座谈主题为"前厅部职务分析的方法及其在管理中的利弊";(2)要求以小组为单位提出若干个相关问题,并由组长作现场提问;(3)由班委设计一个"致谢方案"向被邀请者示好。

2. 由组长负责组织小组成员复习心理学知识,重点回顾和掌握有关人的"个性"、"性格"、"气质"的内容,并互查复习结果。

3. 教师指导学生以上活动,并适时教授前厅部"用人之术"。

工作任务一 职务分析应用

基础知识

一、职务分析的定义

职务分析亦称工作分析,是指通过观察和研究,确定关于某种特定职务的基本工作情况,以及完成工作所应具备的能力和资格的一种程序。对于酒店前厅部而言,职务分析就是对酒店前厅部各项职务的工作内容、规范、任职资格、任务与目标进行研究和描述的一项管理活动和制订具体的职务说明的系统工程。

二、职务分析的目的

一个组织的工作涉及人员、职务及其环境等三方面因素。工作人员的分析包括对工作条件、工作能力等方面的分析，其有助于员工职业生涯规划和发展，以达到人尽其才的目的。工作职务的分析包括工作范围、工作程序、工作任务等方面的分析，这对员工工作上的任用、甄选、协调有所帮助，可达到适才适职的目的。工作环境的分析包括酒店的环境设备、工作的知识技能等方面的分析，以使员工易于应付工作的要求，进而达到才尽其用的目的。由此可见，职务分析乃"人与才"、"人与职"、"职与用"三者的有机结合，并可通过一定的组织行为以达到组织管理的目的。

三、职务分析的意义

酒店是一个功能多、业务复杂的综合性服务企业。随着服务项目因市场需要而不断增多，酒店内的工作、岗位日益繁杂，又因为各岗位对业务知识、技术水平要求的差异很大，所以给招聘、选拔、录用以及工资标准制订等人力资源开发与管理工作带来困惑。全面深入地进行职务分析，可使酒店充分了解工作的具体特点和对员工的行为要求，为作出正确的人事决策奠定坚实的基础，并能够提供科学的依据。

实践操作

一、收集职务分析信息

【特别提示】 在职务分析准备工作阶段，酒店管理者应明确职务分析的目的，这样才能确定工作分析信息调查的范围和信息收集的内容。

1. 准备工作阶段

（1）限定工作分析的范围，并选择具有代表性的工作作为样本。

（2）与前厅部中的相关成员进行沟通，向其传达工作分析的目的、意义和作用等相关信息，以获得组织成员的赞同。

（3）选择职务分析人员，组建工作分析小组，同时对具备一定条件的工作人员进行相关工作的培训。

（4）选择职务分析的方法和工具，如采用问卷调查法时，编写一份比较详细的"职务分析调查表"。

2. 信息收集阶段

【特别提示】 信息收集阶段的主要工作任务是对整个工作过程、工作环境、工作内容和工作人员的主要方面做出全面的调查，获得相关的信息。在信息收集完成之后，酒店职务分析人员应写成调研报告。

（1）事先需征得样本员工直接上级的同意，尽量获取其直接上级的支持，为样本员工提供良好的信息反映环境，以便真实反映信息。

（2）向样本员工讲解职务分析的意义，并说明信息收集的事项。鼓励样本员工真实客观地反映自己的信息，不要对反映出的任何内容产生顾虑。

（3）职务分析人员随时解答样本员工反映信息时所提出的问题。样本员工信息反映完毕后，职务分析人员应认真地进行检查，查看是否有遗漏现象。检查无误后，完成信息收集任务，向样本员工致谢。

二、应用职务分析信息

【特别提示】 信息分析是将以各种收集信息的方法所收集到的信息进行统计、分析、研究、归类的一个过程。在信息分析阶段,最好参照前厅部以前的职务分析资料和同行业、同职位其他酒店的相关职务分析的资料,以提高信息分析的可靠性。

1. 信息分析

（1）基本信息,如工作名称、工作编号、所属岗位、工作等级等。

（2）工作活动和工作程序,如工作摘要、工作范围、职责范围、工作设备及工具、工作流程、人际交往、管理状态等。

（3）物理环境,如工作环境的危险、职业病、工作时间、工作环境的舒适程度等。

（4）聘用条件,如年龄要求、学历要求、工作经验要求、性格要求等。

（5）基本素质,如专长领域、职务经验、接受的培训教育、特殊才能等。

（6）生理素质,如体能要求、健康状况、感觉器官的灵敏性等。

（7）综合素质,如语言表达能力、合作能力、职业道德素质、人际交往能力、团队合作能力以及性格、气质、兴趣、进取心等。

2. 结果表达

【特别提示】 职务分析结果表达阶段是职务分析的最后阶段。此阶段的工作任务就是根据职务分析规范和信息编制职务说明书——"职务描述"和"职务规范"。

（1）根据经过分析处理的信息草拟"职务描述"和"职务规范"。

（2）将草拟的"职务描述"和"职务规范"与实际工作进行对比;通过对比找到差距,决定是否需要再次进行调查研究。

（3）修改"职务描述"和"职务规范",确定试行稿。

（4）试行期使用无误后,确定为正式文件——职务说明书。

下面是某酒店前厅部经理的职务说明书(如表9-6)。

表9-6 前厅部经理的职务说明书

职务名称	前厅部经理	部门	前厅部
岗位等级	部门经理	职务代码	F0001
任职基本要求			
1. 自然条件:男25～40岁,身高1.7米以上;女25～40岁,身高1.6米以上;精力充沛,端庄稳重。 2. 受教育程度:大学本科毕业或者同等学力以上,具有经济师职称及同等业务水平。 3. 工作经验:曾在同档次星级酒店前厅任经理职务,熟悉前厅运作及管理规范。 4. 语言能力:能使用流利的、较标准的普通话,能听懂上海方言和广东方言,有较强的英语口语表达能力。			
工作活动和工作程序			
1. 制定并实施前厅业务计划。 2. 根据酒店市场环境、部门的历史数据和现实情况,编制部门预算;在预算获得批准后,组织实施和控制,保证预算的完成。 3. 巡视属下各个部门,抽查服务质量,保证日常工作的顺利进行。 4. 负责对直接下级的工作评估及部门的奖金分配工作。 5. 协助检查当天抵达VIP的房间质量,并于大门外恭候迎接当天抵达的VIP。 6. 指导主管训练下属员工,监督检查各主管的管理工作并纠正偏差。 7. 接受客人的投诉,及时进行处理解决并做好记录。			

续 表

工作活动和工作程序
8. 组织、主持每周的主管例会,听取汇报,布置工作,解决工作难题。 9. 掌握客房预订情况和当天客情;审阅大堂经理周报,呈报总经理批示。 10. 负责部门的文化建设工作,对部门的人员素质建设负有直接责任。
社会环境
1. 有一名副手,前厅部工作人员有30～35人。 2. 下设总台接待处、问讯处、预订处及商务中心、礼宾部、总机、大堂经理等七个二级部门。 3. 直接上级是房务部总监;需要经常联系的部门是公关销售部、客房部、餐饮部、财务部等。
聘用待遇
1. 每周工作40小时,每周休息2天,享受国家法定假日。 2. 基本工资每月3 000元,岗位津贴1 500元,年终双薪。 3. 本岗位是酒店中层管理岗位,可批签最高房费5折、餐饮9折(不含酒水)的优惠。 4. 每两年有1～2次培训进修机会,可报销培训费用3 000元。 5. 酒店免费提供洗衣服务。

工作任务二　员工个性运用

基础知识

一、个性的定义

个性是一个人的整个心理面貌,即具有一定倾向性的各种心理特征的总和。管理心理学将其定义为一组相对稳定的心理特征,这些特征决定着特定的个人在各种不同情境下的行为表现。个性包括个性倾向与个性特征两个成分。个性倾向指需要、动机、兴趣、理想、世界观等内容,而个性特征则包括气质、性格与能力。

二、把握员工个性的作用

人的个性具有整体性、独特性、稳定性、可塑性、社会性和生物性的特性。酒店前厅部员工个性在实际前厅部管理应用中,发挥着其他组织因素不可替代的作用,它既是前厅部管理活动中人员选拔与安置的重要依据,也是前厅部管理者了解下属、组织员工的教育培训与建立良好的人际关系,减少冲突与矛盾的重要信息。同时,发展员工的积极个性也被视为前厅部管理活动的成效之一。

在不同的人性假设观中,对个体个性的看法就有差异,当今社会,各种因素都朝着多元的方向发展,而个体的多元化发展更为突出,了解和把握员工的个性的特征及其对应策略对酒店前厅部管理有着重要意义。

实践操作

【**特别提示**】　在现实工作中,酒店前厅部的员工类型可分为指挥型、关系型、智力型和工兵型等,前厅部管理人员应把握不同类型员工的个性特点,并运用不同的用人技巧展开工作,才能保证取得良好的工作效果。

1. 针对指挥型员工的用人技巧

(1) 指挥型员工的个性特点是喜欢命令别人去做事情。前厅部管理者可据此巧妙地安排他的工作,使其认为是自己安排了自己的工作。还应肯定他的工作目标和工作效率,并容忍其不请自来帮忙的习惯。

(2) 当指挥型的员工抱怨别人不能干的时候,问清其想法,帮助其通融人际关系,但勿试图告诉他怎么做;还应避免让效率低和优柔寡断的人与其合作。

(3) 管理者应在知识水平和前厅部业务能力上胜过指挥型的员工,使其服气,并让其在工作中弥补自己的不足,而不要一味指责。

2. 针对关系型员工的用人技巧

(1) 关系型员工的的个性特点是其工作目标往往是打通人际关系网。前厅管理者可据此将其人际关系网视为团体的利益来建设,勿使其感觉受到了拒绝,否则,他会因此而不安。

(2) 指挥型员工的个性特点是往往缺乏责任心。可承诺为其担负一定的责任,对其安排工作时,应反复强调工作的重要性,指明不完成工作会给他人的工作带来负面影响,并给他机会去分享他人的感受。

(3) 对他的个人生活表示兴趣,使他感到受到尊重。

3. 针对智力型员工的用人技巧

(1) 智力型员的个性特点工擅长思考、分析能力强且有自己的想法。前厅部管理者可根据据此肯定他的思考能力,对其分析表示兴趣,并赞美他的一些发现。

(2) 多用事实与数据与其交流,并提醒他完成工作目标,别过分追求完美;避免直接批评他,多表达诚意。

(3) 别指望说服他,除非他的想法和你一样;不要用突袭的方法打扰他,他不喜欢惊奇。

4. 针对工兵型员工的用人技巧

(1) 工兵型员工的个性特点主要是埋头苦干,做事谨慎细致。前厅部管理者可据此多支持他的工作,多肯定他的优点。

(2) 主动给他出主意、想办法,给他相当的报酬,奖励他的勤勉,但应注意奖励的时效性。

工作任务三　工作现场督导

基础知识

一、前厅部督导与现场督导

1. 前厅部督导

前厅部督导是前厅部管理者为了实现前厅部组织的管理目标,通过自己的责权、知识、能力、品德及情感,运用计划、组织、人员配置、授权、培训辅导、现场指导、沟通、激励、评估、协调控制等手段,影响前厅部和酒店组织机构内的人员及其他社会资源,以期使其实现高效率运作的综合性管理工作行为过程。

2. 前厅部现场督导

前厅部现场督导是指前厅部主管、领班等基层管理人员对前厅部的资源通过以监督指导为主的一系列管理职能进行现场管理的过程和活动。现场督导直接面向前厅部的服务现场，是连接前厅部管理与非管理的"临界点"，是前厅部现场管理中的主要管理活动。

前厅部现场督导的内容主要涉及以下几个方面：(1)前厅部卫生状况；(2)总台操作规范；(3)总台设备与用品；(4)预订、房态、客史档案等信息；(5)前厅部安全；(6)对客服务效率；(7)前厅环境气氛等。

二、前厅部现场督导的作用

1. 可更快地解决前厅部现场管理中存在的问题

前厅部现场督导面向现场，通过不断检查、监督和参与服务，能及时发现前厅部现场的各种质量和安全隐患，解决前厅部现场可能出现的各种问题。同时，前厅部现场督导通过向上、向下和水平的沟通，可以将前厅部现场管理中面临的问题、需要的支持、上级的业务目标、培训考核计划以及各岗位的任务和要求进行有效的反映、建议、疏导和沟通，从而有效协调酒店部门和岗位之间的关系，解决前厅部现场管理中的各种问题。

2. 可提高前厅部现场管理质量

前厅部现场督导能及时、有效地对前厅部现场服务进行指挥、调控，避免服务质量的失误。同时，前厅部现场督导可以适时地打破标准和规范的限制，以富有个性、富于变化的服务来满足客人个性化的需求，确保前厅部服务质量稳步提高。另外，由于前厅部现场督导属于管理层，在前厅部现场执行监督、指导的职能，因此，酒店管理员参与前厅部现场服务能在无形中提高顾客的消费体验，提升酒店的现场服务品质。

实践操作

1. 巡视检查

(1) 前厅部功能设施位置恰当、分离合理，方便客人使用；总台独立的信息管理系统运行正常，大堂所有区域无线电覆盖正常等。

(2) 管理规范、服务规范与操作标准健全；专设的行李寄存处整洁；酒店与客人同时开启的贵重物品保管箱使用正常，保管箱位置安全、隐蔽等。

(3) 客房价目信息全面、准确；提供的所在地旅游资源、旅游交通信息准确；专职的门童应接服务人员可提供 24 小时迎送服务等。

2. 巡视观察

(1) 员工着装整洁，符合酒店规定；前厅部服务员能够使用英语或普通话提供服务，客人抵达时，接待员能够微笑、礼貌地请客人出示有效证件并仔细核对；团队客人抵店时，有专人迎接并引领客人至团队接待区域等。

(2) 如果客人在入住登记时交纳的押金已经用完而继续消费时，收银员能够及时通知客人补缴；服务员能够根据客人要求，选择相应规格的保管箱，介绍使用须知和注意事项等。

3. 现场指导

督导人员必须按照前厅部的运作质量标准，加强对员工工作现场的指导。例如，客人在住店期间，由于种种原因可能会多次要求打开总台保管箱取出寄存的物品或增加寄存物品，若总台接待员不能严格按照中途开箱的流程进行服务时，督导人员应做如下指导：

（1）礼貌应接，客人要求开启保管箱时，核准钥匙、房卡以及客人的签名；当面同时使用总钥匙和该箱钥匙开启。

（2）客人使用完毕，按照启用保管箱的要求，将保管箱锁上；请客人在寄存单相关栏内签名，记录开启日期及时间；总台接待核对、确认并签名。

4. 创造积极的工作氛围

（1）督导人员在以上工作过程中，应注意询问前厅工作人员在入住接待、礼宾服务、结账服务等工作环节上执行服务标准的情况，并以亲切、真诚的态度给予帮助和指导。

（2）督导人员应多主动地倾听服务人员或客人对前厅各项接待与服务工作的意见、建议和体会，并以积极向善的姿态处理出现的各种服务问题。

【特别提示】督导人员应有强烈的问题意识和强烈的维护标准的意识，如果工作布置了却不检查、不执行，则工作效果等于零。另外，上一级督导人员不在现场的时段，易出现服务不规范、态度不友好等问题；此时，下一级督导人员应及时补位，关注员工的工作表现，帮助员工提升服务质量。

模块四 留 人

任务导入

留人——掌握前厅部"管理留人"的一般技能

1. 国内某知名网进行的一项关于大多数酒店员工辞职原因的调查中，有这样的一组数据：(1)51%对上级不满意；(2)23%觉得现实的工作和想象的相差太远，没有成就感；(3)10%对待遇不满意；(4)8%对工作环境不满意；(5)6%做为在新城市发展的跳板；(6)2%其他特殊原因。

请思考一下：以上数据充分表明员工在酒店企业工作所追求的是什么？你能够得出一些什么样的结论？

2. 若条件允许，可由系部学生会负责，邀请当地知名高星级酒店人力资源部负责人作专题报告。主题：目前我国酒店核心文化的价值体现。要求：(1)各小组事先通过资料搜寻，积累一些有关我国酒店文化建设方面的案例；(2)各小组在现场向报告人提出自己对酒店文化的看法。

3. 由班委设计、公布一个"班级管理量化考核方案"，征求大家的意见后修订试行。

4. 教师指导学生以上活动，并适时教授前厅部"留人之道"。

工作任务一　薪酬制度设计

基础知识

一、酒店薪酬

酒店薪酬包括经济性薪酬与非经济性薪酬两部分。

1. 经济性薪酬

包括直接报酬与间接报酬。直接报酬包括基础工资、绩效工资、奖金、股权、红利、各种津贴等;间接报酬主要是指酒店的各种福利,包括保险、补助、优惠、服务、带薪假期等。

2. 非经济性薪酬

包括工作本身、工作环境和酒店特征带来的效用部分,如趣味、挑战、责任、成就感、良好的人际关系、领导者的个人品质与风格、舒适的工作条件、酒店的声望与品牌、前景等。

二、酒店薪酬制度的设计原则

1. 合法原则

酒店薪酬制度确立必须符合国家的有关政策法规,这是薪酬制定必须遵循的基本原则。

2. 战略原则

在进行薪酬设计过程中应时刻关注酒店的战略需求,通过薪酬设计反映酒店的战略。应把实现酒店战略转化为对员工的期望和要求,然后把对员工的期望和要求转化为对员工的薪酬激励,并体现在酒店的薪酬计划中。

3. 公平原则

内在公平是反映酒店内部员工的一种心理感受,酒店的薪酬制度制定以后,要让酒店内部员工对其表示认可。外在公平是指与同行业内其他酒店特别是带有竞争性质的酒店相比,酒店所提供的薪酬是具有竞争力的。

4. 激励原则

激励原则是指酒店在进行薪酬制度建立过程中,要在内部各类、各级职务的薪酬水平上适当拉开差距,体现激励效果。

5. 竞争原则

激励原则主要是针对酒店内部而言的,对于酒店外部来说,酒店制定的薪酬制度在人才市场中要具备竞争力。

实践操作

【**特别提示**】　事实上,酒店薪酬制度必须遵循的原则之间是相互联系、一环扣一环的。酒店在设计酒店薪酬制度时只有充分认识到这些原则的重要性及相关性,才能使薪酬设计合理科学。对于前厅部来说,设计薪酬制度必须服从于酒店的薪酬制度。故此处仅从整个酒店的角度来进行薪酬制度设计的实践操作。

1. 绩效型薪酬

（1）绩效型薪酬制度是指主要根据员工的业绩完成情况来决定其薪酬水平的。

（2）绩效型薪酬制度的优点是激励效果明显，将绩效与薪酬挂钩可以激发员工更好完成工作的热情。但由于绩效型薪酬过度重视绩效的单方面意义，而忽视了提高员工的综合素质与潜能开发，容易造成员工的短期行为。

2. 技能型薪酬

（1）技能型薪酬是以技术、知识和能力为设计基础，强调以员工的个人技术、能力的大小为参考依据，注重员工的潜力和创造能力，鼓励员工加强自身能力的提高。

（2）薪酬制度将员工技术、能力的大小看成是评估的重点，它促使员工关注自身的发展，要求员工具备更快的学习新知识、新技能以及适应新环境的能力，有利于酒店提高自身的核心竞争能力。但是此制度也存在一定的缺陷，即过分强调员工的技能而忽视其作为团体一员与他人配合工作以及完成一项完整工作的重要性。

【特别提示】 据有关调查资料表明，在美国有16%的酒店采用了技能型薪酬制度，同时78%的酒店表示将考虑采用制度；在欧洲有20%的酒店采用了该种薪酬制度，并且有一半的酒店将其作为薪酬制度改革的首选方案。

3. 资历型薪酬

（1）资历型薪酬制度是根据员工所具备的一些条件（如年龄、工龄、学历、本专业工作年限等）决定其薪酬水平的一种薪酬制度。

（2）资历型薪酬制度事实上是鼓励员工为酒店长期服务，有利于形成职工的集体"归属感"和"忠诚心"。它的缺点是强调论资排辈，不直接与绩效挂钩，忽视员工的能力技术，一定程度上压制了员工的积极性，易造成依赖性等弊病。

4. 年薪型薪酬

（1）年薪型薪酬是现代酒店在发展过程中出现的一种新型的主要是针对经理人员的薪酬制度。通过经营者的年薪制能有效地激励和约束经营者的行为。

（2）年薪制的设计一般有五种模式可以选择：①准公务员型模式：基薪＋津贴＋养老金计划；②一揽子型模式：单一固定数量年薪；③非持股多元化型模式：基薪＋津贴＋风险收入（效益收入和奖金）＋养老金计划；④持股多元化型模式：基薪＋津贴＋含股权、股票期权等形式的风险收入＋养老金计划；⑤分配权型模式：基薪＋津贴＋以"分配权"、"分配权"期权形式体现的风险收入＋养老金计划。

【特别提示】 "黄金降落伞"对职业经理人很有吸引力。"黄金降落伞"方式，即事先签订一个"黄金降落伞"计划，承诺：当酒店被收购或兼并、而收购兼并方有意更换核心人员时，酒店会对其用股份、现金、住房等进行补偿，这样可解决其后顾之忧。

5. 综合型薪酬

（1）综合型薪酬制度是将上述4种中的若干种复合后作为薪酬的不同组成部分来加以考虑。通常所说的"结构工资制"就属综合型的薪酬体系。

（2）综合型薪酬制度将影响员工薪酬的多方面因素都考虑到了，某种程度上有利于稳定人心，同时也激励他们做出业绩。但若在一个庞大而复杂、工种门类繁多的酒店中，这种面面俱到的薪酬制度设计某种程度上脱离了个性化薪酬设计的思路，其设计与运作难以满足不同岗位、不同职务的需要。

工作任务二　激励机制创设

基础知识

一、激励的作用

激励是管理者激发员工的工作积极性、能动性和创造性的过程。激励是管理的核心问题。前厅有些员工具有较高的素质和较好的服务技能，但在工作中却往往缺乏长期的积极性、能动性，甚至影响到服务质量，这就是缺乏激励的突出表现。美国心理学家威廉·詹姆士在《行为管理》一书中阐述，按时计酬的员工仅发挥了其能力的20%～30%，而同样一位员工在受到充分激励的情况下，其能力可发挥到80%～90%。可见，建立管理激励机制作用巨大。

二、影响激励作用的因素

1. 影响激励作用因素的分类

影响激励作用的因素大致分为内部和外部两大类。其中，内因是个体本身具有的自我驱动力，主要包括个人的需要、愿望、欲望、目标等；外因是影响个体行为的外部工作环境，如工作条件、人及关系、工作本身的挑战性等。

2. 建立管理激励机制必须考虑的因素

对酒店业从业人员而言，选择酒店工作可能受到诸多因素的影响（见表9-7），有些是正面的，有些是负面的。同传统产业相比，酒店业尤其是涉外酒店工资福利，工作环境相对较好，行业发展前景广阔，员工还可接触不同文化，增长见识，有较多的个人发展机会，这些都吸引人们进入酒店业。但酒店工作也有相当的局限性：劳动强度较大，工作时间较长，工休和假期同个人生活冲突，经常需要加班，规章制度严格，内部等级森严等，这些又易使相当一部分人放弃酒店工作。

表9-7　对酒店员工具有激励作用的主要因素

内部因素	外部因素
工资	良好的人际关系和团队精神
福利（医疗/养老保险，住房，假期等）	公司规模/知名度/形象
被认知/尊重	酒店行业发展前景
学习掌握新技能	酒店企业文化和凝聚力
自主权和工作独立性	参加培训及晋升机会
人际交往	工作的趣味性和挑战性
了解其他文化	工作时间

前厅部员工管理的重要工作之一就是认识到激励员工的各种因素,建立管理激励机制。利用现有条件,为前厅部员工创造良好的工作环境,充分调动员工的工作积极性和主动性,确保酒店和前厅部工作的顺利完成。

实践操作

1. 物质激励

(1) 对前厅部预订、接待等负责客房销售的岗位采用销售提成的方法激励员工以门市价推销高档客房;同时,在前厅部范围内评选优秀员工和"销售状元",并给予一定物质奖励。

(2) 对受到客人表扬的员工进行物质奖励,鼓励员工提高服务水平,保证服务质量。

(3) 物质激励除了正面的奖励之外,还应该有相应的物质处罚,使员工明确是非标准和服务规范,严格遵守规章制度,保证服务质量和工资业绩。

2. 情感激励

(1) 通过多种方式加强同下属员工沟通和交流,同员工做朋友,用真情感动员工,获得员工的信任和信息,提高员工的工作热情。

(2) 经常同员工聊家常,了解并解决员工困难;组织员工参加各种文娱体育活动,与员工同乐;到员工食堂同员工一起用餐;慰问加班、生病员工等。

(3) 当客人对前厅部员工的工作给予肯定时,前厅部经理应及时地转告员工,作为对其工作做得好的认可。前厅部可以对受到客人表扬的员工给予物质上或精神上的奖励,如被表扬的前厅员工可以发一定数额的奖金,也可以发一张礼券,能在餐厅用餐等。

【特别提示】 在应用情感激励法时,管理者还必须对所有员工一视同仁,不能厚此薄彼,否则会在员工之间制造一些不必要的矛盾,带来同激励目标相反的效果。

3. 工作激励

(1) 对于那些有较强责任心、进取心和工作表现突出的优秀员工可利用工作本身来进行激励,激发员工的成就感和对挑战的渴望,促使其发挥自身最多的潜力。

(2) 对员工工作岗位的调整,工作量的增加,责任范围的扩大,决策权的给予等对某些员工来说都是极大的鼓励和肯定,可以促使他们更加努力勤奋地工作。

(3) 给员工设定具有一定难度,通过努力可以实现的工作目标,实行"目标激励"也是应用技术工作激励的一种典型方法。

(4) 前厅部可通过设立告示栏、班前会等方式建立并保持与员工的良好沟通。告示栏可以张贴前厅部的工作安排或工作提示、备忘录、通告、抵离店或在店重要客人、酒店的特殊活动、培训通知甚至是员工的生日、婚庆等有关信息。

【例 9-1】 皇冠假日酒店将"个人开发"居于人力资源开发之首。其主要步骤:员工需求分析;制定相应的培训、开发计划,使一切员工的实际;培训结束后对员工的培训结果进行评估,以了解培训、开发对个人及组织的影响。

4. 环境激励

(1) 改善酒店的硬件环境条件,如增加中央空调、办公设备、服务设施,改善工作场所的采光、视野条件等。

(2) 培养酒店的企业文化和员工同事间的团体协作精神(很多情况下,"软"环境的激励作用远远超出硬件环境)。

5. 培训与晋升激励

针对员工对于培训和精神的期望,指明其通过努力工作可能获得的各种接受培训与晋升机会。

【例9-2】 巴斯集团在北京丽都假日酒店开设假日大学。定期为管理层工作专业管理课程的培训,并为他们提供一个学习和交流的场所。喜来登酒店集团为每个员工设立培训与发展追踪档案,员工在提升前必须完成酒店的一系列培训。

6. 福利与保障激励

(1) 使员工享受酒店的各项福利和保障的项目,一般包括住房补助、医疗保险、养老保险、工作餐、工作服、带薪假期、加班补助、女职工的带薪产假、哺乳假等多项国家法律规定或行业惯例。

(2) 重视酒店的各项福利和保障措施给员工带来的工作长期性和稳定性;重视员工与酒店签订的劳动合同的连续性和延续性。

7. 激励计划的激励

【特别提示】 前厅部的激励计划通常以提高出租率、客房营业收入、平均房价和客人满意度为中心。如前厅部经理可以开发出与增加平均房价相关联的激励计划,通过总台升级销售客房(即总台增销)使平均房价最大化,员工就会努力去实现这一目标。这本身就是一种激励方法。

(1) 列出奖励计划的目标和要达到的目的。

(2) 确定员工受激励必须达到的条件和要求,并做到对事不对人、公平合理。

(3) 确定计划开始的日期和时间、奖励的方法,并获得相关费用。

(4) 表扬并奖励有突出表现的员工,颁发表扬信及表扬证书,公示照片,召开表彰会,赠送纪念礼品,并举办联谊活动。

(5) 激励员工提建议并参与部门提高营业收入和改进服务的工作,并使其从结果均等转移到机会均等,努力创造公平竞争的环境。

【特别提示】 在具体工作中,前厅部经理及各级管理人员应主动多与员工交流沟通,多观察员工表现,多了解员工心理,找准员工的实际需要,应用多种激励方法,以达到激励员工,提高工作业绩的目的。员工获得成绩时要及时激励,员工遇到困难时要给予关怀的激励。激励要有足够的力度,对于有突出表现的员工要给予重奖,对于造成重大失误的员工要予以重罚。

工作任务三 绩效考核控制

基础知识

一、绩效考核指标原则

绩效指标必须与酒店战略目标相符合并能够促进酒店财务业绩和运作效率;必须具有

明确的业务计划及目标；必须可影响被考核者，同时能够测量和具有明确的评价标准；设置绩效指标时必须充分考虑其结果如何与个人收益挂钩。

二、绩效考核结果分析

酒店员工绩效考核结果的分析是指酒店考核结果分析人员（主要是统计员）通过对考核所获得的数据进行汇总、分类，利用一些技术方法进行加工、整理出考核总结果的过程。绩效结果的分析是酒店管理者与员工就结果进行反馈面谈的依据。

三、绩效考核结果运用

酒店员工绩效考核结果的运用就是在酒店员工绩效考核结果的分析的基础上，在薪酬决策、员工目标、培训需要和提升晋级等四个方面加以利用，为年终奖金的确定提供依据，帮助员工实现自己的职业目标，发现员工个体与酒店要求之间的差距，及时发现需要何种类型的培训，确定员工是否具备晋升的条件。

四、绩效考核作用

酒店员工绩效考核结果的运用与管理，在绩效管理系统中占用有相当重要的作用。一方面，它是确定整个绩效管理体系有效性的重要环节，员工绩效考核的实施如果没有结果的承诺和兑现将使员工丧失积极性，使得绩效考核丧失本来的意义；另一方面，它是下一步员工绩效计划得以确定的重要依据。

实践操作

一、对考核指标分类并确定绩效程度标准

1. 按照层次分类

（1）按照层次将指标分为一级指标、二级指标、三级指标等，或分为宏观指标、中观指标、微观指标。

（2）员工素质是考核的一级指标，其二级指标可细化为思想素质和业务素质，业务素质又可细化为学识水平与业务能力这些三级指标。

2. 按照内容分类

（1）将标分为基础指标和具体指标。

（2）前厅部员工考核的基础指标是指德、能、勤、绩；具体指标是指结合前厅部具体岗位来确定的。其具体做法就是将员工工作产出的供给对象当作员工的客户，包括内部客户和外部客户，找出客户关系。

3. 确定绩效程度标准

（1）通过确定员工为哪些内外客户提供工作产出，以及对每个客户提供的工作产出分别是什么，以这些客户对员工工作产出的满意标准作为衡量员工绩效程度的标准。

（2）通过客户关系法找出的工作产出指标就是员工绩效考核的具体指标。参阅表9-8。

表9-8 ××酒店前厅部员工绩效评估表

姓名：　　　　　　　　　　　　部门：　　　　　　　　　　　　岗位：

评价项目	对评价期间工作成绩的评价要点	评价尺度				
		优	良	中	可	差
敬业态度	A. 严格遵守工作制度，有效利用工作时间	5	4	3	2	1
	B. 对工作持积极态度	5	4	3	2	1
	C. 忠于职守，坚守岗位	5	4	3	2	1
	D. 以团队精神工作，协助上级，配合同事	5	4	3	2	1
业务工作	A. 正确理解工作内容，制订适当的工作计划	5	4	3	2	1
	B. 不需要上级详细的指示和指导	5	4	3	2	1
	C. 及时同事合作沟通，使工作顺利进行	5	4	3	2	1
	D. 迅速处理工作中的失败及临时追加任务	5	4	3	2	1
监督管理	A. 以主人翁精神与同事同心协力工作	5	4	3	2	1
	B. 正确认识工作目的，争取处理业务	5	4	3	2	1
	C. 积极努力改善工作方法	5	4	3	2	1
	D. 根据流程操作，不妨碍他人工作	5	4	3	2	1
指导协调	A. 工作速度快	5	4	3	2	1
	B. 业务处理得当，经常保持良好业绩	5	4	3	2	1
	C. 工作方法科学，时间安排十分有效	5	4	3	2	1
	D. 工作中没有半途而废而造成不良后果	5	4	3	2	1
工作效果	A. 工作成果达到预期目的或计划要求	5	4	3	2	1
	B. 及时整理工作效果，为以后的工作创造条件	5	4	3	2	1
	C. 工作总结和汇报准确真实	5	4	3	2	1
	D. 工作熟练程度及技能提高速度表现良好	5	4	3	2	1

1. 通过以上各项的评分，该员工的综合得分是：＿＿＿分
2. 你认为该员工应处于的等级是(选择其一)：[ ]A [ ]B [ ]C [ ]D
A. 59分以下   B. 60～74分   C. 75～89分   D. 90分以上
3. 评价者意见：＿＿＿＿＿＿＿＿＿＿＿＿＿＿＿＿
4. 评价者签字：＿＿＿＿＿＿   日期：＿＿＿年＿月＿日
5. 前厅部评定：
(1) 评语：＿＿＿＿＿＿＿＿＿＿＿＿＿＿＿＿＿＿＿＿＿＿＿＿＿＿＿＿
(2) 依据本次评价，特决定该员工：
[ ]转正：在＿＿＿＿任＿＿＿＿职   [ ]升职至＿＿＿＿任＿＿＿＿
[ ]续签劳动合同   自＿＿＿年＿月＿日至＿＿＿年＿月＿日
[ ]升职/降职为＿＿＿＿＿＿＿ [ ]提薪/降薪为＿＿＿＿＿＿＿
[ ]辞退＿＿＿＿＿＿
注：此表须报送酒店人力资源部做最后决定。

二、分析员工绩效考核结果

1. 对考核数据汇总与分类

（1）将不同考核主体对同一被考核者的考核结果收集起来进行汇总。

（2）根据被考核者的特点，对汇总后的考核结果进行分类。

2. 确定权重值

【特别提示】 权重值的确立可以采用德尔菲法及问卷调查表的方式，广泛征求各方意见，以增强科学性。德尔菲法又名专家意见法，是依据系统的程序，采用匿名发表意见的方式，即团队成员之间不得互相讨论，不发生横向联系，只能与调查人员发生关系，以反覆的填写问卷，以集结问卷填写人的共识及搜集各方意见，可用来构造团队沟通流程，应对复杂任务难题的管理技术。

（1）确定考核指标的权重值，其大小可反映该考核指标在整体考核指标中所处的地位和重要程度。

（2）确定考核主体的权重值，它反映该考核者在所有考核者中的重要地位和可信度。

3. 计算考核结果

在确定权重值和对实际获得的大量考核数据统计之后，可利用数理统计等方法计算考核结果。一般采用求和、求算术平均数等十分简单的数理统计方法即可。

【特别提示】 管理层次员工的绩效可能主要反映在工作过程中，其工作的行为及方式最能反映其绩效；而基层服务人员的绩效主要反映在工作成果中，因此在确定权重值时就应有所侧重。一般情况下，同级考核的结果要比领导考核者考核结果可信度大，领导考核的结果比下级考核的结果可信度大，因此同级考核者考核结果的权重值要比领导考核结果的权重值大。

4. 表述考核结果

通过数字、文字、图形3种方式表述考核结果。

【特别提示】 数字表述法是结果表示的最基本形式，是直接利用考核结果的分值对被考核者的绩效情况进行描述；文字表述法是用文字描述的形式反映考核结果的方法，具有适当的分析，能够充分体现定性与定量相结合的特点。图形表示法是通过建立直角坐标系，利用已知数据，描绘出图形来表示考核结果的方式，适用于人与人之间、个人与群体之间、群体之间的对比分析。

5. 反馈考核结果

采用面谈的方式反馈绩效考核结果。有效的绩效反馈面谈可以使考核者与被考核者就考核结果达成双方一致的看法，为下一步计划的制定打下良好的合作基础；可以使员工认识到自己的成就与优点，产生工作积极性；可以就员工有待改进的方面达成共识，促进员工改进等。

三、运用员工绩效考核结果

1. 报酬决策

（1）将绩效考核结果应用于工资调整，以体现对员工的长期激励。

（2）将绩效考核结果应用于奖金分配，以体现对员工的短期激励。

2. 员工目标

（1）员工绩效考核的结果在面谈反馈给员工本人时，考核者通过与之沟通指出其工作的优缺点，为员工下一步的个人发展计划提供依据。

（2）在酒店目标的引导下，前厅部管理者通过绩效监督和持续沟通对员工提供帮助，使员工不断改进和优化工作，同时不断开发个人潜能，帮助自己实现个人职业目标。

3. 培训需要

（1）前厅部通过分析绩效考核的结果以及通过与员工绩效面谈，发现员工个体与酒店要求之间的差距，从而及时发现需要何种类型的培训。

（2）对于能力不足的员工可通过有针对性的培训活动开发潜能，提高其工作能力；对于工作态度不良的员工，须为之准备适应性再培训，要求其重塑自我。

4. 提升晋级

在一定时期内（至少两个针对性考核周期以上），将拥有连续的、稳定上升的绩效结果的某员工纳入晋升名单，并报请酒店人力资源部作出最后决定。

【特别提示】 职务晋升和选拔管理员是一件慎重的事。根据现代酒店前厅的管理实践经验，一般来说，不宜通过一次考核结果即决定是否任用。

工作任务四　核心文化构建

基础知识

一、酒店企业文化核心价值观构成

酒店企业文化集中体现了酒店企业的核心价值观和经营哲学理念，对酒店企业的经营管理、员工的行为方式等方面起着潜移默化的重要作用。酒店企业文化由"内核"及"外显部分"共同构成。所谓"内核"，即酒店企业文化的核心价值观，包括酒店的宗旨、道德规范、服务理念、酒店精神等；所谓"外显部分"，即酒店企业文化核心价值观的具体表现，包括酒店主题文化、规章制度、模范人物、典型事件、娱乐活动、各种仪式等。

二、酒店核心文化的构建

构建酒店企业文化应充分考虑酒店企业的特殊性，牢牢抓住以下几个的关键点：首先，应确立旅游酒店企业文化的核心价值观；其次，通过各种"外显部分"来传达、表现、强化企业文化的核心价值观；最后，应认识到企业文化建设的长期性，为企业文化建设投注长期不懈的努力。

对于酒店前厅部而言，将"服务"作为其企业文化的核心价值观是与酒店前厅部本身的性质与特点相吻合的。当然，这里所指的"服务"是广义的，代表和强调服务意识和服务导向，不仅指员工对客人的服务意识与导向，也涵盖了酒店及前厅部管理人员对员工以及员工之间的服务意识。

实践操作

1. 确定主题文化特色

(1) 以某一种特定的主题来体现酒店的精神、酒店的建筑风格、大堂的装饰艺术及特定的文化氛围,让客人和员工都获得富有特色化、个性化的文化感受。历史故事、神话传说、寓言故事、地域习俗及城市精神、自然风貌和地理特征等均可成为酒店文化借以发挥的主题。

(2) 通过前厅装饰注入主题元素,总台员工身着体现独一无二的主题色彩的工作服等形式,让客人和员工均能体验差异化明显的酒店主题文化。

(3) 每一位前厅部的员工都懂得并能够讲述酒店主题文化的涵义,且引以为荣。

2. 设置合理的组织机构

(1) 采用扁平的、倒金字塔型的组织机构,将客人置于金字塔的塔尖,总台预订处、接待处、收银处、礼宾部、电话总机和商务中心等岗位服务人员置于较高的位置,而前厅部经理、大堂副理等中层管理人员、酒店总经理则处于金字塔的底部。

(2) 这种管理体制充分体现出"员工第一,客人至上"的核心价值观,倡导以人为本的服务意识和服务导向。扁平型的组织机构具有更强的灵活性和适应性。

3. 完善员工管理体制

(1) 前厅部员工的招聘以服务于客人为出发点,挑选前厅部员工时应着重考察员工的服务意识、服务态度及其个性与能力是否符合前厅部岗位要求和服务工作的需要。

(2) 员工培训旨在帮助员工更好地服务客人及其自身发展,尤其应注重企业核心文化在员工职业道德和工作态度上的渗透。

(3) 员工考评、表彰、晋升等不光依据其工作效率,更注重测评其对客服务质量以及对客关系发展的能力和员工之间互相服务的意识。

4. 建设核心价值观的物质环境

(1) 在酒店外部环境营造和大堂、总台等内部装修、布置等方面主要从客人和员工的安全、舒适、方便出发,以细节体现人文关怀,以细节提升酒店核心文化的品质。

(2) 努力为前厅部员工营造安全、清洁、舒适的工作和生活环境。无论是员工的工作台面、员工使用的计算机、员工通道及员工宿舍等,都力求做到环境整洁、舒适,设施齐全,配备良好,使前厅部员工在工作中能够获得身心的满足与愉悦,从而更好地服务于客人。

5. 确定核心价值观的制度流程

在制定规章制度及工作流程时处处以客人和员工为导向,同时将前厅部员工的操作情况和实际需求考虑在内,而不单以提高工作效率和完成规定的任务为出发点和导向。

6. 树立劳动模范

(1) 通过以前厅部服务质量作为主要评选依据,每月评选前厅部"最佳宝贝"、"最佳小姐"、"最佳先生"和"最佳促销员"等,将其相片和先进事迹张贴在员工公告栏里面并发布到酒店的网站上。

(2) 每年评选出前厅部年度最佳员工,授予证书并给予奖励旅游和带薪长假等。

7. 组织个性化的特色活动

(1) 开展各种健康、有趣、多样的文体活动来营造酒店企业文化氛围,组织诸如前厅部技能运动会、联欢会、球类比赛、书法比赛和礼仪知识大奖赛等。

（2）除了业内约定成俗的仪式外，多举行并固化一些有创新意义的仪式，如前厅部微笑大使颁奖仪式、每周一升国旗唱国歌仪式、上下班交接仪式、新员工授装仪式、年终模范人物签名仪式等，以此弘扬企业文化的核心价值观，并使之成为企业文化的一种独特标志。

8. 建设内外和谐的沟通机制

（1）通过总台增销竞赛和客房促销等活动，加强酒店与外界的沟通，向社会宣传酒店企业文化，强化酒店企业核心价值观，树立酒店良好的形象，推进公关营销工作的进行。

（2）加强酒店与员工的沟通，尤其是前厅部经理、主管和领班与预订处、接待处和礼宾部等岗位一线员工的深度接触，使员工了解酒店的发展远景、战略目标、经营状况，也使酒店及时了解员工的动态和需求，以此传播酒店核心价值观。

【特别提示】 酒店企业文化核心价值观必须通过有形要素和载体加以表现、传达，使其逐渐深入人心，成为酒店企业员工行事的指南、行为准则和精神家园。酒店既有的价值链决定了"服务"不仅体现在员工对客人的服务，也体现在酒店对员工的服务以及员工相互间的服务上，只有这样才能确保员工的满意度和忠诚度，进而确保客人的满意度，实现酒店企业的利润目标，最终才可能留住员工的心。

项目小结

前厅部员工招聘：酒店企业以发现和吸引潜在前厅部雇员为主要目的而采取的任何做法或活动。其主要作用为：(1)保证酒店前厅服务与管理必需的高质量人力资源；(2)输入新生力量，弥补酒店前厅部员工的供给不足；(3)注入新的管理思想，增加酒店前厅部新的活力；(4)了解员工的动机与目标，便于整合与酒店前厅部工作相关的人力资源；(5)扩大酒店企业的知名度。

岗位编制：主要是指在组织结构框架内进行的岗位设置和人员配置，以适当的人员充实组织结构所规定的岗位，从而保证部门的正常运行。

前厅部岗位定员法：先根据前厅部的组织机构、管理模式和服务项目确定主要工作岗位，然后综合测定各岗位的全年工作量，再考虑各岗位的班次安排、国家劳动法有关规定和员工的工作定额（工作效率）、出勤情况等诸多因素，最终确定前厅部各个工作岗位的编制定员。

主要招聘途径：广告、互联网、相关院校、专业机构、同行推荐、竞争对手、内部选拔。

招聘流程：明确岗位职责—提出资格要求—制作并发布招聘广告—选择合格人选—安排面试—整理汇总面试结果—安排体检—录用合格人员。

职务分析：亦称工作分析，是指通过观察和研究，确定关于某种特定职务的基本工作情况，以及完成工作所应具备的能力和资格的一种程序。对于酒店前厅部而言，职务分析就是对酒店前厅部各项职务的工作内容、规范、任职资格、任务与目标进行研究和描述的一项管理活动和制订具体的职务说明的系统工程。

培训评估：一个运用科学的理论、方法和程序，从培训项目中收集数据，并将其与整个组织的需求和目标联系起来，以确定培训项目的价值和质量的过程。建立培训评估体系的目的，既是检验培训的最终效果，同时也是规范培训相关人员行为的重要途径。

前厅部督导：是前厅部管理者为了实现前厅部组织的管理目标，通过自己的责权、知识、能力、品德及情感，运用计划、组织、人员配置、授权、培训辅导、现场指导、沟通、激励、评估、协调控制等手段，影响前厅部和酒店组织机构内的人员及其他社会资源，以期使其实现高效率运作的综合性管理工作行为过程。

前厅现场督导：是指前厅部主管、领班等基层管理人员对前厅部的资源通过以监督指导为主的一系列管理职能进行现场管理的过程和活动。

酒店薪酬设计原则：合法原则、战略原则、公平原则、激励原则和竞争原则。

前厅部常用的激励方式：物质激励、情感激励、工作激励、环境激励、培训与晋升激励、福利与保障激励和激励计划的激励。

绩效考核结果的分析：指酒店考核结果分析人员（主要是统计员）通过对考核所获得的数据进行汇总、分类，利用一些技术方法进行加工、整理出考核总结果的过程。

绩效考核结果的运用：就是在酒店员工绩效考核结果的分析的基础上，在薪酬决策、员工目标、培训需要和提升晋级等四个方面加以利用，为年终奖金的确定提供依据，帮助员工实现自己的职业目标，发现员工个体与酒店要求之间的差距，及时发现需要何种类型的培训，确定员工是否具备晋升的条件。

酒店企业文化：由"内核"及"外显部分"共同构成。所谓"内核"，即酒店企业文化的核心价值观，包括酒店的宗旨、道德规范、服务理念、酒店精神等；所谓"外部部分"，即酒店企业文化核心价值观的具体表现，包括酒店主题文化、规章制度、模范人物、典型事件、娱乐活动、各种仪式等。

检 测

一、案例分析

失误的奖励方案

小吴是某大饭店的前厅部经理。在每周一次的部门会议上，饭店都要对反馈回来的客人意见进行分析。上个月，有好几个投诉都是关于入住登记和结账时间方面的问题。这些投诉让小吴很烦躁，她要尽力减少针对自己部门的投诉。

最近她刚刚参加了一个为期三天的酒店管理培训班，培训回来后，她的脑子里充满了如何提高前厅部服务质量的想法，让她考虑最多的是如何将业绩同奖金联系起来，这一点非常重要，因为老师在课堂上不断强调"想让员工付出得更多，就要让员工得到合理的回报"。为了实现这个目标，她决定把自己在学校里学到的理论知识应用在自己的工作中。她设计了一套前厅部管理的方案，希望能激发前厅部员工的内在动力，挖掘员工的内在潜力，以至员工最后能为客人提供最贴心、最快捷的服务，提高饭店的知名度与美誉度，在接下来的班前会议上，她介绍并说明了她的新计划。例如，在每八小时一次的轮班中，登记客人人数最多和办理客人结账手续最多的两个员工在月底将得到额外的奖金。这个体系运作的十分顺利，员工的工作速度比以前快多了，虽然她的员工之间似乎不像过去那样友善并互相帮助了。

由于新体系的激励，客人办理入住结账手续似乎迅速了许多，但他们现在开始抱怨说总台人员缺乏友善的态度和礼貌。一名客人评价说："我感觉自己就像正在被赶过河的鸭子一样,这不是我所期待的想从这样级别的酒店中得到的服务。"小吴感到很困惑:怎么才能兼顾两方面的利益？我们怎样做客人才会百分之百地满意呢？随后麻烦又来了,酒店财务处审计员查账时发现,在记账问题上,总台存在失误。为了在结账程序上加快速度,很多费用没有登记在账单上,这样做的结果是不仅产生了很多错误,而且给酒店收入带来了不少损失。同时,在登记入住的时候,很多重要的信息没有被输入到计算机系统中。小吴很快就对自己的前厅部管理失去了信心。

本案例值得思考的问题是:前厅部经理小吴的奖励方案失误在哪里？对此有观点分析:前厅部经理小吴的奖励方案失误应该在三个方面:一是奖励不合理,过于理论化；二是只重视提高工作速度,而忽略了服务质量；三是没有一个良好的心态,虽然新的奖励方案举步维艰,但小吴不应该对前厅部管理失去信心。

对以上观点,你同意吗？为什么？

二、小组讨论

前厅部现场督导是指前厅部主管、领班等基层管理人员对前厅的资源通过以监督指导为主的一系列管理职能进行现场管理的过程和活动。那么,请讨论:如何对接待员正在接待一对六十岁左右的俄罗斯夫妇入住酒店的现场做督导？

三、课内实训

1. 草拟一份前厅新员工入职培训计划书。
2. 制作一张内容与形式均不同于表9-8的××酒店前厅部员工绩效评估表。

四、课外拓展

1. 很多酒店的招聘广告中常使用"待遇优厚"这一说法,其内容较为含糊,没有向应聘者说明具体薪金、福利和其他待遇。你对此有何看法？
2. 既然"教育"和"培训"是两个不完全相同的概念,那么,请你为当下中、外酒店企业的教育与培训现状作出力所能及的评价。
3. 有关调查资料表明,在美国有16%的酒店采用了技能型薪酬制度,同时78%的酒店表示将考虑采用该制度。搜集相关资料,写出中外酒店薪酬制度的异同。
4. 许多酒店企业疑惑:为什么给了足够高的薪水,还留不住人？请从企业核心文化在酒店管理工作中所起到的重要作用的角度,想想你的答案。

参考文献

[1] 毛江海. 前厅服务与管理. 南京:东南大学出版社,2007
[2] 李增蔚,龙京红. 酒店人力资源管理. 第1版. 郑州:郑州大学出版社,2010
[3] 郝欣桐. 客史档案的建立与实施. http://www.9first.com.2012.
[4] http://res.meadin.com
[5] http://doc.mbalib.com
[6] http://www.canyin168.com